VISÕES DA LIBERDADE

SIDNEY CHALHOUB

VISÕES DA LIBERDADE
*Uma história das últimas
décadas da escravidão na Corte*

1ª reimpressão

Copyright © 1990 by Sidney Chalhoub

Capa
Jeff Fisher

Preparação
Márcia Copola

Revisão
Juliane Kaori
Larissa Lino Barbosa

Atualização ortográfica
Verba Editorial

Dados Internacionais de Catalogação na Publicação (CIP)
(Câmara Brasileira do Livro, SP, Brasil)

Chalhoub, Sidney
    Visões da liberdade : uma história das últimas décadas da
escravidão na Corte / Sidney Chalhoub. — São Paulo : Companhia
das Letras, 2011.

    ISBN 978-85-359-1922-6

    1.Escravidão — Brasil — História 2. Escravidão — Brasil —
Rio de Janeiro (RJ) I. Título.

	CDD-326.0981
11-06788	-326.0981531

Índices para catálogo sistemático:
1. Brasil : Escravidão : História : Ciência política 326.0981
2. Brasil : Escravidão e emancipação : Ciência política 326.0981
3. Rio de Janeiro : Cidade : Escravidão : História : Ciência
    política 326.0981531

2022

Todos os direitos desta edição reservados à
EDITORA SCHWARCZ S.A.
Rua Bandeira Paulista, 702, cj. 32
04532-002 — São Paulo — SP
Telefone: (11) 3707-3500
www.companhiadasletras.com.br
www.blogdacompanhia.com.br
facebook.com/companhiadasletras
instagram.com/companhiadasletras
twitter.com/cialetras

Para meus pais, Nabih e Ermelinda: por tudo.
Para meus avós, Norival e Ilka: porque suas histórias sempre
embalaram meu interesse pela história.

SUMÁRIO

Agradecimentos *9*
Introdução: Zadig e a história *12*

1. Negócios da escravidão *32*
   Inquérito sobre uma sublevação de escravos *32*
   Ficções do direito e da história *39*
   Veludo e os negócios da escravidão *50*
   Negócios pelo avesso *56*
   Castigos e aventuras: as vidas de Bráulio e Serafim *63*
   Os irmãos Carlos e Ciríaco: mais confusão na loja de
      Veludo *82*
   Epílogo *96*
   Anexo: Bonifácio e outros escravos *99*

2. Visões da liberdade *116*
   BONS DIAS! *116*
   Vida de peteca: entre a propriedade e a liberdade *125*
   Sedutores e avarentos *133*
   Charadas escravistas *151*
   Atos solenes *162*
   Cenas do cotidiano *178*
   1871: as prostitutas e o significado da lei *189*
   O retorno inglório de José Moreira Veludo *201*

3. Cenas da cidade negra *218*
   De Bonifácio a Pancrácio: a conclusão do capítulo
      anterior *218*
   Um "objeto" gravíssimo: "a segurança a segurança" *232*
   "Profundo abalo na nossa sociedade" *248*

A cidade-esconderijo *265*
O esconderijo na cidade: os cortiços e a liberdade *292*

Epílogo: A despedida de Zadig, e breves considerações
sobre o centenário da Abolição *314*

Notas *320*
Fontes e bibliografia *346*
Sobre o autor *359*

AGRADECIMENTOS

Uma versão anterior deste livro foi defendida como tese de doutorado em história na Unicamp no primeiro semestre de 1989. Como o texto já nasceu um tanto escoimado das bizantinices acadêmicas comuns em trabalhos dessa natureza, a presente versão, destinada a um público mais amplo, não é muito diferente da original.

A maior parte da pesquisa que deu origem ao livro foi realizada no Arquivo do Primeiro Tribunal do Júri da cidade do Rio de Janeiro (APTJ) e no Arquivo Nacional (AN). No APTJ, devo agradecer primeiramente ao juiz presidente do tribunal, dr. Carlos Augusto Lopes Filho, que me concedeu a autorização para pesquisar os autos criminais lá arquivados. O escrivão Luiz da Costa Guimarães e os funcionários Aílton Alves de Mello e Cícero Nóbrega Sales fizeram o possível para me proporcionar condições mínimas de trabalho no júri. No AN, foram tantas as pessoas que me atenderam, e que se desdobraram para localizar meus pedidos, que seria impossível agradecê-las nominalmente. Registro minha gratidão a todos com uma menção honrosa: toda uma geração de historiadores que têm passado pela sala de consulta do AN nos últimos anos saberá reconhecer o que deve ao conhecimento e ao profissionalismo de Eliseu de Araújo Lima, o "seu" Eliseu.

No capítulo dos agradecimentos aos leitores críticos, a lista poderia ser muito longa. Desculpando-me antecipadamente pelas omissões, agradeço aos amigos que leram e comentaram artigos e versões preliminares de capítulos: Michael Hall, Edgar de Decca, Maria Stella Bresciani e Luiz Marques estão entre eles. Maria Clementina Pereira Cunha leu e comentou o texto inteiro, incentivou sempre, riu do texto, às vezes riu do autor e, sem saber, ajudou assim a manter o meu humor — e o humor do livro — em níveis razoáveis mesmo nos momentos mais difíceis da trajetória. Duas outras amigas continuam a ser para mim pontos necessários de referência, e sempre acodem a meus pedidos de socorro intelectual: Gladys Ribeiro e Martha Esteves.

Por mais que eu tente, não consigo pensar este trabalho como um rebento individual. Posso assumir individualmente a responsabilidade pelos seus erros, não pelos seus acertos. Desde o início, foi essencial a convivência intelectual com os companheiros da linha de pesquisa sobre escravidão no departamento de história da Unicamp. Eu era um neófito no assunto, e de repente me vi cercado por vários pesquisadores experientes, com muitos anos de trabalho sobre a história da escravidão. Célia Azevedo e Leila Algranti leram e comentaram comigo parte do texto. Rebecca Scott visitou o departamento em 1986, ministrou um seminário importante, e me ajudou no processo de definição do tema. Peter Eisenberg lia sempre meus textos, fazia seus comentários por escrito, e depois repassava comigo os textos e os comentários. Suas cartas-comentários estiveram sempre comigo, e me ajudaram inclusive no esforço final de revisão. Silvia Lara foi, nos últimos anos, uma interlocutora constante. Sua contribuição não está neste ou naquele ponto específico do texto, mas na própria maneira de conceber todo o problema. Como sempre, ela terá suas críticas e discordâncias em relação a esta versão final, mas eu não teria chegado até aqui sem estas críticas e discordâncias e, certamente, precisarei delas para ir adiante.

Desta vez talvez seja mais fácil agradecer a Robert Slenes, meu orientador em duas teses e ao longo de mais de oito anos. Seria desnecessário dizer que o discípulo aproveitou ao máximo todo o conhecimento e a erudição do mestre a respeito do tema do trabalho. Seria desnecessário, porque é óbvio, e ainda seria pouco. O que agradeço ao Bob é aquilo que um discípulo deve ao verdadeiro mestre: obrigado por me ter ensinado o seu ofício, e a maior ambição que tenho em relação a este livro é que ele esteja à altura de seus ensinamentos.

A família me brindou com o apoio incondicional de sempre. Quanto à Sandra... Bem, o que dizer? Só você conhece "a outra história" de duas teses/livros, e você soube lidar com isso com uma generosidade e elegância impressionantes. Nos últimos meses, quando o cansaço chegou a abalar a minha garra habitual, foi você quem me manteve em pé.

Agradeço ao CNPq pela ajuda financeira que viabilizou a pesquisa num período em que as autoridades estaduais em São Paulo pareciam seriamente empenhadas em destroçar a universidade. Infelizmente, o CNPq desistiu de prestar seu auxílio na reta final; felizmente, eu já estava embalado o suficiente para conseguir terminar o texto.

A presente publicação se beneficiou bastante das discussões ocorridas por ocasião da defesa da tese de doutorado, em 4 de maio de 1989, uma tarde quente e longa em Campinas. A banca examinadora foi constituída pelos professores Robert Slenes, Warren Dean, Margarida de Souza Neves, Maria Stella Bresciani e Silvia Lara, e seus comentários me pouparam de vários erros e omissões.

Finalmente, devo um obrigado aos meus alunos na Unicamp: aqueles dentre eles que se aventurarem pelas páginas que se seguem certamente lerão agora muitas coisas que ouviram antes. Mas não lerão agora exatamente aquilo que ouviram antes, e isto porque tive a sorte de encontrá-los no meio do caminho.

Sidney Chalhoub
Novembro de 1989

Introdução
ZADIG E A HISTÓRIA

Zadig, o sábio da Babilônia que protagoniza o livro de Voltaire — intitulado *Zadig ou o destino*, publicado pela primeira vez em 1747 —,[1] estava decepcionado com seu casamento e procurou se consolar com o estudo da natureza. Segundo ele, ninguém poderia ser mais feliz do que "um filósofo que lê o grande livro aberto por Deus diante dos nossos olhos". Fascinado por essas ideias, e como a esposa se tornara mesmo "difícil de aturar", o sábio recolheu-se a uma casa de campo e *não* se ocupou, por exemplo, em "calcular quantas polegadas de água correm por segundo sob os arcos de uma ponte, ou se no mês do rato cai uma linha cúbica de chuva a mais que no mês do carneiro". Tais cálculos não o cativavam; o que lhe interessava sobretudo era o estudo das propriedades dos animais e das plantas. Zadig acabou adquirindo tal sagacidade, que conseguia apontar "mil diferenças onde os outros homens viam só uniformidade".

O moço entrou logo em apuros por causa disso. Certo dia, passeava na orla de um bosque quando viu aproximarem-se, esbaforidos, um eunuco da rainha e vários oficiais. Os homens pareciam à procura de alguma preciosidade perdida. Com efeito, o eunuco perguntou a Zadig se ele não tinha visto o cachorro da rainha, que estava desaparecido; este respondeu-lhe com uma correção: tratava-se de uma cadela, e não de um cachorro. E prosseguiu: "é uma cachorrinha de caça que deu cria há pouco tempo; manqueja da pata dianteira esquerda e tem orelhas muito compridas". "Viu-a então?", tornou a perguntar, impaciente, o eunuco. "Não", respondeu Zadig, "nunca a vi e nem mesmo sabia que a rainha tivesse uma cadela."

Justamente naquela ocasião, por um desses caprichos do destino, também o mais belo cavalo do rei fugira para as campinas da Babilônia. Os perseguidores do cavalo, tão esbaforidos quanto os da cadela, encontraram-se com Zadig e pergunta-ram-lhe se não vira passar o animal. O sábio respondeu, expli-cando:

> É o cavalo que melhor galopa [...] tem 5 pés de altura e os cascos muito pequenos; sua cauda mede 3 pés de compri-mento e as rodelas de seu freio são de ouro de 23 quilates; usa ferraduras de prata de 11 denários.

"Que caminho tomou ele?", perguntou então um dos oficiais do rei. "Não sei", respondeu Zadig, "não o vi nem nunca ouvi falar nele."

Zadig foi preso, suspeito de ter roubado a cadela da rainha e o cavalo do rei. Os animais, todavia, apareceram logo em se-guida, livrando-se assim o moço da acusação. Apesar disso, os juízes aplicaram-lhe uma multa "por dizer que não vira o que tinha visto". Paga a multa, os magistrados finalmente resolve-ram ouvir as explicações do sábio da Babilônia:

> [...] juro-vos [...] que nunca vi a respeitável cadela da rainha, nem o sagrado cavalo do rei dos reis. Aqui está o que me sucedeu: andava eu passeando pelo pequeno bosque onde depois encontrei o venerável eunuco e o muito ilustre mon-teiro-mor. Percebi na areia pegadas de um animal, e facil-mente concluí serem as de um cão. Leves e longos sulcos, visíveis nas ondulações da areia entre os vestígios das patas, revelaram-me tratar-se de uma cadela com as tetas penden-tes, e que, portanto, devia ter dado cria poucos dias antes. Outros traços em sentido diferente, sempre marcando a su-perfície da areia ao lado das patas dianteiras, acusavam ter ela orelhas muito grandes; e como além disso notei que as impressões de uma das patas eram menos fundas que as das outras três, deduzi que a cadela da nossa augusta rainha manquejava um pouco [...].

Em seguida, Zadig explicou aos juízes admirados como, usando o mesmo método, fora capaz de descrever o cavalo do rei sem tê-lo jamais visto.

O fascínio do Zadig de Voltaire vem resistindo ao tempo. Em *O nome da rosa*, de Umberto Eco, a sabedoria de Guilherme de Baskerville está firmemente enraizada em sua capacidade de "reconhecer os traços com que nos fala o mundo como um grande livro".[2] Logo no início da narrativa, Guilherme oferece sua primeira demonstração de argúcia através da aplicação do método de Zadig. Ele e Adso, pouco antes de adentrarem a abadia, se encontraram com um agitado grupo de monges e de fâmulos. Feitos os cumprimentos de praxe, Guilherme agradeceu ao despenseiro a gentileza de ter interrompido a perseguição ao cavalo do abade por sua causa. Surpreso, o despenseiro quis saber do visitante quando tinha visto o animal. Com um ar divertido, Guilherme respondeu ao homem que não vira o cavalo, e prosseguiu:

> É evidente que andais à procura de Brunello, o cavalo favorito do Abade, o melhor galopador de vossa escuderia, de pelo preto, 5 pés de altura, de cauda suntuosa, de casco pequeno e redondo mas de galope bastante regular; cabeça diminuta, orelhas finas e olhos grandes. Foi para a direita [...].

Os monges e os fâmulos seguiram na direção apontada por Guilherme, logo recapturaram o animal, e retornaram para a abadia satisfeitos com o sucesso da operação e um tanto atordoados com o que haviam presenciado. Guilherme explicou depois a Adso como descobrira tanta coisa a respeito do cavalo do abade sem jamais ter posto nele os olhos. Assim como no caso de Zadig e o cavalo e a cadela sumidos na Babilônia, o sábio retratado por Umberto Eco se valeu de uma observação cuidadosa das pegadas deixadas no solo, dos galhos de árvore partidos, dos pelos grudados em espinhos etc.

O discípulo, porém, não compreendia como o mestre pudera saber que o animal tinha "cabeça diminuta, orelhas finas e olhos grandes". Cada vez mais orgulhoso de sua perspicácia, Guilherme explicou a Adso que realmente não sabia se o cavalo tinha tais características, "mas com certeza os monges acreditam piamente nisso". Essa descrição condizia com os padrões de beleza de um cavalo segundo Isidoro de Sevilha e, portanto, o cavalo favorito de um douto beneditino certamente teria estas características ou, o que neste contexto significa a mesma coisa, todos no mosteiro acreditariam que o animal possuía tais características. Um raciocínio semelhante fez com que Guilherme adivinhasse que o cavalo favorito do abade só poderia se chamar Brunello.

O Zadig de Voltaire parecia preocupado em aplicar seu método principalmente ao estudo das "propriedades dos animais e das plantas"; Umberto Eco sugere que procedimentos semelhantes podem ser utilizados na análise de contextos culturais. Como comentou Adso a respeito de Guilherme de Baskerville:

> Assim era meu mestre. Sabia ler não apenas no grande livro da natureza, mas também no modo como os monges liam os livros da escritura, e pensavam através deles. Dote que, como veremos, lhe seria bastante útil nos dias que se seguiriam.

O método de Zadig tem encontrado seus adeptos também entre os historiadores. Não é outro, por exemplo, o procedimento de Robert Darnton em *O grande massacre de gatos*. Partindo de documentos inicialmente "opacos" — algo semelhante aos rastros ou pistas analisados por Zadig e Guilherme —, Darnton procura ter acesso a "um universo mental estranho", a significados que lhe revelem como pessoas de outro tempo e sociedade pensavam aspectos de seu próprio mundo. Aqui tudo começa com a premissa de que "a expressão individual ocorre dentro de um idioma geral, de que aprendemos a classificar as sensações e a entender as coisas pensando dentro de uma estrutura fornecida por nossa cultura".³ O historiador, portanto, através de um esforço minucioso de decodificação e contextualização de documentos, pode chegar a descobrir a "dimensão social do pensamento". Assim, torna-se possível aprender muito sobre a história cultural francesa do século XVIII se conseguimos entender o porquê de um grupo de artesãos parisienses achar deveras hilariante um episódio aparentemente tão sem graça quanto uma carnificina de gatos.

Podemos lembrar também a forma sistemática com que o historiador Carlo Ginzburg persegue e reconstitui as experiências de leitura do moleiro Menocchio como uma forma de acesso a aspectos da cultura popular no norte da Itália no século XVI.⁴ *O queijo e os vermes* apareceu na Itália em 1976; em 1980, exatamente o ano da primeira edição italiana de *O nome da rosa*, Ginzburg publicou um artigo sobre os métodos da história na revista inglesa *History Workshop* — o artigo intitula-se "Morelli, Freud and Sherlock Holmes: clues and scientific method" [pistas — indícios? — e método científico].⁵

Mais do que uma reflexão e descrição pormenorizadas de sua própria prática como historiador, o artigo de Ginzburg tem o objetivo de discutir o surgimento, em fins do século XIX, de um paradigma de construção do conhecimento nas ciências humanas que busca ir além do eterno contrastar esterilizante entre o "racional" e o "irracional", o "particular" e o "geral", a atitude "fragmentária" e a "holística" etc. Morelli foi um crítico de arte do século XIX que criou um controvertido método para a identificação correta da autoria de quadros de velhos mestres da pintura. Segundo Morelli, os críticos deveriam abandonar a convenção de que a maneira mais segura de distinguir a obra de um mestre da de seus imitadores era concentrar a análise nas características mais importantes das pinturas do mestre. Por exemplo, a melhor forma de distinguir um verdadeiro Leonardo da Vinci de uma imitação de Leonardo não era centrar todo o esforço na observação do sorriso das mulheres nos quadros; este seria um aspecto crucial, e qualquer impostor mais esperto não se deixaria pegar neste ponto. O procedimento mais apropriado, então, na opinião de Morelli, era focalizar os detalhes à primeira vista mais irrelevantes na escola do artista em questão — podiam ser as unhas, os lóbulos das orelhas, ou qualquer outro aspecto não explicitamente valorizado naquele contexto —, detalhes que os mestres certamente teriam sua própria maneira de abordar, mas aos quais os imitadores provavelmente não prestariam tanta atenção.

Numa técnica de cruzamento de fontes semelhante à utilizada em *O queijo e os vermes*, Ginzburg prova que as ideias de Morelli seduziram pessoas tão diferentes quanto Freud e Arthur Conan Doyle, o criador das aventuras detetivescas de Sherlock Holmes. Freud, num artigo de 1914, comentou assim o método de Morelli:

> Parece-me que seu método de investigação tem estreita relação com a técnica da psicanálise, que também está acostumada a adivinhar coisas secretas e ocultas a partir de aspectos menosprezados ou inobservados, do monte de lixo, por assim dizer, de nossas observações.[6]

Segundo Ginzburg, nestes três casos estamos diante do chamado "paradigma conjectural", ou seja, da proposta de criação de um método interpretativo no qual detalhes aparentemente marginais e irrelevantes são formas essenciais de acesso a uma determinada realidade; são tais detalhes que podem dar a chave para redes de significados sociais e psicológicos mais profundos, inacessíveis por outros métodos.

Zadig foi parar na prisão porque os juízes da Babilônia de início não acreditaram que ele pudesse ter descrito tão detalhadamente a cadela da rainha e o cavalo do rei sem tê-los jamais visto. Para os juízes, assim como para o eunuco e o monteiro-mor, parecia inconcebível que alguém lograsse saber tanta coisa a respeito dos animais sem ter tido a experiência de encontrá-los cara a cara. O sábio, porém, conseguiu explicar aos juízes como, a partir dos rastros ou dos vestígios deixados pelos animais, ele fora capaz de construir descrições verossímeis da cadela da rainha e do cavalo do rei. Na verdade, Zadig articulou as pistas disponíveis no sentido de oferecer ao eunuco e ao monteiro-mor visões possíveis dos animais, passíveis de estarem corretas dentro de seus limites e de seu ponto de vista, porém mais ou menos corretas dependendo da acuidade do observador.

Assim como Zadig e Guilherme de Baskerville nunca tinham visto os animais que descreveram, Ginzburg e Darnton jamais se depararam com os fatos históricos ao dobrarem uma esquina mais ou menos deserta de arquivo. Não, os fatos nunca estiveram lá, de tocaia, prontos para tomar de assalto as páginas dos historiadores; foi preciso investigar seus rastros — os documentos — e construí-los a partir dos interesses específicos de cada autor e da imaginação controlada característica da disciplina histórica. Ginzburg utilizou um método semelhante ao de Zadig para desvendar aspectos da cultura popular na Itália do século XVI em *O queijo e os vermes* e, no artigo de 1980, para discutir questões epistemológicas comuns às chamadas ciências humanas; Darnton estava empenhado em entender episódios da história cultural francesa no Antigo Regime. Em qualquer dos casos, o método utilizado é também uma tomada de posição a respeito do objetivo do esforço de produção do conhecimento. Ou seja, a explicitação de um método traz em seu bojo uma concepção a respeito de como construir o objeto a ser estudado. Dependendo das opções tomadas neste nível, o objetivo do esforço intelectual passa a ser a produção de uma visão da "cadela da rainha", "da cultura popular do norte da Itália no século XVI" etc. — não qualquer visão da cadela da rainha ou da cultura popular, mas aquela visão que o estudioso for capaz de produzir a partir de suas escolhas teóricas e metodológicas.

Neste livro, a cadela da rainha é o processo histórico de abolição da escravidão na Corte. Ao escrever apenas isso, todavia, já percebo que há uma lacuna na forma como a discussão vem sendo conduzida até aqui. O que falta ao método de Zadig, mesmo em suas formulações mais recentes em Ginzburg e Darnton, é o

18

movimento da história, a preocupação em propor uma teoria explicativa das mudanças históricas.

O sábio da Babilônia foi levado a investigar as propriedades dos animais e das plantas porque não lhe era mais possível aturar a esposa. Já o trauma de origem deste trabalho, aquilo que me levou a escrevê-lo, é de natureza completamente diversa. Em *Trabalho, lar e botequim*, um estudo sobre cultura popular na cidade do Rio de Janeiro no início do século XX, e utilizando fontes em grande parte semelhantes às que utilizo neste texto, encontrei extrema dificuldade em integrar o material bastante rico coletado na pesquisa a uma visão articulada do processo histórico da época.[7] Incapaz de abordar criativamente a questão, porém já intuitivamente cético quanto aos esquemas historiográficos tradicionalmente postulados para o período, acredito que tenha terminado aquele livro num impasse.

Por um lado, os processos criminais analisados se revelaram extremamente úteis no sentido de possibilitar uma "descrição densa" — lembrando Clifford Geertz, uma leitura que me foi bastante importante na ocasião —[8] de aspectos da cultura popular carioca no início do século XX. Isto é, espero ter conseguido reconstruir então, mesmo que muito parcialmente, alguns aspectos significativos das formas de sentir, pensar e agir da classe trabalhadora carioca da época. Por outro lado, não foi possível historicizar os sistemas de valores, as crenças e as alternativas de conduta tão minuciosamente descritas na documentação coligida. Sendo assim, naquele momento, só consegui tratar do problema das mudanças históricas recorrendo de forma pouco crítica ao "caldo" de cultura historiográfica disponível: aquele era um livro sobre a "implantação de uma ordem burguesa na cidade do Rio de Janeiro": sobre o "processo de constituição plena da ordem capitalista" na capital; ou ainda sobre "a transição do trabalho escravo para o trabalho livre no Brasil". Não pude ir muito além da simples repetição destas frases; elas entravam onde precisava estar a explicação histórica,

19

no lugar onde precisava figurar uma teoria convincente a respeito da "lógica da mudança" *naquela sociedade*. A construção de uma tal teoria é o objeto deste livro; é a cadela da rainha que procuraremos "ver", e cujos movimentos pelo bosque da Babilônia tentaremos seguir. Será sempre *uma visão* da cadela e de seus movimentos; uma visão, porém, objetiva e verdadeira enquanto tal.

A ênfase na chamada "transição" da escravidão (ou do escravismo, ou do modo de produção escravista) ao trabalho livre (ou à ordem burguesa) é problemática porque passa a noção de linearidade e de previsibilidade de sentido no movimento da história. Ou seja, postulando uma teoria do reflexo mais ou menos ornamentada pelo político e pelo ideológico, o que se diz é que a decadência e a extinção da escravidão se explicam em última análise a partir da lógica da produção e do mercado. Trata-se, portanto, por mais variadas que sejam as nuanças, da vigência da metáfora base/superestrutura; da ideia, frequentemente geradora de reducionismos grotescos, de "determinação em última instância pelo econômico". Em outras palavras, trata-se da postulação de uma espécie de exterioridade determinante dos rumos da história, demiurga de seu destino — como se houvesse um destino histórico fora das intenções e das lutas dos próprios agentes sociais. Talvez caiba recorrer aqui à intuição de um poeta: "Já se modificaram muitas noções relativas ao movimento; há de se reconhecer, aos poucos, que aquilo a que chamamos destino sai de dentro dos homens em vez de entrar neles".[9] Prefiro, então, falar em "processo histórico", não em "transição", porque o objetivo do esforço aqui é, pelo menos em parte, recuperar a indeterminação, a imprevisibilidade dos acontecimentos, esforço este que é essencial se quisermos compreender adequadamente o sentido que as personagens históricas de outra época atribuíam às suas próprias lutas.[10]

Ao iniciar a longa pesquisa que iria desembocar neste texto, procurei administrar da melhor maneira possível o trauma que estava na origem do esforço. De início, é preciso reconhecer francamente que, como aliás ocorre com frequência, o resultado final que ora se apresenta ao leitor é algo bastante diverso daquilo que o autor havia imaginado lá no ponto de partida. Para começar, não havia nenhuma decisão prévia em escrever uma história do processo de abolição da escravidão na Corte. Lá, nas origens, há quase cinco anos, existia um aprendiz de historiador, cinco anos mais jovem, com apenas duas ideias na cabeça. Primeiro, lá estava a ideia traumática geral, meio nebulosa, que consistia em dar continuidade, com o recuo de algumas décadas, aos seus estudos sobre cultura popular na cidade do Rio de Janeiro; o "recuo de algumas décadas" pareceu àquele jovem aprendiz uma maneira infalível de garantir que, desta feita, seria possível apreender a "lógica da mudança" na sociedade estudada. A segunda ideia era muito específica, resultado de uma circunstância: era preciso aproveitar a oportunidade, que havia surgido na ocasião, de pesquisar os processos criminais guardados no Arquivo do Primeiro Tribunal do Júri da cidade do Rio — tratava-se de uma documentação rica e volumosa, com material a partir da década de 1870.

O procedimento inicial foi, digamos, ambicioso e aleatório: estava decidido a pesquisar todos os processos criminais que encontrasse nos maços ímpares do arquivo do júri. Desempenhava minha tarefa cabalística de análise dos ímpares com disciplina espartana: descia os maços das estantes, abria-os, espanava o pó, esmagava implacavelmente as traças e baratas que encontrava pelo caminho, e fichava os processos conforme eles iam aparecendo. Como ainda não sabia bem aonde queria chegar, os dias no arquivo eram longos e sonolentos. Mas fui percebendo, aos poucos, que algumas histórias sacudiam a letargia: Genuíno, Adão Africano, Juvêncio, Bráulio... Todos negros, vários escravos. Resolvi então dar uma olhada também nos maços pares. Lá estavam o escravo Bonifácio e seus parceiros, a quitandeira Maria de São Pedro, a preta Francelina... Eram processos incríveis, protagonizados por personagens densas e envolventes, e que me obrigaram a contar a sua história.

Surgira, então, um norte para a pesquisa. Passei a abrir todos os maços referentes às décadas de 1870 e 1880, e decidi fichar daí em diante apenas os processos que comprovadamente envolvessem negros — fossem livres ou escravos, aparecessem eles na condição de réus, ofendidos ou testemunhas. Cheguei a ler quase quinhentos processos criminais no Arquivo do Primeiro Tribunal do Júri, e fichei minuciosamente 137 destes processos — sendo que cerca de trinta dos dossiês fichados não envolvem comprovadamente negros, já que foram pesquisados ainda durante a estratégia ocultista de ler só o que havia nos maços ímpares. Ficou logo evidente que não havia motivo para fazer qualquer distinção muito rígida entre os casos que envolviam negros escravos e aqueles que diziam respeito a negros libertos ou livres. Ao contrário, as fontes confundiam, misturavam, carregavam de ambiguidade as gavetinhas cartesianas que o pesquisador procurava impingir à realidade. O trabalho se direcionava cada vez mais, como veremos logo adiante, para a tentativa de compreensão do significado da liberdade para escravos e libertos, e era óbvio que a consecução de tal objetivo dependia da recuperação mais sistemática da experiência histórica dos negros da Corte em geral.

A pesquisa no júri me ocupou durante dois bons anos — de julho de 1984 até meados de 1986. Por essa época, comecei a tatear um outro tipo de documentação — as ações cíveis de liberdade, que se encontram no Arquivo Nacional, e que consistem em processos judiciais nos quais os escravos, através de seus curadores, procuram conseguir a alforria a seus senhores pelos mais variados motivos. A história se repete: Felicidade, Pompeu, Carlota, Desidério e Joana, Cristina... E a frase também: eram processos incríveis, protagonizados por personagens densas e envolventes, e que me obrigaram a contar a sua história. Trabalhei no Arquivo Nacional, em tempo integral, de julho de 1986 a fevereiro de 1987: fichei outros 78 processos, referentes às décadas de 1860, 70 e 80, ações de liberdade na sua grande maioria, e pesquisei pontualmente algumas outras fontes. Paralelamente, procurei me familiarizar um pouco com os debates políticos que resultariam na chamada lei do ventre livre.

Agora, olhando para trás, entendo que foi acertada a decisão de tentar superar o trauma de origem do trabalho com um maior adensamento e variedade de fontes e um alargamento no período de tempo a ser abordado. A solução era essa, sem poder ser bem essa. De fato, há um certo parentesco entre o meu raciocínio e aquele utilizado pelos juízes da Babilônia ao tomarem a deliberação inicial de encarcerar o jovem Zadig: o sábio não podia ter descrito corretamente a cadela da rainha e o cavalo do rei sem tê-los visto; eu não conseguiria compreender as transformações sociais na cidade do Rio no período sem "vê-las" estampadas em documentos estrategicamente espalhados no tempo. A solução podia ser inicialmente essa, sem precisar ser necessariamente essa, e sem jamais poder ser *apenas* essa.

Zadig não viu a cadela da rainha; ele observou os rastros deixados por ela, analisou-os à luz de seus conhecimentos, e foi capaz de construir uma imagem objetiva e verdadeira da cadela. Assim como os rastros *não eram* a cadela da rainha, os documentos espalhados no tempo *não podiam ser* o movimento da história. Era preciso articular uma forma de ler as fontes tendo em vista o objetivo de entender as mudanças históricas que resultariam no fim da instituição da escravidão na Corte. E isto sem recorrer aos demiurgos habituais da historiografia: a metáfora base/superestrutura, o determinismo econômico, a "transição" entre os modos de produção, e o interminável caudal de certezas que habitualmente se seguem.[11]

Com a crise da metáfora base/superestrutura, e as dúvidas que surgiram a respeito de esquemas longamente vigentes, ficaram as lacunas e as perplexidades: afinal, como pensar os fatos culturais e ideológicos também como instituintes do devir social, e não como fatos subordinados, determinados por outra instância — por fatos de "outra natureza", por assim dizer — da formação social em questão? Ou seja, como integrar os conflitos em torno de normas e de valores na análise de transformações sociais específicas?

Podemos prosseguir em nossa busca analisando alguns dos rastros deixados por um antigo debate acadêmico. Trata-se da análise das possibilidades de diálogo entre a história social e a antropologia social, uma disciplina que possui sólida tradição de reflexão sobre o conceito de cultura. E. P. Thompson explorou o tema já há mais de dez anos, e sugeriu na ocasião algumas condições para que o intercâmbio fosse efetivamente proveitoso para os historiadores.[12]

É evidente, de início, que, sendo a história a disciplina da contextualização e da interpretação das transformações sociais, os historiadores sejam cautelosos em relação a conceitos ou categorias de análise que possuam supostamente uma validade transcultural — isto é, que impliquem a construção de modelos e que postulem a recorrência provável ou necessária, em sociedades distintas no tempo e/ou no espaço, de funções ou significados sociais historicamente específicos. Na verdade, alguns conceitos que são habituais na antropologia social e na sociologia só seriam realmente úteis à historiografia se revestidos de uma "ambivalência dialética":[13] assim, uma concessão ou doação deve também ser interpretada como uma conquista; a constatação da ocorrência de um "consenso social" a respeito de certos assuntos precisa ser compreendida em termos de uma "hegemonia de classe"; a prática de certas normas ou rituais por parte de uma classe dominante pode ser vista como uma "necessidade" diante das condições históricas específicas do exercício da dominação. Não é difícil perceber o alcance dessas observações ao sairmos ao encalço de nossa própria cachorrinha: numa sociedade escravista, a carta de alforria que um senhor concede a seu cativo deve ser também analisada como o resultado dos esforços bem-sucedidos de um negro no sentido de arrancar a liberdade a seu senhor; no Brasil do século XIX, o fato de que senhores e escravos pautavam sua conduta a partir da noção de que cabia unicamente a cada senhor particular a decisão sobre a alforria ou não de qualquer um de seus escravos precisa ser entendida em termos de uma "hegemonia de classe"; e os castigos físicos na escravidão precisavam se afigurar como moderados e aplicados por motivo justo, do contrário, os senhores estariam colocando em risco a sua própria segurança.

Todas essas ressalvas acabam conduzindo Thompson a uma posição bastante cuidadosa em relação à aproximação entre antropologia social e história social. "Para nós", escreveu ele, situando-se aqui ao lado de Keith Thomas e Natalie Zemon Davis,

> O impulso antropológico é sentido não na construção de modelos, mas na identificação de novos problemas, na possibilidade de ver velhos problemas a partir de novas perspectivas, na ênfase em normas ou sistemas de valores e em rituais, na atenção para as funções expressivas de diferentes formas de agitação social, e também na observação das manifestações simbólicas da autoridade, do controle e da hegemonia.[14]

Tudo isto, prosseguia Thompson na ocasião, para evitar categorias de explicação "positivistas" ou "utilitárias", penetradas pela tradição economicista do marxismo. De qualquer forma, para Thompson o que o historiador podia buscar na antropologia era fundamentalmente o alargamento de seus horizontes de reflexão. Além disso, ele é um tanto reticente, pelo menos no texto em questão, sobre a possibilidade de abordar o problema da transformação social numa historiografia preocupada em investigar normas e sistemas de valores. Ele afirma mesmo que em tal historiografia a "lógica da mudança", o "vir a ser" (*becoming*), importa menos do que a recuperação de um "estado passado" da consciência e da "textura" das relações sociais (*being*).[15]

As reticências de Thompson, neste artigo de 1977, sobre a possibilidade de analisar o processo histórico levando-se em consideração o caráter também instituinte dos fatos culturais e ideológicos podem ter sido apenas uma estratégia de momento. Afinal, tratava-se de um trabalho sobre sociedades "governadas pelo costume", e tudo indica que Thompson tinha então a missão de dizer algo sobre a importância do folclore para a história social. O fato, todavia, é que por ocasião do artigo de 1977 Thompson já havia publicado textos importantes encarando de frente o problema da análise das mudanças históricas através da reconstituição dos conflitos ocorridos em torno de diferentes normas e valores, ou dos conflitos originados a partir de diferentes usos e interpretações dados a significados sociais gerais.[16]

Não te amofines, caro leitor. Juro-te que estamos prestes a "ver" a nossa cadela. O método de Zadig é assim mesmo: só analisando diferentes vestígios, e procurando relacioná-los entre si, é que se pode eventualmente chegar a formar uma imagem una e coerente da cachorrinha fujona. Imaginemos que Zadig, abstraindo todo o resto, se empenhasse apenas em analisar "os leves e longos sulcos" que se mostravam "visíveis nas ondulações da areia". Ele seria então capaz de descobrir que tais sinais provinham das tetas pendentes da cadela? É claro que não. Foi preciso observar também as pegadas que existiam na areia, e relacionar as duas coisas; do contrário, "os leves e longos sulcos" permaneceriam indecifráveis. Assim é o trabalho do historiador, sem ser bem assim. A frase anterior é enigmática; melhor analisar outros rastros.

Os esforços de Thompson no sentido de integrar aspectos culturais na análise do processo histórico motivaram Sidney Mintz a produzir uma contrapartida antropológica: a tentativa de integrar a historicidade dos valores e das alternativas de conduta na construção de uma visão antropológica de cultura.[17] Em outras palavras, Mintz está empenhado em mostrar a necessidade de propor um conceito de cultura que permita a análise das transformações sociais. Ele parece partir de definições de "cultura" e de "sociedade" propostas por ele próprio e Richard Price em trabalho anterior:[18] por "cultura" entende-se um corpo de crenças e de valores, socialmente adquiridos e modelados, que servem a um grupo organizado como guias de comportamento; por "sociedade" entende-se a arena de luta ou as circunstâncias sociais que dariam ensejo à utilização das formas ou alternativas culturais disponíveis.

Essas definições preliminares tornam o vocabulário mais preciso, porém ainda não esclarecem como pensar "a lógica da mudança" com tal definição de cultura. Tal elucidação é exatamente o objetivo do artigo de 1982, e a passagem seguinte me parece uma das mais cruciais do texto:

> [...] ao tratar das intenções dos atores num sistema social, atores que empregam uma variante cultural ao invés de outra em vários momentos de suas vidas, parece necessário enfatizar que a relação entre intenção, ato e consequência não é sempre a mesma. Pessoas diferentemente situadas numa sociedade podem fazer a mesma coisa, pensar em significados muito diferentes para aquilo que estão fazendo, e acarretar consequências diferentes ao praticarem atos similares.[19]

Se entendo corretamente as intenções de Mintz nesta passagem, ele aponta para um aspecto essencial a ser considerado em qualquer análise de mudanças históricas específicas que pretenda levar na devida conta os conflitos em torno de valores, crenças e alternativas de conduta: em determinada sociedade, a existência de significados sociais gerais que, na formulação provável de Thompson, evidenciariam a presença de uma "hegemonia de classe" não implica necessariamente a esterilização das lutas e das transformações sociais, ou a vigência de um consenso paralisante. Na verdade, os significados sociais gerais muitas vezes revelam aos sujeitos históricos os "lugares" onde as lutas de classe e outros conflitos presentes numa determinada sociedade se revestem de um caráter político mais decisivo —

isto é, potencialmente transformador. Para o historiador, talvez haja aqui uma pista decisiva: no processo de definição de seu objeto, seria importante delimitá-lo na confluência de muitas lutas, no "lugar" onde não seria possível determinar com qualquer precisão o que seriam os aspectos econômicos, sociais, políticos ou ideológicos do processo histórico em questão. A cadela da rainha precisaria estar numa encruzilhada, na confluência de muitos caminhos e na incerteza de vários futuros.

Já quase vês, caro e fatigado leitor, os contornos da cadela fujona. Com efeito, talvez nenhum assunto tenha sido tão decisivo naquelas décadas finais do Segundo Reinado quanto o significado da liberdade dos negros. Este era um assunto econômico, pois afinal dele dependia a autonomia ou não dos negros em suas atividades produtivas, assim como a disponibilidade ou não da força de trabalho dos ex-escravos para os senhores que se tornavam patrões. Este era um assunto político, pois afinal o governo podia agora interferir mais decisivamente na organização das relações de trabalho. Insinuava-se aqui também a questão social: afinal, eram agora necessárias políticas públicas no sentido de viabilizar ao negro liberto a obtenção de condições de moradia, alimentação e instrução, todos assuntos percebidos anteriormente como parte das atribuições dos senhores. Este era um assunto que envolvia tudo isso, se bem que isso ainda não era tudo, e se bem que vários itens dessa agenda não tenham jamais entrado realmente em pauta.

Falta ainda mencionar um último rastro, visto que seu exame foi importante para que o significado da liberdade se tornasse finalmente a cadela da rainha neste livro. Desde pelo menos o início da década de 1970, a historiografia norte-americana sobre a escravidão tem girado em torno da tentativa de resolução do aparente paradoxo entre a constatação da eficácia da política de domínio senhorial e a contínua descoberta de práticas culturais autônomas por parte dos escravos.[20] Em outras palavras, o problema é reconhecer a presença da classe senhorial na forma como os escravos pensavam e organizavam seu mundo e, ao mesmo tempo, entender que os escravos instituíam seu próprio mundo mesmo sob a violência e as condições difíceis do cativeiro, sendo que a compreensão que tinham de sua situação não pode ser jamais reduzida às leituras senhoriais de tal situação. Mais recentemente, vários historiadores perceberam que uma forma de analisar esta questão seria a investigação daquilo que os negros, assim como os proprietários e os governantes, tinham a dizer a respeito do significado da liberdade naqueles anos decisivos de crise da instituição da escravidão e de guerra civil.[21]

Enfim, aqui vai tudo o que é preciso saber no momento: juntando todos esses cacos ou vestígios, cheguei à conclusão de que as lutas em torno de diferentes visões ou definições de liberdade, e de cativeiro, eram uma das formas possíveis de acesso ao processo histórico de extinção da escravidão na Corte.

Ah, sim, ia já me esquecendo: leva também um mapa do bosque da Babilônia!

Para os negros, o significado da liberdade foi forjado na experiência do cativeiro; e, sem dúvida, um dos aspectos mais traumáticos da escravidão era a constante compra e venda de seres humanos. Dessa forma, o primeiro capítulo do livro aborda o problema das percepções e das atitudes dos próprios escravos diante das situações de transferência de sua propriedade. O argumento proposto é o de que havia visões escravas da escravidão que transformavam as transações de compra e venda de negros em situações muito mais complexas do que simples trocas de mercado. Os negros tinham suas próprias concepções sobre o que era o cativeiro justo, ou pelo menos tolerável: suas relações afetivas mereciam algum tipo de consideração; os castigos físicos precisavam ser moderados e aplicados por motivo justo; havia maneiras mais ou menos estabelecidas de os cativos manifestarem sua opinião no momento decisivo da venda. O tráfico interno deslocou para o sudeste, a partir de meados do século XIX, milhares de escravos que se viram subitamente arrancados de seus locais de origem, da companhia de seus familiares, e do desempenho das tarefas às quais estavam acostumados. Muitos destes negros reagiram agredindo seus novos senhores, atacando os donos das casas de comissões — lojas de compra e venda de escravos —, provocando brigas ou desordens que impedissem sua ida para as fazendas de café, fugindo e procurando retornar à sua província de origem. Interrogados pelos juízes da Corte em processos cíveis e criminais, estes "negros maus vindos do Norte" — como se dizia na época — explicaram detalhadamente suas atitudes e motivações, e ajudaram a enterrar definitivamente a instituição da escravidão.

O segundo capítulo, que encontrou seu impulso inicial num artigo de Manuela Carneiro da Cunha,[22] é uma análise da ideologia da alforria e suas transformações na Corte na segunda metade do século XIX. Centrado principalmente no estudo das ações cíveis de liberdade, o capítulo defende a necessidade de uma reinterpretação da lei de 28 de setembro de 1871: em algumas de suas disposições mais importantes, como em relação ao pecúlio dos escravos e ao direito à alforria por indenização de preço, a lei do ventre livre representou o reconhecimento legal de uma série de direitos que os escravos vinham adquirindo pelo costume, e a aceitação de alguns dos objetivos das lutas dos negros. Na realidade, é possível interpretar a lei de 28 de setembro, entre outras coisas, como exemplo de uma lei cujas disposições mais essenciais foram "arrancadas" pelos escravos às classes proprietárias.

Finalmente, a história das lutas dos negros da Corte pela liberdade ao longo do século XIX é parte essencial da história da própria cidade do Rio no período. O último capítulo, portanto, trata da "cidade negra". Os escravos, libertos e negros livres pobres do Rio instituíram uma cidade própria, arredia e alternativa, possuidora de suas próprias racionalidades e movimentos, e cujo significado fundamental, independentemente ou não das intenções dos sujeitos históricos, foi fazer desmanchar a instituição da escravidão na Corte. Foi tal cidade, portadora da memória histórica da busca da liberdade, que despertou a fúria demolidora das primeiras administrações republicanas: ao procurar mudar o sentido do desenvolvimento da cidade — perseguindo capoeiras, demolindo cortiços, modificando traçados urbanos —, os republicanos tentavam, na realidade, desmontar cenários e solapar significados penosamente forjados na longa luta da cidade negra contra a escravidão. O último capítulo é um relato desta luta, através da reconstituição de alguns de seus cenários e significados.

O leitor tem, agora, a companhia de Zadig e o mapa detalhado do bosque. Os rastros da cadela da rainha estão visíveis logo adiante. É só virar a página e começar a busca...

1. NEGÓCIOS DA ESCRAVIDÃO

INQUÉRITO SOBRE UMA SUBLEVAÇÃO DE ESCRAVOS

Era o Ano do Nascimento de Nosso Senhor Jesus Cristo de 1872, aos 17 de março do dito ano, nesta Corte. Os escravos que se encontravam na casa de comissões de propriedade de José Moreira Veludo haviam acabado de jantar. O negociante descera ao dormitório dos negros com o intuito de fazer curativos num seu escravo de nome Tomé, que estava em tratamento havia vários dias. Liderados por um mulato baiano de nome Bonifácio, mais de vinte dos cerca de cinquenta escravos que aguardavam compradores na loja de Veludo avançaram sobre o negociante e lhe "meteram a lenha". O preto Marcos arrancou a palmatória das mãos de Tomé para esbordoar Veludo; o crioulo Constâncio usou um pau curto que trazia; vários outros se serviram de achas de lenha que haviam escondido debaixo de suas tarimbas especialmente para a ocasião.[1]

O comerciante estava cercado de negros e apanhava para valer quando um caixeiro da casa de comissões de nome Justo armou-se de um pau comprido, convocou o auxílio do guarda-livros e partiu em socorro do patrão. Os dois rapazes conseguiram arrombar a cancela e, com a ajuda de Tomé, arrastaram Veludo para fora. O comerciante ficou bastante ferido e os negros permaneceram agitados, mas aparentemente não ocorreu uma tentativa coletiva de fuga. De qualquer forma, uma pequena operação de guerra foi montada para a prisão dos escravos. O subdelegado de Santa Rita pediu a presença de uma tropa de fuzileiros navais e organizou o cerco à loja da rua dos Ourives, tendo comparecido ainda ao local o primeiro delegado, o comandante dos guardas urbanos, um capitão e um major.[2] Os autos do inquérito policial aberto pelo subdelegado trazem os depoimentos de 24 escravos.

O crioulo Constâncio, escravo de Guilherme Teles Ribeiro, natural da província do Rio de Janeiro, de 22 anos presumíveis, solteiro, analfabeto, carroceiro, filho de Silvestre e de Isabel, oferece uma versão bastante detalhada dos acontecimentos na subdelegacia:

> [...] que há cinco meses está em casa de José Moreira Veludo para ser vendido e que logo que aí chegou os outros escravos começaram a falar que era preciso *darem pancadas* em Veludo porque era muito mau e que só assim sairiam do poder dele; que ontem Bonifácio crioulo convidou ao interrogado para unir-se a ele e aos outros companheiros para matarem a Veludo e o interrogado concordou isso devia ter lugar na hora em que Veludo descesse para curar o preto Tomé; que hoje à tarde estando Veludo curando tal preto, seguiu para o lugar em que ele estava o preto Bonifácio e estando o interrogado no quintal ouviu barulho de bordoadas e gritos de Veludo então para lá correu e viu Veludo caído no chão e muitos dos acusados dando-lhe bordoadas, entre os quais o preto Marcos que dava com uma palmatória dando-lhe pela cabeça e pelo corpo; então servindo-se o interrogado de um pau curto que consigo levava deu em Veludo duas cacetadas no pescoço e nessa ocasião intervindo o caixeiro a favor de Veludo, deu-lhe o interrogado duas cacetadas e depois fugiu para o quintal onde foi preso [A 102; grifo no original].

O relato de Constâncio impressiona primeiramente pela minúcia com que o plano de ataque a Veludo foi concebido e executado. Tudo foi pensado com bastante antecedência e envolvia um grande número de escravos, porém o sigilo pôde ser mantido e o comerciante foi surpreendido com a agressão. Há ainda sutilezas no plano que não aparecem no depoimento de Constâncio. Estava combinado que alguns escravos que ficariam no quintal iriam derrubar um muro para provocar a repreensão de Veludo e justificar o início da pancadaria. Este muro derrubado iria servir também para a fuga em direção à subdelegacia após o episódio, sendo que pelo menos o crioulo Gonçalo tinha a surpreendente esperança de alcançar a liberdade assentando praça (A 104). Não fica bem claro nos depoimentos se o muro afinal foi ou não para o chão, mas sabemos que os negros "fizeram sangue" ou "meteram a lenha" na vítima na ocasião prevista e com os instrumentos guardados especialmente para o evento: tudo aconteceu quando Veludo foi tratar da perna de Tomé, e a maioria dos escravos usou as achas de lenha que traziam escondidas. Segundo vários depoimentos, o crioulo Bonifácio se encarregou de dar o sinal do ataque e a primeira pancada.[3] Houve ainda o cuidado de evitar que escravos suspeitos de fidelidade a Veludo, como o próprio Tomé e o crioulo Jacinto, percebessem o que estava por acontecer (A 107, A 105).

Tanta precisão e competência na concepção e execução do plano é acompanhada de justificativas igualmente consistentes. Como vimos, para Constâncio o negociante era "muito mau" e era preciso "sair do poder dele", enquanto Filomeno queria participar da combinação porque "já havia apanhado". Há outros escravos que atribuem o remédio radical que resolveram aplicar contra Veludo ao rigor do tratamento que o negociante dispensava às "peças" que estavam à venda no seu estabelecimento. Mas não é essa a única justificativa que os cativos apresentam para os seus atos, nem parece ser esse o móvel essencial da decisão de surrar aquele homem de negócios da Corte. Podemos dar a palavra ao mulato Bonifácio, baiano de Santo Amaro, 35 anos presumíveis, analfabeto, ganhador, filho de Benta e Manoel, e identificado em vários depoimentos como um dos cabeças do movimento:

[...] que estando em casa de José Moreira Veludo para ser vendido foi influído por todos os outros acusados acima mencionados para entrar com eles na combinação que fizeram para esbordoar Veludo e fazer sangue nele, o que, queriam os outros fazer para não seguirem para uma fazenda para onde tinham de ir a mandado de um negociante de escravos por nome Bastos que já os tinha escolhidos [*sic*]; tendo o interrogado raiva de seu Senhor por dar-lhe palmatoadas entrou na combinação que já estava acertada a mais [*sic*] de oito dias [A 99].

Apesar de afirmar em seu depoimento que foi "influído" pelos outros negros na sua decisão de participar da agressão a Veludo, Bonifácio prossegue descrevendo com detalhes as ações e confessa que partiu na linha de frente ao lado do pardo Francisco, também baiano, sendo que fora ele Bonifácio quem dera as primeiras cacetadas. Ele justifica sua atuação no movimento pela "raiva" que tinha do comerciante, mas explica que os outros foram movidos pela recusa em serem vendidos para uma fazenda de café. O crioulo cearense Gonçalo, por exemplo, disse que

tendo ido anteontem para a casa de Veludo para ser vendido foi convidado por Filomeno, e outros para se associar com eles para matarem Veludo para não irem para a Fazenda de Café para onde tinham sido vendidos [A 102];

explicação semelhante é oferecida por Francisco, Filomeno, Joaquim, Benedito e Juvêncio. Há escravos que manifestam ainda a intenção de "irem para a polícia" após darem as bordoadas.[4] Nas declarações dos escravos, portanto, o que parece estar em jogo não é uma fuga coletiva, uma tentativa desses negros de escapar de sua condição de cativos, e sim a afirmação de que se negavam radicalmente a serem vendidos para o interior. Para esses homens, a prisão parecia um mal menor do que a escravidão nas fazendas de café.

Todo o episódio sugere, na verdade, que o atentado contra Veludo havia sido o último recurso disponível a esses negros para influenciarem o rumo que tomariam suas vidas dali por diante. Um exame da lista dos vinte escravos que acabam sendo incriminados pelo relatório do delegado revela que treze deles eram baianos e tinham chegado do norte havia poucas semanas para serem vendidos (A 113-5). Nota-se também que entre esses baianos três eram propriedade de Francisco Camões — entre eles o crioulo Bonifácio —, outros três eram escravos de José Leone, mais três eram escravos de Emiliano Moreira, e havia ainda dois que pertenciam a Vicente Faria. Ou seja, o mínimo que é lícito imaginar é que esse lote de negros continha pequenos grupos de cativos que já se conheciam há tempos por terem sido propriedade do mesmo senhor. Essa circunstância talvez ajude a explicar o entrosamento e o sigilo conseguidos no movimento, sendo possível que existissem laços de solidariedade ou parentesco entre esses negros que os motivassem à ação. Seja qual for o sentimento de solidariedade que esses escravos tenham experimentado entre si, o fato é que reagiram a uma situação na qual não lhes fora deixado qualquer espaço de manobra. Como veremos detalhadamente mais adiante, era comum que os escravos exercessem alguma forma de pressão sobre seus senhores no momento crucial de sua venda. Essas pressões ou negociações poderiam ter formas e intensidades diferentes dependendo de cada situação específica. É provável, contudo, que tal espaço de manobra fosse reduzido quase à nulidade quando o senhor encarregava um comerciante de escravos de realizar a venda. Bonifácio e seus companheiros vieram da Bahia e de outras províncias do norte para serem vendidos por um negociante próspero da Corte. Estava criada uma situação sobre a qual os negros pareciam não ter qualquer controle, e isto explica de certa forma a atitude drástica tomada contra Veludo.

Não há no episódio, no entanto, um alinhamento ou uma solidariedade automática dos escravos contra o comerciante. Os depoimentos mostram que o movimento foi tecido pacientemente entre os negros, com Bonifácio, Filomeno e outros conversando e procurando o engajamento de todos: o crioulo João contou que foi convidado por Filomeno, Bartolomeu e Marcos (A 105); Constâncio foi convencido por Bonifácio (A 102); Gonçalo também foi atraído por Filomeno (A 104). Enfim, houve muito papo antes da ação, e foi preciso ter uma percepção mais ou menos clara de que não era possível atingir a todos. Alguns negros tentam diminuir sua culpa no inquérito afirmando que, apesar de saberem do plano, não participaram no espancamento da vítima.[5] Mas o preto Tomé, escravo fiel de Veludo, e o maranhense Odorico, que se achava na loja para ser vendido, não pareciam suspeitar de nada, e ainda declararam que lutaram contra seus parceiros para livrarem o abastado comerciante português dos apuros nos quais se encontrava. E há ainda o crioulo Jacinto: ele disse

> que não soube de combinação alguma feita entre os pretos da casa de Veludo para matarem a este, porque se soubesse teria contado ao preto Tomé para este contar ao Senhor [A 105].

Não é possível saber quem está narrando aquilo que acha que realmente viu acontecer e quem está conscientemente torcendo os fatos no sentido de atingir determinados resultados. De qualquer forma, a história vai se complicando, e de repente podemos nos deparar com "armações" — algumas absurdamente cômicas, outras dramáticas — que nos lançam no bojo mesmo das tramas e experiências de personagens de um outro tempo. Veludo ficou com várias contusões na cabeça e pelo corpo, sendo seus ferimentos considerados graves pelos médicos (A 99); no entanto, é a própria vítima quem contrata um advogado para defender seus agressores (A 109). Na denúncia, em 2 de abril de 1872, o promotor público havia enquadrado os escravos na lei de 10 de junho de 1835, o que os tornava sujeitos à pena de morte caso fossem condenados no júri popular (A 109). Isto é, havia um risco de perda total para o dono da casa de comissões. Muitos contos de réis estavam em jogo, e Veludo age rápido: no dia 15 de abril, portanto quase um mês após a agressão, ele entra com uma petição na qual explica que "dois ou três escravos" lhe haviam ferido levemente, e solicita um exame de sanidade para comprovar sua afirmação. Os médicos fizeram um novo exame, porém concluíram que os ferimentos haviam sido graves mesmo, sendo que o paciente ainda necessitava de uns dez dias para ficar recuperado (A 111).

O juiz de direito encarregado da pronúncia achou que a lei de 10 de junho de 1835 não era aplicável, classificou o crime como ofensas físicas graves e não como tentativa de morte, e julgou procedente a denúncia apenas contra sete dos vinte acusados. Veludo deve ter ficado aliviado, e dias depois entrou com uma petição solicitando alvará de soltura para os réus que não haviam sido pronunciados. Pelo menos a maior parte do capital já não corria mais perigo. A estratégia da defesa para conseguir esse resultado foi simples: por um lado, houve uma certa orquestração dos depoimentos do sumário, em que negociantes vizinhos de Veludo e mais o caixeiro e o guarda-livros deste declararam unanimemente que não podiam dizer "quais foram os pretos entre os acusados que tomaram parte no conflito" (A 110); por outro lado, há a tentativa previsível de destituir esses negros escravos de quaisquer resquícios de consciência ou racionalidade. O advogado de defesa argumenta que

> milita em seu favor mais de uma circunstância, e especialmente o embrutecimento de seus espíritos e falta absoluta de educação; — males que são provenientes de sua forçada condição de escravos, e que, embotando-lhes a consciência do mérito e do demérito, lhes diminui consideravelmente a responsabilidade moral e a imputabilidade [A 111].

É curioso notar que os escudeiros de Veludo não conseguem tampouco uma articulação perfeita. Apesar de ter permanecido fiel a seu senhor durante todo o tempo — declarando tanto no inquérito quanto no sumário que havia lutado contra os seus companheiros de cativeiro —, Tomé acabou sendo uma pedra no sapato do advogado de defesa. O negro permaneceu fiel a seu senhor, mas dentro de sua própria racionalidade. Ao contrário do que gostaria de ouvir o advogado contratado por Veludo, Tomé afirma sempre que haviam sido muitos os agressores de seu senhor, que ficara caído no chão após as pancadas de Bonifácio, Francisco e Marcos, sendo que "já nessa ocasião havia um grande grupo de pretos todos armados de paus em redor de seu senhor". Além dos três parceiros mencionados, o preto cita ainda os nomes de Lúcio e Constâncio. O advogado procura contestar as declarações de Tomé utilizando-se da própria hostilidade que os outros escravos pareciam demonstrar contra ele:

E pelo curador foi contestado dizendo que não é exata a informação, porque o informante declara que não tinha convivência com seus parceiros que não gostavam dele.

O preto sustentou suas declarações (A 110).

A última cena dessa história ocorreu em 16 de julho de 1872. O júri popular entendeu que Francisco e Filomeno eram inocentes, e Veludo conseguiu assim salvar mais alguns de seus mil-réis. Bonifácio, Luiz, Marcos, Constâncio e João de Deus foram condenados a "cem açoites, trazendo depois de os sofrer um ferro ao pescoço por seis meses". O crioulo Bonifácio, um desses escravos de "espírito embrutecido", como julgava o próprio bacharel encarregado de sua defesa, admitiu abertamente no júri que dera as pancadas na vítima, utilizando para isso uma acha de lenha. Ele explicou mais uma vez que havia surrado Veludo porque este "estava para lhe pegar". Numa última tentativa de livrar seus companheiros dos ferros e açoites que estavam fatalmente por vir, Bonifácio declarou ainda que as bordoadas haviam sido dadas "por ele só, e que não viu mais ninguém dar". Dias depois, o negociante pediu a soltura dos dois escravos absolvidos, anexando os documentos que comprovavam que os ditos negros lhe haviam sido entregues para serem vendidos (A 112).

FICÇÕES DO DIREITO E DA HISTÓRIA

Meu primeiro encontro com a história de Veludo e Bonifácio ocorreu no arquivo abafado e poeirento do Primeiro Tribunal do Júri da cidade do Rio de Janeiro. Posteriormente, pude ler a notícia sobre a "sublevação" liderada por Bonifácio no *Jornal do Commercio* do dia 18 de março de 1872. Encontrei Veludo acidentalmente outras vezes, e acabei decidindo perseguir suas pegadas em fontes e momentos diversos. Como o leitor verá, o negociante nos acompanhará em todo o trajeto deste primeiro capítulo. A opção em perseguir Veludo foi na verdade uma estratégia para ir ao encontro de outros "Bonifácios", pois fiquei interessado em entender melhor as atitudes e os sentimentos de escravos que estavam na iminência de serem negociados.

Para o leitor de hoje em dia, a possibilidade de homens e mulheres serem comprados e vendidos como uma outra mercadoria qualquer deve ser algo, no mínimo, difícil de conceber. A primeira sensação pode ser de simples repugnância, passando em seguida para a denúncia de um passado marcado por arbitrariedades desse tipo. Com efeito, um pouco de intimidade com os arquivos da escravidão revela de chofre ao pesquisador que ele está lidando com uma realidade social extremamente violenta: são encontros cotidianos com negros espancados e supliciados, com mães que têm seus filhos vendidos a outros senhores, com cativos que são ludibriados em seus constantes esforços para a obtenção da liberdade, com escravos que tentam a fuga na esperança de conseguirem retornar à sua terra natal. As histórias são muitas e seria preciso uma dose inacreditável de insensibilidade e anestesia mental para não perceber aí muito sofrimento. O mito do caráter benevolente ou não violento da escravidão no Brasil já foi sobejamente demolido pela produção acadêmica das décadas de 1960 e 1970 e, no momento em que escrevo, não vejo no horizonte ninguém minimamente competente no assunto que queira argumentar o contrário.

A constatação da violência na escravidão é um ponto de partida importante, mas a crença de que essa constatação é tudo o que importa saber e comprovar sobre o assunto acabou gerando seus próprios mitos e imobilismos na produção historiográfica. Podemos, por exemplo, fazer uma breve história de um dos mitos mais célebres da historiografia: a coisificação do escravo.

40

Comecemos por Perdigão Malheiro, em seu conhecido estudo sobre a escravidão publicado na década de 1860.[6] Ele demonstra que o cativo se encontra

> reduzido à condição de *cousa*, sujeito ao *poder* e *domínio* ou propriedade de um outro, é havido *por morto*, privado de *todos os direitos*, e não tem *representação alguma*.[7]

Neste momento, Perdigão Malheiro está preocupado em esclarecer a situação do escravo do ponto de vista estritamente legal. O autor esclarece também que o senhor é proprietário do escravo apenas "por ficção", ficção esta que é essencial no ordenamento jurídico da sociedade em questão. Ou seja, o objetivo aqui é o desmonte da ideologia da escravidão, mostrando que a existência de tal instituição é um fato da história humana, uma invenção do direito positivo, e não algo inscrito na natureza mesma das coisas.[8] Tirar a escravidão do universo harmonioso e acabado da natureza e lançá-la no campo conflituoso da história é a contribuição crucial de Perdigão Malheiro e, nesse sentido, estamos diante de um belo livro de história das ideologias: ao demonstrar que a escravatura é uma construção social específica, o autor está convidando o leitor, implicitamente, a imaginar formas diferentes de inventar ou de ordenar a sociedade na qual participa.

Em alguns momentos, no entanto, Perdigão Malheiro tenta ir além dessa versão meramente jurídica da coisificação dos escravos:

> Todos os direitos lhes eram negados. Todos os sentimentos, ainda os de família. Eram reduzidos à condição de *coisa*, como os irracionais, aos quais eram equiparados, salvas certas exceções. Eram até denominados, mesmo oficialmente, *peças*, *fôlegos vivos*, que se mandavam marcar com ferro quente ou por *castigo*, ou ainda por *sinal* como o gado.
>
> Sem consideração alguma na sociedade, perde o escravo até a consciência da dignidade humana, e acaba quase por

acreditar que ele não é realmente uma criatura igual aos demais homens livres, que é pouco mais do que um irracional. E procede em conformidade desta errada crença, filha necessária da mesma escravidão. Outras vezes o ódio, a vingança o excitam a crueldades.[9]

O problema da coisificação dos escravos ganha então uma dimensão bem mais abrangente. A definição legal do escravo como "coisa" se transforma também numa condição social, havendo aqui a pretensão de apreender ou de descrever a experiência histórica desses negros. No primeiro parágrafo é a visão dos senhores que está sendo interpretada: os proprietários pareciam quase acreditar que estavam lidando com criaturas que se assemelhavam ao gado, e o tratamento dispensado aos negros era em vários aspectos idêntico ao dado às bestas. No parágrafo seguinte nos é proposta a ideia de que o próprio cativo introjeta a noção de que a sua inferioridade em relação ao homem livre é algo natural, e de que o escravo age segundo a crença de que "é pouco mais do que um irracional". A última frase sugere que é só através do "ódio", da "vingança", que os negros negam essa consciência passiva que parecem ter de sua condição. É verdade que Perdigão Malheiro teve o cuidado de escrever que o escravo "acaba quase por acreditar" na sua inferioridade, não afirmando, portanto, categoricamente a autoimagem de criatura naturalmente inferior que os cativos teriam de si mesmos, mas o fato é que a discussão da dimensão supostamente social da coisificação do escravo estava destinada a fazer uma longa carreira acadêmica.

Em suma, o objetivo de Perdigão Malheiro é convencer setores mais conservadores das elites da necessidade de encaminhar a questão da abolição do "elemento servil", e sua estratégia é atacar a instituição da escravidão a partir de dois ângulos: por um lado, mostrando que o domínio que o senhor exerce sobre o escravo tem por base disposições do direito positivo, e não do "direito natural"; por outro lado, argumentando que o cativeiro é uma "organização anormal do estado social", que exclui a "parte escrava da comunhão social, vivendo quase como *parasita* em relação à sociedade".[10] A definição legal do escravo como "coisa" vinha acompanhada de uma violência social que parecia inerente à escravidão e que embaraçava a marcha normal do país rumo ao "progresso" e à "civilização".

Deixemos Perdigão Malheiro repousar por agora — ele será uma das personagens principais do segundo capítulo desta história —, e vamos tentar um desembarque cem anos adiante, na década de 1960. Num livro famoso publicado pela primeira vez em 1962, Fernando Henrique Cardoso escreveu o seguinte:

> Do ponto de vista jurídico é óbvio que, no sul como no resto do país, o escravo era uma *coisa*, sujeita ao poder e à propriedade de outrem, e, como tal, "havido por *morto*, privado de *todos os direitos*" e sem representação alguma. [Há aqui uma nota de rodapé remetendo ao texto de Perdigão Malheiro.] A condição jurídica de coisa, entretanto, correspondia à própria condição social do escravo.
>
> A reificação do escravo produzia-se objetiva e subjetivamente. Por um lado, tornava-se uma *peça* cuja necessidade social era criada e regulada pelo mecanismo econômico de produção. Por outro lado, o escravo autorrepresentava-se e era representado pelos homens livres como um ser incapaz de ação autonômica. Noutras palavras, o escravo se apresentava, enquanto ser humano tornado *coisa*, como alguém que, embora fosse capaz de empreender ações humanas, exprimia, na própria consciência e nos atos que praticava, orientações e significações sociais impostas pelos *senhores*. Os homens livres, ao contrário, sendo *pessoas*, podiam exprimir socialmente a condição de ser humano organizando e orientando a ação através de valores e normas criados por eles próprios. Nesse sentido, a consciência do escravo apenas registrava e espelhava, passivamente, os significados sociais que lhe eram impostos.[11]

Espero que o leitor possa me perdoar por uma citação tão longa, mas ela se fez necessária porque esses dois parágrafos de F. H. Cardoso resumem, com rara felicidade e precisão, tudo aquilo que eu *não* vou argumentar neste livro. A primeira frase não oferece problemas, pois apenas define a condição jurídica do escravo tendo por fonte Perdigão Malheiro, reconhecidamente a maior autoridade no assunto. A frase seguinte é um salto: "A condição jurídica de coisa [...] correspondia à própria condição social do escravo". Talvez seja possível reconhecer aqui a mesma problemática indicada por Perdigão Malheiro cem anos antes, isto é, a hipótese de que o próprio cativo podia acreditar que era "um pouco mais do que um irracional". De qualquer forma, o que aparece como uma possibilidade na pena do pensador do século XIX se transforma agora em verdade absoluta, expressa com o rigor científico apropriado: "A reificação do escravo produzia-se objetiva e subjetivamente". Confesso que não compreendo bem essa afirmação, mas, felizmente, F. H. Cardoso se empenha em esmiuçá-la. Ele explica que os escravos se autorrepresentavam como seres incapazes de ação autonômica; ou seja, os negros seriam incapazes de produzir valores e normas próprias que orientassem sua conduta social. A conclusão óbvia, expressa no final do segundo parágrafo, é a de que os escravos apenas espelhavam passivamente os significados sociais impostos pelos senhores.

A explicação oferecida, porém, deixa patente que eu não tenho acesso a esse pensamento. Não consigo imaginar escravos que não produzam valores próprios, ou que pensem e ajam segundo significados que lhes são inteiramente impostos. É preciso, portanto, seguir mais de perto os procedimentos do autor na elaboração de tais conclusões. Uma boa parte das fontes citadas por Fernando Henrique Cardoso no processo de construção da teoria do escravo-coisa constitui-se em relatos de viajantes. Lá estão Saint-Hilaire, Nicolau Dreys, John Luccock e alguns outros que se aventuraram pelo sul do país no século passado. Não há nada de inerentemente errado em utilizar tais fontes, porém é possível citar radicalmente ao interpretá-las; veja-se, por exemplo, a passagem seguinte de Saint-Hilaire, citada por Cardoso:

> Eles [os escravos] fazem sentir aos animais que os cercam uma superioridade consoladora de sua condição baixa, elevando-se aos seus próprios olhos.[12]

Neste trecho, Saint-Hilaire estava procurando descrever aquilo que ocorria nas mentes dos escravos: os negros se comparavam aos animais, e se contentavam ao perceber sua superioridade sobre as bestas. É lógico, todavia, que a tentativa de Saint-Hilaire em adivinhar o pensamento dos escravos acaba sendo principalmente uma explicitação dos preconceitos culturais e do racismo do próprio viajante.[13] Era *ele*, Saint-Hilaire — branco, europeu, e com ilusões de superioridade natural — quem aparentemente imaginava os negros mais próximos das bestas do que de si próprio. Cardoso, no entanto, incorpora a observação do viajante na sua literalidade: como os negros se comparavam "aos animais e não aos homens livres", estava comprovada "a alienação essencial do escravo".[14]

Mais adiante, num momento em que Fernando Henrique Cardoso está preocupado em argumentar que "era possível obter a 'coisificação' subjetiva do escravo" — isto é, "sua autorrepresentação como não homem" — encontramos uma passagem de Dreys:[15]

> He opinião constante entre os viajantes, que o tigre observa uma certa graduação no ímpeto de seus apetites cruéis; dizem que achando facilidade relativa, o tigre atirar-se-ha primeiro ao bruto, depois ao negro, e por último ao branco; se ha muitas experiências, em que se fundamente semelhante distribuição, não o sabemos; mas, o que podemos affirmar he, que em nossas repetidas viagens ao travez daquelles campos, era custoso determinar hum negro a ir só cortar lenha no capão visinho, allegando sempre aquella funesta preferencia para ser acompanhado.

Há pelo menos três observações a fazer a respeito deste trecho. Em primeiro lugar, segundo Dreys os tigres talvez fossem racistas. Ou melhor, o racismo e os preconceitos culturais de Dreys eram tão extremados a ponto de ele considerar seriamente a possibilidade de os tigres observarem "certa graduação no ímpeto de seus apetites cruéis", sendo que esta "graduação" seria uma reprodução da forma como o próprio viajante hierarquizava os seres vivos — os homens brancos, depois os negros, e finalmente os animais irracionais. Tanto esta hierarquização seria parte da natureza mesma das coisas que um ser completamente natural — no caso, um tigre — satisfazia seus "apetites cruéis" de acordo com tais ditames. Em segundo lugar, temos a informação de que os escravos do sul utilizavam a suposta preferência dos tigres por carne negra — isto é, queimada pelo "fogo de Deus" — como justificativa para sua recusa em se embrenhar na mata para cortar lenha quando desacompanhados. Para um especialista em história social, a passagem de Dreys narra uma situação clássica de trabalhadores tentando influenciar as condições e a intensidade das tarefas que deviam realizar: recorrendo às estranhas preferências do tigre, os negros certamente lutavam por melhores condições de segurança e por maior divisão das tarefas no trabalho árduo de obter lenha.

Finalmente, podemos tentar remontar o raciocínio de F. H. Cardoso ao incorporar o trecho de Dreys em seu próprio texto. Como mencionei acima, ele estava preocupado então em documentar a "'coisificação' subjetiva do escravo". Pois bem, ao aludir às preferências do tigre — a carne negra seria menos preferida do que a carne dos brutos, porém mais requisitada que a dos brancos —, o escravo estaria revelando que havia introjetado "sua representação como não homem". Afinal, a opinião corrente na época era a de que o tigre instintivamente "sabia" que o negro estava mais próximo de si do que o branco, e os escravos pareciam compartilhar tal opinião ao recorrerem a ela no momento de cortar lenha. Na verdade, esta reconstrução do caminho de F. H. Cardoso é feita por minha própria conta e risco. Cardoso pensa que a passagem de Dreys é tão transparente, tão obviamente confirmadora da "reificação subjetiva" do escravo, que ele não acha sequer necessário explicitar as mediações entre a leitura que faz da fonte e o precipício teórico no qual decide mergulhar; sendo assim, o trecho de Dreys figura no texto de Cardoso sem qualquer comentário ou esforço sistemático de decodificação.

Capitalismo e escravidão no Brasil meridional foi escrito há quase trinta anos, e o fato de ainda hoje em dia ser preciso contestá-lo em termos contundentes é por si só uma prova de sua força e da influência de seus procedimentos. Com efeito, a teoria do escravo-coisa tem prosseguimento, por exemplo, em Jacob Gorender, um autor que permanece relativamente em voga no meio acadêmico brasileiro:

> O oprimido pode chegar a ver-se qual o vê seu opressor. O escravo podia assumir como própria e natural sua condição de animal possuído. Um caso-limite desta ordem se depreende de relato de Tollenare. Em Pernambuco, matavam-se escravos de um inimigo por vingança, como se mataria seu gado. Um senhor de engenho, que ganhara a inimizade de moradores despejados das terras que ocupavam, confiara um negro ao visitante francês a fim de acompanhá-lo nos seus passeios. O negro não ousava aproximar-se do povoado dos moradores hostis e se justificava: "O que diria o meu senhor se esta gente me matasse?".[16]

Neste caso, assim como naquele de Cardoso e as preferências do tigre, o autor do parágrafo não se preocupa em mostrar de que forma o episódio narrado por Tollenare serve de comprovação à assertiva inicial de que "o oprimido pode chegar a ver-se qual o vê seu opressor". Devemos então, novamente, procurar preencher a lacuna. O raciocínio de Gorender deve ter sido mais ou menos o que se segue. Primeiro, os escravos de Pernambuco sabiam que uma das formas utilizadas pelos inimigos dos senhores de engenho para atingi-los era matar seu gado e seus cativos. Segundo, os senhores de engenho, por conseguinte, não gostavam quando seus escravos eram mortos por seus inimigos. Terceiro, dadas as duas proposições anteriores, e dada a postulação lógico-filosófica de extração hegeliana segundo a qual "o oprimido pode chegar a ver-se qual o vê seu opressor", conclui-se que os escravos não gostavam de morrer pelas mãos dos inimigos de seus senhores porque estes ficavam aborrecidos ao se verem assim privados da "coisa" possuída — "O que diria o meu senhor se esta gente me matasse?", nas palavras do acompanhante de Tollenare.

O raciocínio de Gorender nesta passagem — como, de resto, em todo *O escravismo colonial* — é de uma coerência inexpugnável. Ao reler agora este parágrafo, todavia, me ocorre timidamente o seguinte: será que o escravo que acompanhava o francês, ao mencionar os possíveis sentimentos do senhor a respeito de seu assassinato pelos "moradores hostis", não estaria apenas recorrendo ao argumento que, naquelas circunstâncias, mais provavelmente garantiria sua sobrevivência? Nesta hipótese, porém, o "oprimido" estaria agindo de acordo com sua própria compreensão da situação em que se encontrava, e não simplesmente reproduzindo a ótica do "opressor".

A teoria do escravo-coisa tem frequentemente como contrapartida a ideia do escravo rebelde. Vimos que em Perdigão Malheiro o escravo que se concebe como uma criatura inferior apresenta como alternativa a essa autorrepresentação o "ódio", a "vingança", as "crueldades". Para F. H. Cardoso restava aos cativos

> apenas a negação subjetiva da condição de *coisa*, que se exprimia através de gestos de desespero e revolta e pela ânsia indefinida e genérica de liberdade.[17]

Para Gorender, "o primeiro ato *humano* do escravo é o *crime*, desde o atentado contra seu senhor à fuga do cativeiro".[18] Os negros, portanto, oscilavam entre a passividade e a rebeldia, sendo que os atos de inconformismo eram a única forma de os escravos negarem sua coisificação social e afirmarem sua digni dade humana. O raciocínio apresenta, sem dúvida, certo charme poético, e teve o mérito de inspirar estudos sérios sobre a rebeldia negra em décadas de sufoco e repressão política. Da mesma maneira, a ênfase de F. H. Cardoso na suposta "reificação" dos escravos é parte de um esforço acadêmico bem conhecido e louvável no sentido de denunciar e desmontar o mito da democracia racial no Brasil. O fato, todavia, é que fora do contexto específico de denúncia política que estava na origem de *Capitalismo e escravidão*, e levando-se em consideração os problemas apontados quanto à forma de utilização das fontes no livro, não subsiste qualquer motivo para que os historiadores continuem a conduzir seus debates a respeito da escravidão tendo como balizamento essencial a teoria do escravo-coisa.

A violência da escravidão não transformava os negros em seres "incapazes de ação autônoma", nem em passivos receptores de valores senhoriais, e nem tampouco em rebeldes valorosos e indomáveis. Acreditar nisso pode ser apenas a opção mais cômoda: simplesmente desancar a barbárie social de um outro tempo traz implícita a sugestão de que somos menos bárbaros hoje em dia, de que fizemos realmente algum "progresso" dos tempos da escravidão até hoje. A ideia de que "progredimos" de cem anos para cá é, no mínimo, angelical e sádica: ela supõe ingenuidade e cegueira diante de tanta injustiça social, e parte também da estranha crença de que sofrimentos humanos intensos podem ser de alguma forma pesados ou medidos.

O restante deste capítulo é uma tentativa sistemática de acesso aos valores e normas que nortearam Bonifácio e seus parceiros nas atitudes que decidiram tomar em relação a Veludo. Vou procurar mostrar que esses negros agiram de acordo com lógicas ou racionalidades próprias, e que seus movimentos estão firmemente vinculados a experiências e tradições particulares e originais — no sentido de que não são simples reflexo ou espelho e representações de "outros" sociais. A história de Bonifácio e Veludo será retomada de diferentes perspectivas, e será feita uma tentativa o quanto possível exaustiva de entender suas especificidades numa rede mais densa de sentidos e experiências.

49

Afinal, como os negros pensavam e agiam diante da possibilidade, sempre presente nos horizontes de suas vidas, de serem comprados ou vendidos? Deixemos de lado, por alguns momentos, nosso provável desconforto diante de uma sociedade onde eram comuns as compras e vendas de homens e mulheres, e tentemos penetrar mais fundo nas racionalidades e sentimentos de pessoas de um outro tempo.

VELUDO E OS NEGÓCIOS DA ESCRAVIDÃO

Dos 24 escravos que prestaram depoimento no inquérito policial sobre a sublevação na casa de comissões de Veludo, nada menos do que 21 eram provenientes de províncias do norte e nordeste. Catorze desses negros eram baianos, sendo que os demais eram do Maranhão, Ceará e Piauí. Havia ainda dois negros naturais da província do Rio e um de Minas Gerais. Com exceção do preto Tomé e do crioulo Odorico, ambos maranhenses e que foram identificados como cativos do próprio Veludo, todos os outros negros haviam chegado há pouco à Corte e aguardavam compradores na loja do negociante português.

A experiência desses escravos, arrancados de suas distantes províncias de origem e negociados no sudeste, geralmente para fazendas de café, pode ser mais bem contextualizada no quadro mais amplo do tráfico interprovincial na segunda metade do século XIX. Segundo as estimativas de Robert Slenes, esse movimento de população despejou no sudeste, a partir de 1850, cerca de 200 mil escravos. O auge desse movimento de transferência interna de cativos ocorreu entre 1873 e 1881, quando 90 mil negros, numa média de 10 mil por ano, entraram na região, principalmente através dos portos do Rio de Janeiro e de Santos. Só a polícia do porto do Rio registrou a entrada de quase 60 mil escravos nos nove anos de apogeu do tráfico interprovincial.[19]

Utilizando-se principalmente das escrituras de compra e venda de escravos referentes a Campinas, Slenes oferece uma descrição bastante detalhada da rede comercial que ligava o vendedor inicial de um escravo numa província do norte ou nordeste e seu comprador final no sudeste.[20] Para simplificar as coisas, podemos imaginar que um proprietário de escravos da cidade de Salvador tenha decidido vender um de seus cativos. Ele se dirige a Veludo Júnior, dono de uma casa de comissões na cidade, e lhe oferece o negro Bendito. Veludo Júnior resolve adquirir o cativo e paga a quantia combinada ao senhor de Bendito. A transação é realizada sem que se lavre a respectiva escritura de compra e venda, pois a intenção do comerciante de escravos é revender o crioulo Bendito logo que possível. O senhor inicial de Bendito, então, passa a Veludo Júnior uma procuração dando-lhe poderes para vender o escravo, e também lhe entrega um recibo particular, no qual declara que recebeu do negociante tal quantia como adiantamento da venda do escravo Bendito. O subterfúgio da procuração permite a realização do negócio sem que o imposto de transferência de propriedade seja pago. A esta altura, Bendito é arrancado das terras de Bufão, o antigo senhor, e entregue ao dono da casa de comissões.

Veludo Júnior está informado do alto preço que fazendeiros de café do sudeste andam dispostos a pagar pela aquisição de novos braços, e resolve oferecer o negro a um grande comerciante de importação e exportação que atua no porto de Salvador. Veludo Neto, esse grande comerciante, compra Bendito e recebe de Veludo Júnior um substabelecimento da procuração original passada por Bufão. Agora é Neto quem está investido dos poderes legais para a venda de Bendito. Neto negocia uma variedade enorme de mercadorias e tem contatos bem estabelecidos com prósperos negociantes da área portuária da cidade do Rio.[21] Como a demanda por braços é bastante alta nas províncias do sudeste por esses dias, Neto não tem dificuldades em encaixar Bendito num lote de escravos que lhe havia sido encomendado por um cliente da Corte. O negociante providencia o passaporte de Bendito e o embarca, juntamente com outros escravos e mercadorias variadas, para Veludo III, o negociante da Corte que havia tratado a compra. Bendito chega à Corte quatro ou cinco dias depois, e fica entregue à polícia portuária até ser reclamado por Veludo III, o destinatário indicado no passaporte.

Desembarcado na Corte pelas mãos de um grande importador, Bendito logo troca de mãos novamente. Dessa vez pode ser um quarto Veludo, o José Moreira, nosso velho conhecido, o comprador de Bendito. O crioulo baiano chega então finalmente à casa de comissões da rua dos Ourives, acompanhado da procuração passada pelo senhor Bufão, procuração esta que já pode estar ornamentada por dois ou três substabelecimentos. Mesmo que o circuito não tenha sido exatamente esse em todos os casos, é possível que Bonifácio e seus parceiros tenham padecido num trajeto semelhante desde o momento em que deixaram suas comunidades de origem na Bahia ou outra qualquer província do norte ou nordeste até chegarem à loja de José Moreira Veludo.

Neste ponto, podemos abandonar as personagens fictícias e retomar as pegadas de atores históricos. Um processo comercial iniciado em maio de 1871 nos narra detalhadamente os procedimentos adotados por Veludo na condução de suas transações de compra e venda de escravos. O português Francisco Queiroz, casado, caixeiro, de 43 anos, se dirigiu à segunda vara comercial para dar queixa contra seu compatriota José Moreira Veludo que, segundo ele, o havia ludibriado numa sociedade que haviam feito para a venda de um lote de escravos nos municípios de "serra acima".[22]

Tudo começara em abril de 1870. Segundo o relato de testemunhas, Veludo estava à procura de alguém que tivesse interesse em partir com um lote de vinte e tantos escravos para vendê-los em municípios da província do Rio e de Minas Gerais. Um conhecido indicou a Veludo o caixeiro Queiroz, e o comerciante se apressou em obter informações sobre o possível sócio. Satisfeito com o que descobriu, ele enviou um tal Bustamante para uma conversa com o caixeiro. Queiroz gostou da ideia e alguns dias depois foi acertar os detalhes com Veludo no escritório da rua dos Ourives. A proposta era para que Queiroz viajasse com os negros e realizasse as vendas, ficando Veludo encarregado de fornecer todo o equipamento para a viagem e de investir o capital necessário para a compra dos escravos que comporiam o lote. Os lucros e perdas seriam divididos meio a meio.

Veludo acertou a compra de um grupo de mais de vinte escravos pertencentes a Vieira de Carvalho e de outro grupo menor de propriedade de Souza Breves. Vieira de Carvalho passou uma procuração direta a Veludo, enquanto Souza Breves fez o substabelecimento numa procuração anterior. Queiroz então retornou à casa de comissões e negociou com Veludo os negros que estariam no lote definitivo. O caixeiro recusou alguns negros de pouco valor ou que lhe pareceram doentes, e os dois homens acabaram acertando que Queiroz iniciaria sua aventura ainda em maio, conduzindo 24 escravos no valor total de 35 contos e 700 mil-réis. O roteiro da viagem parece ter sido previamente traçado por Veludo que, sem dúvida, tinha clientes mais ou menos certos nos "municípios de serra acima", sendo que se faz referência expressa ao município de Mar de Espanha, Minas Gerais.

O aventureiro seguiu com três animais — "duas bestas e um macho" —, além de tudo o mais para a viagem, como duas mudas de roupa para os negros, mantas, carapuças, camisas de baeta, esteiras, um caldeirão, canecas, pratos, café, açúcar, um vidro de "pronto alívio" etc. Nas contas dos fornecimentos e gastos de viagem feitas pelo réu, consta o pagamento de salários a apenas um empregado, aparecendo também algumas entradas de despesas com ajudantes ocasionais. Pela correspondência de Veludo, sabe-se que Queiroz estava no caminho de volta, com quase todos os escravos vendidos, em agosto de 1870. Ao todo foram negociados vinte cativos, no valor de 35 contos e 330 mil--réis, sendo que os negros restantes foram devolvidos a Veludo. À primeira vista, a operação dera um lucro razoável, pois, com a venda dos últimos escravos na casa de comissões da rua dos Ourives, e mesmo que os preços obtidos em tais transações fossem aproximadamente os mesmos pagos na compra desses cativos, ainda assim a sociedade obteria um lucro superior a 5 contos de réis, sujeitos ainda a despesas diversas.

Mas Queiroz e Veludo jamais conseguiram se entender sobre as contas da sociedade. Na ação iniciada em maio de 1871, exatamente um ano após o início da aventura, Queiroz alega que Veludo estava "de posse de todas as quantias" e não queria "dar ao Suplicante a parte que toca nessa sociedade". Ele pede ainda que os livros de Veludo sejam examinados por peritos. Nos meses seguintes, os dois homens fazem e refazem seus cálculos com tal profusão de minúcias e de truques que só é possível segui-los com muita atenção e paciência. Queiroz achava que Veludo lhe tinha de pagar 1 conto e 420 mil-réis, enquanto Veludo descobria em seu favor um saldo de 1 conto e 120 mil-réis.

Vários fatores explicam as diferenças nos cálculos dos dois "parceiros". Queiroz dava Manoel Crioulo como vendido a José Rodrigues por 1 conto e 900 mil-réis, mas a correspondência de Veludo mostra que o comprador descobrira que o escravo sofria do "mal de gota" e exigia a anulação da transação. O próprio Crioulo dizia que estava em tratamento da doença havia cinco anos, e o fazendeiro solicitava a Veludo a inutilização do vale que entregara a Queiroz como pagamento. Veludo também não conseguira receber a ordem emitida por outro comprador, o dr. Paula Tavares. O dr. Tavares "baixou" à Corte

> trazendo a escrava que comprara ao autor [...] [e] procurando a ele depoente [Veludo] lhe dissera que tinha sido iludido na compra dessa escrava, não valendo ela a quantia porque ajustara, e querendo dela fazer entrega.

Havia ainda divergência sobre os preços de Leopoldina e Antônia, escravas devolvidas por Queiroz. Finalmente, havia um negro que Queiroz dava como devolvido, mas que Veludo afirmava que estava era fugido. Os meandros da questão incluem outros exemplos de escravos que não satisfazem seus compradores e são devolvidos, para serem vendidos novamente logo adiante, e verdadeiras pechinchas a respeito do preço de cangalhas, bestas e miudezas que haviam sido utilizadas na viagem.

54

É claro que um negociante relativamente próspero como Veludo sai sem muitos arranhões de uma questão como essa. Em 27 de maio de 1872, o juiz da segunda vara comercial considerou a ação movida por Queiroz "improcedente e não provada", apesar das várias irregularidades que os peritos constataram nos livros do dono da casa de comissões. E, mesmo que esta operação não tenha dado o lucro esperado, os depoimentos das testemunhas nos autos fazem referências a outros empreendimentos semelhantes de Veludo na mesma época. Essas operações deviam ser vantajosas na maioria das vezes, pois em 1878 ainda encontramos Veludo no mesmo ramo de negócios e aparentemente na mesma prosperidade. Nessa ocasião ele dividia uma casa de comissões com João Joaquim Barbosa na rua da Prainha, 104. Barbosa ficou em apuros para pagar uma letra no valor de 12 contos de réis, protestada por Manoel Guimarães. Veludo, então, que aparentemente assinara a letra junto com o sócio, fez uma "transação" com Guimarães e este desistiu da ação judicial. Uma das testemunhas afirma que Veludo ficara com a casa de comissões da rua da Prainha só para si.[23]

A breve descrição da organização do tráfico interprovincial e a leitura desses processos comerciais, nos quais os escravos aparecem sempre como custos ou lucros, valendo tantos contos de réis e nada mais, nos indicam a face mais impessoal — e por isso bastante cruenta — das transações de compra e venda de escravos. A lógica do lucro parece aqui impenetrável a qualquer outra lógica, e os nomes dos escravos são nesses manuscritos como que simples apêndices de seus preços. Na sua forma mais aparente, portanto, o problema do mercado interno de escravos na segunda metade do século XIX é apenas uma questão de números, possível de ser apreendida a partir da regrinha mágica da oferta e da procura. Os escravos iam e vinham como testemunham as escrituras e ao talante de senhores mais ou menos racionais porque mais ou menos iluminados por uma tal lógica capitalista ou lógica de mercado. A teoria do escravo-coisa completa aqui o seu percurso: coisa por "ficção" do direito, na pena de Perdigão Malheiro; negros cujo cativeiro havia causado "o embrutecimento de seus espíritos [...] embotando-lhes a consciência", nas palavras veementes do advogado de defesa de Bonifácio e seus parceiros; escravos que se autorrepresentavam como "incapazes de ação autonômica", no livro famoso de Fernando Henrique Cardoso; finalmente, o escravo-mercadoria, apenas mais um item nos cálculos dos débitos e dos haveres de negociantes e proprietários, ou nas complicadas estatísticas dos historiadores economistas.

Não vou retomar neste contexto as sólidas críticas já feitas aos debates historiográficos a respeito dos diferentes graus de racionalidade capitalista do qual estariam supostamente imbuídos senhores de escravos em várias regiões do país. Robert Slenes já mostrou que a história do mercado de escravos não se entende apenas a partir de cálculos econômicos, mas que tal história também compreende o problema das percepções dos senhores a respeito da estabilidade futura da escravidão e de suas estratégias e apostas políticas em momentos e situações específicas.[24] De qualquer maneira, esse passeio pela organização do tráfico interprovincial de escravos e pelos negócios de Veludo talvez tenha ajudado a diminuir nossa surpresa diante do fato, inicialmente insólito, de que foi o negociante quem mais se empenhou na defesa de Bonifácio e dos outros escravos que o haviam agredido.

NEGÓCIOS PELO AVESSO

Os processos comerciais nos quais Veludo esteve envolvido registram algumas informações, por assim dizer, a contragosto: há escravos que fogem; outros que decepcionam seus compradores e são devolvidos; outros que ficam doentes e provocam a anulação de transações já realizadas. Esses dados só parecem constar dos manuscritos de natureza comercial porque interferem diretamente nos cálculos dos créditos e débitos de cada negociante. Mas esses fatos apontam também em outra direção. Há questões políticas "minúsculas" a considerar nas situações de compra e venda de escravos — "minúsculas" não no sentido de serem pouco decisivas ou potencialmente transformadoras, mas na medida em que aparentemente envolvem ações articuladas apenas em função de objetivos imediatos. Essas questões permanecem quase sempre invisíveis nas descrições panorâmicas ou nos quadros estatísticos que, de resto, não têm geralmente como objetivo a análise de tramas ou significações mais particulares. Há muita coisa ainda a destrinchar sobre os negócios da escravidão.

Bonifácio e seus parceiros podem entrar em cena novamente. Observamos que os agressores planejaram tudo com bastante antecedência, conversaram muito antes do movimento e, no entanto, foi possível manter o sigilo e apanhar a vítima completamente de surpresa. Vimos ainda que entre aqueles negros que se encontravam na loja de Veludo havia vários pequenos grupos que tinham sido cativos do mesmo senhor em seus locais de origem. Tentei levantar uma hipótese vinculando esses fatos: devia haver entre vários desses escravos um certo sentido de solidariedade, ou mesmo de amizade ou parentesco, que tinha motivado e facilitado a decisão de atacar Veludo.[25] Não há, na verdade, como comprovar diretamente essa hipótese. Mas os arquivos estão repletos de histórias de escravos que, separados de parentes e amigos por transações de compra e venda, varrem o mapa de alto a baixo em busca de pessoas queridas e de um caminho de volta à sua comunidade de origem.

O negociante português Joaquim Guimarães fez uma viagem à Bahia em fins da década de 1860. Ao retornar à Corte, trouxe consigo a preta livre Maria Ana do Bonfim, que vinha à procura de sua filha Felicidade. Felicidade fora vendida para o sudeste e seu destino era ignorado pela mãe. Guimarães conseguiu descobrir que Felicidade estava residindo em Ouro Preto, Minas Gerais, sendo escrava de João da Costa Varela Menna. Segundo as alegações de Felicidade, por seu curador, na ação de liberdade que se iniciou em 1870, Maria do Bonfim solicitara a Guimarães que por compra ou qualquer outra transação, conseguisse a vinda da autora [Felicidade] para esta Corte a fim de facilitando-lhe os meios, podê-la libertar.[26]

Guimarães foi efetivamente a Ouro Preto, recebendo da preta velha uma indenização prévia pelas despesas de viagem, e retornou de lá com Felicidade. Ele pagou 2 contos de réis pela escrava, e trouxe na bagagem a procuração de João Menna que o autorizava a negociar a crioula. Maria do Bonfim deu prontamente a Guimarães um adiantamento de 300 mil-réis. Tempos depois, contudo, o português passou a exigir o pagamento imediato da soma restante, no valor de 1 conto e 700 mil-réis, ameaçando inclusive vender Felicidade novamente para fora da Corte. Maria do Bonfim recorreu então a duas pretas forras quitandeiras, Olívia da Purificação e Teresa da Conceição, ambas africanas da Costa da Mina, e foram todas em comissão tentar um empréstimo com o negociante português Antônio Costa. O negócio foi fechado; Antônio Costa pagou a Guimarães e passou a receber o valor do empréstimo em prestações um tanto arbitrárias, porém com juros de 3% ao mês sobre a dívida total, sendo que Maria do Bonfim e Felicidade continuaram a viver e trabalhar juntas para conseguirem saldar a dívida.

As duas negras pagaram mais de 500 mil-réis; no entanto, passaram dois meses sem poder dar qualquer soma ao negociante. Antônio Costa obteve então a apreensão de Felicidade, argumentando falta de pagamento; ou seja, Costa não havia na verdade comprado a Guimarães a alforria de Felicidade, como havia sido combinado, mas tinha, sim, obtido uma escritura de transferência de propriedade, passando Felicidade a ser sua escrava. Acompanhamos até aqui essencialmente a versão dos fatos que as duas pretas ofereceram ao juiz da segunda vara cível da Corte. É óbvio que o negociante Costa negou que tivesse ludibriado Maria do Bonfim e Felicidade; segundo a sua versão, mãe e filha sabiam perfeitamente os detalhes do negócio que havia sido realizado, sendo que ele tomara Felicidade de volta porque os pagamentos não estavam acontecendo conforme o ajustado. Mesmo a preta forra Olívia da Purificação, que havia ajudado Maria do Bonfim a obter o empréstimo, deu razão ao negociante Costa em seu depoimento. Outros pontos da história das negras foram negados por Guimarães: ele desmentiu que sua ida a Ouro Preto ocorrera devido ao pedido da preta velha, e alegou ainda que os 300 mil-réis que recebera de Maria do Bonfim eram referentes ao pagamento de aluguéis que esta lhe devia. A explicação é simples: para evitar que Felicidade continuasse a servir como cativa, Maria do Bonfim havia conseguido que Guimarães lhe alugasse a própria filha. Essa seria uma solução provisória até que as duas negras arranjassem o dinheiro para comprar a liberdade de Felicidade.

Não há mágico que, lendo esses manuscritos, descubra se são as negras ou os negociantes portugueses que dizem "a verdade". E isto pouco importa. As linhas fundamentais das ações estão presentes em ambas as versões: os negócios da escravidão separam duas negras, mãe e filha, sendo a filha pelo menos cativa na ocasião; a preta velha despenca do alto do mapa e vem parar na Corte à procura da filha escrava; ela localiza a filha em outra província e concebe uma forma de trazê-la para o Rio; finalmente, as mulheres acionam a solidariedade de outros negros e acabam conseguindo o dinheiro para a compra da alforria de Felicidade, só que para isso contraem um empréstimo que elas não têm como pagar.

Um dos eixos do debate entre os advogados envolvidos nesta contenda é a questão da "obediência doméstica". O curador de Felicidade argumenta que a preta

> nunca esteve em poder do Réu [o negociante Costa] nem jamais prestou-lhe obediência doméstica como escrava pelo contrário desde logo viveu sobre si em companhia de sua mãe,

afirmando ainda que "este estado que sem contestação gozou a Autora [Felicidade] são indicativos certos [*sic*] que o próprio réu a considerava pessoa livre". Ou seja, o curador inclui na discussão a autoridade moral que o senhor devia demonstrar possuir sobre sua cativa, pois tal autoridade seria um componente essencial da legitimidade de seu domínio. Não bastaria ao senhor ter sua propriedade devidamente legalizada; ele precisava mostrar que tinha a escrava sob seu controle, e que esta o reconhecia como seu senhor. O advogado do negociante Costa, então, alega que Felicidade apenas tinha autorização escrita de seu senhor para morar fora de casa, mas lhe devia os aluguéis e admitia sua autoridade.

Em suma, parecia essencial para a resolução do caso que se descobrisse qual o tipo de relação cotidiana que se estabelecia entre Felicidade e seu suposto senhor: era preciso saber se a preta estava convencida da legitimidade de seu cativeiro. O desfecho da história reforça essa impressão. As duas partes chegaram a um acordo: Felicidade seria imediatamente considerada liberta, porém ela e sua mãe teriam de prestar serviços ao negociante Costa por três anos, para indenizá-lo do preço pago pela escrava. Uma outra opção era que as libertas pagassem 42 mil-réis mensais a Antônio Costa por igual período. Não é possível saber o que as duas negras decidiram fazer, e com certeza o negociante não levou prejuízo na transação. As duas mulheres puderam continuar vivendo juntas como livres, sonhando com o dia no qual se veriam livres das prestações ou dos serviços que deviam ao português. Mais interessante, contudo, é a justificativa apresentada por Costa para sua decisão de negociar um acordo com Felicidade e Maria do Bonfim: ele não achava mais conveniente fazer valer seus supostos direitos sobre a escrava "pelo espírito de insubordinação de que é natural estar possuída".

A história de Felicidade e Maria do Bonfim impressiona primeiramente pela determinação das negras em preservar uma relação que havia sido atropelada pelas transações comerciais típicas da escravidão. Leitores mais sisudos podem achar que isso é simples pieguice, mas insisto em registrar a emoção e a afetividade que transparecem na leitura de um manuscrito como esse, à primeira vista um mero calhamaço legal com quase

250 páginas e bastante recheado de formalidades repetitivas e inúteis. E há algo além de dramaticidade nessa história. As ações de Felicidade e Maria do Bonfim foram norteadas por concepções muito precisas a respeito da legitimidade e dos limites do domínio exercido pelo senhor. Felicidade conviveu com o cativeiro apenas enquanto o concebeu como "justo", ou como proveniente de uma situação que, mesmo se percebida na origem como um ato de força ou imposição, só teria continuidade no reconhecimento a certos "direitos" seus que ela exigia que fossem respeitados.

Em ação cível iniciada em março de 1881, Manoel Talhão tenta anular a compra que fizera da escrava Carlota, preta, africana, com cinquenta anos de idade. Ele estava arrependido do negócio que havia feito, já que Carlota

> declara que é livre, e que não serve a pessoa alguma, nem é possível fazê-la prestar serviços, porque recusa-se a isso, e foge constantemente, o que a torna imprestável.[27]

Talhão alega ainda que Manoel Viana, o réu e vendedor da escrava, sabia que a preta estava se comportando dessa forma e nada tentara para convencê-la da legitimidade da transação que lhe dera um novo senhor. Manoel Viana também oferece a sua versão dos fatos ao juiz da primeira vara cível:

> Disse que tendo a escrava Carlota na Casa de Detenção incumbiu a Fuão Rangel para lhe agenciar a venda da mesma escrava; e ele dias depois apareceu-lhe dizendo que tinha encontrado um comprador [...] e no dia seguinte, o mesmo agente apareceu-lhe com o Autor [Talhão] e este declarou que compraria a preta pelo preço que tinha ajustado de 500 mil-réis, e que disso bastava um recibo, porque queria ver primeiro se a preta lhe servia, que do contrário seria passada a outra pessoa a escritura. [...] Que o Autor pagou 45 mil-réis na Detenção conforme o agente, e mais tarde tendo ela fugido do poder do Autor onde estava por

três meses por tê-la castigado, voltou para a Correção e ainda o Autor teve de despender 30 mil-réis para retirá-la dali. Que o Autor nunca exigiu a escritura de venda da escrava, nem tampouco lhe deu parte que a dita escrava se dizia livre, conquanto seja esse o costume dela. E somente mais tarde o Autor lhe exigiu a restituição do dinheiro dado pela escrava alegando que ela o não queria servir, e ele depoente declarou-lhe que não lh'o restituía porque a compra estava recebiada [*sic*].

Temos aqui, novamente, uma transação de compra e venda na qual não é feita a escritura definitiva, contentando-se o comprador com uma procuração e um recibo. A explicação oferecida por Viana para essa forma de realizar a negociação, porém, é interessante: não se trata apenas de evitar despesas maiores na transferência, mas também de ficar com o escravo por um período de teste. Veremos adiante que a prática do período de teste parecia bastante difundida, pelo menos nas transações realizadas na Corte na segunda metade do século XIX, e tal prática deixava aos negros um certo espaço de pressão ou interferência no rumo que teriam suas vidas.

Por ora, é o trecho final das declarações do réu Viana que mais interessa. Carlota tinha o "costume" de se dizer livre. Sabemos pelo depoimento de outra testemunha que a escrava não só se recusava a servir a Talhão como vivia em gritarias pela casa e fugia sempre que possível. Carlota, essa "coisa" que devia apenas ser usada, comprada e vendida, se fez uma "mercadoria" imprestável. Viana tem a preocupação de se defender da acusação de Talhão de que ele nada fizera para convencer a escrava de que ela devia obediência a seu novo senhor. Ele alega que, apesar de saber do hábito da africana de se dizer livre, Talhão nunca lhe havia informado disso. Assim como na história de Felicidade, estamos diante de uma escrava que precisa ser convencida da legitimidade de seu cativeiro. Os autos não trazem as declarações da preta, porém um dos depoentes explica que Carlota bradava sempre que um antigo senhor "a deixara forra". A origem das alegações de liberdade de Carlota podia ser uma carta de alforria extraviada antes de ser devidamente registrada em cartório ou, o que é mais provável, a preta devia estar se apegando a uma promessa oral de liberdade que não fora cumprida por algum motivo.[28]

Felicidade e Carlota achavam que tinham direito à liberdade e não parecia possível submetê-las a um cativeiro que elas percebiam como injusto ou proveniente de uma usurpação. Felicidade estava ainda motivada pelo desejo de se manter junto à mãe. Em seu depoimento, o réu Viana argumenta que Carlota fugira da casa de Talhão porque este andara lhe aplicando castigos. Carlota talvez não aceitasse os castigos físicos de seu suposto senhor porque se considerava uma pessoa livre. Mas pode ser também que Carlota considerasse os castigos excessivos ou aplicados por motivo injusto. Seja como for, o fato é que essa referência a castigos intoleráveis nos dá acesso a todo um universo de percepções dos escravos a respeito de seus direitos, percepções essas que fundamentavam ações firmes no sentido de impor certos limites à ciranda de negócios da escravidão.

CASTIGOS E AVENTURAS: AS VIDAS DE BRÁULIO E SERAFIM

Filomeno participou da agressão a Veludo porque "já havia apanhado"; Constâncio achava que o negociante era "muito mau"; Bonifácio explicou que tinha "raiva de seu Senhor por dar-lhe palmatoadas", e acrescentou por ocasião do julgamento no júri que Veludo "estava para lhe pegar".[29] Curiosa mesmo é a parte referente ao muro no plano detalhado desses escravos: Filomeno esclareceu

> Que hoje a mando de Bonifácio, crioulo, deitou o interrogado o muro da casa de Veludo abaixo para que Veludo ralhasse com eles e nessa ocasião caíssem todos de achas de lenha em cima dele.[30]

O muro derrubado era para provocar a repreensão e talvez os castigos do senhor. Parece que as coisas se passaram muito rápido e Veludo começou a levar pancadas antes mesmo que o muro caísse — se é que caiu, pois quase não se faz referência ao fato. Mas o que importa é a preocupação dos negros, ou pelo menos de alguns deles, como Filomeno e Bonifácio, em fabricar uma justificativa para seus atos que pudesse ser entendida tanto pelos seus outros parceiros de cativeiro quanto pelos senhores e agentes encarregados da repressão ao movimento. Não podemos saber se os castigos aplicados por Veludo foram realmente a motivação principal dos escravos que decidiram surrá-lo: no entanto, podemos entender o porquê de ser essa uma razão verossímil.

Bráulio era baiano, pardo escuro, solteiro, analfabeto e tinha cerca de vinte anos naquele dia 23 de agosto de 1875, quando foi acusado de tentativa de morte contra o negociante português João Inácio Coelho da Silva, supostamente seu senhor. O processo criminal que se seguiu traz informações suficientes para compormos uma pequena biografia de Bráulio. A infância do escravo, sua família e algumas circunstâncias de sua venda para o sudeste são descritas num documento enviado da Bahia, e copiado nos autos sem uma indicação mais precisa quanto à autoria, à data e ao local:[31]

> O pardo escuro Bráulio e não Braz, foi escravo do Major Nicolau Carneiro da Rocha, sendo o seu nome incluído no inventário a que se procedeu por morte de seu senhor, e como depois procedesse mal foi entregue aos negociantes Miranda e Leony, os quais, consta, o remeteram para a Corte. Nunca esteve ele em casa do Dr. Antônio Carneiro da Rocha e sempre viveu com sua mãe na de seu senhor o Major Nicolau, devendo constar na Subdelegacia da Sé um ferimento, que esse escravo fez quando menino em outro menino. A certidão junta prova que ele nasceu escravo e é filho de Severina, tendo sido padrinho Leopoldino José do Monte, conhecido por Monteroá, e estas duas últimas cir-

cunstâncias casam-se com as declarações de seu interrogatório feito na Corte. Bráulio tem um irmão de nome Durval, o qual com Severina, mãe comum, foi vendido para o Rio Grande do Sul onde se acham. A avó de Bráulio chamava-se Gertrudes e morreu pela epidemia de cholera morbus. Bráulio antes de ser remetido para a Corte esteve algum tempo recolhido na Correção a requerimento de seu senhor por ordem do Chefe, que então era o Dr. Espinheira.

Essas informações foram provavelmente enviadas pela polícia baiana, respondendo a uma solicitação do delegado encarregado do inquérito na Corte; a cópia do documento foi juntada aos autos cerca de três semanas após a agressão de Bráulio a Coelho da Silva.[32] Os dados sugerem que houve um tempo no qual Bráulio tinha uma situação bastante definida, morando com a mãe Severina na casa de seu senhor, o major Nicolau. O escravo devia ter ainda por perto o irmão Durval, a avó Gertrudes e o padrinho Monteroá. Tudo pode ter começado a mudar com a morte do senhor. Bráulio entrou em inventário, e talvez tenha vivido momentos de ansiedade quanto ao futuro. Como julgaram que "procedesse mal", foi entregue a negociantes e remetido para a Corte. A mãe e o irmão foram vendidos para o sul, a avó morreu e não sabemos do padrinho.

Mas Bráulio estava apenas começando uma trajetória angustiante. Chegando à Corte, foi negociado para Valença. Sabemos que em dezembro de 1873 era escravo de Coelho da Silva e de Luiz Soares, já que uma escritura passada na cidade de Valença nessa época registra a venda de Bráulio para o barão de Três Ilhas, residente em Juiz de Fora. Bráulio foi um dos catorze escravos, todos do "serviço de roça" e crioulos — isto é, nascidos no Brasil —, vendidos ao barão por 28 contos de réis. A experiência em Juiz de Fora não foi longa: Coelho da Silva explicou em seu depoimento

que tendo vendido ao Barão de Três Ilhas um lote de escravos entre os quais um cabra de nome Bráulio sucedeu que mais tarde aquele Barão não se agradando do dito escravo lh'o devolvesse pedindo para vendê-lo por sua conta.

Bráulio retornou então para Valença, de onde acabou fugindo para a Corte.

Uma vez na Corte, Bráulio passou a se chamar Braz, pardo livre e carpinteiro por profissão e, segundo suas declarações, chegou a morar na rua Estreita de São Joaquim por seis meses. Braz decidiu pegar um vapor e retornar à Bahia, porém não obteve êxito. Foi enviado de volta "por suspeito de ser escravo" e mantido na Casa de Detenção para que investigassem sua condição. O negro talvez tenha sido traído pelas cicatrizes que dizia trazer nos tornozelos, causadas pelos castigos rigorosos dos senhores de Valença. De qualquer forma, ele reafirmava sempre que era livre e se chamava Braz. Já estamos agora em agosto de 1875. Coelho da Silva fez uma viagem à Corte e resolveu passar pela Casa de Detenção para ver se encontrava algum de seus escravos que estavam fugidos. Lá chegando, os guardas colocaram os negros em linha para que o negociante fizesse o reconhecimento. Braz tentou se ocultar na cozinha, porém já era tarde. Coelho da Silva o havia reconhecido como o escravo Bráulio, então pertencente ao barão de Três Ilhas, e que ele estava autorizado a vender. O negro narrou ao delegado o que ocorreu em seguida, e se empenhou em justificar seus atos:

> [...] que vindo à presença de seu senhor que o reconhecera e dissera que ia tirar a ordem de soltura e castigá-lo severamente, [...] e sabendo ele acusado que seu senhor é muito bárbaro em seus castigos, a ponto de matar escravos como aconteceu com seus parceiros Joaquim Guilherme e Antônio há coisa de uns quatro anos, por não quererem lhe servir e fugirem, ele acusado estando com a lima que neste ato lhe é apresentada, deu-lhe uma punhalada e tratou de fugir sendo preso pelo guarda Oliveira; que esta lima ele acusado achou no quintal e veio com ela à presença de seu senhor por achar-se fazendo uns palitos de osso; que os escravos

referidos que foram mortos por seu senhor foram enterrados no quintal junto ao estábulo da casa do seu senhor em Valença do Rio de Janeiro; que deste fato sabem Joaquim Cartola, Marcos, pajem de seu senhor, a mulher e seus sócios Manoel Barcelos e José Barcelos; que ele acusado não veio com firme intenção de ofender seu senhor mas, se ele morresse da punhalada [...] seria melhor porque ele acusado ficava livre de semelhante senhor a quem não deseja servir por ser como já disse muito mau.

Outro escravo de Coelho da Silva, o crioulo Joaquim Cartola, com cerca de cinquenta anos, citado no depoimento de Bráulio, também estava fugido e se encontrava na Casa de Detenção para ser reconhecido. Cartola reforçou as declarações de Bráulio quanto às crueldades do senhor, e narrou com detalhes o que sabia sobre as mortes de "dois parceiros seus de nome Guilherme e Antônio". Esses dois escravos estavam com ele no tronco e eram castigados barbaramente. Cartola se lembrava de que os dois companheiros gritavam muito; porém, de repente, um deles se calou, depois o outro, e ambos foram tirados do tronco e levados embora. Essa fora a última vez que Cartola estivera no tronco, tendo fugido tempos depois. Em outro interrogatório ao qual foi submetido, Bráulio explicou que pedira a seu senhor que o vendesse, e a resposta havia sido dois meses no tronco. O crioulo guardava as cicatrizes nos calcanhares como lembrança desse período, mas conseguira fugir "depois de haver saído essa última vez do tronco".

Talvez não valha a pena continuar esse cortejo de horrores. É óbvio que há uma outra versão para os fatos: Manoel de Sá, que acompanhou seu compatriota Coelho da Silva na visita à Casa de Detenção, jurou no inquérito que este "trata muito bem a seus escravos". No sumário de culpa, o amigo de Coelho da Silva desempenhou melhor ainda seu papel: ele chegou a insultar o réu Bráulio, que estava presente por ocasião de seu depoimento, e depois pediu desculpas ao juiz explicando que diante do "ato criminoso praticado pelo réu sua consciência se revolta".

O júri achou que os ferimentos tinham sido leves, e considerou a pouca idade de Bráulio um fator atenuante, só que o negro não escapou de levar 25 açoites, "obrigando-se seu senhor a travá-lo com ferro ao pescoço por espaço de um mês".

Houve sem dúvida muitos outros negros que tiveram experiências semelhantes às de Bráulio: o rompimento brusco de relações afetivas; o distanciamento forçado de sua terra natal; a resistência a castigos físicos que percebiam como excessivos. Bráulio e outros parceiros seus tentaram inverter o sentido desse movimento, nadando contra a corrente avassaladora da demanda de braços pelas províncias plantadoras de café do sudeste. E não é fácil avaliar o que conseguiram como resultado de suas ações. A maior parte dos escravos que agrediram a Veludo foi simplesmente devolvida ao dono da casa de comissões; Maria do Bonfim e Felicidade ficaram devendo três anos de serviços a um negociante; Bráulio levou os açoites, carregou os ferros, e deve ter caído novamente nas garras do barão de Três Ilhas ou de Coelho da Silva. À primeira vista, esses negros colheram apenas pequenas migalhas ou retumbantes fracassos. Quando o tráfico interno de escravos foi paralisado no início dos anos 1880 — através de impostos proibitivos sobre a importação de cativos —, o argumento mais utilizado pelos contemporâneos foi o de que era preciso evitar o crescente desequilíbrio entre as províncias do norte e do sul no que diz respeito à presença da escravidão.[33] Havia o temor de que a continuação do tráfico iria acabar extinguindo a instituição nas províncias do norte, abalando-se assim definitivamente a unidade do Império sobre o encaminhamento gradual e conciliatório que se queria dar à "questão do elemento servil". Já para Emília Viotti da Costa, por exemplo, havia na província de São Paulo de então um grupo de fazendeiros novos e progressistas que resolveram acabar com o comércio interprovincial de escravos porque estavam decididos a rejeitar a escravidão em favor do trabalho livre. O primeiro argumento foi uma elaboração política de ocasião, e tem validade enquanto tal; já a afirmação de que os fazendeiros do Oeste Paulista tinham "ideias mais avançadas" do que os do Vale do Paraíba tem sido bastante relativizada pela historiografia.[34]

A principal desvantagem dessas explicações, contudo, é que elas não abrem nenhum espaço às sagas de Bonifácio, Felicidade, Bráulio e tantos outros. Joaquim Nabuco, propondo emendas a um orçamento na Câmara em 1880, defendeu a proibição do comércio de escravos entre as províncias, alegando que São Paulo arriscava seu desenvolvimento ao receber escravos que eram elementos "de desordem e de perturbação".[35] Como se sabe, Sua Alteza Imperial tinha o hábito de comemorar datas especiais ou santas com a comutação de penas de morte de escravos em galés perpétuas. As comutações registradas no *Jornal do Commercio* e no *Diário Oficial* entre 1850 e 1875 atingiram a 195, sendo que a metade dessas graças imperiais foram concedidas a escravos de apenas três províncias: Rio de Janeiro, Minas Gerais e São Paulo.[36]

A transferência maciça de escravos através do tráfico interprovincial, especialmente na década de 1870, aumentou bastante a tensão social nas províncias do sudeste. Os negros transferidos eram em geral jovens e nascidos no Brasil, no máximo filhos ou netos de africanos que haviam sofrido a experiência do tráfico transatlântico. Assim como no caso de Bráulio, muitos desses negros estavam passando por uma primeira experiência mais traumática dentro da escravidão. Separados de familiares e amigos e de suas comunidades de origem, esses escravos teriam provavelmente de se habituar ainda com tipos e ritmos de trabalho que lhes eram desconhecidos. Segundo Slenes, a grande maioria dos cativos vendidos no tráfico interprovincial não era proveniente de áreas de *plantation* do nordeste, e sim de áreas urbanas ou de regiões de atividades agrícolas não voltadas para a exportação.[37] É claro que experiências e informações circulavam entre os cativos, e os companheiros de Bonifácio sabiam exatamente para onde não queriam ir. E Bráulio não conseguiu, ou mais provavelmente não quis, agradar ao barão de Três Ilhas, que podia ser um fazendeiro de café da província de Minas Gerais. A julgar pela presença constante de negros

69

provenientes de outras províncias na Corte — eles estão em toda parte nos processos cíveis e criminais —, muitos escravos conseguiram permanecer na cidade e impedir ou inverter parte do percurso que os colocaria sob o domínio dos feitores das fazendas de café do interior.

Não é fácil perceber como os escravos pensavam sua situação e tomavam a deliberação de agir no sentido de tentar impedir sua ida para as fazendas de café, ou de garantir a permanência na cidade. Mas também não precisamos imaginar que os escravos fugiam para a cidade "em busca do mercado de trabalho livre", ou que eles queriam "procurar por um emprego" que lhes desse a "possibilidade de vender seu trabalho".[38] Se continuarmos nessa linha, vamos acabar descobrindo, para inveja dos empresários, que foi um escravo quem primeiro teve a ideia do famigerado concurso de operário padrão. Não é esse o caminho. Bonifácio e Bráulio pensavam e agiam segundo premissas próprias, elaboradas na experiência de muitos anos de cativeiro, nos embates e negociações cotidianas com os senhores e seus agentes. Eles aprenderam a fazer valer certos direitos que, mesmo se compreendidos de maneira flexível, eram conquistas suas que precisavam ser respeitadas para que seu cativeiro tivesse continuidade: suas relações afetivas tinham de ser consideradas de alguma forma; os castigos precisavam ser moderados e aplicados por motivo justo; havia formas mais ou menos estabelecidas de os negros manifestarem suas preferências no momento decisivo da venda. Bonifácio, Bráulio e Felicidade fundamentaram suas ações em um ou mais desses pontos, e não é possível entender as atitudes que tomaram apenas a partir da racionalidade de outros.

Os "outros", na verdade, sentiram medo, como sugere o conteúdo do protesto de Nabuco contra o tráfico interprovincial. Para o caso da província de São Paulo, Célia Azevedo já mostrou que o tema do "escravo mau vindo do Norte" obcecou os deputados paulistas na década de 1870.[39] Houve sem dúvida o medo de que a grande concentração de escravos no sudeste acabasse produzindo no país "uma guerra civil ao estilo USA", mas foi a insegurança em relação ao comportamento dos negros importados — e a perigosa influência de sua conduta sobre os escravos em geral — que acabou convencendo os deputados paulistas a votar um imposto de importação de cativos que estancou imediatamente o tráfico interprovincial. Escravos como Bráulio e Bonifácio podem não ter atingido seus objetivos individuais, porém a repercussão de seus atos generalizou aos poucos entre os senhores do sudeste a impressão de que a criminalidade escrava aumentava e de que o perigo rondava constantemente suas cabeças. É esse medo que explica a organização de uma pequena operação de guerra para a prisão dos escravos que agrediram Veludo, apesar de eles sequer terem encetado um movimento coletivo de fuga; e a "ficha" de Bráulio chegou às mãos do delegado da Corte com a brevidade permitida pela navegação da época. O volumoso tráfico interprovincial de escravos é uma mostra de vitalidade da escravidão cerca de uma década antes de seu final, só que os "negros maus vindos do Norte" trouxeram com eles o sentimento de que direitos seus haviam sido ignorados, e ajudaram decididamente a cavar a sepultura da instituição.

E encontramos, em outro processo criminal, a incrível história do preto Serafim.[40] Serafim brigou com um cocheiro português e um praça de polícia numa noite de janeiro de 1884. O crioulo, que se declarou sempre escravo de Domingos Pedro Rubem, acabou sendo condenado no júri

> a trinta açoites, devendo ser entregue, depois de os sofrer, ao seu dito senhor que se obrigará por termo a trazê-lo com um ferro ao pé por um mês.

O defensor do réu, no entanto, argumentou que a sentença de ferros e açoites não podia prevalecer porque não havia nos autos prova alguma de que o réu era efetivamente cativo. Segundo o advogado: "Não é escravo quem se diz tal, pois que a liberdade sempre se presume, enquanto a escravidão não for legalmente provada". A situação ficou ainda mais confusa no caso porque o juiz encarregado do sumário tentara obter documentos oficiais sobre a condição do réu, porém o senhor indicado pelo preto, Domingos Pedro Rubem, de Leopoldina, província de Minas Gerais, parecia não existir em tal município. A Corte de Apelação, consultada sobre a questão, sustou a aplicação da pena até "que se verifique se o mesmo Réu é escravo, ou se foi abandonado, ou se tal senhor não existe".

O esforço do juiz de direito encarregado do caso, que acionou ainda a secretaria de polícia da Corte, acabou compondo uma pequena biografia, ricamente documentada, do preto Serafim. Um ofício enviado de Maceió, província de Alagoas, informa que o crioulo foi matriculado na coletoria do Passo do Camaragibe em 28 de junho de 1872, sendo o escravo de número quinze na lista apresentada por Antônio Gomes de Mello. Serafim, que era natural de Alagoas, é tido como de filiação desconhecida, com aptidão para o trabalho no campo, e tendo 21 anos por ocasião da matrícula. O ofício traz em anexo uma cópia do passaporte com o qual o preto foi exportado para a Corte. O passaporte foi expedido em 29 de outubro de 1878, com validade de trinta dias, e nele consta uma descrição detalhada do escravo: 27 anos de idade, estatura regular, rosto oval, cabelos carapinhos, olhos pretos, nariz chato, boca regular, cor preta, barbado. O imposto de exportação do escravo, no valor de 150 mil-réis, havia sido pago, e sabemos, por um dos depoimentos prestados por Serafim, que ele veio para a Corte a bordo do vapor *Espírito Santo*.

O roteiro de Serafim parece ter seguido as regras habituais. Seu senhor, na verdade, o havia passado para um negociante de Maceió, Joaquim Cunha Meirelles, que, por sua vez, o havia transferido para um comerciante da Corte, o português Leopoldo da Costa. Leopoldo foi localizado pelas autoridades judiciárias, que lhe solicitaram informações precisas a respeito de Serafim. O negociante consultou os "assentos" de sua casa de comércio e enviou ao juiz, por escrito, tudo o que descobriu:

Em 8 de Novembro de 1878 foram-me entregues sete escravos chegados a bordo do vapor Espírito Santo, por ordem de Joaquim da Cunha Meirelles de Maceió Jaraguá — entre eles veio o preto fulo de nome Serafim, tratando de agenciar a venda conforme as ordens que tinha; todos foram vendidos, menos o Serafim, que não se prestava à venda nem para a roça nem para a Corte, dizendo que queria voltar para o Norte, pois que tinha lá que ajustar, a 6 de janeiro de 1879 ficou doente e foi nessa mesma data para a Santa Casa para ser tratado e teve alta no dia 19 do mesmo mês. No dia 20 de Fevereiro do mesmo ano, mandaram-me para ser alugada, uma preta de nome Bonifácia, o Serafim logo que viu a preta atracou-se com ela dizendo que havia de matá-la porque esta sabia de tudo que ele tinha feito no Norte; dando-me parte um moleque de que o Serafim estava fazendo grande barulho lá nos fundos, foi [*sic*] imediatamente admoestá-lo com brandura por julgar que estava bêbado, mas fique [*sic*] surpreendido pela maneira por que foi recebido, faltou-me ao respeito e ameaçou-me visto que eu queria obstar os seus intentos contra a preta Bonifácia, Por [*sic*] tal procedimento deliberei dar parte na estação policial do quinto distrito, de onde vieram duas Praças e o levaram para a Detenção a ordem de Joaquim da Cunha Meirelles, a quem logo escrevi comunicando todo [*sic*] que se tinha passado, e que eu não tomava mais conta de tal escravo.

Soube depois que o Snr. Evaristo de tal é quem foi encarregado de tomar conta de Serafim. É tudo quanto sei por ser passado em nossa casa à rua da Quitanda número 49.

Se compararmos a data do passaporte expedido pelo chefe de polícia "das Alagoas" com a data na qual Leopoldo afirma ter recebido os sete escravos enviados por Meirelles, sabemos que Serafim esteve viajando para a Corte entre os dias 29 de outubro e 8 de novembro de 1878. Entre os cativos vindos no *Espírito Santo* e entregues a Leopoldo, Serafim parece ter sido o único a criar problemas desde o início: ele não aceitava a venda para o interior, não queria ficar na Corte, insistia em voltar para o norte e, de quebra, avançou contra uma preta com quem tinha uma rixa iniciada talvez em Camaragibe. A informação prestada por Leopoldo, de que Serafim passara então para o poder de um tal Evaristo, é corroborada por declarações do próprio preto, segundo as quais ele "seguiu para Mata em companhia do português João Morais morador na Casa de Comissões de Evaristo de tal na rua da Prainha".

O juiz se empenha então em descobrir, baseado nas pistas oferecidas por Serafim e pelo negociante Leopoldo, quem era realmente o senhor do preto em Minas Gerais. Um primeiro ofício enviado pelo juiz de direito da comarca de Leopoldina explica: "Não existe neste lugar indivíduo algum com o nome de Domingos Pedro Rubem", mas informa em seguida que havia no lugar uma pessoa chamada Domingos Pedro Robert. Seria fácil presumir que Serafim confundira o nome do senhor — trocara Robert por Rubem —, porém a dúvida permanecia devido ao fato de que não constava dos livros da coletoria local que o tal Robert tivesse matriculado um escravo com o nome de Serafim. Outros documentos enviados posteriormente de Leopoldina esclareceram definitivamente a questão: Robert foi consultado e explicou que Serafim era seu escravo, que havia fugido há muito tempo, e um ofício do escrivão da coletoria certificava que o negro havia sido averbado na repartição como cativo de Domingos e Francisco Robert em outubro de 1880. Serafim, então, podia legalmente receber a pena de ferros e açoites que o advogado de defesa se empenhara em evitar. No entanto, Domingos Robert resolveu abandonar seu escravo alegando que os custos que teria de assumir para tê-lo de volta seriam maiores que o valor do preto. Serafim ficou então liberto, só que obrigado a cumprir a pena de um ano de prisão simples pelo crime de ofensas físicas.

É um golpe raro de sorte encontrarmos um processo criminal que reconstitua com tantos detalhes, e com farta anexação de documentos comprobatórios, a trajetória seguida por um negro desde sua localidade de origem numa província do nordeste até suas aventuras numa fazenda de café do interior de

Minas e como fugitivo na Corte. A história de Serafim nos permite detalhar ainda mais as experiências prováveis de Bráulio, Bonifácio, Felicidade e tantos outros negros comprados e vendidos ao sabor do tráfico interprovincial. Mais importante ainda, o preto Serafim prestou depoimentos minuciosos às autoridades policiais e judiciárias que trabalharam no caso, e a análise cuidadosa de suas declarações nos coloca novamente diante de sentidos e atitudes que podem ser úteis ao nosso esforço de reconstrução de alguns aspectos da percepção que os próprios negros tinham de seu cativeiro.

Podemos começar acompanhando as declarações prestadas por Serafim já após o julgamento no júri, quando o juiz de direito voltou a interrogá-lo com o intuito de obter pistas mais precisas para a investigação de sua condição legal. Serafim trata primeiramente de suas origens:

> Respondeu chamar-se Serafim, nome que sempre usou e pelo qual é conhecido e que deu desde que foi preso; natural de Maceió, província das Alagoas, em uma fazenda de cana de seu ex-senhor João Manoel d'Almeida, que deixou vivo quando veio para esta Corte, com quarenta anos de idade mais ou menos, solteiro, filho legítimo dos finados escravos do mesmo Almeida de nomes José, Mina e Benedita também Mina, e ocupa-se no serviço da lavoura [...].

Há aqui a informação de que os pais de Serafim eram escravos do mesmo senhor e, a julgar pela informação do preto de que era "filho legítimo", os dois africanos eram casados oficialmente. Assim como nas histórias de Bráulio e Felicidade, portanto, tudo indica que Serafim passou os anos iniciais de sua vida junto a seus familiares, sendo cativo de um fazendeiro de cana de Alagoas. O preto declarou os nomes do pai e da mãe, e sabia que ambos eram de nação mina, mas essa informação contrasta com os dados da matrícula, prestados pelo senhor, e segundo os quais Serafim era de "filiação desconhecida". Nota-se ainda que o negro foi matriculado por um tal Antônio Mello, e não por

João Almeida, o que indica que ele já havia sido vendido pelo menos uma vez antes de iniciar sua trajetória em direção ao sudeste.

Em seguida, Serafim é interrogado sobre sua vida após deixar Alagoas:

> Perguntado há quanto tempo veio para esta Corte? Respondeu que não pode dizer ao certo por não se recordar, mas presume ter vindo há cerca de três anos. Perguntado se é livre ou escravo? Respondeu que é escravo de Domingos Pedro Rubem, como declarou [...] o qual Rubem deixou vivo quando fugiu da sua fazenda na Mata, há mais de um ano sem poder precisar o tempo, por não saber calculá-lo.

Serafim devia mesmo ter dificuldades em calcular o tempo: ele foi submetido a esse interrogatório em junho de 1885, logo já se haviam passado quase sete anos desde a sua chegada à Corte no paquete *Espírito Santo*. Ele também não consegue ser preciso quanto à ocasião da fuga de Leopoldina, porém demonstra uma boa capacidade de orientação espacial ou geográfica, um tipo de conhecimento que certamente lhe foi muito mais útil:

> Perguntado o nome dessa fazenda e onde está situada; e qual o gênero de lavoura? Respondeu que não sabe verdadeiramente o nome dessa fazenda de café, mas que é conhecida por fazenda de Madama Rubem, e é situada acima da ponte nova do Cunha entre a fazenda da Pedra Bonita do Doutor Astolfo, e o arraial do Piratininga, Comarca de Leopoldina em Minas Gerais, sendo o seu senhor muito conhecido na Cidade desse nome [...]. Perguntado qual [*sic*] são as fazendas limítrofes ou mais próximas e qual a freguesia que fica mais perto, e quanto dista a fazenda da Cidade de Leopoldina. Respondeu que as fazendas mais próximas são a de Santa Maria do dito Doutor Astolfo e outra cujo nome ignora pertence a Sá Lemos, e que o povoado mais

próximo é o arraial ou freguesia de Piratininga, sendo muito distante a cidade de Leopoldina, sem que saiba o número de léguas por não ter lá ido.

Serafim tinha familiaridade com os arredores da fazenda de café onde trabalhava, sabia os nomes dos fazendeiros vizinhos, e parecia ter mais facilidade em calcular léguas do que dias ou meses. É interessante reparar também que a capacidade de orientação espacial de Serafim se revela aqui, fundamentalmente, por critérios não geográficos: seus pontos de referência são a "ponte nova do Cunha", "a fazenda do Doutor Astolfo", ou a fazenda que "pertence a Sá Lemos". Em outras palavras, na cabeça de Serafim o mapa da região se desenhava de acordo com as relações de poder e de dependência pessoal que ele sem dúvida conhecia muito bem.[41] Os conhecimentos geográfico-políticos do preto foram decisivos para o sucesso de sua fuga de Leopoldina para a Corte; assim, por exemplo, ele procurou viajar sempre durante a noite, evitando causar suspeição ao atravessar os domínios de outros senhores. O próprio Serafim já havia narrado as peripécias da viagem em depoimento anterior:

[...] que está fugido dessa fazenda há tempo, não se recordando o dia em que de lá saiu; que veio até esta Corte, a pé pousando ora numa ora noutra fazenda, com os escravos e ora no mato; que nas fazendas onde pousava seus conhecidos e até desconhecidos, como ele escravos, davam-lhe mantimentos e continuando seu caminho com eles se sustentava; [...]. Perguntado pelo Juiz como fez tão longa viagem completamente desarmado. Respondeu que caminhava sempre com um pau e dele se serviu para livrar-se de cobras, porquanto viajando de noite, nunca encontrou em seu caminho quem o agredisse.

Serafim soube ainda informar ao juiz os nomes de cinco irmãos de seu senhor, que o referido senhor era filho de um francês com uma suíça e que tinha cerca de 25 anos. Não podemos ter certeza da precisão de todos esses dados fornecidos pelo negro, mas há indícios de que eles eram em geral corretos. É verdade que ele achava que o senhor se chamava Rubem, e não Robert, porém sua lembrança de que havia chegado do norte no paquete *Espírito Santo* e que havia sido entregue ao comerciante português Leopoldo da Costa, na rua da Quitanda, foi decisiva para que as autoridades policiais e judiciárias conseguissem reconstituir suas pegadas corretamente. Os depoimentos de Serafim mostram a astúcia de um negro que permanece indiferente ao tempo linear dos meses e anos, mas que sabe avaliar a importância de fugir e achar a rota da Corte na calada da noite. Ele soube cultivar também a solidariedade dos parceiros da escravidão, conseguindo ainda evitar as cobras e os agressores que poderiam ter interrompido a sua marcha.

E Serafim se une a Bonifácio e outros companheiros seus na percepção de que havia sido atingido por injustiças. Ele fora arrancado de sua terra natal e da companhia de amigos e familiares pelas malhas do tráfico interprovincial. No entanto, o negro não aceita o seu destino, e se recusa desde o início a ficar na Corte ou a seguir para uma fazenda de café, "dizendo que queria voltar para o Norte". Ele tampouco estava disposto a tolerar atitudes senhoriais que interpretava como injustas ou abusivas — Serafim explicou ao subdelegado: "Que fugiu da fazenda de seu senhor porque este o queria meter no tronco e dizia que o havia de matar a pancada". Aqui, novamente, um escravo alega que andava sofrendo castigos físicos excessivos como justificativa de suas atitudes. Não há sádico no mundo que possa calcular com exatidão o que tal alegação pode ter significado em número de açoites ou em litros de sangue, mas talvez possamos arriscar sobre a dimensão simbólica desse argumento tão repetido pelos negros: a referência a castigos excessivos era provavelmente a forma de um escravo "traduzir" para a linguagem dos senhores a sua percepção mais geral de que direitos seus não estavam sendo considerados ou respeitados.[42]

Há pelo menos duas outras histórias que reforçam algumas das descrições e das interpretações propostas nesta parte do capítulo e que merecem, portanto, um rápido comentário. A primeira delas envolve o crioulo Martinho, baiano, solteiro e com 26 anos na ocasião do episódio em questão. Numa tarde de junho de 1882, no caminho do Engenho Novo, Martinho armou-se de uma foice e avançou contra Alfredo Bravo, que era supostamente seu senhor. O baiano teria lutado ainda com dois ou três praças de polícia que tentavam prendê-lo. Bravo alegava que o crioulo não lhe estava pagando os aluguéis e se rebelara quando ele ameaçou chamar a polícia para detê-lo: Martinho, porém, tinha explicações muito diferentes a oferecer ao subdelegado:

> Que vendo que o queriam prender fugiu e sendo perseguido pelo cabo e seu senhor armou-se de uma foice e investiu contra eles desarmando o cabo que fugia indo buscar reforço e ficando só com o seu senhor contra ele investiu dando-lhe golpes com a foice [...] não conseguindo feri-lo apesar de ser sua intenção matá-lo porque desde que passou a ser escravo dele não recebeu nem roupa nem comida ignorando a causa por que o queriam prender por nada ter feito e sempre ser trabalhador.[43]

Martinho não reclama de castigos excessivos; contudo, o negro afirma claramente que o novo senhor não cumpria com as obrigações que lhe eram devidas. Esse escravo baiano deve ter passado por experiências semelhantes àquelas já descritas para outras personagens desta história. Um passaporte anexado aos autos informa que Martinho foi o escravo número doze na lista de matrícula apresentada pelo padre Alexandre Cidreira na "Cidade da Bahia" (Salvador) em junho de 1872. O crioulo foi escravo do padre durante muitos anos, pois, segundo o passaporte, ele ainda pertencia ao mesmo senhor quando foi enviado para a Corte em junho de 1880. Os autos trazem ainda uma procuração na qual o padre Cidreira autorizava Alfredo Bravo a realizar a venda de Martinho por sua conta. Tudo indica, então, que Bravo comprara o escravo mediante a procuração, estando com ele por um período de teste ou tendo a intenção de vendê--lo em seguida. E Martinho estava com certeza compartilhando as agruras de parceiros como Bráulio e Serafim: ele passara rapidamente de um cativeiro aparentemente estável para o mundo impessoal dos negócios da escravidão.

A segunda história é ainda mais breve e serve de pretexto a algumas conclusões que precisamos firmar antes de seguir em frente. O preto Antônio era alagoano como Serafim, natural de Maceió, e padeiro por profissão.[44] Ele havia sido matriculado em Pilar, Alagoas, em abril de 1872, sendo vendido a José Caetano Machado, residente na Corte, em 1875. Por escritura de 14 de junho do mesmo ano, Antônio passou a ser escravo de Luiz Antônio Bastos, também morador na cidade do Rio. Em julho de 1876 o preto vinha em disparada pela rua da Conceição, perseguido já à distância pelo senhor, quando foi cercado por várias pessoas e finalmente detido por um praça de infantaria e alguns soldados de polícia. Houve uma rápida troca de sopapos e o praça de infantaria acabou ferido, o que tornou necessária a presença de todos diante do segundo delegado de polícia. O senhor contou ao delegado que Antônio era

> seu escravo e não se portando bem foi levá-lo hoje à casa de comissão para vendê-lo e não querendo ficar ia ele levá-lo à Estação de São Domingos quando ele fugiu e perseguindo--o ele corria mais do que ele [...].

Já o preto explicou

> que serve a [*sic*] muito tempo a seu atual senhor e querendo este vendê-lo levou ele hoje a uma casa de comissão e lá chegando disse-lhe que é para vendê-lo ele não querendo ali ficar seu senhor o quis levá-lo para Estação pelo que ele fugiu [...].

O processo criminal que narra a tentativa de fuga de Antônio é magro em informações, especialmente se o compararmos,

80

por exemplo, com os autos que contêm as histórias de Bráulio e Serafim. Contudo, já podemos agora inserir a breve troca de versões entre o senhor e o escravo na delegacia num tecido mais apertado de significações. O preto afirma que era escravo de Luiz Bastos havia muito tempo — na verdade, pouco mais de um ano —, e esse esclarecimento inicial do escravo visa a justificar sua firme recusa em ficar na casa de comissões. Antônio, que viera de Alagoas no ano anterior e ficara na Corte desde então, não estava disposto a reviver a insegurança de uma nova transação de compra e venda. Mais ainda, ele talvez não suportasse a ideia de ser vendido por um dono de casa de comissões, o que sem dúvida lhe diminuiria as chances de influenciar o destino que levaria. Antônio podia estar lutando, por exemplo, pela possibilidade de continuar morando na cidade e pelo direito de exercer sua profissão de padeiro. O negro sabia que um comerciante de escravos, movido pela lógica implacável do lucro, provavelmente prestaria pouca ou nenhuma atenção a seus interesses. Temos ainda a interpretação que o próprio senhor oferece para a sua decisão de colocar o preto à venda na loja de um negociante: a atitude era para ser vista como uma punição a Antônio, pois ele achava que o escravo não andava se comportando bem. Ao decidir aplicar essa punição específica ao cativo, ao invés de recorrer a agressões mais explícitas, como a palmatória ou o chicote, o senhor mostra compreender o essencial das expectativas e dos sentimentos do escravo em relação às transações de compra e venda.

E, por conseguinte, o senhor demonstra saber como devia proceder para não desagradar o escravo. Isso significa que tanto Luiz Bastos quanto o preto Antônio tinham uma concepção mais ou menos clara da reciprocidade de obrigações e direitos que os ligava. Antônio talvez aceitasse ser vendido desde que as negociações ocorressem dentro de certos parâmetros; Bastos entendia que simplesmente delegar a venda a um comerciante era frustrar as expectativas do negro e desrespeitar práticas que havia assumido — daí a preocupação do senhor em justificar sua atitude a partir do suposto mau comportamento do réu. Ou seja, Antônio seria negociado na casa de comissões porque, na opinião do senhor, não cumprira com suas obrigações.

As pessoas que assistiam às trocas de versões entre Bastos e Antônio provavelmente entendiam o que ocorria e em que parâmetros se dava a discussão. Eles certamente nunca imaginaram que negociar escravos era como vender badulaques ou bananas — isto é, apenas uma questão de conseguir o melhor preço. Havia componentes morais e políticos a considerar em cada transação. Nós vimos até aqui que existiam negros que recusavam negociações porque não consideravam mais legítimo o seu cativeiro — são as histórias de Felicidade e Carlota. Encontramos também negros que resistiam a seus novos senhores porque entendiam que eles não lhes dispensavam o tratamento devido — são histórias como as de Bráulio, Serafim e Martinho. Havia, portanto, versões ou visões escravas da escravidão que impunham limites bastante reais às transações de compra e venda. Bonifácio, Filomeno e demais parceiros resolveram esbordoar Veludo motivados por noções próprias de justiça e de moral, noções essas lavradas nas experiências cotidianas e coletivas da escravidão. Esses negros não foram simples espelho de outros mundos ou representações, e nem tampouco foram heróis da resistência à escravidão.

É hora de trazer o nosso "vilão" favorito, José Moreira Veludo, de volta às luzes da ribalta.

OS IRMÃOS CARLOS E CIRÍACO:
MAIS CONFUSÃO NA LOJA DE VELUDO

Sugeri anteriormente que a agressão de Bonifácio e seus companheiros a Veludo havia sido o último recurso disponível a essas pessoas para que tentassem mudar o destino que os negociantes da escravidão queriam dar às suas vidas.[45] Tal interpretação dos atos desses negros significa que outras formas de pressão podem ter sido inutilmente acionadas pelos escravos antes de se decidirem pela aplicação da surra no dono da casa de comissões. Vimos que Bráulio, não estando satisfeito com seu cativeiro em Valença, havia pedido a Coelho da Silva que o vendesse. O negro, no entanto, argumenta que a resposta do senhor ocorreu na forma de ferros e açoites, o que acabou fazendo com que ele optasse pela fuga.

Apesar do provável insucesso das iniciativas ou pressões menos drásticas de Bonifácio e Bráulio, podemos imaginar que em certas situações os escravos conseguiam pelo menos em parte os seus desígnios sem o recurso à violência direta ou à fuga. Na realidade, as fontes analisadas indicam que — para além das formalidades legais como as procurações e as escrituras — os negócios de compra e venda de escravos ocorriam num universo de possibilidades e de práticas sociais que havia instituído um espaço de participação ou de opinião do cativo em tais transações. Essa participação dos escravos, mesmo que incerta e delimitada pelas relações de classe numa sociedade profundamente desigual, tinha regras e lógicas consagradas pelo costume. As páginas seguintes procuram detalhar mais as formas de pressão utilizadas pelos escravos por ocasião de sua venda: afinal, o que era importante obter dos senhores nesse momento decisivo, e como essas pressões eram conduzidas? Antes de, ou ao invés de, recorrerem às opções mais radicais — como a negação da legitimidade do cativeiro (Carlota e Felicidade), a fuga (Bráulio e Serafim), ou a violência física (Bonifácio e Bráulio) —, o que podiam fazer os escravos no intuito de evitar a venda para um senhor que não desejassem servir, ou a ida para locais que não fossem de seu agrado?

Em 30 de dezembro de 1877, o nome de José Moreira Veludo surge novamente na primeira página dos jornais cariocas.[46] A *Gazeta de Notícias*, sob o título de "Horrível assassinato", começa assim o relato de um crime ocorrido na véspera:

> Já não é somente nas roças e nos sertões que os escravos cometem os crimes mais atrozes.
>
> Esta cidade foi ontem sobressaltada pela notícia de uma horrorosa cena de sangue, que é mais uma página negra nos anais da escravidão.

Essa "página negra" fora escrita na casa de comissões da rua da Prainha, 104. Já nos referimos a essa loja anteriormente: ela pertencia a João Joaquim Barbosa e a Veludo, mas parece ter se tornado propriedade exclusiva deste último como resultado de ação comercial movida por Manoel Guimarães em 1878, na qual Barbosa se mostrou incapaz de saldar uma dívida no valor de 12 contos de réis.[47] A forma como a notícia é introduzida na *Gazeta* sugere um aumento da sensibilidade da opinião pública para questões relacionadas com a escravidão: os escravos passavam a cometer crimes "atrozes" mesmo na Corte. Segundo a narrativa do jornal, na manhã do dia anterior o português Antônio Oliveira, caixeiro de um estabelecimento comercial, se dirigira à casa de comissões da rua da Prainha porque estava encarregado de acompanhar dois escravos irmãos, de nomes Carlos e Ciríaco, até a bordo do vapor *Ceres*, que os conduziria para São Mateus. Os dois escravos teriam sido comprados pelo desembargador Berenguer na referida casa de comissões, mas ambos "manifestaram repugnância em seguir para o seu novo destino". Apesar da insistência e das pressões de Oliveira, os dois pretos colocaram as latas com seus pertences no chão e ficaram parados, reafirmando que para São Mateus eles não iriam. Oliveira então conversou com o caixeiro de Veludo sobre a possibilidade de deixar os escravos na loja até que arranjasse guardas que os pudessem conduzir. O caixeiro observou que, diante da "obstinação dos escravos, não os podia recolher de novo sem ordem de seu patrão". Oliveira subiu ao sobrado para conversar com Veludo e desceu de lá ainda mais resoluto, declarando aos escravos "que se não fossem por bem, haviam de ir à força". No momento seguinte, Carlos pulou sobre Oliveira e cravou-lhe uma faca no coração, matando-o na hora. Ciríaco estava armado com um canivete, porém não participou da agressão.

Não há grandes divergências entre a *Gazeta*, o *Jornal do Commercio* e os depoimentos que constam do processo criminal quanto ao resumo das ações que resultaram no assassinato de Oliveira. Veludo não prestou declarações; contudo, compareceram o caixeiro da casa de comissões e um escravo de Veludo chamado Luiz, pardo, de 45 anos, pernambucano, que assinou seu depoimento nos autos com letras um tanto desenhadas ou tremidas. Luiz era feitor da loja, e fora quem trouxera Carlos e Ciríaco à presença de Oliveira naquela manhã. Luiz explicou ao juiz que os dois acusados foram entregues a Oliveira "e depois de darem dois passos na rua arriaram as caixas, exigindo que lhes dissessem para onde iam". Luiz compareceu inclusive por ocasião do julgamento no júri, dessa vez acompanhado de Veludo, que também esteve no tribunal. Esse primeiro julgamento ocorreu no dia 11 de outubro de 1878 e nele Ciríaco foi condenado a "cinquenta açoites e a conduzir ao pescoço um ferro por espaço de um mês". Os autos nos informam ainda que Carlos não chegou a ir a julgamento, pois havia morrido de sífilis na Casa de Detenção em maio daquele ano. O advogado de Ciríaco apelou da sentença e o negro foi a novo julgamento exatamente um ano depois. Dessa vez Ciríaco foi condenado a vinte anos de galés, mas o advogado de defesa apelou novamente. O diretor da Casa de Correção estranhou a sentença do juiz, já que o réu era escravo e havia recebido uma pena "temporária". O juiz esclareceu então que o suposto senhor do escravo, o desembargador Berenguer, não havia juntado aos autos a matrícula especial, o que provaria a condição de cativo de Ciríaco. O juiz considerou que o preto havia sido abandonado pelo senhor, declarou-o liberto, e justificou assim a conversão da pena de ferros e açoites em vinte anos de galés, mudada posteriormente para prisão com trabalho.

É um tanto irônico que, declarado liberto, Ciríaco tenha se visto obrigado a amargar vinte anos de prisão, ao invés dos cinquenta açoites e dos ferros. Nesses cálculos jurídicos das penas, parece que Ciríaco saiu perdendo com a declaração de sua liberdade. O dedicado advogado do réu continuou acompanhando o caso mesmo após a concessão da liberdade, mas sua tentativa no sentido de conseguir um terceiro julgamento fracassou. No entanto, o conteúdo da defesa dos pretos preparada pelo advogado talvez ajude a explicar o porquê de o liberto Ciríaco ter sido contemplado com tantos anos de prisão:

[...] O acusado, preto, escravo sem consciência de si, vivendo somente sob o peso do serviço, maltratado, não teve nenhum conhecimento do fato, por que é acusado. Nem uma palavra em favor do acusado [...] [as testemunhas] deixaram em silêncio as ameaças e protestos de perseguição, que se lhe fazia naquela ocasião, inclusive ser preso e algemado, e nisto estava ser conduzido para fora da Corte a ser vendido.

O acusado não teve consciência do fato, pelo qual responde; a sua razão perturbada pelo medo e ameaças, no estado de exacerbação em que ficou, ignorando para onde lhe levavam, e onde talvez outra pior vida lhe destinava, perdeu o juízo, e desde então não soube o que fez.

É verdade que o trecho acima foi extraído da defesa por escrito que o advogado apresentou para o réu Carlos, que ainda vivia na ocasião e fora quem, afinal, dera o golpe fatal em Oliveira. Mas é claro que o argumento do advogado também se aplica a Ciríaco e aos escravos em geral, pois expressa com precisão as imagens sobre os negros frequentemente encontradas entre proprietários e governantes, as quais, como veremos no próximo capítulo, aprisionavam os próprios abolicionistas: os maus-tratos da escravidão haviam transformado Carlos e Ciríaco em negros "sem consciência de si", que não tinham "nenhum conhecimento do fato" pelo qual eram acusados. Estamos aqui mais uma vez diante de um momento de elaboração da teoria do escravo-coisa: podemos lembrar que o advogado de Bonifácio e seus parceiros achavam que o cativeiro havia causado àqueles negros "o embrutecimento de seus espíritos [...] embotando-lhes a consciência".[48] (E estamos também curiosamente próximos aos negros incapazes de produzir valores e normas próprias de conduta, "cuja reificação [...] produzia-se objetiva e subjetivamente", nas palavras de Fernando Henrique Cardoso.) Ou seja, os cálculos de conversão de pena feitos pelo juiz em relação a Ciríaco devem ter partido da premissa de que o ex--escravo estava despreparado para a vida em liberdade, sendo que a sua hipotética falta de consciência das coisas foi interpretada pelo magistrado como necessidade de colocá-lo atrás das grades por longos anos.

Mas, relendo com atenção os argumentos apresentados pelo advogado dos escravos, podemos notar ali uma certa ambiguidade. No primeiro parágrafo, o advogado sugere realmente que Carlos não tinha consciência dos fatos devido à sua condição de cativo; isto é, ele fica aqui no nível de uma condenação genérica dos supostos efeitos da instituição da escravidão sobre os negros. No parágrafo seguinte, contudo, há uma explicação mais pontual para a tal falta de consciência do escravo: Carlos ficou com a "razão perturbada" devido à iminência de ser conduzido para fora da Corte, "onde talvez outra pior vida se lhe destinava". O advogado, portanto, reconhece que Carlos tem um "juízo" — que "perdeu" por uns instantes — e uma "razão" — que ficou "perturbada" pelo medo naquela ocasião. Logo, neste segundo parágrafo, o advogado mostra compreender a seu modo que os escravos foram levados à agressão contra Oliveira movidos pela consciência clara que tinham de sua situação naquele momento.

De fato, Ciríaco explicou de forma cristalina diante do júri tudo o que lhe acontecera. Ele era baiano, assim como seu irmão Carlos, filho de um casal de africanos, solteiro, analfabeto, oficial de pedreiro, e com 43 anos em dezembro de 1877:

> [...] ele interrogado verdadeiramente não sabe por que o envolveram neste processo, visto como o que se deu com ele interrogado foi o seguinte: Tendo seu senhor o feito aprender o ofício de pedreiro e nunca tendo ele interrogado trabalhado com enxada não entendendo de serviços de roça contudo seu senhor o mandou para a fazenda e ele interrogado tendo ido lá esteve oito meses, e deu-se muito mal de saúde pelo que pediu a seu senhor que o mandasse de novo para a Corte, onde foi vendido, digo onde foi mandado à casa de um pretendente para depois de este revistar seus serviços, comprá-lo; mas, sucedeu que aquele pretendente a comprá-lo o achasse enfermo, e por isso deixou de comprá-lo, em conse-

quência do que seu senhor de novo ordenou que ele e seu irmão fossem devolvidos à fazenda em São Mateus.

Então ele interrogado sabendo dessa resolução declarou ao agente da Casa de Comissão que não podia voltar para a roça, e nesse caso precisava ir à Polícia fazer a declaração dos motivos que o impediam a seguir aquele destino, e, não obstante essa declaração [...] teve ordem bem como seu falecido irmão Carlos, de embarcarem imediatamente para São Mateus e nessa ocasião, ele interrogado indo à venda fronteira digo, que fica ao pé da casa de comissão pagar um tostão que devia e comprar um maço de cigarros ao voltar achou digo encontrou a porta da casa de comissão acumulada de povo estando seu irmão Carlos em pé na mesma porta. Neste momento foi ele interrogado preso por um urbano bem como seu irmão, e levados ambos à estação, daí quando voltaram à mesma casa de comissão foi que ele interrogado viu, morto o moço que os tinha vindo conduzir para bordo [...].

Ciríaco continuou suas declarações reafirmando que nem estava presente no local quando da morte de Oliveira, e acrescentou que tinha certa birra do caixeiro da loja de Veludo "porque às vezes queria sair à rua e ele não consentia".

Há vários pontos a enfatizar nesse minucioso depoimento de Ciríaco. Já observamos anteriormente que havia transações de compra e venda de escravos que envolviam inicialmente um período de teste, no qual o escravo prestava seus serviços ao novo senhor sem que o negócio estivesse já totalmente fechado entre as partes. Mais ainda, parece que se reconhecia que o comprador de um escravo tinha o direito de desfazer a transação realizada desde que alegasse um motivo justo para isso.[49] Talhão usou de argumentos formais — tal como a falta de escritura que legalizasse a transferência de Carlota — e da alegação de que a escrava era insubordinada e "imprestável" para conseguir anular a compra que havia feito a Viana. O barão de Três Ilhas não ficou satisfeito com Bráulio e o mandou de volta a Coelho da Silva. Entre os vários motivos pelos quais Veludo e Queiroz jamais se entenderam se encontrava a atitude do dr. Paula Tavares, que "baixou" à Corte

> trazendo a escrava que comprara ao autor [...] [porque] tinha sido iludido na compra dessa escrava, não valendo ela a quantia porque ajustara, e querendo dela fazer entrega.[50]

Os documentos analisados apontam as doenças que teriam contraído os negros como uma das possíveis justificativas utilizadas por senhores interessados em invalidar as compras que haviam feito. Podemos lembrar, novamente, a batalha de cálculos entre Veludo e Queiroz: este último dava como vendido o escravo Manoel Crioulo, porém o dono da casa de comissões mostrava que o comprador de Manoel o achara enfermo e exigia a anulação da transação. Segundo a correspondência enviada pelo comprador frustrado a Veludo, o próprio negro dizia que estava em tratamento do "mal de gota" havia vários anos. E Ciríaco conseguiu que seu senhor o enviasse de volta à Corte com o intuito de passar por um período de teste na casa de um "pretendente"; no entanto, o possível senhor achou que o negro estava doente, o que acabou com as esperanças do escravo em continuar residindo na cidade.

Uma outra história esclarece melhor como podia funcionar essa prática do período de teste. Josefa, parda, por seu curador, entrou com uma ação de liberdade contra Caetana Rosa, Manoel Alvim e Matilde Nascimento em outubro de 1871. Segundo as alegações da negra, Caetana Rosa a havia comprado "dizendo-lhe que a destinava a serviço doméstico"; na realidade, a senhora a obrigara à vida de prostituta.[51] Caetana havia vendido a parda a Manoel Alvim, que por sua vez já havia tentado negociá-la com Matilde Nascimento, quando do início da ação cível em questão. Essa e outras histórias de escravas prostitutas serão analisadas com mais detalhes no próximo capítulo; o que nos importa no momento é notar como se processaram as sucessivas transferências de Josefa.

Os depoimentos prestados pelos réus Manoel Alvim e Matilde Nascimento e pelas testemunhas informam que Josefa fora escrava de Caetana Rosa por três anos aproximadamente, sendo que a senhora partira para Portugal deixando uma procuração para que a negra fosse vendida na casa de comissões de José Luís Pereira. Ou seja, a julgar por tudo que vimos até aqui sobre a forma como essas transações eram realizadas, Caetana havia efetivamente vendido a parda ao negociante, só que não se lavrara na ocasião a escritura definitiva de transferência de propriedade. Josefa se encontrava à espera de comprador na loja de Pereira quando foi adquirida por Manoel Alvim em fevereiro de 1871. Alvim explica em seu depoimento, contudo, que

> mais tarde dois dias ou três dias depois mais ou menos, passando ele depoente com sua senhora por casa do dito Pereira, esta tendo visto a autora não gostou dela e ele depoente deu ordem a Pereira que vendesse a autora de novo.

Frustrada a venda para Alvim, o negociante tentou um acordo com Joaquim Oliveira, que também se interessara pela negra. Mas os dois homens não se acertaram quanto ao preço da escrava: inicialmente, Pereira pedia 2 contos de réis e mais uma comissão de 100 mil-réis, baixando depois para 1 conto e 800 mil-réis mais a comissão; Oliveira, no entanto, não passava da oferta de 1 conto e 600 mil-réis sem acréscimo de comissão. As negociações foram mais adiante ainda no caso de Matilde Nascimento. Matilde declarou ser costureira, solteira, de trinta anos, natural da província do Rio e moradora na rua de São Jorge, tendo sido minuciosamente interrogada pelo juiz devido às alegações de Josefa de que esta senhora também lhe obrigara à vida de prostituta por alguns dias:

> Disse que no mês de Fevereiro do corrente ano, chegando ela testemunha de Campinas Província de São Paulo e precisando comprar uma escrava, mandou chamar a Luís Camões, inculcador de escravos e lhe comunicou a sua preten-

são e dali a dois dias apareceu ele em sua casa com uma rapariga de nome Josefa, costureira e engomadeira, dizendo ser ela recolhida e deixando-a ficar a contento, teve a testemunha de mandá-la examinar por médico e como este declarasse que a rapariga sofria de moléstias crônicas, de figada nas mãos e pés, depois de quatro dias da estada dela em sua casa mandou ela testemunha chamar o referido Camões e lh'a entregou, dizendo que não lhe servia por causa da declaração do médico. Que da casa dela testemunha fora a dita rapariga para a casa de Fuão Pereira à rua do General Câmara [Sabão] donde segundo lhe informou uma vizinha do mesmo Pereira, fugira pelos fundos seduzida por um pardo e levada à polícia [...].

Josefa e Ciríaco, portanto, passaram por um período de teste na casa de possíveis compradores, porém as negociações não chegaram a um desfecho porque os pretendentes alegaram que os escravos estavam doentes. Aqui, mais uma vez, é difícil avaliar de que forma as ações dos negros influenciam os rumos que tomam as transações entre os senhores. E isso porque uma ficção essencial nesses documentos é aquela que representa os cativos como coisas, simples mercadorias a serem negociadas. Essa ficção permite pelo menos a organização formal dos atos dos senhores: procurações, escrituras, inventários e ações cíveis diversas se tecem a partir da noção de que a propriedade em escravos está totalmente circunscrita no pacto social fundamental dos cidadãos-proprietários dessa sociedade — isto é, a defesa da propriedade privada —, pacto esse expressamente firmado no sacrossanto artigo 179 da Constituição do Império. É óbvio, portanto, que uma leitura que se limite à transparência das fontes concluirá que atos de compra e venda de escravos são ações meramente corriqueiras e anódinas, rigorosamente previstas no ordenamento jurídico e no imaginário social inventados pelas elites proprietárias e governantes dos brasis no século XIX.

Mas Josefa não agradou à mulher de Manoel Alvim. Josefa era uma parda de dezenove anos, solteira e, a darmos crédito a algumas das testemunhas da ação cível de liberdade na qual aparece como autora, ela era também uma prostituta afreguesada na Corte naqueles primeiros anos da década de 1870. Josefa pode ter lançado olhares de sedução e de pecado a Alvim, que talvez fosse um quarentão babão entre muitos. Não precisamos, contudo, continuar a formular hipóteses inverificáveis, mesmo que divertidas. Afinal, Josefa, assim como Ciríaco, podem ter sido recusados pelos pretendentes por estarem realmente doentes, ou então por qualquer outro motivo que nunca vamos descobrir. O que importa aqui é perceber que a noção costumeira de que um ato de compra e venda de escravo era passível de reversão, sendo que várias vezes as negociações incluíam um período de teste no qual o comprador devia examinar os serviços do cativo, abria ao escravo a possibilidade de interferir de alguma forma no rumo das transações.[52] Numa primeira aproximação, a prática do período de teste parece simplesmente uma garantia ao "consumidor"; porém, em se tratando de negros, as particularidades da "mercadoria" negociada sugerem que esta poderia conscientemente apresentar-se como "defeituosa" — ou "imprestável", como se referiram a Carlota — caso não tivesse interesse em ficar com o novo senhor.

Tudo indica que Ciríaco estava realmente interessado em agradar ao senhor que queria comprá-lo na Corte. O escravo justifica seu desejo de permanecer na cidade com o argumento de que havia aprendido o ofício de pedreiro, "nunca tendo [...] trabalhado com enxada não entendendo de serviços de roça". E ele apresenta ainda um motivo impensável para nós, urbanoides poluídos do século XX: os ares do campo lhe arruinavam a saúde. Vamos nos deter, por agora, na tentativa do escravo de fazer com que o senhor levasse em consideração suas habilidades profissionais no momento de vendê-lo.

Vimos há pouco que, entre suas várias queixas contra Caetana Rosa, Josefa afirmava que esta senhora a havia comprado "dizendo-lhe que a destinava a serviço doméstico". Essa reclamação de Josefa sugere um certo entendimento prévio entre a senhora e a escrava sobre quais atividades ou serviços a negra se obrigava a prestar junto à sua nova proprietária. A experiência do preto Pompeu, narrada num libelo de liberdade de 1860, talvez nos ajude a compreender melhor como os escravos se manifestavam quanto à questão do trabalho no momento da venda.[53] Estamos aqui, novamente, diante de uma história bastante densa, porém vamos nos concentrar apenas nas negociações entre dois senhores a respeito da venda do negro. Pompeu havia sido comprado recentemente pelo dr. Luiz Gonzaga de Souza Bastos, advogado com escritório na rua do Hospício. O comerciante João de Araújo Rangel, dono de um trapiche na rua da Saúde, tinha necessidade de "comprar um escravo bom boleeiro". O advogado Bastos, sabendo dos interesses do comerciante, mandou avisá-lo de que Pompeu, além de pajem, era um excelente cocheiro. Os dois homens começaram a tratar da transação através de cartas, como essa enviada por Bastos a Rangel em 25 de maio de 1859:

Ilustríssimo e meu caro amigo senhor Rangel:

Recebi sua carta, e ao que nela me diz a respeito do rapaz tenho a responder-lhe, que não me é possível ceder à sua proposta, pois que o rapaz custou-me muito mais e agora está mais perfeito em todo o serviço, já como oficial de alfaiate, já como pajem e copeiro, estando até agora a servir sempre na boleia quando saio: entretanto como ele insta em pedir-me para ser cocheiro, e eu não tenha por ora carro em que ele exerça esse ofício, estou pronto a vender-lho, não pelo preço que me oferece, mais [sic] por 1 conto 820 mil-réis, último preço, negócio decidido depois de o mandar examinar por médico como deseja; posso dar-lhe também as botas novas que lhe comprei ontem e até mesmo o casaco da libré [sic], sem botões visto que estes têm as iniciais do meu nome; se isso lhe convém diga-me breve, porque o Doutor Bernardo de Passos, que gosta muito do rapaz, e da figura dele, como pajem também o quer.

A carta de Bastos narra com detalhes alguns aspectos das transações entre os dois senhores: a discussão do preço, a exigência de exame médico por parte do comprador, as tentativas do vendedor de valorizar sua "mercadoria" através da ênfase em suas diferentes habilidades ou ofícios, a esperteza do advogado em anunciar a existência de um outro pretendente ao preto Pompeu. A carta sugere ainda que o advogado encarava o negro como um ótimo investimento. Com efeito, ele afirma que o escravo se aperfeiçoara no serviço desde que viera para a sua companhia. Pompeu era, na verdade, um escravo bastante valioso; seu preço era elevado e uma das testemunhas explica que ele aprendera o ofício de alfaiate quando menino. Todas essas habilidades do cativo talvez lhe facilitassem uma maior influência sobre os senhores que tratavam de sua venda: Bastos observa na carta que Pompeu insistia em exercer o ofício de boleeiro ou cocheiro, o que fazia, portanto, com que a venda para o comerciante Rangel fosse do agrado do rapaz.

Podemos obviamente desconfiar que Bastos tenha inventado a história do interesse de Pompeu em trabalhar como cocheiro como mais um argumento no sentido de convencer Rangel das vantagens da compra que faria. Permanece, contudo, o fato de que Bastos precisava apresentar ao comerciante razões plausíveis para convencê-lo a fechar o negócio, e é significativo que o advogado haja arrolado entre essas razões o gosto do negro em servir a um senhor que o empregaria no ofício de cocheiro. Enfim, no caso de Pompeu, assim como no de Ciríaco e até no de Josefa, há versões sobre atos de compra e venda de escravos nas quais os negros expressam claramente suas preferências nas negociações em curso, sendo que essas preferências interferem no rumo dos acontecimentos. Pompeu foi efetivamente vendido a Rangel; Ciríaco conseguiu um período de teste com um senhor da Corte; Josefa queria a liberdade porque sua senhora lhe havia dito que a destinaria a serviços domésticos, e não à prostituição. Havia escravos, portanto, que manifestavam a seus futuros senhores suas preferências quanto às tarefas que desempenhariam no cativeiro.

Resta comentar a curiosa alegação de Ciríaco de que os ares do campo não lhe faziam bem à saúde. Esse argumento do escravo se junta ao seu desejo de exercer o ofício de pedreiro para justificar perante o senhor sua insistência em permanecer na Corte. João Crioulo, escravo de d. Umbelina Libânia de Lemos, é outro exemplo de um cativo que se recusa a deixar a cidade.[54] João era pernambucano, com cerca de trinta anos, "ganhador de cesta", e se encontrava na casa de comissões de José Machado Guimarães para ser vendido em fevereiro de 1871. O escravo foi acusado de dar uma facada no dono da casa de comissões e, ao ser interrogado no júri, declarou o seguinte:

> [...] Perguntado se ele interrogado não foi castigado por José Pinto Machado Guimarães por ter ido passear no domingo de Carnaval e ter-se recolhido depois das dez horas, e por esse castigo não foi que deu a facada, ferindo ao dito Machado Guimarães? Respondeu que não foi por ido passear [*sic*]; mas porque que [*sic*] sendo ele vendido a um homem de Cantagalo, e não querendo ele interrogado sair desta Corte, quis o mesmo Guimarães castigá-lo, mas caiu e uma faquinha de cortar palha que ele acusado tinha na mão o espetou [...]. Perguntado por que motivo ele acusado fugiu? Respondeu que fugiu em razão de Guimarães gritar pega o negro, na ocasião em que caiu sobre a faca. Perguntado por que razão disse ele acusado no processo ter sido o autor da facada? Respondeu que se disse, não está alembrado [*sic*] [...].

A pergunta inicial do juiz orienta o interrogatório no sentido de descobrir se o preto João justificava a agressão que teria feito ao dono da casa de comissões a partir da alegação de que havia sido castigado injustamente. Como já vimos, essa era uma interpretação para os atos de rebeldia dos escravos que parecia bastante familiar aos juízes e senhores dessa sociedade. O negro, porém, procura dar outro rumo às discussões: ele nega que tenha tido a intenção de ferir o comerciante — tudo não passara de um acidente — e se dispõe a falar sobre as possíveis causas dos castigos que Guimarães quisera lhe aplicar. O motivo dos castigos seria a recusa de João em ser "vendido a um homem de Cantagalo": Temos aqui, portanto, outro escravo que — como Bonifácio e seus companheiros, Ciríaco, Serafim, Bráulio e tantos mais — resistia à ideia de ser vendido para uma fazenda de café do interior.

Mais ainda, o escravo afirmava que não desejava "sair desta Corte". Seus motivos para a permanência na cidade podiam ser semelhantes aos de Ciríaco: ambos queriam continuar exercendo suas profissões de "ganhador de cesta" e pedreiro. E ambos talvez estivessem lutando para se manter num certo modo de vida urbano: algo percebido como mais móvel e prenhe de possibilidades. Ciríaco visitava a venda próxima à casa de comissões de Veludo, e reclamava do caixeiro da loja que restringia suas andanças pelas ruas. O preto João brincou o carnaval de 1871 e não atribuía os castigos que Guimarães queria lhe aplicar ao fato de ter chegado tarde à loja. Essas são referências passageiras mas significativas, que indicam a necessidade de investigar melhor o porquê de vários escravos insistirem em não irem vendidos para fora da Corte. As relações entre os negros e a cidade são o tema do terceiro capítulo desta tese.

EPÍLOGO

Citei mais atrás, e comentei apenas parcialmente, uma passagem de Fernando Henrique Cardoso na qual este autor apontava os únicos caminhos abertos aos escravos para a superação da experiência da coisificação:

> Restava-lhes apenas a negação subjetiva da condição de *coisa*, que se exprimia através de gestos de desespero e revolta e pela ânsia indefinida e genérica de liberdade.[55]

Observei na ocasião que os atos de rebeldia dos escravos exerciam um discreto charme poético sobre este e outros autores, apesar de, paradoxalmente, a imagem do negro insubmisso ser um momento crucial na elaboração da teoria do escravo-coisa, e, logo, da eliminação do negro da condição de sujeito de sua própria experiência histórica.

Podemos agora ler mais detidamente o trecho da citação na qual Fernando Henrique Cardoso se refere à "ânsia indefinida e genérica de liberdade" que teriam os escravos. A passagem é crucial porque o próprio autor considera o "desejo de liberdade" como aquilo que "exprime a qualidade de pessoa humana".[56] Para facilitar as coisas, podemos aceitar sem discussão a definição de pessoa humana proposta por Cardoso. Torna-se essencial, então, compreender o que os negros entendem por liberdade. Uma primeira resposta que encontramos no texto do autor surge por um processo de negação, e nos leva de volta à imagem do escravo rebelde: liberdade é simplesmente viver fora do cativeiro, e daí talvez seu caráter "genérico" e "indefinido".

Mais interessante, no entanto, é o caminho do escravo-artesão, bastante enfatizado por Cardoso. As transformações na produção ao longo do século XIX acabaram exigindo da "camada senhorial" gaúcha o aperfeiçoamento do "instrumento humano de trabalho", ou seja, o escravo. Essas novas condições permitiram aos negros o domínio de técnicas mais refinadas de trabalho, o que possibilitou "a revelação social dos atributos de pessoa humana que se encobriam na categoria escravo".[57] Isto é, os negros teriam se revelado aos poucos enquanto "instrumentos de trabalho" inteligentes, mudando significativamente sua autoimagem como seres incapazes e criando tensões nas próprias percepções senhoriais a respeito dos trabalhadores cativos. Essas percepções transformadas seriam uma causa essencial da "desintegração da ordem escravocrata". E o conceito de escravo-artesão indica que, na interpretação de Fernando Henrique Cardoso, a visão de liberdade que se desenha no horizonte dos negros é o caminho da integração e da ascensão social na chamada "sociedade de classes em formação", caminho esse que se frustrará por uma série de motivos apresentados pelo autor e que não cabe aqui comentar.

A análise de Cardoso é densa e instigante. O problema, todavia, é que ele interpreta o sentido da liberdade para os escravos única e exclusivamente a partir das visões de liberdade inventadas para os negros pelos cidadãos-proprietários dos brasis da época. A narrativa tecida neste capítulo já abre caminhos alternativos de análise. A liberdade pode ter representado para os escravos, em primeiro lugar, a esperança de autonomia de movimento e de maior segurança na constituição das relações afetivas. Não a liberdade de ir e vir de acordo com a oferta de empregos e o valor dos salários, porém a possibilidade de escolher a quem servir ou de escolher não servir a ninguém. A negra Carlota definiu, em 1881, o que era ser livre para ela: "não serve a pessoa alguma". Este sentido conferido à liberdade foi lavrado por escravos como Bonifácio e seus companheiros na incerteza e nas angústias que viviam cada vez que tinham de se sujeitar a uma transação de compra e venda. Mas é claro que proprietários e governantes tinham projetos diferentes de futuro, e entenderam as atitudes dos negros como evidência de que eles eram vadios por natureza, sendo que essa ânsia de autonomia não passava de rejeição ao trabalho.[58] O problema real, no entanto, é que havia modos radicalmente distintos de conceber a vida em liberdade. Para os negros, viver em liberdade não podia significar a necessidade de existir só para produzir dentro de determinadas condições, e também não há razão para pensarmos aprioristicamente que passou algum dia pelas mentes de escravos como Carlota e Bonifácio a ideia de que o significado da vida era a ascensão social através das "virtudes" de um certo tipo de homem trabalhador.

O próximo capítulo desta história é uma tentativa de descrição dos diferentes sentidos conferidos à liberdade dos negros por parte de políticos, senhores, literatos, abolicionistas, escravos e libertos da Corte na segunda metade do século XIX. Poderemos acompanhar, assim, como o futuro dessa sociedade ia se tecendo nos embates e nas interseções entre múltiplas visões de liberdade.

Anexo
BONIFÁCIO E OUTROS ESCRAVOS
Maço nª 2
17.3.1872
Arquivo do Primeiro Tribunal do Júri

Anexo: Processo criminal, Bonifácio e outros, réus escravos, Arquivo do Primeiro Tribunal do Júri, maço nª 2, ano de 1872.

Corpo de delito em José Moreira Veludo: O ofendido estava com diversos ferimentos na cabeça e alguns pelo corpo. Inabilitação do serviço por mais de trinta dias (ferimentos graves) e dano de 200 mil-réis.

Corpo de delito em Justo Gonçalves Pereira da Silva: Apresentava um ferimento na cabeça. Dano de 40 mil-réis e inabilitação por dez dias.

Termo de informação do crime: Em 17 de março de 1872, pelo primeiro delegado, Francisco Maria Corrêa de Sá e Benevides: "presentes os acusados, Bonifácio, crioulo, Marcos, Francisco, João de Deus, Luiz, Peregrino, Lúcio, Joaquim, Bonifácio, cabra, Bartolomeu, crioulo, Gonçalo, Bartolomeu, caboclo, Constâncio, Delfim, Petronílio, Filomeno, Juvêncio, Benedito, Hilário e Jacinto, todos presos em flagrante pelo mesmo Delegado por se haverem sublevado contra José Moreira Veludo que os tinha à consignação em sua casa, Rua dos Ourives número 221, os quais acusados foram presos na mesma casa pelo mesmo Delegado, tendo sido esta cercada e daí conduzidos a esta Delegacia, e sendo os mesmos acusados interrogados declararam, [...]"

1. *Bonifácio*: "escravo de Francisco Camões, natural da Bahia, de 35 anos presumíveis, solteiro, que estando em casa de José Moreira Veludo para ser vendido foi influído por todos os outros acusados acima mencionados para entrar com eles na combinação que fizeram para esbordoar Veludo e fazer sangue nele, o que, queriam os outros fazer para não seguirem para

uma fazenda para onde tinham de ir a mandado de um negociante de escravos por nome Bastos que já os tinha escolhidos [*sic*]; tendo o interrogado raiva de seu Senhor por dar-lhe palmatoadas entrou na combinação que já estava acertada a mais [*sic*] de oito dias. Que hoje depois do almoço no quintal combinaram-se todos para executarem o plano quando José Moreira Veludo descesse ao salão em que dormiam os pretos, para curar o escravo Tomé, o que ele costumava a fazer depois do jantar; que com [...] efeito quando Veludo estava fazendo tal curativo foi o interrogado chamado pelo acusado Filomeno e reuniram-se logo a eles dois os acusados, Francisco, Marcos, Bartolomeu, Caboculo, Lúcio, Gonçalo, Constâncio, Luiz, e atrás deles os outros armando-se quase todos de achas de lenha que tinham desde manhã guardado embaixo das tarimbas, e dirigiram-se para o lugar onde estava Veludo indo na frente o interrogado com o pardo Francisco; que ao passar por Veludo deu-lhe o interrogado uma bordoada com uma acha de lenha e procurando Veludo fugir deu-lhe o interrogado outra cacetada, no que foi acompanhado por Francisco, Luiz, Constâncio, Filomeno, Marcos, e Bartolomeu Caboculo, Gonçalo e os outros acusados, sendo estes os primeiros, Veludo caiu e nessa ocasião interveio o caixeiro da casa de nome Justo que deu uma bordoada na cabeça do interrogado e então ele retirou-se para o quintal onde foi preso quando entrou a força. Em seguida declarou o pardo [...]".

2. *Francisco*: "Baiano, escravo de José Batista de Leone, 23 anos presumíveis, solteiro, o seguinte que vindo a mês e meio do Norte a um mês [*sic*] e estando em casa de José Moreira Veludo para ser vendido, tendo já sido escolhido por Fuão Basto [*sic*] para ir para uma fazenda de café, entrou em uma combinação que havia entre os outros acusado [*sic*] para hoje quando Veludo fosse curar o preto Tomé darem bordoadas até matarem e era para isso que se juntavam todos; que com efeito hoje de tarde quando Veludo estava curando o preto Tomé Filomeno, Marcos e Lúcio chamaram o interrogado, e então já Bonifácio, crioulo, estava esbordoando, e o interrogado e seus companheiros deram-lhe com achas de lenha; que então Veludo já estava

prostrado no chão; que depois de dar a bordoada retirou-se o interrogado para o quintal onde foi preso. Que já não estava junto de Veludo quando o caixeiro deste entreveio [*sic*]. Em seguida pelo acusado [...]"

3. *Lúcio*: "Baiano, escravo do Capitão Vicente Faria de Castro, de 25 anos presumíveis, solteiro, foi declarado que veio do Norte há um mês para ser vendido por José Moreira Veludo em cuja casa se achava; que há mais de uma semana os acusados Constâncio e Bartolomeu Caboculo digo Bartolomeu Caboclo, falaram ao interrogado para entrarem em um plano que tinham feito quase todo [*sic*] os escravos que estavam em casa de Veludo de matarem a este e irem depois se apresentar à polícia para ficarem livres; que ontem devia se realizar o plano, mais [*sic*] não tiveram ocasião, que hoje de tarde estando Veludo curando o preto Tomé, viu o interrogado o crioulo Bonifácio escondido na beira do tanque com um pau na mão e este lhe disse que era hora, daí a pouco Bonifácio dirigiu-se para o lugar onde estava Veludo e meteu-lhe a acha de lenha então o interrogado que já tinha vindo também armado com a sua acha de lenha deu-lhe duas cacetadas quando Veludo já ia caindo fora de si; que viu que também deram cacetadas, os acusados Marcos, Francisco, Gonçalo, Constâncio estando os outros acusados também armados de cacete porém para trás do interrogado porque o corredor era estreito; que já ia o interrogado saindo quando o caixeiro interviu [*sic*] em favor de Veludo; estava o interrogado no quintal quando foi preso. Que desde hoje de manhã tinham o interrogado e seus companheiros as achas de lenha escondidas embaixo da tarimba."

4. *Marcos*: "que estando em casa de José Moreira Veludo para ser vendido, a mais de dois meses [*sic*], foi acusado pelo acusado Constâncio para entrarem em um plano que havia de matarem Veludo em uma ocasião em que ele estivesse curando o preto Tomé; que já ontem devia ter-se executado o plano; que hoje de tarde quando Veludo estava curando o preto Tomé seguiram contra ele os acusados Bonifácio, crioulo, Lúcio, e atrás destes os outros os quais começam [*sic*] a dar-lhe com achas de

101

lenha indo juntar-se a ele o interrogado encontrou-se com o preto Tomé que tinha uma palmatória na mão e tomando-a deu com ela em Veludo duas bordoadas, estando já ele prostrado no chão, em seguida dirigiu-se para o quintal e aí foi preso."

5. *Constâncio*: "que há cinco meses está em casa de José Moreira Veludo para ser vendido e que logo que aí chegou os outros escravos começaram a falar que era preciso *darem pancadas* [grifado no original] em Veludo porque era muito mau e que só assim sairiam do poder dele; que ontem Bonifácio crioulo convidou ao interrogado para unir-se a ele e aos outros companheiros para matarem a Veludo e o interrogado concordou isso devia ter lugar na hora em que Veludo descesse para curar o preto Tomé; que hoje à tarde estando Veludo curando tal preto, seguiu para o lugar em que ele estava o preto Bonifácio e estando o interrogado no quintal ouviu barulho de bordoadas e gritos de Veludo então para lá correu e viu Veludo caído no chão e muitos dos acusados dando-lhe bordoadas, entre os quais o preto Marcos que dava com uma palmatória dando-lhe pela cabeça e pelo corpo; então servindo-se o interrogado de um pau curto que consigo levava deu em Veludo duas cacetadas no pescoço e nessa ocasião intervindo o caixeiro a favor de Veludo, deu-lhe o interrogado duas cacetadas e depois fugiu para o quintal onde foi preso."

6. *João de Deus* tinha vindo da Bahia para ser vendido há vinte e tantos dias. Foi convidado a participar do plano. Saiu da cozinha para o quintal quando ouviu barulho de bordoadas e foi para dentro da casa, vendo os "pretos todos no corredor", sendo que Veludo já tinha sido carregado para cima ferido.

7. *Filomeno* tinha vindo do Maranhão para a casa de Veludo havia dois meses, para ser vendido, sendo aí convidado por "outros escravos e entre eles, Bonifácio crioulo para matarem Veludo ao que anuiu o interrogado. Que hoje a mando de Bonifácio, crioulo, deitou o interrogado o muro da casa de Veludo abaixo para que Veludo ralhasse com eles e nessa ocasião caíssem todos de achas de lenha em cima dele; que quando desmoronou o muro ouviu-se barulho dentro da casa e quando en-

trava saíram correndo com achas de lenha na mão Bonifácio, crioulo, o mulato Francisco, Constâncio, Bonifácio mulato e o preto Marcos com uma palmatória na mão; que já não viu Veludo nem o caixeiro. Que o plano de matar Veludo, era para não serem vendidos para uma fazenda de café para onde estavam destinados a ir por terem sido escolhidos por um Bastos negociante de escravos".

8. *Peregrino* viera para a casa de Veludo para ser vendido e "não sabia do plano que havia para matá-lo, nem entrou em tal combinação". Olhou para dentro da casa quando ouviu barulho e "viu o corredor cheio de pretos, escravos que tinha Veludo a consignação".

9. *Bartolomeu* estava há dois meses na casa de Veludo para ser vendido. Declarou que sabia do plano e que havia concordado com ele. Viu Filomeno derrubar o muro e ouviu barulho dentro de casa, mas não participou da agressão. O preto Marcos é quem lhe havia falado do plano. A casa foi cercada após o fato.

10. *Bonifácio* chegara do norte há vinte dias para ser vendido. Os outros escravos "o convidaram para se unir com eles para *darem pancadas* [grifado no original] em Veludo e depois virem para a Polícia". As achas de lenha estavam debaixo das tarimbas. Não chegou a participar da agressão, pois quando chegou ao corredor já vinham correndo de dentro diversos escravos armados de achas de lenha, sendo que Marcos trazia uma palmatória e Luiz um pau de vassoura.

11. *Luiz* veio da Bahia para ser vendido há dois meses; "e aí desde que chegou os escravos começaram a falar mal da casa até que em um dia desta semana Filomeno e Petronílio convidaram o interrogado para associar-se a eles para *darem bordoada* [grifado no original] em Veludo e depois irem para a polícia e dizia Filomeno que queria fazer isso porque já tinha apanhado". Estava no quintal quando ouviu barulho de cacetadas, "correu então o interrogado para lá com uma vassoura e viu o corredor apinhado de pretos com cacetes levantados e no chão banhado em sangue Veludo, estando perto dele Lúcio com uma acha de lenha e Marcos com uma palmatória, nessa ocasião o caixeiro

arrombou a grade puxou Veludo para fora; o interrogado puxou Veludo para fora [*sic*]".

12. *João de Deus* foi convidado para participar do plano. Viu muitos pretos esbordoando, "não podendo distinguir quais eram nem em quem davam [...] só depois soube que Veludo tinha sido esbordoado".

13. *Gonçalo* "disse que tendo ido anteontem para a casa de Veludo para ser vendido foi convidado por Filomeno, e outros para se associar com eles para matarem Veludo para não irem para a Fazenda de Café para onde tinham sido vendidos, combinou-se com eles o interrogado que devia ser hoje de manhã, mas Filomeno e os outros deixaram para de tarde, que depois do jantar estando no quintal viu Bonifácio crioulo entrar para o salão dos pretos e ficar encostado ao muro do tanque, depois entraram os outros e o interrogado ouviu barulho de cacetes e logo viu que eram eles que estavam dando em Veludo e então também entrou para ajudá-los, mas quando chegou no corredor estava apinhado de pretos com cacetes levantados batendo em uma porta e do outro lado o caixeiro e já não se via Veludo que estava deitado no chão. O interrogado voltou correndo, saiu por um rombo do muro que havia no quintal e vinha se apresentar à polícia para assentar praça".

14. *Petronílio* "disse que entrou no plano feito pelos escravos que estavam para serem vendidos na casa de Veludo onde também se achava o interrogado para matarem a este, mas hoje à tarde quando o esbordoaram estava o interrogado na latrina e não tomou parte em tal fato, que os cabeças da combinação eram Marcos e Filomeno".

15. *Joaquim*: "há vinte dias pouco mais ou menos chegou da Bahia e foi para casa de Veludo para ser vendido, que a quatro ou cindo dias [*sic*] João de Deus comunicou-lhe o plano que havia entre os escravos de *darem bordoada* [grifado no original] em Veludo para não sem [*sic*] vendidos para a Fazenda de Café. Que hoje à tarde estando no quintal ouviu barulho no salão em que dorme [*sic*] os pretos e logo desconfiou que eram as bordoadas em Veludo porque a combinação era darem bordoadas

104

quando ele fosse curar o preto Tomé; por isso o interrogado apanhando uma acha de lenha entrou para o corredor já então estavam os seus companheiros esbordoando a Veludo e estando o corredor apinhado de povo, voltou o interrogado e nessa ocasião o pardo copeiro de Veludo quis dar nele por supor que também tivesse dado em seu senhor".

16. *João* foi convidado por Filomeno, Bartolomeu e Marcos para "meterem a lenha" em Veludo. O rombo no muro era para que todos fugissem por ali após darem as bordoadas. Deu também nas pernas de Veludo, depois que este já estava caído.

17. *Benedito*: "disse que Filomeno hoje de manhã convidou ao interrogado para associar com ele os outros acusados para matarem Veludo e depois fugirem, para não irem para uma fazenda de café para onde Veludo os tinha vendido". Não se meteu quando Bonifácio e os outros deram as bordoadas em Veludo.

18. *Juvêncio* foi convidado por Bonifácio crioulo para matarem Veludo, isto para não serem vendidos para uma fazenda de café. Não participou das bordoadas.

19. *Hilário* foi convidado a participar do plano por Filomeno e Constâncio. Não se envolveu quando Bonifácio e os outros agrediram Veludo.

20. *Jacinto*: "disse que não soube de combinação alguma feita entre os pretos da casa de Veludo para matarem a este, porque se soubesse teria contado ao preto Tomé para este contar ao Senhor. Que hoje à tarde estando o interrogado em sua tarimba ouviu um barulho no salão e a voz de Tomé que gritava, indo o interrogado ver o que era, verificou que estavam esbordoando a Veludo muitos escravos todos com cacetes, não se aproximou e só pôde reconhecer entre eles Bonifácio, Lúcio, Marcos e Petronilho; assustado o interrogado saiu do lugar para não se tornar suspeito e indo para o quintal foi aí preso".

Obs.: O auto de informação foi interrompido aqui "por causa da hora ser [*sic*] muito avançada". Continuou no dia 18 de março.

21. *David S. de Queiroz* estava na rua dos Ourives, número 217, quando "ouviu gritos de socorro que partiam da casa número 221, sendo de uma preta que pedia que acudissem a seu senhor. Para aí correndo a testemunha, encontrou Veludo prostrado numa saleta todo ferido, e no corredor, o caixeiro deste que lutava com uns quatro pretos armados de pau, havendo atrás destes um grupo de oito a dez, e gritando o interrogado os pretos recuaram, e daí a pouco, chegando a força foi a casa cercada, sendo presos muito [*sic*] dos pretos que tinha Veludo à consignação".

22. *E. J. Ramos*: "Que sendo guarda-livros de José Moreira Veludo, estava ontem no escritório, às quatro e meia da tarde, e ouviu um grito de Veludo que partia da grade do corredor; para aí correndo, viu Veludo encostado à grade, e nessa ocasião, um pardo de nome Lúcio, com mais dois companheiros, escravos que estavam à consignação, armados de achas de lenha junto dele, dando-lhe Lúcio cacetadas. Que atrás destes três pretos, viu outros escravos em movimento; a testemunha forçando a grade que estava fechada, conseguiu puxar Veludo, que caiu quando a grade cedeu; nessa ocasião interveio o caixeiro de nome Justo, e um preto de nome Constâncio, deu-lhe uma cacetada na cabeça. Defendeu-se depois o caixeiro com um cacete, conseguiram acalmar os pretos, chegou a força e eles foram presos".

23. *J. da C. Sá Vianna*: "estando em sua casa, que é defronte da de Veludo, e ouvindo aí gritos de socorro, foi ver o que era; então encontrou José Moreira Veludo, em uma saleta prostrado, fora de si, ensanguentado, e para o lado de dentro, onde dormem os pretos que Veludo tem à consignação, estavam David de tal, o guarda-livros de Veludo e o caixeiro acomodando os pretos. A testemunha ajudou a conduzir Veludo para o sobrado. Soube então a testemunha que os negros tinham se levantado e tinham feito os ferimentos em Veludo; retirou-se a testemunha e de sua casa viu passar vários negros escoltados".

24. *J. M. G. Vieira*: "Que ontem de tarde, tendo notícia em sua casa que Veludo estava morto, correu para casa deste e aí

encontrou Veludo muito ferido, e soube que estando ele a curar a perna de um preto seu escravo, fora acometido por outros escravos que o feriram; já aí estava o Subdelegado capturando os escravos, e a testemunha assistiu até à saída do último escravo que foi preso".

"Inquérito sobre a sublevação dos escravos na casa de José Moreira Veludo", continuação no dia 19 de março de 1872.

25. *Tomé*: "Que anteontem, seriam quatro horas da tarde, estando seu senhor no dormitório dos escravos curando a perna do informante, foi acometido pelo preto Bonifácio, que com uma acha de lenha deu-lhe por detrás uma bordoada na cabeça, correndo seu senhor em direção à cancela, não pôde fugir por encontrar esta fechada; enquanto ele corria, deu-lhe Bonifácio mais duas bordoadas por detrás e nessa ocasião interveio o pardo Francisco, também armado de acha de lenha, e com ela deu uma bordoada no pescoço de seu senhor. O informante serviu-se de uma palmatória, em defesa de seu senhor, mas Bonifácio lutou com ele, rasgou-lhe a calça e intervindo o preto Marcos, tomou-lhe a palmatória e com ela começou a dar em seu senhor, já estando ele caído e sem sentidos. Que do lado de fora da cancela estava o guarda-livros de seu senhor e o copeiro de nome Júlio, mas não se animaram a chegar muito perto; o informante conseguiu fugir por baixo da cancela; aos gritos de socorro acudiu o caixeiro de nome Justo, e já nessa ocasião havia um grande grupo de pretos todos armados de paus em redor de seu senhor que estava caído no chão os quais acometeram o caixeiro, dando-lhe pauladas, mas o caixeiro, servindo-se de uma vara comprida conseguiu afastar os negros, e com o informante conseguiu levar seu senhor, já sem fala e sem movimento, para a saleta do escritório, correndo os pretos todos para dentro, onde foram presos, vindo também para a Polícia o informante por ser encontrado com a camisa tinta de sangue; este sangue é da cabeça de seu senhor, e sujou-se com ele o informante quando o carregava. Que os acusados são os próprios que lhe são

apresentados. O informante não sabia se tinham se combinado os pretos para fazerem mal a seu senhor, pois que se soubesse o teria prevenido".

26. *João Custódio* estava em consignação na casa de Veludo; "estando José Moreira Veludo, em cuja casa se acha o informante para ser vendido, curando o preto Tomé, foi acometido pelo preto Bonifácio que deu-lhe por trás uma bordoada na cabeça, e gritando Veludo — me acudam —, saíram das tarimbas muitos pretos com achas de lenha, dos quais bem pôde conhecer o pardo Lúcio e os crioulos Marcos e Petronilho, os quais começavam a dar também em Veludo, tendo Marcos tirado das mãos de Tomé uma palmatória com a qual bateu em Veludo. Que no quintal viu o preto Filomeno derrubando o muro. O interrogado assim que viu isto correu para o quintal, não tendo visto o que mais se passou".

27. *Odorico*: "estando José Moreira Veludo, em cuja casa se acha para ser vendido, curando o preto Tomé no salão em que dormem os outros pretos, viu o informante que aí se achava, dar nesse uma cacetada na cabeça o preto Bonifácio; intervindo o informante para acudir a Veludo, deu-lhe Bonifácio uma cacetada nas costelas que o atirou ao chão sem sentidos; quando o informante tornou a si, já não estava ali Veludo, e não sabe o que mais se passou".

28. *Justo J. P. da Silva*: o delegado foi à rua dos Ourives, 221, porque o caixeiro estava "doente de cama"; "Que no domingo à tarde, estando jantando, ouviu gritos de socorro que partiam do salão que serve de dormitório aos negros que José Moreira Veludo, seu patrão, tem à consignação. Que para aí correndo, encontrou junto à cancela que dá para o corredor do dormitório, o guarda-livros que forcejava para arrombá-la e tendo-a já arrombado pela parte de baixo, e do outro lado da cancela estava Veludo caído ao chão, fora de si, todo ensanguentado, e ao redor dele os escravos Lúcio, João de Deus, Constâncio, e Filomeno que o esbordoavam com achas de lenha, e pouco afastados destes, os outros escravos, todos em movimento. Acabou de arrombar a cancela a testemunha, e quando, com o guarda livros,

puxava Veludo, foi acometido pelo preto Constâncio que deu-lhe umas pauladas, ferindo-o na cabeça; muniu-se então a testemunha de um pau comprido, e conseguiu afastar os pretos, e arredar daquele lugar seu patrão. Em seguida chegou a autoridade, e com o auxílio de força foram os pretos presos".

Relatório do delegado Benevides: Faz carga contra Bonifácio e os pretos que o teriam seguido na agressão (enfatiza que todos haviam confessado a agressão). Os que não chegaram a consumar a agressão foram considerados cúmplices.

Denúncia: Em 2 de abril de 1872, os acusados estavam enquadrados na lei de 10 de junho de 1835.

Obs. 1: Em 2 de abril de 1872 a Casa de Detenção comunica que havia falecido na enfermaria o preto Juvêncio (nº 18), pertencente à casa de consignação de José Moreira Veludo, de pneumonia.

Obs. 2: O próprio José Moreira Veludo nomeia um procurador para defender os escravos (que lhe haviam sido consignados em comissão) da acusação de tentativa de morte.

Obs. 3: Gonçalves Bastos Braga e Cia. também se envolve na defesa do escravo Jacinto (nº 20) e Lion Cahn se interessa na defesa de Gonçalo e Hilário (nºs 13 e 19). O procurador nos três casos é Franklin Dória.

Inquirição de testemunhas, em 15 de abril de 1872, pelo juiz criminal do quarto distrito, na própria Casa de Detenção.

24. *J. M. G. Vieira*: "que sabe por ouvir dizer aos caixeiros da casa de Veludo, na ocasião em que para lá foi, logo que teve notícia do acontecimento, que Veludo tinha sido bastante maltratado com achas de lenha, pelos escravos que tinha em sua casa, e que se haviam levantado contra ele [...] Que não sabe quais foram os escravos que tomaram parte no conflito, e viu saírem presos para a Polícia diversos escravos".

21. *David S. de Queiroz* confirmou as declarações anteriores; "Que não pode dizer quais foram os pretos entre os acusados

que tomaram parte no conflito [...] que os outros pretos que estavam atrás dos que lutavam com o caixeiro, não estavam armados, e que o paciente Veludo, uma hora depois de ter sofrido as ofensas físicas principiou a falar e três ou quatro dias depois já se levantava, e sabe por ver que desde os festejos pela chegada do Imperador, ele já sai à rua".

(Continua no dia 20 de abril, ainda na Casa de Detenção.)

22. *E. J. Ramos* confirmou: "Que depois soube por ver mesmo que o paciente Veludo encostando-se para se defender atrás da grade do corredor, caíra por ter os que vinham socorrê-lo arrancado a mesma grade; sendo certo que dentro da casa existiam 49 escravos, e todos assistiram ao ato criminoso, sem poder afirmar se eles tomaram parte nele, mas viu que estavam desarmados, e ao que parece só três estavam armados, porque se encontraram três achas de lenha. Que Veludo, três dias depois do acontecimento já vinha à sala, e treze ou quinze dias depois saiu à rua". Foi contestado "dizendo que a testemunha mencionando apenas dois escravos nada depôs contra os outros" (?). A testemunha "sustentou".

28. *Justo J. P. da Silva*: os escravos que agrediram seu patrão foram Lúcio, Constâncio, João de Deus e Filomeno; "que dentro da casa haviam 49 escravos [*sic*], só podendo afirmar que tomaram parte no barulho os quatro que mencionou. Que Veludo só se levantou três ou quatro dias depois saindo à rua só quinze dias depois, mas ainda bem adoentado".

23. *J. da C. Sá Vianna* confirmou: "que não pode indicar os escravos criminosos porque não os viu por estarem no corredor de porta fechada".

25. *Tomé* confirmou, citando os escravos Bonifácio, Francisco, Lúcio, Marcos e Constâncio. "E pelo curador foi contestado dizendo que não é exata a informação, porque o informante declara que não tinha convivência com seus parceiros que não gostavam dele." A testemunha "sustentou".

Obs.: Em 15 de abril de 1872 o ofendido entra com uma petição para que lhe façam exame de sanidade. Segundo ele, "dois ou três escravos" lhe haviam ferido sem gravidade. O exame, contudo, conclui que houve grave incômodo de saúde e que o réu precisava "pelo menos de mais dez dias" para ficar bom.

Defesa dos réus: O advogado Franklin Dória começa argumentando que o crime era de ofensas físicas e não de tentativa de morte. Depois tenta mostrar que o caso não se enquadra na lei de 10 de junho de 1835, pois o ofendido era um comissário de escravos, e não um administrador ou feitor. O advogado observa ainda: "deve-se ter presente que a lei de 10 de junho foi promulgada no mesmo ano, isto é, alguns meses depois da insurreição dos africanos na Bahia, — 24 de janeiro de 1835. O receio da repetição daquela cena ou de insurreições, sobretudo nos estabelecimentos rurais, onde, muito mais do que hoje, se concentravam os escravos, concorreu principalmente para dar origem à referida lei e à penalidade peculiar, que a torna mais severa de todas as nossas leis penais. Especificando nominalmente administrador e feitor, é claro que ela cogitou somente de administrador e feitor dos mencionados estabelecimentos, e nunca de comissário de escravos". Finalmente, o advogado tenta argumentar que apenas Bonifácio, Francisco, Lúcio, Marcos e Constâncio confessam algum crime; os outros apenas assistiram aos acontecimentos. E mais:

"Quanto aos cinco nomeados, milita em seu favor mais de uma circunstância, e especialmente o embrutecimento de seus espíritos e falta absoluta de educação; — males que são provenientes de sua forçada condição de escravos, e que, embotando-lhes a consciência do mérito e do demérito, lhes diminui consideravelmente a responsabilidade moral e a imputabilidade.

"Semelhante condição, longe de desafiar contra eles os rigores da Justiça, deve conciliar-lhes a brandura do castigo, a compaixão, e a equidade do sacerdote da lei." (Em 30 de abril de 1872; o texto da defesa tem nove páginas.)

Pronúncia: (juiz de direito do quarto distrito, em 20 de maio de 1872) Considerou o crime ofensas físicas e concordou que a lei de 10 de junho de 1835 não era aplicável. Julgou procedente a denúncia apenas contra Bonifácio, Francisco, Lúcio, Marcos, Constâncio, João de Deus e Filomeno.

Obs.: Dias depois J. M. Veludo e J. A. da Costa entram com petição solicitando alvará de soltura para os réus que não foram pronunciados.

Julgamento: compareceram apenas as testemunhas n°s 22, 28 e 25 (Tomé).

Interrogatório dos réus: Constâncio diz que bateu apenas no caixeiro, não em Veludo; Filomeno diz que não participou do barulho e que estava no quintal; Marcos declara que deu de palmatória no senhor; Lúcio negou que tivesse entrado no rolo; Francisco também negou que tivesse dado pancadas em Veludo; já Bonifácio admite que deu as pancadas. Bonifácio diz mais: que deu as pancadas porque Veludo "estava para lhe pegar, e que deu com uma acha de lenha". Disse ainda que as pancadas foram dadas por "ele só, e que não viu mais ninguém dar". João de Deus não sabia sequer que barulho fora esse pelo qual estava preso.

Obs.: O mesmo advogado, Franklin Dória, defendeu os réus no júri.

Sentença (em 16 de julho de 1872): Bonifácio, Luiz, Marcos, Constâncio e João de Deus foram condenados a "cem açoites, trazendo depois de os sofrer um ferro ao pescoço por seis meses". Francisco e Filomeno foram absolvidos.

Obs.: Dias depois Veludo pede a soltura dos dois escravos absolvidos, anexando os documentos que provavam que os ditos escravos lhe haviam sido consignados para venda.

1.	Bonifácio, escravo de Francisco Camões	A	mulato	Bahia/ crioula/ Santo Amaro	35* anos	S	não sabe ler e escrever	—	ganhador	filho de Manoel e de Benta
2.	Francisco, escravo de José Batista de Leone	A	pardo	baiano/ crioula	23*	S	idem	—	vaqueiro	filho de Maria
3.	Lúcio, escravo do Capitão Vicente Faria de Castro	A		baiano/ crioula	25*	S	idem	—	campeiro	filho de José e de Joaquina
4.	Marcos, escravo de Joaquim Ferreira	A	preto	baiano/ crioula Piauí	26*	S	idem	—	carreiro	filho de José e de Marcíana
5.	Constâncio, escravo de Guilherme Teles Ribeiro	A	crioulo	Província do Rio/ crioula	22*	S	idem	—	carroceiro	filho de Silvestre e de Isabel
6.	João de Deus, escravo de Emiliano de tal, da Bahia	A		baiano/ crioula	25	S	idem	—	vaqueiro	filho de Antonia
7.	Filomeno, escravo de José Pinheiro Guimarães	A		Maranhão/ crioula	19	S	idem	—	cozinheiro	filho de Estevão e de Luiza
8.	Peregrino, escravo de Emiliano Moreira	A		Bahia	40	S	idem	—	carreiro	filho de Francisco e de Maria de São João
9.	Bartolomeu, escravo de Emiliano Moreira	A	caboclo	Piauí/ crioula	30	S	idem	—	trabalhador	filho de Maria

10.	Bonifácio, escravo de Fuão Camões	A	mulato	Bahia/ crioula	22*	S	idem	—	campeiro	filho de Antonio e de Joaquina
11.	Luiz, escravo de José Batista Leone	A	preto	Bahia/ crioula	40	S	idem	—	trabalhador	filho de Domingos e de Anna
12.	João de Deus, escravo de Emiliano Moreira	A		Bahia	30	S		—		
13.	Gonçalo, escravo de Fuão Bastos	A		Ceará/ crioula	22	S	não sabe ler e escrever	—	campeiro	filho de Joana
14.	Petronílio, escravo de Fuão Camões	A		Bahia/ crioula	28	S	idem	—	campeiro	filho de Nicolau e de Antonia
15.	Joaquim, escravo de Vicente Faria	A	pardo	Bahia/ crioula	34	S	idem	—	trabalhador	filho de Pedro e de Ignacia
16.	João, escravo de Izabel Herculana	A	crioulo	Província de Minas/ crioula	19*	S	idem	—	copeiro	
17.	Benedito, escravo de José Batista de Leone	A		baiano/ crioula	23	S	idem	—	trabalhador	filho de Manoel e de Luisa
18.	Juvêncio, escravo de José Pinheiro	A	crioulo	Maranhão	18	S		—		
19.	Hilário, escravo de Fuão Bastos	A	pardo	Ceará/ crioula	21	S	não sabe ler e escrever	—	campeiro	filho de Pedro e de Ildefonsa
20.	Jacinto, escravo de Thomáz Pereira Jr.	A		Rio de Janeiro/ crioula	18	S	idem	—	copeiro	filho de Laurindo e de Esperança

21.	David S. de Queiroz	t		Minas	30	S		+	comissário de café	rua dos Ourives, 235
22.	Euclides José Ramos	t		Bahia	22	S		+	caixeiro d'escrita	rua dos Ourives, canto da d'Ouvidor, 2ª andar, nº 76
23.	José da Costa Sá Vianna	t		Portugal	21	S		+	caixeiro	largo de Santa Rita, 12
24.	João Manoel Gonçalves Vieira	t		Portugal	49	S		+	negociante	rua da Prainha, 107
25.	O preto Tomé, escravo de José Moreira Veludo	ti	crioulo	Maranhão	ignora a idade	S		—	trabalhador	
26.	João Custódio, escravo de Emiliano Moreira	ti	crioulo	Bahia	23	S		—	copeiro	
27.	Odorico, escravo de José Moreira Veludo	ti	crioulo	Maranhão	25	S		—	trabalhador	
28.	Justo José Pereira da Silva	t		Portugal	28	S		—	caixeiro	rua dos Ourives, 221
29.	Delfin, escravo de José Matos Pinheiro	A		crioula/ Maranhão	ignora a idade	S	não sabe ler e escrever	—	serviço doméstico	filho de Evaristo e de Jesuína

A: acusado; t: testemunha; ti: testemunha informante; S: solteiro; — : não assina o nome; + : assina o nome; * presumíveis.

2. VISÕES DA LIBERDADE

> — *Mas, dirás tu, como é que podes assim discernir a verdade daquele tempo, e exprimi-la depois de tantos anos?*
>
> *Ah! indiscreta! ah! ignorantona! Mas é isso mesmo que nos faz senhores da Terra, é esse poder de restaurar o passado, para tocar a instabilidade das nossas impressões e a vaidade dos nossos afetos. Deixa lá dizer Pascal que o homem é um caniço pensante. Não; é uma errata pensante, isso sim. Cada estação da vida é uma edição, que corrige a anterior, e que será corrigida também, até a edição definitiva, que o editor dá de graça aos vermes.*
> Machado de Assis, *Memórias póstumas de Brás Cubas*, cap. XXVII

BONS DIAS!

Há uma forma bizarra de explicar o objetivo deste capítulo: pretendo desvendar os sentidos de uma piada e de um ato solene. Comecemos pela piada, que é na verdade uma crônica escrita por Machado de Assis em maio de 1888 e transcrita e comentada em livro recente de John Gledson.[1] O texto integral da crônica vem a seguir:

BONS DIAS! Eu pertenço a uma família de profetas *après coup, post facto*, depois do gato morto, ou como melhor nome tenha em holandês. Por isso digo, e juro se necessário for, que toda a história desta lei de 13 de maio estava por mim prevista, tanto que na segunda-feira, antes mesmo dos debates, tratei de alforriar um molecote que tinha, pessoa de seus dezoito anos, mais ou menos. Alforriá-lo era nada; entendi que, perdido por mil, perdido por mil e quinhentos, e dei um jantar.

Neste jantar, a que meus amigos deram o nome de banquete, em falta de outro melhor, reuni umas cinco pessoas, conquanto as notícias dissessem trinta e três (anos de Cristo), no intuito de lhe dar um aspecto simbólico.

No golpe do meio (*coup du milieu*, mas eu prefiro falar a minha língua), levantei-me eu com a taça de champanha e declarei que, acompanhando as ideias pregadas por Cristo, há dezoito séculos, restituía a liberdade ao meu escravo Pancrácio; que entendia que a nação inteira devia acompanhar as mesmas ideias e imitar o meu exemplo; finalmente, que a liberdade era um dom de Deus, que os homens não podiam roubar sem pecado.

Pancrácio, que estava à espreita, entrou na sala, como um furacão, e veio abraçar-me os pés. Um dos meus amigos (creio que é ainda meu sobrinho), pegou de outra taça, e pediu à ilustre assembleia que correspondesse ao ato que eu acabava de publicar, brindando ao primeiro dos cariocas. Ouvi cabisbaixo; fiz outro discurso agradecendo, e entreguei a carta ao molecote. Todos os lenços comovidos apanharam as lágrimas de admiração. Caí na cadeira e não vi mais nada. De noite, recebi muitos cartões. Creio que estão pintando o meu retrato, e suponho que a óleo.

No dia seguinte, chamei o Pancrácio e disse-lhe com rara franqueza:

— Tu és livre, podes agora ir para onde quiseres. Aqui tens casa amiga, já conhecida e tens mais um ordenado, um ordenado que...

— Oh! meu senhô! fico.

— ... Um ordenado pequeno, mas que há de crescer. Tudo cresce neste mundo; tu cresceste imensamente. Quando nasceste, eras um pirralho deste tamanho; hoje estás mais alto que eu. Deixa ver; olha, és mais alto quatro dedos...

— Artura não qué dizê nada, não, senhô...

— Pequeno ordenado, repito, uns seis mil-réis; mas é de grão em grão que a galinha enche o seu papo. Tu vales muito mais que uma galinha.

— Eu vaio um galo, sim, senhô.

— Justamente. Pois seis mil-réis. No fim de um ano, se andares bem, conta com oito. Oito ou sete.

Pancrácio aceitou tudo; aceitou até um peteleco que lhe dei no dia seguinte, por me não escovar bem as botas; efeitos da liberdade. Mas eu expliquei-lhe que o peteleco, sendo um impulso natural, não podia anular o direito civil adquirido por um título que lhe dei. Ele continuava livre, eu de mau humor; eram dois estados naturais, quase divinos.

Tudo compreendeu o meu bom Pancrácio; daí para cá, tenho-lhe despedido alguns pontapés, um ou outro puxão de orelhas, e chamo-lhe besta quando não lhe chamo filho do diabo; coisas todas que ele recebe humildemente, e (Deus me perdoe!) creio que até alegre.

O meu plano está feito; quero ser deputado, e, na circular que mandarei aos meus eleitores, direi que, antes, muito antes da abolição legal, já eu, em casa, na modéstia da família, libertava um escravo, ato que comoveu toda a gente que dele teve notícia; que esse escravo, tendo aprendido a ler, escrever e contar (simples suposição) é então professor de filosofia no Rio das Cobras; que os homens puros, grandes e verdadeiramente políticos, não são os que obedecem à lei, mas os que se antecipam a ela, dizendo ao escravo: *és livre*, antes que o digam os poderes públicos, sempre retardatários, trôpegos e incapazes de restaurar a justiça na terra, para satisfação do céu.

BOAS NOITES.

O livro de Gledson é uma tentativa de reconstrução da visão machadiana da história do Brasil no século XIX.[2] O autor combate a ideia de que Machado foi fundamentalmente um comentarista da moralidade individual, e demonstra de forma convincente que o romancista comentou intensamente as transformações sociais e políticas do seu tempo. A crônica sobre a alforria do bom Pancrácio aparece no texto de Gledson para reforçar o argumento de que Machado percebia a abolição da escravidão como uma questão muito relativa, pois o que estaria ocorrendo era simplesmente a passagem de um tipo de relacionamento social e econômico injusto e opressivo para outro.[3] Esta é sem dúvida uma leitura possível da crônica de Machado: por um lado, ela é coerente com outros textos do escritor comentados por Gledson nos quais o fim da instituição da escravidão nunca traz a esperança de mudanças sociais significativas; por outro lado, desde o motivo central da crônica — o fato de que a alforria não implicava qualquer alteração importante na vida de Pancrácio — até seus detalhes aparentemente mais banais — como os petelecos "naturalmente" desferidos pelo ex-senhor e "alegremente" recebidos pelo moleque — induzem o leitor a uma interpretação estritamente continuísta dos acontecimentos.

Não pretendo polemizar com Gledson quanto ao essencial, não só porque meu conhecimento de Machado não permitiria tanta ousadia, como também porque penso que ele defendeu e demonstrou brilhantemente a ideia de que é possível ler a obra do romancista como um comentário minucioso, mesmo que muitas vezes deliberadamente cifrado e obscuro, dos acontecimentos históricos da segunda metade do século XIX. Confesso, no entanto, que fiquei decepcionado com o tratamento dispensado por Gledson à alforria do bom Pancrácio. O próprio crítico nos alerta para o fato de que Machado às vezes se divertia escrevendo para não ser compreendido, propondo enigmas que ele sabia de antemão que o leitor não conseguiria resolver. A leitura mais transparente do acesso de Pancrácio à liberdade aponta para a imagem da abolição como um não acontecimento, como já vimos. Mas há aqui um enigma, ou talvez até um outro texto tecido na contramão, na corrente contrária às aparências. Na verdade, a crônica sobre a alforria do bom Pancrácio trata também das descontinuidades do processo de abolição da escravidão, das mudanças ou rupturas efetivas que os acontecimentos evidenciavam.

Essa leitura na contramão é um pouco complicada — afinal, trata-se de decifrar um enigma — e vou começar a montar meu argumento em forma de contraste. Afirmei de início que este capítulo trataria dos sentidos de uma piada e de um ato solene. O ato solene está descrito numa nota de rodapé do importante livro de Perdigão Malheiro, *A escravidão no Brasil*, e em várias cartas de alforria concedidas por Perdigão no ano de 1866 e registradas nos livros do cartório do segundo ofício da Corte.[4] A nota de rodapé mostra um Perdigão solene e circunspecto, pedindo desculpas por "referir aqui o que fiz", e que nos informa que, em feliz acordo com sua mulher, havia decidido alforriar todas as suas escravas "capazes de ter filhos". O autor procura assim defender a liberdade do ventre como a melhor forma para um encaminhamento gradual e seguro da questão da extinção do "elemento servil". Ele anuncia ainda a resolução, tomada naquele mesmo ano, de alforriar um pardo "em razão dos bons serviços", e conclui esse relato de nobres ações com uma descrição dos mais íntimos sentimentos compartilhados por ele e sua esposa em relação à concessão de todas essas liberdades: "Nossa alma sentiu um prazer inefável; a consciência mais satisfeita e pura".

Ora, Perdigão Malheiro não era um hipócrita e, apesar de ter sido um homem de posições políticas conservadoras, se considerava um abolicionista e seu livro clássico foi um marco fundamental na batalha pela formação de uma opinião favorável à extinção da escravidão no interior da própria classe dos proprietários de escravos. O relato que oferece da decisão pessoal de alforriar escravos, cheio de dramaticidade e torturantes problemas de consciência, não pode ser simplesmente descartado como pieguice ou reacionarismo senhorial (claro que era isso também). O testemunho de Perdigão Malheiro sugere que alforriar escravos era uma decisão complexa para os contemporâneos, envolvendo tanto questões de consciência individual quanto percepções e avaliações críticas da sociedade na qual participavam.

Em outras palavras, seria difícil para Perdigão Malheiro e outros senhores conscienciosos da década de 1860 sequer imaginar que um assunto tão crucial quanto a alforria de escravos

120

pudesse ser objeto de zombarias. Contudo, parece haver um abismo entre Perdigão e Machado, e um abismo cavado em duas minguadas décadas de história. Sim, porque acredito que o próprio Machado não pensasse em fazer tanta graça com semelhante assunto vinte anos antes, ou mesmo dez anos antes. Em *Iaiá Garcia*, romance de 1878, há dramaticidade e empatia na passagem na qual Luís Garcia resolve conceder a liberdade ao preto velho Raimundo, sendo que o preto, mesmo livre, prefere continuar servindo a seu senhor. Raimundo é construído como um africano "submisso e dedicado", que "parecia feito expressamente para servir Luís Garcia".[5] A situação aqui é desenhada de forma sóbria, desprovida de ironias. Algo mudou radicalmente entre o Perdigão de 1866 e o Machado de 1888, ou entre o Machado do africano Raimundo e o do bom Pancrácio.

Ao contrário das aparências, Machado nos oferece uma explicação para as mudanças na crônica de maio de 1888. Ele identifica pelo menos três aspectos essenciais no processo histórico das duas décadas precedentes. Primeiro, há o conflito entre os princípios da primazia da liberdade e da defesa irrestrita do direito de propriedade privada. Esse é um dos eixos fundamentais do debate a respeito do encaminhamento político que se devia dar à "questão servil" na segunda metade do século XIX. Afinal, discutir a liberdade de escravos significava interferir no pacto liberal de defesa da propriedade privada e, além disso, era a própria organização das relações de trabalho que parecia estar em jogo. Ou seja, o assunto era delicado porque nele cintilava o perigo de desavenças ou rachas mais sérios no interior da própria classe dos proprietários e governantes. O primeiro e o último parágrafos da crônica abordam esse ponto de forma divertida: o narrador afirma que libertou o moleque antes da abolição oficial e decidiu dar um banquete já que, "perdido por mil, perdido por mil e quinhentos". O senhor de Pancrácio se mostra ainda ressentido pelo fato de o Estado estar interferindo nas suas relações com o negro, e resolve se antecipar à lei, dizendo ao escravo: "és livre". É claro que o senhor pertence "a uma família de profetas [...] depois do gato morto", e sua atitude é apenas hipócrita e interesseira. Machado localiza assim um ponto decisivo do conflito em torno do problema da extinção da escravidão, e mostra de forma debochada que, pelo menos a partir de um determinado momento, as classes proprietárias ficaram de certa maneira a reboque dos acontecimentos, apesar de insistirem na sua autoimagem de sujeitos históricos onipotentes e arrogantes.

Outro aspecto abordado na crônica é a falência de uma certa política de domínio. Um dos pilares da política de controle social na escravidão era o fato de que o ato de alforriar se constituía numa prerrogativa exclusiva dos senhores. Ou seja, cada cativo sabia perfeitamente que, excluídas as fugas e outras formas radicais de resistência, sua esperança de liberdade estava contida no tipo de relacionamento que mantivesse com seu senhor particular. A ideia aqui era convencer os escravos de que o caminho para a alforria passava necessariamente pela obediência e fidelidade em relação aos senhores. Mais ainda, e como veremos detalhadamente adiante, a concentração do poder de alforriar exclusivamente nas mãos dos senhores fazia parte de uma ampla estratégia de produção de dependentes, de transformação de ex-escravos em negros libertos ainda fiéis e submissos a seus antigos proprietários.

Esse segundo aspecto é abordado na crônica a partir do momento no qual o furacão Pancrácio entra em cena e abraça os pés do senhor. Logo em seguida, num diálogo hilariante, o moleque imagina que sua alternativa para a vida em liberdade era a continuação da antiga servidão. Esse era, obviamente, o desfecho desejado pelo senhor, e o sentido estratégico de toda a sua arenga sobre liberdade como "um dom de Deus, que os homens não podiam roubar sem pecado", arenga essa desferida enquanto Pancrácio andava "à espreita". O negro recebia assim a liberdade, passando a ganhar um salário ridículo e continuando a aceitar petelecos, pontapés e "elogios" à própria mãe durante o serviço. Tudo bem: Machado está enfatizando aqui a continuação da exploração, a abolição como um não fato do ponto de vista das relações sociais. Mas, se pararmos aí, perdemos o essencial quanto à comicidade da cena: a situação descrita é absurda, quase completamente inverossímil. A alforria como parte de uma política de domínio, como estratégia de produção de dependentes, já vinha falindo havia pelo menos duas décadas. Especialmente em se tratando da Corte, o campo de experiência histórica específico de Machado, é quase impossível imaginar um negro que, como Pancrácio, interprete a liberdade simplesmente como a continuação da antiga servidão. Machado exagera nas demonstrações de submissão do bom Pancrácio não só para conseguir um maior efeito cômico e debochar dos abolicionistas de fato consumado — aqueles que, ao apagar das luzes, insistiam em anunciar alforrias festivamente pelos jornais —, mas também porque ele identifica na falência de uma política específica de domínio um dos pontos cruciais do processo histórico de abolição da escravidão.

Há outro ponto que gostaria de ressaltar, e estarei me movendo aqui em terreno ainda mais escorregadio. Como a questão das lutas dos próprios negros pela liberdade aparece abordada nessa crônica? Numa primeira leitura, o assunto parece estar completamente ausente. O senhor é o único protagonista dos acontecimentos, e Pancrácio surge na melhor das hipóteses como um negro imaturo e infantil, que aceita tudo "humildemente". O próprio Gledson, contudo, nos dá uma pista ao enfatizar a passagem na qual o senhor procura medir a altura de Pancrácio.[6] O molecote é mais alto que o senhor, havia crescido "imensamente", valia "muito mais que uma galinha". É óbvio que, numa análise das relações de força física entre os dois homens, era o bom Pancrácio quem detinha poderes de distribuir os petelecos e pontapés que bem entendesse. Machado pode estar mais uma vez ironizando o ponto de vista do narrador na crônica, que sempre se autorrepresenta como o único sujeito dos fatos descritos. Podemos fazer então uma leitura deliciosamente invertida da situação: é exatamente por reconhecer os maiores poderes de Pancrácio que o senhor se rende às evidências e lhe "concede" a liberdade. O moleque — assim como os escravos em geral — havia crescido "imensamente" nos últimos dezoito

123

anos; isto é, os negros haviam assumido atitudes mais firmes no sentido de obter a liberdade nesse período. Essa interpretação é apoiada ainda pela própria idade de Pancrácio: se ele tinha "mais ou menos" dezoito anos em 1888, havia nascido no início da década de 1870, em torno da data da chamada "lei do ventre livre". Esse é um momento decisivo do encaminhamento político da crise da escravidão, um momento cuja importância é reconhecida por Machado, como enfatiza Gledson.[7] Ou seja, Machado nota mudanças significativas a partir do início da década de 1870, e inclui entre as linhas de força do processo as transformações nas atitudes dos próprios negros, ou pelo menos a percepção por parte dos senhores de que algo estava mudando entre os escravos. Pancrácio, "tu cresceste imensamente".

Os três aspectos acima, combinados, talvez sejam a visão machadiana do processo histórico de abolição da escravidão. A incrível comicidade da crônica está no fato de que o narrador, que se imagina sempre como senhor de Pancrácio e do desenrolar dos acontecimentos, não tem qualquer compreensão do que está ocorrendo. Ou então, numa interpretação diferente mas igualmente produtora de situações hilariantes, o narrador entende tanto o sentido dos acontecimentos quanto a sua total impossibilidade de mudar as coisas, sendo que suas ações são apenas tentativas de salvar as aparências, o que o torna absolutamente ridículo diante do leitor. É claro que não estou projetando meu entendimento do processo de abolição sobre uma crônica de Machado. Pelo contrário, foi a leitura do texto de Machado, tanto quanto o encontro com as alforrias solenes de Perdigão Malheiro, que me ensinaram como o material de que disponho para este capítulo deveria ser apresentado. Machado estava criando a partir de uma experiência histórica particular, produzindo um texto de autoesclarecimento e de atuação. Acima de tudo, ele estava tentando rir de uma situação que o angustiava, e tirando partido de uma circunstância favorável: as crônicas da série "BONS DIAS!" eram publicadas anonimamente, e os contemporâneos nunca chegaram a saber quem era seu autor.[8] As páginas seguintes são uma tentativa de defender a

124

viabilidade da leitura que propus ao texto sobre a alforria de Pancrácio, e isto se faz através da reconstrução da trama, da densidade histórica das situações abordadas pela crônica. O meu texto é, então, um esforço de descrição e interpretação de mudanças históricas, mas receio que se torne também uma demonstração de como a memória da Abolição transformou em apologia ou em farsa o que foi, e é, fundamentalmente, luta e sonho de liberdade.

VIDA DE PETECA: ENTRE A PROPRIEDADE E A LIBERDADE

A história das desventuras da africana Rubina e de sua filha Fortunata pode ter começado naquele dia 8 de novembro de 1855, quando o senhor das escravas, Custódio Manoel Gomes Guimarães, faleceu sem deixar testamento.[9] Segundo as alegações de Rubina, por seu curador, em libelo de liberdade iniciado em junho de 1864, Custódio, já em seu leito de morte, pedira à mulher, d. senhorinha Rosa Guimarães, que concedesse alforria à preta africana em razão dos bons serviços que ela lhe havia prestado. Mas d. Rosa não parece ter feito caso da última vontade do marido, e Rubina entrou normalmente na partilha do inventário dos bens do falecido. O curador da escrava argumenta que a culpa de tudo cabia ao novo marido de d. Rosa, irmão do falecido Custódio e antigo caixeiro do mesmo, de nome Joaquim José Gomes Guimarães.

Segundo a versão dos fatos oferecida pelo curador, Joaquim havia logo se incumbido de administrar os negócios do morto, e pouco a pouco se insinuara também aos amores da viúva. O casamento acabou acontecendo em 1858, e Joaquim não deixava a esposa sequer mencionar o assunto da liberdade da preta Rubina. Joaquim parecia trazer d. Rosa completamente submetida a seus desejos, o que para o curador não era exatamente a raiz do problema: ao contestar algumas declarações prestadas pela ex-viúva nos autos, o defensor das escravas entende que

Diante de seu marido tornava-se ela incapaz de depor, em virtude da dependência em que está do mesmo seu marido, dependência que é muito natural, e indispensável para a vida conjugal.

Em outros momentos, o curador explica que Joaquim era "despótico", "de gênio violento", e que trazia sua mulher "subjugada aos seus caprichos".

O defensor das pretas podia achar muito naturais as relações conjugais entre d. Rosa e Joaquim, mas não se conformava de maneira alguma com a insistência do casal em ignorar a promessa oral de liberdade feita por Custódio pouco antes de morrer. A vontade do senhor quanto à alforria de sua escrava tinha de ser respeitada, e Rubina devia ser declarada liberta imediatamente. O casal de proprietários, no entanto, contou outra história ao juiz da segunda vara cível. Eles negaram que Custódio tivesse tomado qualquer resolução de libertar a africana, e d. Rosa explicou que o falecido lhe havia pedido apenas que se esforçasse para evitar que Rubina e sua filha Fortunata fossem vendidas como forma de saldar as muitas dívidas que deixava. A estratégia do casal, portanto, não é a de se negar a cumprir a vontade de Custódio quanto ao destino das escravas, mas sim argumentar que a vontade de Custódio era outra, e que, efetivamente, fora cumprida: as negras não haviam sido vendidas para possibilitar o pagamento de dívidas. O essencial aqui é notar que, apesar das diferenças entre as versões do curador e dos proprietários de Rubina, ambos os lados partem de um pressuposto comum: era a vontade de Custódio, o senhor originário de Rubina, que tinha de prevalecer na decisão sobre o destino da preta. Voltaremos a esse ponto mais adiante.

O defensor das escravas, na verdade, atacou em bloco. Na mesma época em que movia a ação em favor da liberdade de Rubina, ele também lutava judicialmente pela alforria de Fortunata, a filha da africana. O curador levanta a suspeita de que Custódio havia desejado libertar mãe e filha no seu leito de morte. Além disso, ele denuncia que Fortunata havia recebido

126

castigos cruéis, e solicita que a negra seja examinada. Essas duas investidas não parecem ter rendido muito: uma simples suspeita era pouco para fundamentar uma ação de liberdade, e os médicos que examinaram a escrava concluíram que ela não havia sido submetida a maus-tratos.

Uma terceira tentativa do curador, no entanto, ocasionou uma acirrada batalha judicial. Joaquim Guimarães havia tentado vender Fortunata a um negociante de escravos por 1 conto e 500 mil-réis. O defensor da cativa afirma que esta tinha o dinheiro necessário para comprar sua liberdade pelo preço que Joaquim estava pedindo ao negociante, e tenta obrigar o casal a aceitar na justiça a alforria da preta mediante a indenização. Segundo o raciocínio do curador, Joaquim, ao abrir o preço de Fortunata a um comerciante, havia dado à

> mesma parda o incontestável direito de remir-se da escravidão, mediante aquela soma de 1 conto e 500 mil-réis, ou na que for avaliada a Juízo de peritos como se pratica nas desapropriações.

Joaquim Guimarães e d. Rosa se defendem longamente desse novo assédio. Eles denunciam que havia um "sedutor" por trás dos fatos, alguém que se prontificava a oferecer à parda o dinheiro da alforria, "induzindo-a a usar do procedimento constante destes processos; perturbando de mais a mais o sossego das famílias". A ação desse "tal sedutor", que continuava escondido, era ainda mais condenável porque desrespeitava "o artigo 179 parágrafo 22 da Constituição Política do Império", artigo esse que garantia os "direitos de propriedade dos [...] senhores dessa Escrava". Mais ainda, era falsa a afirmativa de que Joaquim Guimarães tivesse tratado da venda de Fortunata e mesmo de sua mãe Rubina,

> sendo que quando fosse verdade, estava o Senhor delas no direito de o poder fazer pois que a cada um é permitido dispor de sua propriedade como e quando lhe convier.

O caso era difícil, e os próprios juízes encarregados de analisá-lo ofereceram interpretações diferentes. Antes de acompanharmos o desfecho dos autos através do exame do jargão jurídico, podemos explicitar melhor o que estava em jogo aqui através de outra divertida crônica de Machado de Assis na série "BONS DIAS!", texto este também transcrito e comentado por Gledson.[10] A crônica, de 11 de maio de 1888, mostra um narrador preocupado em descrever os ânimos exaltados daqueles dias nos quais a possibilidade da abolição da escravidão era intensamente debatida:

> Toda a gente contempla a procissão na rua, as bandas e bandeiras, o alvoroço, o tumulto, e aplaude ou censura, segundo é abolicionista ou outra coisa [...].

O narrador, no entanto, não tinha uma opinião formada sobre a questão; ele ainda não conseguira arrancar "aos fatos uma significação", e por isso "não tinha parecer". Todo o dilema podia ser resumido assim:

> Lá que eu gosto de liberdade, é certo; mas o princípio da propriedade não é menos legítimo. Qual deles escolheria? Vivia assim, como uma peteca (salvo seja), entre as duas opiniões [...].

Nessa crônica de 11 de maio, Machado é ainda mais explícito do que naquela sobre a alforria de Pancrácio no que diz respeito à importância do conflito entre o direito de propriedade e o princípio da liberdade na crise das décadas finais da escravidão. Os foros judiciários foram certamente uma das arenas privilegiadas nesses embates. Fortunata conseguiu uma primeira sentença favorável do juiz da segunda vara cível segundo o seguinte parecer:

> Dos Autos consta, pelo que juraram as testemunhas, que o Réu deliberou alienar a Autora, nestas condições conhecida

a intenção do Réu e tendo a Autora o preço da venda, é de direito que seja preferida, porque o estado de liberdade deve ser favorecido, segundo o expresso teor da Ordenação do Livro Quarto título 11 parágrafo 4 que em favor da liberdade determina ser muitas causas outorgadas contra as regras gerais de Direito. Não prevalece a alegação que faz o Réu em referência à amplitude do direito de propriedade; pois [...] que na hipótese vertente deve esse direito ser entendido de acordo com a ordenação [...].

Joaquim Guimarães e d. Rosa tentam embargar a sentença favorável à escrava com várias alegações. Reafirmam que nunca tinham pensado em vender Fortunata ou sua mãe Rubina, e muito menos "taxaram preço para se forrarem". As duas negras eram as únicas que possuíam "para o seu serviço" e, além disso,

Fortunata, parda, é uma perfeita costureira, sabe cortar e fazer vestidos, engomar, cozinhar, e pentear uma Senhora; Escrava pois de valor excedente a 2 contos de réis, e da qual não se desfaziam e nem se desfazem ainda pela quantia de 2 contos e 500 mil-réis.

Eles prosseguem tentando provar que as citações das Ordenações Filipinas que constam da sentença não se aplicariam ao caso em questão, já que não se tratava de "remissão de Mouro cativo", nem "libertar uma escrava porque seu senhor lhe desse maus-tratos", ou "porque a quisesse vender para fora do Reino (Império) e lhe pusesse preço". O casal enfatiza, então, que não havia fundamento legal para o questionamento do direito de propriedade que possuíam sobre Fortunata.

Mas o juiz da segunda vara não se rendeu às razões dos réus, e sustentou sua sentença anterior com argumentos abertamente militantes contra a escravidão:

Acresce que o direito de propriedade não é tão absoluto como se persuade o embargante. A própria Constituição no artigo 179 parágrafo 22 sujeita esse direito a certas restrições, que a utilidade pública reclamar, precedendo indenização. Ora, é fora de qualquer dúvida, que a cessação gradual da escravidão entre nós está na ordem da pública utilidade e assim se tendo definido a nossa moderna legislação; não há duvidar da limitação razoável que deve sofrer, e que realmente padece tal direito. Subsista portanto a sentença [...].

A batalha jurídica vai se complicar ainda mais após esta confirmação de sentença, e talvez seja prudente entender melhor o raciocínio do curador das negras e do juiz da segunda vara cível da Corte. Ambos pareciam partir da ideia de que se moviam num campo aberto de possibilidades, num terreno onde interpretações conflitantes de regras gerais do direito tinham importantes significados políticos, como aparece claramente na confirmação de sentença oferecida pelo juiz da segunda vara. O juiz interpreta as evidências dos autos e decide a favor do direito de Fortunata à alforria mediante a indenização de seu preço — aquele que Guimarães havia tratado com o negociante de escravos — porque assume uma posição política diante da instituição da escravidão, isto é, sua "cessação gradual [...] está a ordem da pública utilidade".

O juiz, obviamente, procura amparo legal para sua decisão política. Ele recorre às Ordenações Filipinas para mostrar que a liberdade devia ser favorecida em casos de difícil interpretação, e às vezes até contra as regras gerais do direito.[11] Mas ele não dispõe de nenhuma determinação das ordenações que se aplique diretamente ao caso de Fortunata, como deixa claro o próprio réu em sua tentativa de embargo da sentença. O juiz, então, constrói uma lógica de defesa da causa de Fortunata: opera uma junção entre o princípio do favorecimento da liberdade, presente nas ordenações, e o parágrafo do artigo da Constituição do Império que garante o "Direito de Propriedade em toda a sua plenitude", mas que também determina que poderia haver casos de desapropriações, mediante prévia indenização, desde que o "bem público" o exigisse. O problema com a lógica do juiz é que o mesmo parágrafo da Constituição estabelecia que "A Lei marcará os casos" nos quais poderiam ocorrer as desapropriações. Ou seja, os limites ao direito de propriedade privada realmente existiam, mas cabia ao poder legislativo decidir em quais casos isso se daria, sendo que tais decisões não seriam jamais atribuições de juízes particulares.[12]

Acho improvável que o juiz da segunda vara tenha "esquecido" de ler o texto completo do parágrafo da Constituição. Ele havia tomado uma decisão política, e estava apostando nas suas convicções. Os proprietários de Fortunata recorreram ao tribunal da relação, obtendo então uma vitória definitiva. Os juízes superiores saem em defesa do sacrossanto artigo 179 da Constituição do Império, e passam um verdadeiro sabão no "rebelde" da segunda vara:

> Que menos bem julgada fora [a causa] pelo Juiz [...] na sua sentença [...] porquanto sendo o direito de propriedade garantido pela Constituição do Império a limitação a este direito não compete ao poder Judiciário, e sim ao poder Legislativo; sendo como é a doutrina consignada na Sentença apelada uma verdadeira licitação deste direito que em toda a plenitude deve exercer o apelante sobre a apelada sua escrava: não constam sevícias que o apelante fizesse à apelada, consta porém dos exames e vistorias justamente o contrário, não consta que a apelada fosse liberta pelo primeiro marido da mulher do apelante, antes que entrara em inventário e fora partilhada, também não consta o que serviu de base ou fundamento à Sentença apelada, porque o fato de haver o apelante na qualidade de Senhor da apelada tentado vendê-la pela quantia de 1 conto e 500 mil-réis — quanto verdadeiro fosse não importa o estabelecimento de preço para sua liberdade, porquanto o preço dos Escravos é flutuante conforme as circunstâncias do momento; umas vezes valem mais, outras vezes valem menos, não é taxativo por Lei para o caso de liberdade, como seria para desejar. Portanto e

mais dos autos reformam a sentença apelada, e mandam que o Apelante entre na posse de sua escrava [...] apelada, que pagará as custas.

Os magistrados do tribunal da relação procuram mostrar que o juiz da segunda vara havia optado por uma sentença que contrariava as provas dos autos. Mas, além disso, afirmam que a sentença não se apoiava na legislação em vigor: o preço dos escravos "não é taxativo por Lei para o caso de liberdade"; isto é, não havia lei que obrigasse o senhor de um escravo a libertá--lo mediante a indenização de seu preço. Os juízes talvez achassem, inclusive, que a existência de tal lei "seria para desejar". O possível desejo dos juízes só seria satisfeito por ocasião da lei de 28 de setembro de 1871, que estabelece num de seus artigos a alforria forçada por indenização de valor. Nesse momento, estamos em junho de 1865, os membros do nobre tribunal condenam a precipitação do juiz da Corte, e ordenam que Fortunata seja retirada do depósito público e retorne à posse de seus proprietários. Finalmente, e talvez num excesso de zelo pelos direitos dos proprietários, condenam Fortunata a pagar as custas do processo, calculadas em aproximadamente 300 mil-réis. A decisão do egrégio tribunal em cobrar da escrava o preço dos serviços da justiça é pelo menos esdrúxula: salvo engano meu, o pecúlio do escravo só passa a ter existência legal a partir da lei de setembro de 1871. Ou seja, as economias dos escravos, assim como a alforria mediante indenização de preço, eram práticas cotidianas relativamente comuns, porém não foram objeto de legislação específica antes de 1871.[13] Isso significa que Fortunata, que legalmente é coisa e não pessoa, não tem rigorosamente direito a economias; ela não pode possuir coisa alguma — tudo que um escravo produz pertence ao senhor —, e logo não pode arcar com o custo do processo. Em outras palavras, os sábios magistrados superiores, neste ponto específico, tomaram uma decisão política semelhante àquela que condenaram no juiz "rebelde" da segunda vara; no entanto, há uma diferença essencial: os juízes da relação militam em favor da propriedade privada, mesmo em se tratando de escravos, e o juiz da segunda vara é um militante da liberdade. Era o problema da peteca, a dificuldade "em arrancar aos fatos uma significação".

SEDUTORES E AVARENTOS

Rubina e Fortunata ficaram distantes de Joaquim Guimarães e de d. Rosa de junho de 1864 a novembro de 1865. As duas permaneceram no "Depósito Geral desta Cidade" enquanto os resultados das ações de liberdade estavam indefinidos. A ideia do depósito dos escravos que litigavam pela alforria — depósito esse que poderia ser público ou particular — era garantir a segurança dos "libertandos" e livrá-los das previsíveis pressões e retaliações que poderiam sofrer por parte de seus senhores. Rubina e Fortunata, no entanto, perderam a causa, e constam dos processos cíveis em questão os autos de "levantamento de Depósito e Entrega" de mãe e filha a Joaquim Guimarães.[14]

Não é difícil imaginar os riscos que corriam os negros que tentavam obter a liberdade na justiça e perdiam. Além da decepção da derrota, a volta para "casa" podia incluir seu cortejo de sevícias por parte de um senhor irado e vingativo. É complicado perceber em que medida eram os próprios escravos que tomavam a resolução de lutar pela alforria em juízo, especialmente quando analisamos os processos cíveis anteriores à década de 1870. O certo é que os cativos não podiam tentar nada sem o auxílio de um homem livre, pois não tinham direitos civis e logo estavam legalmente incapacitados de agir judicialmente sem a presença de um curador. No caso de Rubina e Fortunata, Guimarães parece descarregar sua raiva principalmente contra o suposto "sedutor" das negras, alguém que permanecia oculto e que apenas apoiava as iniciativas tomadas pelo curador das escravas.

Mas quem podia ser esse sedutor, e por que se empenhava tanto pelas alforrias de Rubina e de Fortunata? Para sondar esse mistério, dispomos apenas das imprecações de um senhor furibundo. Joaquim Guimarães observa ao "nobre juiz" que Fortunata era uma escrava "recolhida", que só saía à rua acompanhando sua senhora. Ele estranha que, mesmo assim,

> surgisse sujeito que lhe fornecesse 1 conto e 500 mil-réis, para a almejada forria [*sic*], que se presta a todas as mais despesas do processo.

O senhor levanta ainda a suspeita de que esse amigo de Fortunata "tinha arranjado casa para moradia da dita Escrava". Na versão de Guimarães, portanto, as pretensões de liberdade da negra não eram legítimas, porém apenas uma "invenção estratégica" — expressão utilizada pelo próprio advogado do senhor — que tinha por inspiração uma história de amor.

Quanto à participação efetiva das escravas em toda a trama, as pistas são ainda mais indiretas e fragmentárias. Podemos imaginar o jogo de sedução de Fortunata para convencer o amante a patrocinar sua causa, e com esta suposição nos divertimos em transformar o "sedutor" em seduzido. Em terreno um pouco mais concreto, e nos baseando na experiência de leitura de outras ações de liberdade, é provável que os homens livres protetores das negras tenham se baseado em informações prestadas por elas próprias na formulação de sua estratégia legal de luta pela alforria. Talvez tenha sido Rubina a informar da intenção de Custódio de deixá-la forra quando de sua morte, e Fortunata deve ter tido a experiência de ser examinada por possíveis compradores naqueles dias. A informação mais concreta que temos sobre a atitude das escravas no caso, contudo, aparece em outra queixa de Joaquim Guimarães e de d. Rosa: eles lamentavam que toda aquela briga na justiça havia ocasionado "a insubordinação das mesmas Escravas fora da companhia deles Reclamantes". A possível atitude de insubordinação de Rubina e Fortunata as aproxima de personagens que vimos no primeiro capítulo, como as negras Carlota e Felicidade, por exemplo, que se rebelaram de forma permanente contra seus senhores desde que convencidas da ilegitimidade de seu cativeiro.[15]

134

As ações cíveis de liberdade mostram muitas vezes que os escravos se movem nos espaços estreitos abertos pelas brigas sem tréguas entre herdeiros avarentos e trambiqueiros. Cristina, africana de nação rebola, tentou conseguir a alforria para si e para suas duas filhas, Emília e Josina, afirmando que sua falecida senhora lhe havia concedido a liberdade em testamento. A preta entrou na luta com vários protetores, entre eles o conselheiro Zacarias de Goes e Vasconcelos, que defendeu a causa das negras durante alguns meses no ano de 1863. A história é na verdade uma briga encarniçada entre herdeiros, tendo como um de seus possíveis lances o desaparecimento do testamento da falecida. As razões de Cristina foram apresentadas em juízo em 30 de julho de 1862:[16]

> Diz Cristina, de nação Rebola, que foi escrava da finada Dona Rosa dos Reis, cujo inventariante e herdeiro Albino José dos Reis, grato a serviços prestados pela Suplicante à sua finada irmã, e a toda a família, e por anos de criação, lhe concedeu liberdade, obrigando-se a tomar em seu quinhão na herança o valor de ambos [sic], e somente com a condição de o servir a si e a sua mulher enquanto vivos. A Suplicante de fato sempre serviu e tem servido não só ao finado Albino José dos Reis, em sua vida, como a toda a sua família até hoje, e sempre também tem sido tratada com sua dita filha, e outra de nome Josina, que teve posteriormente, como pessoas livres, praticando fatos de plena liberdade, como seja viver só e em separado do senhor ou senhora alguma, quando a viúva de Albino José dos Reis dispensa seus serviços, e vindo ao serviço desta, quando ela precisa, e sem que, há mais de sete anos, pague jornal ou dê contas de sua vida a pessoa alguma; [...]. Havendo porém graves rixas entre os herdeiros de sua finada senhora Dona Rita Rosa dos Reis; teme a Suplicante que se lhe faça alguma violência por parte de alguém, em menosprezo do estado de liberdade, em que há tantos anos se acha a mesma Suplicante com suas duas filhas, e não possa então defender-se da escravidão, a

135

que a queiram reduzir. Acresce que é público e notório que sua dita senhora tinha feito testamento, em que dava a liberdade à Suplicante, o qual fora subtraído por herdeiros, e como quaisquer que sejam as rixas entre os herdeiros, tudo é indiferente à Suplicante, e se reduz à indenização de uns para com os outros, pois que o quinhão pertencente na herança a seu libertador Albino José dos Reis é muito excedente a seu valor, e mesmo pelo favor que merece a liberdade. Requer que, nomeado curador às suas filhas e pupilas, e justificado quanto baste se lhe passe mandado de manutenção em suas liberdades com a obrigação somente de servirem à viúva de Albino José dos Reis, enquanto viva.

A citação é longa e o jargão jurídico um tanto cansativo, mas a situação descrita nos dá acesso a um emaranhado de significados que precisamos destrinchar. Não é possível sabermos se a versão dos fatos oferecida pelo curador de Cristina reproduz efetivamente a leitura que a própria escrava fazia dos acontecimentos. A fórmula legal pode ser enganosa: "Diz Cristina [...]". Era mesmo a escrava quem protagonizava sua luta pela liberdade? A primeira tentação de um leitor atento é ponderar que o caso era essencialmente uma briga entre herdeiros, sendo que Cristina e suas filhas eram apenas parte de um butim de guerra entre proprietários. Essa interpretação é reforçada pela constatação de que as partes em conflito usam estratégias diferentes, porém desejam garantir para si os serviços das negras ou pelo menos sua inclusão no espólio a ser dividido no inventário de d. Rita. Albino Reis, o herdeiro que passou a carta de liberdade a Cristina, teve o cuidado de estabelecer que a preta devia "servir a si e a sua mulher enquanto vivos". Tudo indica, portanto, que o que está em questão é apenas a posse da escrava Cristina e de suas filhas, sendo que a alforria da negra parece apenas a melhor estratégia concebida por uma das partes para conseguir seu objetivo.

Mas há outras coisas a perceber na história da preta Cristina. Aqui, como no caso de Rubina e Fortunata, temos negros que tentam a liberdade com o argumento de que havia sido vontade expressa de seus senhores que eles ficassem livres quando de sua morte. É sempre difícil sabermos se as alegações dos escravos eram verdadeiras, e tudo se complica ainda mais porque a luta dos cativos pela alforria aparece geralmente num tecido mais amplo de relações e conflitos que, como temos visto, pode incluir desde histórias de amor até brigas entre herdeiros. De qualquer forma, a leitura de cartas de alforria e de testamentos do século XIX mostra que era relativamente comum que senhores determinassem que um ou mais de seus escravos ficariam livres quando do seu falecimento. Fazendo a análise rápida de 58 verbas testamentárias para a Corte no ano de 1860, vemos que vinte delas contêm alguma disposição específica a respeito da propriedade escrava. Dentre essas, nada menos do que catorze libertavam pelo menos um escravo, em geral com cláusula de prestação de serviços.[17]

As alegações do curador de Cristina descrevem uma experiência que muitos negros devem ter vivido de fato, ou pelo menos em esperança: a morte do senhor podia trazer mudanças significativas na vida de um escravo, incluindo a possibilidade da alforria. Mais do que um momento de esperança, porém, o falecimento do senhor era para os escravos o início de um período de incerteza, talvez semelhante em alguns aspectos à experiência de ser comprado ou vendido. Eles percebiam a ameaça de se verem separados de familiares e de companheiros de cativeiro, havendo ainda a ansiedade da adaptação ao jugo de um novo senhor, com todo um cortejo desconhecido de caprichos e vontades. Era problemático também fazer valer os direitos conquistados ao antigo senhor — o que na cidade podia incluir certa autonomia no trabalho, liberdade de movimento, e até licença para dormir fora de casa. Algumas vezes, como para Rubina, Fortunata e Cristina, era a própria alforria que estava em jogo. Os escravos ficavam preocupados em garantir os direitos supostamente adquiridos por doação do senhor, mas frequentemente encontravam a oposição de herdeiros decididos a impedir qualquer subtração ao seu legado — mesmo que para isso tivessem de dar sumiço em testamentos e cartas de alforria.

As atitudes dos escravos mostram sua expectativa e nervosismo nesses momentos. Claudino, um preto de trinta anos, oficial de pedreiro, desapareceu da casa do senhor no dia em que o mesmo faleceu.[18] Um dos herdeiros reclamou ao juiz da segunda vara cível que o negro achava que havia ficado livre com a morte do senhor, tendo sido "seduzido" a pensar assim por alguém que o poderia estar protegendo. O tal herdeiro, no entanto, não apresentou documentação que comprovasse a propriedade do escravo, e o processo não teve continuidade. Já Efigênia, de nação mina, e Antônia, crioula, representadas por seu curador, procuraram a justiça para serem mantidas na posse de sua liberdade.[19] As duas anexaram a carta de liberdade na qual sua senhora lhes havia concedido a alforria "com a condição de me servirem durante a minha vida". A senhora havia morrido há pouco, e a atitude das escravas parece ser apenas uma medida de segurança contra pessoas talvez interessadas em driblar as determinações da falecida.

A reação de Cristina foi semelhante à de Claudino: ela ficou foragida durante todo o período no qual sua alforria esteve em julgamento, e não apareceu em juízo sequer para tomar conhecimento da sentença que lhe fora favorável. O dr. José Soares da Silva, advogado dos herdeiros que desejavam a inclusão das negras no espólio da finada d. Rita Rosa dos Reis, jurava que Cristina estava escondida sob a proteção da viúva de Albino Reis. Aqui, mais uma vez, temos de nos conformar com a ignorância. De qualquer maneira, estamos novamente diante de versões dos fatos que se referem a escravos fugidos ou "insubordinados" durante o tempo no qual o desfecho de sua luta pela liberdade ainda era incerto: Felicidade, Carlota, Rubina, Fortunata, Claudino, Cristina... e vários outros que ainda encontraremos adiante. Seria simplesmente incorreto pensar que os negros assistiam passivos e impotentes ao andamento dos processos cíveis nos quais sua alforria estava em jogo.

Às vezes tenho a impressão de que estamos caminhando em círculos: tratamos de transações de compra e venda de escravos, e agora de processos de liberdade, porém chegamos sempre às mesmas interrogações a respeito das atitudes e percepções dos negros diante dos acontecimentos. As respostas vão surgindo na medida em que conseguimos juntar fragmentos, interpretar detalhes, voltar a olhar, mas com outro olhar, as coisas que vão ficando para trás, e que de repente surgem desafiadoras e opacas novamente à nossa frente.

O desenrolar dos acontecimentos talvez indique que a preta Cristina procurava apenas se proteger com a fuga. Os herdeiros de d. Rita, ciosos de seus direitos ao espólio da finada, se engalfinharam para valer. Emília e Josina, as filhas pequenas da africana, ficaram indefesas no meio do tiroteio. Como vimos, Albino Reis afirma ter concedido a alforria a Cristina em agradecimento aos serviços prestados pela preta à família, e ainda porque essa era a vontade manifestada por d. Rita no testamento que teria sido surrupiado por sobrinhos da falecida. Mas a doação é feita com cláusula de prestação de serviços, e a carta de liberdade, datada de julho de 1855, só é registrada em cartório em 1862. O dr. Soares da Silva, defensor dos inimigos de Albino, contesta o direito desse herdeiro em libertar a negra e deduzir seu valor da parte que lhe cabia no espólio. Ele argumenta que a partilha já havia ocorrido, e que a parte que cabia a Albino seria paga em dinheiro. Denuncia ainda que a doação de alforria era uma estratégia de Albino e sua mulher para garantirem para si a posse de Cristina e suas filhas, e consegue assim um mandado judicial de apreensão e depósito das negras junto ao inventariante do espólio da finada, que era ele mesmo, Soares da Silva.

Cristina conseguiu desaparecer, porém suas filhas Emília e Josina se tornaram o centro da guerra entre os herdeiros. A justiça acabou decidindo que a africana estava efetivamente liberta. Soares da Silva, percebendo que isso podia significar a volta das pardinhas para a posse de pessoas ligadas a Albino — o próprio Albino e sua mulher já haviam morrido quando o caso

139

chega ao final em 1865 —, resolve usar de um artifício para atenuar a derrota. Ele decide passar carta de liberdade a Josina alegando, imaginem, razões de "humanidade e carinho", e acaba conseguindo que o juiz de órfãos o nomeie tutor da pardinha, que estava com oito anos na ocasião. Pouco tempo depois, o advogado da parte de Albino levanta o depósito de Emília, que havia sido transferida para o depósito público, e a carrega consigo. A briga ainda continua por alguns meses, para ver quem devia pagar as contas dos duzentos dias que as pardinhas estiveram em depósito público. Era o fim da guerra entre esses apaixonados defensores do direito de herança, e o butim estava dividido: Josina para um lado, Emília para o outro.

E a preta Cristina? Não há como escapar à necessidade de juntar e interpretar fragmentos neste ponto. A africana pode realmente ter apostado seu cacife nas jogadas de Albino Reis. Como mostra Mary Karasch em seu minucioso estudo sobre a escravidão na Corte na primeira metade do século XIX, era frequente que senhoras idosas, temendo a doença e a morte súbita, recorressem a alforrias condicionais para proteger um escravo mais estimado das brigas entre herdeiros e motivá-lo a permanecer a seu lado até seus últimos dias.[20] É possível, portanto, que seja verdadeira a versão de que a finada d. Rita tenha desejado libertar a africana Cristina em gratidão a "serviços prestados". Contudo, a alforria da preta foi concedida por Albino com a condição de prestação de serviços a ele Albino e a sua mulher "enquanto vivos". O que significava para um escravo a declaração de que era livre com a condição de prestar serviços ao senhor, ou a alguém por ele designado, durante um período de tempo que podia até ser indefinido, como no caso de Cristina? Mary Karasch é peremptória a esse respeito: os proprietários tratavam os escravos alforriados condicionalmente *como escravos*. Os negros continuavam a receber castigos e eram obrigados a residir com os senhores, que se utilizavam de seus serviços ou embolsavam os aluguéis que conseguiam obter pelo trabalho dos cativos. Além disso, os senhores exigiam obediência bramindo a ameaça da revogação da alforria.[21]

Não há como compartilhar generalizações tão olímpicas. Por um lado, os herdeiros que se opunham a Albino Reis argumentam que a africana era efetivamente tratada como escrava, sendo que "a viúva [...] se serve dela ora em sua casa, ora alugando-a". Por outro lado, temos a versão presente nas alegações iniciais do curador de Cristina, e segundo as quais mãe e filhas eram tratadas

> como pessoas livres, praticando fatos de plena liberdade, como seja viver só e em separado do senhor ou senhora alguma, quando a viúva de Albino José dos Reis dispensa seus serviços, e vindo ao serviço desta, quando ela precisa, e sem que, há mais de sete anos, pague jornal ou dê contas de sua vida a pessoa alguma.

Aqui a situação é descrita de forma mais ambígua, sendo que a preta "pratica fatos de plena liberdade" e ao mesmo tempo continua com a obrigação de trabalhar para a viúva quando requisitada. Além disso, a passagem é rica porque sugere pontos de uma definição de liberdade que podem ser comuns às percepções tanto de senhores quanto de escravos: "viver só", isto é, longe do senhor; e não pagar jornal ou dar "contas de sua vida a pessoa alguma". As versões das duas partes em litígio são conflitantes; porém, servem para o mapeamento de algumas possibilidades. A situação dos escravos alforriados condicionalmente era variada na experiência cotidiana, e também passível de diferentes interpretações jurídicas, como veremos em breve. Cristina tinha o que barganhar com Albino, seu "sedutor", e sem dúvida apostou na liberdade e correu riscos nessa briga de avarentos.

O bom Pancrácio ouviu de seu senhor no dia seguinte à concessão da liberdade: "Tu és livre, podes agora ir para onde quiseres [...] e tens mais um ordenado". É curioso que os dois componentes da definição de liberdade proposta pelo curador da preta Cristina abordem exatamente os mesmos pontos: os "fatos de liberdade" praticados pela africana eram "viver só" e "não pagar jornal". O que caracterizaria a nova condição de Pancrácio, portanto, seriam o direito de residir onde bem entendesse — isto é, levar uma vida autônoma, longe da vigilância do senhor — e o fim da obrigação de trabalhar para pagar os jornais — pelo contrário, o moleque agora faria jus a um salário. O efeito cômico e político da cena se explicita no seguimento da crônica. As coisas mudam, mas permanecem as mesmas: Pancrácio prefere continuar sob a tutela senhorial, e seu ordenado é tão diminuto quanto grão para encher papo de galinha.

Outro aspecto presente tanto na história de Cristina quanto na crônica machadiana — já aqui de forma quixotesca e irônica — é a afirmação da ideia de que a liberdade do escravo só pode ter origem na vontade do seu senhor particular. É essa ideia que fundamenta a maioria das ações de liberdade analisadas para o período anterior à chamada "lei do ventre livre": os escravos defendem seu direito à alforria como exigência de cumprimento de determinações expressas do senhor. Não era outra a intenção da parda Leopoldina e de seus filhos, Leopoldo e Perpétua, no libelo de liberdade iniciado em outubro de 1859.[22] Leopoldina era filha da preta Maximiana, sendo que ambas haviam sido escravas do falecido Bartolomeu Cordovil de Siqueira e Mello. Segundo o curador da escrava, Bartolomeu libertara a parda quando esta ainda tinha oito anos de idade. Uma certidão anexada aos autos mostra que no "livro das Distribuições das cartas de liberdades" (*sic*) referente ao ano de 1824 consta que "Bartolomeu Cordovil de Siqueira e Mello, liberta Leopoldina parda em quinze de Março [...]". Pelo que se pode apreender da leitura do processo, o registro no "livro das Distribuições" antecedia o lançamento definitivo da carta de alforria no livro de notas propriamente dito.

Mas Bartolomeu ficou doente e faleceu pouco tempo depois de ter libertado a parda. Enquanto o senhor ainda estava moribundo, um de seus filhos, o capitão Venceslau, escreveu um bilhete, em nome do pai, no qual solicitava a Manoel da Silva Brandão a devolução de várias cartas de liberdade que Bartolomeu lhe havia dado para guardar. Brandão mordeu a isca e devolveu os documentos, que foram prontamente destruídos pelo capitão. Só que, pelo menos no caso de Leopoldina, havia o registro no tal "livro das Distribuições". E então o preto Joaquim, avô de Leopoldina, foi o curador da pardinha numa ação de liberdade movida contra o capitão Venceslau. Essa primeira tentativa de garantir na justiça a alforria de Leopoldina foi bem-sucedida, e a vitória parecia fortemente marcada na memória de uma testemunha ainda viva no final da década de 1850:

> Disse que a quarenta anos [*sic*] que [...] um preto conhecido por nome Joaquim com outro entrou em casa dele testemunha em Inhaúma vindo da Cidade e muito contente disse que havia vencido o negócio, referindo-se a uma demanda que sustentava com o denunciado relativo a uma pardinha de nome Leopoldina.

As complicações, porém, não terminariam aí. O preto Joaquim, avô, curador e protetor de Leopoldina, é quem morre tempos depois da vitória judicial. A pardinha então ficou "debaixo da tutela de sua mãe escrava do mesmo réu"; ou seja, a negra estava novamente sob as garras do capitão Venceslau. Passados alguns anos, o capitão conseguiu, através da influência de um amigo, "obter em confiança" e depois dar sumiço nos autos de liberdade que registravam a vitória do preto Joaquim. O passo seguinte foi mandar batizar Leopoldo e Perpétua, filhos que Leopoldina tivera nesse ínterim, como seus escravos. Essa é, em síntese, a história narrada — e razoavelmente documentada por certidões e depoimentos — pelo curador das negras no libelo iniciado em 1859. O curador esperava provar que Bartolomeu jamais decidira revogar a alforria concedida a Leopoldina, e que a destruição das cartas de liberdade fora conseguida pelo capitão através do golpe do bilhete. O defensor das negras prossegue explicando que Bartolomeu morrera "mal" com o filho "por causa de seu mau proceder ofensas, e ingratidões", ficando "exuberantemente provado que não mandou escrever a carta a Brandão em seu nome". Finalmente, o curador

143

das negras pretendia mostrar que esse capitão Venceslau tinha o lucrativo hábito de "mandar batizar e dar no rol de família pessoas livres como seus escravos".

Nessa versão dos acontecimentos, a participação dos próprios negros na luta pela liberdade é decisiva. O sentido de legitimidade da causa é dado pela afirmação de que se buscava apenas cumprir a vontade do falecido senhor, e o preto Joaquim é quem batalha pela alforria da neta na justiça. O capitão Venceslau, por outro lado, não reconhece nos fatos qualquer iniciativa dos negros. Sua narrativa também se reporta à década de 1820, quando teria surgido em Irajá

> um rábula de nome Manoel Francisco de Souza e Mello, que travando relações com o Pai dele respondente Bartolomeu Cordovil de Siqueira e Mello a fim de aproveitar-se de sua prodigalidade procurou indispor e com efeito indispôs seu pai contra ele respondente e seu irmão Sebastião [...].

Segundo uma das testemunhas do processo, esse Manoel Francisco havia sido administrador da fazenda do velho Bartolomeu. Para o capitão Venceslau, no entanto, Manoel Francisco se empenhara em fazer intrigas e jogar o pai contra os filhos no intuito de conseguir se apoderar de parte dos bens do fazendeiro.

O capitão Venceslau procurou anular os efeitos da influência que o "rábula" tinha sobre o pai requerendo em juízo que o velho Bartolomeu fosse considerado "incapaz de reger seus bens". Esse fato é o ponto de partida para uma luta judicial de várias décadas entre o capitão e Manoel Francisco, posteriormente substituído por seus herdeiros na contenda. As duas partes brigavam pela posse da fazenda de Irajá e dos escravos que nela trabalhavam. Aparentemente, o capitão e seu irmão conseguiram provar que o pai "esbanjava" sua riqueza, e passaram a administrar os bens de Bartolomeu antes mesmo de sua morte. Já nessa ocasião os dois irmãos ficaram de posse da preta Maximiana e de sua filha Leopoldina.

Na versão do capitão, é aqui que começa a velha história da suposta liberdade de Leopoldina. Com a morte de Bartolomeu, que ocorreu cerca de um mês após a declaração de "prodigalidade", se intensifica a luta entre Manoel Francisco e os filhos do falecido pela posse das terras e dos cativos. Entre as atitudes tomadas pelo ex-administrador da fazenda de Irajá estaria a ação de liberdade proposta a favor da parda Leopoldina. Relembrando o episódio na década de 1850, o capitão registra a surpresa que teve na época quando "apareceu" em juízo "um preto como curador e isto a mais de trinta anos [*sic*]". E Venceslau tinha também suas explicações para o bilhete que possibilitou a obtenção e posterior destruição das cartas de alforria concedidas por Bartolomeu. Segundo ele, fora o pai que lhe solicitara a redação do bilhete requisitando os documentos, "e que recebendo seu pai essas cartas as inutilizara de tal maneira que ele respondente nunca as viu". Em outras palavras, Venceslau afirmava que fora o próprio pai quem decidira revogar as alforrias concedidas a alguns de seus escravos e, mais ainda, ele nunca chegara a saber se a parda Leopoldina estava entre os negros que receberiam a liberdade antes que o velho Bartolomeu mudasse de ideia no leito de morte.

Há aspectos importantes a reter nessa nova versão dos fatos. Aqui, novamente, o que importa é saber que destino o senhor moribundo queria dar a sua escrava. Mesmo contando uma história que se afastava daquela apresentada pelo curador de Leopoldina em pontos cruciais, o capitão Venceslau organiza sua defesa respeitando sempre a ideia de que a fonte de legitimidade da condição da negra — fosse como escrava ou como livre — estava na vontade do falecido Bartolomeu. O capitão se preocupa inclusive em observar que "se conhecesse vontade em seu pai de se conceder liberdade à parda Leopoldina imediatamente o fazia como tem feito a respeito de outros".

Outro fato significativo é o debate que se trava entre o curador da cativa e o capitão Venceslau a respeito da participação dos próprios negros na luta pela alforria de Leopoldina e seus filhos. Como vimos, a versão do curador destaca a atuação do preto Joaquim, avô de Leopoldina, nos acontecimentos da década de 1820. Venceslau, por sua vez, estranha a presença de um negro como curador num processo judicial, insinuando assim que havia outros interesses por trás das alegações em favor da liberdade da parda. Além disso, ele deixa implícito que a participação de negros em processos desse tipo podia não ser comum, mas estava aumentando nos últimos tempos; afinal, o que o capitão parece estranhar mais é que a presença de um preto como curador tenha ocorrido num processo judicial de trinta anos antes. Ainda no libelo cível de 1859, Venceslau afirma expressamente

> que este processo, no qual não tiveram e nem têm parte os Autores [isto é, Leopoldina e seus filhos] é devido a Antônio Francisco de Mello, inimigo capital do Réu.

Para o capitão, portanto, tudo se resumia na antiga briga contra Manoel Francisco e seus descendentes, sendo a demanda pela liberdade dos escravos uma das batalhas dessa guerra que já se arrastava por várias décadas.

O advogado da parda, porém, não deixou sem refutação esse último ponto da defesa de Venceslau. O décimo item de sua "réplica" é o seguinte:

> Provará que é falso alegar o Réu [Venceslau] que os Autores [os escravos] não têm parte neste processo, pois é devido a Antônio Francisco de Mello porquanto bem se deve lembrar que por ocasião de o dito Mello dar a Denúncia de que fala ele Réu por ter mandado batizar o Africano livre Alberto como seu escravo os Autores Leopoldo e Perpétua prometera, [sic] que se a Autora Leopoldina negasse no Juízo Municipal da 3ª Vara que nunca teve ciência de que era livre, e ele Réu não fosse processado, ultimado que fosse o processo entregaria a Autora Leopoldina e seus filhos a carta de liberdade, o que até hoje não fez.

146

A redação do advogado é — digamos — sinuosa, mas podemos tentar uma "tradução". O objetivo dele é provar, através de um exemplo, que a escrava Leopoldina participava ativamente das negociações em torno da alforria dela própria e de seus filhos. E qual é o exemplo? Vimos mais atrás que os inimigos do capitão lhe atribuíam a prática de batizar "pessoas livres como seus escravos". Ao que tudo indica, o capitão foi acusado de ter batizado como seus cativos o africano Alberto e Leopoldo e Perpétua, os filhos de Leopoldina, todos os três supostamente pessoas livres. Apesar da dupla negação que inverte o sentido da frase — "negasse [...] que nunca teve ciência" —, parece claro o acordo que Venceslau teria proposto a Leopoldina: a escrava declararia ao juiz que tudo ignorava sobre a sua liberdade e, por conseguinte, a de seus filhos, livrando assim o capitão do processo criminal pela escravização ilegal dessas pessoas; em contrapartida, os três negros receberiam suas cartas de alforria sem mais querelas judiciais. De qualquer forma, o texto da "réplica" é muito truncado nesse item, e não podemos ter certeza de que era esse exatamente o sentido que pretendia o curador de Leopoldina. Permanece, contudo, o fato de que ele se preocupou em mostrar que a negra tinha interesse na ação judicial, havendo inclusive tratado anteriormente com o suposto senhor uma saída negociada para a questão da sua alforria.

O desfecho do caso Leopoldina é complicado. Aqui, mais uma vez, a complexidade da jurisprudência sobre a escravidão provoca interpretações divergentes entre os juízes. O juiz municipal da segunda vara, em sentença proferida em agosto de 1860, achou que a parda Leopoldina e seus filhos

> nunca adquiriram o direito de liberdade pois o fato de achar-se distribuída uma carta de liberdade, nada prova a respeito de sua legitimidade.

Até aqui, o magistrado parece discutir uma questão técnica: na sua opinião, o registro no tal livro de distribuição não provava a existência da carta de alforria em questão. Mas ele prossegue argumentando que o alegado pelos escravos

> é inteiramente improcedente visto como foi isso [o registro no livro de distribuição] feito há bastantes [*sic*] anos, e só hoje pretendem esse direito tendo sempre aceitado a condição de escravos.

Essa segunda parte da sentença dá o que pensar. Podemos lembrar, por exemplo, de Carlota, Felicidade, Cristina e Fortunata, todas escravas que ficaram em "estado de insubordinação" porque consideravam ilegítimo o seu cativeiro. Mais ainda, elas permaneceram insubordinadas durante o período no qual seu destino esteve em julgamento. Essa atitude era uma forma de participação na ação judicial, uma maneira de informar ao juiz que se consideravam vítimas de uma injustiça. Na história de Leopoldina, ao contrário, não há referências a atitudes mais agressivas por parte da parda. O juiz municipal interpretou esse fato como significando que a negra aceitava a sua condição de cativa e, por conseguinte, pareceu concordar com a afirmativa de Venceslau de que os escravos "não tiveram e nem têm parte" no processo, que era "devido a Antônio Francisco de Mello". Se essa interpretação do significado da sentença do juiz municipal é correta, então escravas como Felicidade, Cristina e Fortunata mostraram possuir uma incrível sofisticação política ao perceberem que o "estado de insubordinação" era uma forma eficaz de participação nas ações cíveis de liberdade que moviam contra seus senhores. A alforria era a causa dessas negras, o significado de sua luta, e elas não "espelhavam" nada, não tinham consciência "falsa" ou "passiva" de coisa alguma, e nem se deixavam mistificar em assunto tão crucial. O importante era conseguir o objetivo.

E ainda não chegamos ao ponto final na história de Leopoldina. Antônio Francisco de Mello, a pessoa a quem Venceslau acusava de estar promovendo a ação judicial, assume abertamente no final a condição de defensor das escravas. Em setembro de 1860, é ele quem encaminha recurso à corte de apelação contra a decisão do juiz municipal. Em sentença de agosto de 1861, o tribunal superior deu razão às escravas,

> porquanto acha-se plenamente provado que a parda Leopoldina fora liberta por seu falecido senhor Bartolomeu Cordovil de Siqueira e Mello.

Os juízes consideraram que os depoimentos das testemunhas e o registro no livro de distribuição eram provas suficientes de que a vontade do senhor era conceder a liberdade a Leopoldina. Mais ainda, eles achavam que o registro no livro de distribuição "claramente prova ter o dito falecido dado carta de liberdade àquela parda". Em outras palavras, o registro servia como prova da existência material da carta de alforria, e o fato do desaparecimento do documento não permitia deduzir que Bartolomeu tivesse tido a intenção de revogar o benefício concedido à parda. A revogação da alforria era uma possibilidade legal até a lei de 28 de setembro de 1871, mas para fazer isso Bartolomeu precisava ter providenciado uma nova escritura anulando expressamente a liberdade concedida no documento anterior. O simples desaparecimento da carta não provava que o senhor havia mudado de ideia. Voltaremos à questão da possibilidade de revogação de alforrias mais adiante. Por agora, basta reter que os magistrados da corte de apelação reformaram a sentença do juiz municipal porque avaliaram que as evidências dos autos indicavam que a intenção do senhor era a liberdade da escrava.

Mas o capitão Venceslau conseguiu o embargo da sentença da corte de apelação. O caso foi novamente apreciado, e os juízes confirmaram o direito de Leopoldina e seus filhos à liberdade. Derrotado definitivamente nessa instância, Venceslau recorreu ao Supremo Tribunal de Justiça. E aqui há outra inversão nas interpretações. Esse tribunal concluiu que havia ocorrido "injustiça manifesta" nas duas sentenças anteriores. Agora, a distribuição não era suficiente para comprovar a existência da carta. Além disso, Bartolomeu não podia ter concedido liberda-

149

de a Leopoldina porque fora considerado incapaz de reger seus bens desde 1823, sendo que a carta de alforria seria de 1824. Realmente, estava difícil "arrancar aos fatos uma significação". O Supremo Tribunal de Justiça, porém, é o fim do caminho. Já estamos em 10 de julho de 1863 quando Leopoldina, Leopoldo e Perpétua são devolvidos ao capitão Venceslau e desaparecem dos nossos registros.

Vamos encontrar ao longo da narrativa vários outros exemplos de negros que esbarram em herdeiros na sua luta pela liberdade. Peter Eisenberg encontrou em Campinas um caso tão divertido quanto significativo: os outorgantes de uma carta de alforria justificavam sua exigência de que a forra Felizarda utilizasse "dinheiros que ganhou" para pagar uma indenização pela liberdade do filho Antônio, de dois anos de idade, com a alegação de que "não queremos [...] prejudicar a nossa herdeira que já nos chama de caducos".[23] Como vimos, Venceslau também não hesitou em colocar em dúvida o equilíbrio mental do velho Bartolomeu para evitar qualquer subtração ao seu legado. Machado registrou uma situação semelhante em *Memórias póstumas de Brás Cubas*. Morto o pai, Brás Cubas discute com a irmã e o cunhado a divisão do espólio. Ao conversarem sobre os escravos, Cubas informa que o moleque Prudêncio não entrava na partilha porque havia dois anos que estava livre. O cunhado reagiu com a ira do herdeiro traído:

— Livre? Como seu pai arranjava estas cousas cá por casa, sem dar parte a ninguém! Está direito. Quanto à prata... creio que não libertou a prata?[24]

Na verdade, os escravos não esbarravam apenas na avareza dos herdeiros, mas no próprio pacto de classe que garantia a continuidade da escravidão: a defesa do princípio da propriedade privada. O dilema da peteca, a contradição entre os princípios da liberdade e da propriedade privada, colocava um problema delicado: era preciso encaminhar a questão da extinção gradual da escravidão evitando se o perigo de desavenças ou divisões mais sérias entre os próprios grupos proprietários e governantes. Machado foi de uma precisão cirúrgica ao localizar aqui uma das fontes das tensões e das mudanças nas últimas décadas do Império. O princípio da propriedade privada continuaria a ser o pacto social relevante para a classe proprietária e governante, porém seria necessário conciliá-lo com os reclames da liberdade. Como temos visto, e continuaremos a ver, os processos cíveis colocavam os juízes frequentemente diante da situação-limite: a jurisprudência era ambígua, as partes em confronto pareciam igualmente bem fundamentadas nas razões do direito, e ia se tornando cada vez mais difícil não recorrer às próprias convicções mais íntimas a respeito da escravidão quando se estava diante de uma ação de liberdade. Cada caso se tornava um problema de consciência, e era impossível deixar de ter uma "opinião", como constatava o narrador na crônica machadiana de 11 de maio de 1888.[25]

A parte seguinte do capítulo visa a aprofundar algumas dessas ideias, e serve também como uma espécie de intervalo lúdico: o leitor está desafiado a matar charadas.

CHARADAS ESCRAVISTAS

Imagine que uma senhora já idosa e um pouco adoentada, temendo arder para sempre no fogo do inferno após a morte, decida realizar "um ato digno da Religião de Christo": ela concede a carta de alforria à escrava que mais lhe vem dando assistência durante a enfermidade, com a condição de a negra permanecer a seu lado até o último de seus dias. No período entre a concessão da alforria e o falecimento da senhora, a escrava tem um filho. Essa criança, nascida antes que a condição imposta para a total liberdade da negra se realizasse, é livre ou escrava?

O problema é complicado, como já sugeri ao comentar a história da africana Cristina.[26] Mesmo historiadores especialistas em escravidão não têm chegado a um acordo quanto à resposta. Mary Karasch é cuidadosa, e afirma que "aparentemente" os filhos de escravas libertadas condicionalmente nasciam cativos. Ela justifica essa opinião argumentando que encontrou exemplos de senhores que registraram cartas de alforria de filhos de escravas libertadas condicionalmente; ou, ainda, havia senhores que estipulavam na própria carta da escrava que as crianças nascidas no período de liberdade condicional seriam livres.[27] Kátia Mattoso, por outro lado, é decididamente pela posição contrária: "o alforriado sob condição, foi sempre considerado livre perante a lei" e, por conseguinte, "seus filhos nascem livres". Apesar da ausência de notas de rodapé no livro de Kátia Mattoso, sua afirmação parece ter como fonte o livro de Perdigão Malheiro, *A escravidão no Brasil.* Como veremos, porém, a argumentação de Perdigão Malheiro é bem mais sutil, e não pode ser dissociada de seu conteúdo político específico.[28]

A história do preto Pompeu permite acompanhar mais de perto as lutas jurídicas sobre a condição legal dos filhos de negras libertas condicionalmente.[29] No libelo de liberdade iniciado em julho de 1860 há uma cópia da carta de alforria concedida por José Mariano de Oliveira Maia à sua escrava Lauriana, mãe de Pompeu. O documento foi lavrado em Parati em julho de 1822, e o senhor explicava que decidira dar a liberdade à "escrava crioula, de nome Lauriana de idade dez para onze anos" devido "aos bons serviços que lhe tem prestado, e pelo amor que lhe tem". Segundo o curador de Pompeu, o negro nascera "depois da referida escritura, e antes do falecimento do libertador". Lauriana entrou "no pleno gozo de sua liberdade" com a morte de José Mariano em 1842, mas Pompeu e "outros seus irmãos" na mesma situação continuaram na escravidão. O curador conclui com a afirmação de que

> desde o dia do falecimento do libertador de sua mãe, tornou-se também o Autor [Pompeu] livre, segundo o princípio de que o parto segue o ventre.

O princípio de que "o parto segue o ventre" significa que a condição legal da criança segue a do ventre da mãe; isto é, "*o filho da escrava nasce escravo* [...] pouco importando que o pai seja livre ou escravo".[30] O que interessa no caso de Pompeu, portanto, é determinar se Lauriana era juridicamente livre ou cativa no momento do nascimento do menino. O senhor de Pompeu, e réu no processo cível em questão, é João de Araújo Rangel, que organiza sua defesa em torno de duas considerações. Em primeiro lugar, o negro já havia sido negociado várias vezes, sendo que Rangel o havia comprado ao dr. Souza Bastos. Para Rangel, então, a ação devia ser proposta ao dr. Souza Bastos, ou até a quem lhe havia vendido Pompeu como escravo anteriormente. Seguindo esse raciocínio, o réu no processo devia ser o herdeiro de José Mariano, que supostamente foi quem primeiro considerou como escravo o filho de Lauriana.[31]

O segundo fundamento da defesa de Rangel é o que interessa mais no momento. Vejamos os itens nove a onze da "contrariedade" apresentada por Rangel ao libelo proposto pelo curador de Pompeu:

9. Provará que quando mesmo fosse o preto Pompeu o próprio filho de Lauriana nascido na época, em que esta se achava ainda cativa de seu senhor José Mariano de Oliveira Maia, por morte do qual então aquela Lauriana ficaria livre, o preto Pompeu não devia ser considerado nascido de ventre livre. Porquanto,

10. P. que todas as vezes, que o senhor de um escravo, ou escrava declara, que esta ficará livre se praticar este, ou aquele fato, a liberdade, e alforria senão realiza, senão depois de cumprida a condição. Ord. Liv. 4 Tit. 63 parágrafo 5. Por isso

11. P. que os filhos nascidos, enquanto a condição da liberdade não tiver sido cumprida pela mãe, são escravos, porque aquela só deixa de o ser depois de satisfeita a condição; e então segue o princípio, que o nascido de ventre escravo, é escravo.

O argumento do advogado de Rangel, portanto, é cristalino: a liberdade só se torna efetiva com o cumprimento da condição, logo Pompeu era cativo porque havia nascido antes da morte de José Mariano. Em alegações posteriores apresentadas pela defesa, o advogado de Rangel enfatiza as próprias palavras constantes da carta de alforria de Lauriana. Com efeito, José Mariano declara no documento que "é sua vontade, que a dita escrava [...] somente seja cativa durante a vida dele outorgante". O sentido dessas palavras parece inequívoco: a vontade do senhor era que a liberdade de Lauriana começasse apenas após a sua morte. Pompeu nascera antes desse fato, logo seguia a condição do ventre da mãe no momento do parto e era escravo.

Mas também havia boas razões correndo em sentido inverso. A primeira preocupação do curador do preto em sua "réplica" à "contrariedade" é mostrar que o próprio Rangel podia responder ao processo, afinal ele admitia que havia pago o preço do escravo e que o negro estava sob o seu domínio. Em seguida, ele argumenta que a liberdade de Lauriana se tornara efetiva desde a época em que fora lavrada a carta de alforria. O raciocínio do curador tem sua lógica: ao impor à negra uma condição que ela precisava cumprir, a escritura reconhecia em Lauriana já uma pessoa, capaz de se submeter a uma cláusula "toda dependente da vontade, e só exequível por quem tivesse liberdade para fazer, ou deixar de fazer". Ou seja, a alforria condicional destruíra a ficção legal de que Lauriana era "coisa", pois passou a lhe atribuir vontade própria, o que a tornava capaz de realizar a condição prevista na escritura de liberdade. Na verdade, a carta de alforria com condição de prestação de serviços funciona como uma espécie de contrato entre José Mariano e Lauriana, e logo pressupõe o estado de liberdade da negra a partir do momento de sua vigência.[32]

O defensor do preto persegue ainda uma outra linha de argumentação. Ele oferece uma interpretação diferente para o mesmo título das Ordenações Filipinas citado pelo advogado de Rangel como prova de que a alforria só se efetivava após o cumprimento da condição. Segundo o curador de Pompeu, "a falta

154

do cumprimento da promessa feita pelo donatário ao doador" — isto é, o não cumprimento da condição por parte de Lauriana, que podia, por exemplo, fugir ou se recusar a prestar serviços — seria causa suficiente para que o senhor revogasse a alforria concedida se assim o desejasse. Ora, as ordenações mencionariam então a possibilidade de revogação, o que pressupunha que a "doação" já era "firme e valiosa" desde que a escritura fora lavrada. Além disso, continua o curador, "no caso de se querer fazer depender a realidade da doação do implemento da condição imposta", não se podia esquecer que o cumprimento da tal condição tinha em direito a vantagem do efeito retroativo. Em outras palavras, prestando Lauriana os serviços exigidos, e morto o senhor, o "benefício" retroagiria à data da concessão da carta de alforria.

O leitor talvez esteja se sentindo como uma peteca, voando ao sabor das palmadas desferidas pelas partes em confronto. O curador e o advogado de defesa ainda trocam algumas estocadas, porém vou me poupar de expor mais longamente sutilezas jurídicas que nem sempre compreendo bem. Podemos passar diretamente à sentença proferida pelo juiz da segunda vara cível da Corte em 19 de novembro de 1861. Após recapitular as razões apresentadas por cada parte, ele conclui:

> [...] conformando-se este Juízo com as alegações apresentadas pelo Autor [Pompeu] e com as disposições de Direito, que regem a matéria sujeita nestes autos, e com os princípios humanitários filhos das luzes do século, em primeiro lugar é sem dúvida alguma competente o Réu para falar nesta ação em virtude da transação efetuada com o Dr. Souza Bastos, conquanto dele não tivesse recebido, como alega, todos os documentos comprobatórios de sua propriedade, bastando que tivesse havido, como no caso vertente, a tradição do objeto, base da transação, e tivesse o Réu estado na posse e domínio dele, como não contesta [...].

155

Até aqui, então, o juiz mostra que Rangel é quem devia realmente responder ao processo; e a explicação oferecida é interessante: não importava tanto que o réu não tivesse conseguido legalizar a propriedade escrava, estava configurado que ele era o senhor de Pompeu porque o preto estava sob o seu domínio, sob o exercício de sua vontade. O juiz faz apenas a ressalva, no final da sentença, que a Rangel ficava reservado o direito de exigir na justiça que o dr. Souza Bastos lhe restituísse a quantia paga por Pompeu.

Em seguida, o juiz apresenta a sua solução para a charada proposta:

> Em segundo lugar é também certo que, desde que pela escritura de fls 8 o senhor primitivo da mãe do Autor lhe concedeu a liberdade, conquanto condicional, para que tal benefício se tornasse perfeito e completo, quando se preenchesse a condição, que teria lugar por sua morte, desde a data da escritura era a mãe do Autor livre, conquanto dependente da realização da condição, e os filhos, que dela proviessem, seguiriam a sua condição, e portanto livres eram, pelo princípio eterno de direito — partus seguitur ventrem — não valendo o argumento sofístico que o Réu quer tirar das palavras da escritura, quando nela se diz que a mãe do Autor será cativa até a morte do doador.
>
> Assim pois decidindo, e tendo o Autor por seu curador provado inteiramente a sua intenção, o julgo afinal livre, e como tal podendo entrar no gozo de sua liberdade [...].

Acompanhando bem de perto o texto da sentença, vemos que o juiz mal esconde as próprias dúvidas. No fundo, ele não é capaz de decidir se Lauriana era livre ou escrava quando do nascimento de Pompeu. A situação da negra se configura como intermediária: o senhor lhe concedera a alforria, porém o "benefício" só se tornaria "perfeito e completo" com o preenchimento da condição; ela era livre "desde a data da escritura", só que a liberdade ficava "dependente da realização da condição". A charada é aparentemente insolúvel, pois Lauriana não era perfeitamente livre nem cativa.

Como pode então o juiz proferir uma sentença a favor da liberdade de Pompeu? Obviamente, tomando uma decisão política contra a instituição da escravidão. A chave para essa interpretação aparece logo no início da sentença: o juiz afirma que tomou a decisão de se conformar com as alegações apresentadas por Pompeu baseado nas "disposições de Direito, que regem a matéria sujeita nestes autos"; no entanto, ele também se "conformou" com os "princípios humanitários filhos das luzes do século". Não havia como encontrar uma solução apenas técnica para o problema, e o próprio palavrório titubeante da sentença mostra que havia boas razões de direito apoiando as duas partes em litígio. O único caminho é seguir a própria consciência, assumir uma posição diante da escravidão: nesse caso, os "princípios humanitários" e as "luzes do século" justificam a decisão a favor da liberdade.

Foram localizados dois outros processos da década de 1860 nos quais a justiça tem de se pronunciar sobre a condição legal de negros que haviam recebido alforria condicional. São manuscritos longos, com cerca de duzentas páginas cada um, que documentam debates jurídicos ainda mais acirrados e complexos que os da história de Pompeu e Lauriana. Não precisamos conhecer essas histórias detalhadamente, e aqui segue apenas um resumo do enredo principal e o resultado final de cada caso. O pardo Manoel era filho da preta forra Joaquina. Joaquina recebera a carta de alforria do senhor Marciano Guimarães, porém a negra tinha a obrigação de servir a um compadre do senhor, de nome Joaquim Ribeiro da Silva, até que este falecesse. Mas o compadre parece ter rasgado a carta de alforria numa noite de bebedeira, e depois se arrependeu e mandou libertar a escrava em testamento. Manoel nasceu entre a suposta concessão da alforria por Marciano Guimarães, o senhor primitivo e já falecido, e a morte do compadre beberrão. O herdeiro do compadre logicamente jurava que a tal carta de alforria jamais tinha existido, mesmo porque seu pai era um santo homem que nunca bebia e jamais rasgaria um documento dessa natureza. Para o herdeiro, a alforria de Joaquina valia apenas a partir do testamento do pai. Manoel, portanto, ainda seria filho de ventre escravo. O pardo, no entanto, foi capaz de apresentar várias testemunhas que haviam conhecido o velho Marciano e que sabiam da existência da carta de alforria condicional concedida a Joaquina. O juiz interpretou que Joaquina era livre quando do nascimento de Manoel, e o herdeiro foi chorar na cama que é lugar mais quente.[33]

Há, finalmente, a história de Helena e suas filhas Alcina e Eufrosina. Ao falecer em janeiro de 1851, solteiro e sem filhos, o senhor das três negras determinou em testamento que a irmã Balduína Maria da Conceição era "a herdeira universal de seus bens". Havia, porém, uma condição: todos os escravos que deixava ficariam livres quando da morte de Balduína, e nesse grupo estavam incluídas Helena e as filhas. Balduína liberou logo Helena da condição de servi-la até a morte, só que, pasmem, lhe impôs "a condição de fazer as despesas de seu enterro". A herdeira acabou contraindo uma dívida com um tal Ângelo de Jesus, e alegava não ter como pagá-la. Decidiu então hipotecar as negrinhas Alcina e Eufrosina e, para complicar mais as coisas, morreu antes de pagar a dívida. Jesus, então, se julgou no direito de incorporar as duas filhas de Helena ao seu rebanho, ou melhor, aos seus bens, e assim foi feito. Mas o juiz municipal achou que estava tudo errado desde a hipoteca das negras, pois as duas eram livres desde a concessão da alforria condicional, e, portanto, não podiam estar sujeitas a uma hipoteca. A corte de apelação confirmou por duas vezes a sentença do juiz municipal, e Jesus recorreu então ao Supremo Tribunal de Justiça. O resultado deste último recurso não consta do dossiê. Ao defender as negras de mais esta investida, o curador mostrava-se confiante em outro resultado favorável, "coroando novo triunfo à causa da liberdade".[34]

Vimos três processos cíveis, todos da Corte na década de 1860, nos quais negros que haviam recebido alforria condicional são considerados legalmente livres. Tudo indica, por conseguinte, que Kátia Mattoso estava certa ao afirmar que os filhos das escravas alforriadas sob condição "nascem livres" e que, além disso, no Brasil "o alforriado sob condição foi sempre considerado livre perante a lei". O parágrafo no qual Kátia Mattoso defende essa opinião é praticamente uma paráfrase do parágrafo em que Perdigão Malheiro apresenta as conclusões de suas considerações a respeito da condição dos negros em alforria condicional. Se acompanharmos brevemente o raciocínio de Perdigão Malheiro até chegar a essas conclusões, talvez possamos resolver definitivamente a nossa charada, e entender também a dimensão política que os contemporâneos emprestavam a esses debates jurídicos sobre a escravidão.

Perdigão Malheiro esclarece inicialmente que a questão dos escravos alforriados ou manumitidos "sob condição suspensiva" era um verdadeiro tormento para legisladores e jurisconsultos já no direito romano. Para os romanos, o *statuliber* era aquele indivíduo "que tinha a liberdade determinada para um certo tempo, ou dependente de condição". Reconhecia-se que esse indivíduo tinha "posição diversa do escravo que ainda tal se conservava, sem todavia ser havido por plenamente livre". O esforço de Perdigão Malheiro ao reconstituir as leis e os debates sobre o assunto entre os romanos é no sentido de demonstrar uma certa linha de evolução nesse direito: de início, o *statuliber* era considerado simplesmente escravo do herdeiro enquanto a condição estava pendente; posteriormente, no entanto, passou a haver uma certa "preponderância da liberdade", com o surgimento de leis que estabeleciam que as penas de tortura e açoites não eram aplicáveis ao *statuliber*, assim como determinações que autorizavam a presença dessas pessoas em juízo. No entanto, as crianças nascidas de mães cativas manumitidas condicionalmente eram consideradas escravas dos herdeiros. De qualquer forma, o autor mostra que no direito romano, que sempre funcionava como subsidiário ao nosso em casos omissos, houve uma evolução no sentido de um maior favor à liberdade.[35]

Reconhecendo que estava explorando um tema controverso, Perdigão Malheiro empreende o que chama de um "trabalho de reconstrução"; ele procura analisar como o direito brasileiro no tempo do Império tratava a questão da alforria condicional. A intenção é investigar "a verdade em toda a sua virginal e cândida nudez", mas paradoxalmente é feito o seguinte esclarecimento: a análise é conduzida "com um pouco de *boa vontade* a favor da liberdade". A verdade nua e virgem, portanto, não é cândida, já que o autor pretende sistematizar argumentos jurídicos em defesa da ideia de que os alforriados sob condição deviam ser considerados legalmente livres. O objetivo da argumentação é explicitamente político, e Perdigão Malheiro jamais afirma ou mesmo sugere levemente que os *statuliberi* tenham sido sempre considerados livres no Brasil, como deduz Kátia Mattoso. A questão era ambígua, e havia uma batalha em andamento.

O raciocínio de Perdigão Malheiro é belíssimo, demonstrando bem o que ficou sugerido no primeiro capítulo quanto ao seu empenho em arrancar a escravidão do reino da natureza e lançá-la no campo conflituoso da história.[36] Aquilo que o autor chama de "trabalho de reconstrução" é, na verdade, um esforço contundente de desconstrução ideológica, de desmonte da ideologia da escravidão. O primeiro passo é entender o que acontece quando um senhor manumite o seu escravo. A lei tradicionalmente trata das alforrias no mesmo título das doações. A alforria configura realmente uma doação? Qual é o objeto da doação, e quem é seu sujeito ou adquirente? Ora, ver as coisas dessa forma é um contrassenso. A escravidão não foi uma "doação" ao escravo, e nem a liberdade pode sê-lo. A "verdade das coisas", apoiada inclusive por textos de leis romanas, é que no ato da alforria

> o senhor nada mais faz do que *demitir de si o domínio e poder* que tinha (contra direito) sobre o escravo, restituindo-o ao seu *estado natural de livre*, em que todos os homens nascem.[37]

Assim como não "adquiriu" a escravidão, o escravo não "adquire" a liberdade: ele sempre conserva a liberdade "pela natureza", de forma "latente", e o cativeiro significa apenas que ele foi vítima de um "fato", do arbítrio da lei positiva. Ao invés de ser uma organização normal da ordem social, a escravidão é uma invenção histórica contrária ao "direito natural", uma violação do "estado natural de homem" inerente ao escravo.

E o que ocorre quando um cativo recebe alforria condicional? Alguns pensam que o "estado natural de homem" permanece suspenso até que a condição esteja satisfeita. Perdigão Malheiro, porém, dispara que essa opinião é filha da "confusão de ideias", da recusa em "abandonar o terreno das ficções", e prossegue demolindo minuciosamente os argumentos contrários à sua posição. Em síntese, ele oferece a seguinte interpretação: recebendo a alforria condicional, o escravo está "desde logo [...] restituído à sua natural condição de homem e personalidade", apenas o exercício pleno da liberdade é que permanece adiado. Mas os opositores insistem, pois parece absurdo que alguém seja livre e não possa exercer a liberdade, que fique na dependência de que se cumpra um prazo ou se realize um evento. A explicação é simples: a situação dos alforriados sob condição é semelhante à dos menores, "que dependem de certos fatos ou tempo para entrarem, emancipados, no gozo de seus direitos e atos de vida civil".[38]

O tom aguerrido de Perdigão Malheiro sugere que não há resposta simples à nossa charada; *ele* se esforçava, já na década de 1860, para que as decisões jurídicas reconhecessem a condição de livre tanto das escravas alforriadas condicionalmente quanto de seus filhos. O fato de Mary Karasch, analisando livros de notas referentes à Corte nas primeiras décadas do século XIX, ter encontrado cartas de alforria de filhos nascidos de escravas libertadas condicionalmente talvez indique que a mesma charada tenha recebido soluções diferentes ao longo do tempo. Apesar dos três processos cíveis comentados terem sido resolvidos sempre a favor da liberdade, o fato é que tais decisões resultaram de longas e renhidas batalhas judiciais; mais importante, o desfecho dessas batalhas era imprevisível para os próprios contendores. Os mais perspicazes, como Perdigão Ma-

161

lheiro ou o juiz municipal que proferiu a sentença a favor de Pompeu, sabiam que essas pequenas lutas jurídicas abordavam questões bem mais decisivas do que simples picuinhas entre herdeiros.

Imagine que um escravo é tido em condomínio por dois senhores. Um desses senhores morre deixando expresso em testamento que libertava o escravo quanto à sua parte. O negro, então, passa a ser metade livre e metade escravo. Mas essa situação é, obviamente, um absurdo. Como resolver o problema?

Esta segunda charada encerra o intervalo lúdico.[39]

ATOS SOLENES

Ao comentar a crônica sobre a alforria do bom Pancrácio, sugeri que um segundo aspecto da visão machadiana do processo de abolição da escravidão seria a percepção da falência de uma certa política de domínio. Com efeito, o narrador na crônica assume o papel ridículo de protagonista de um fato consumado apenas para firmar o princípio de que a decisão de alforriar escravos era uma prerrogativa exclusiva de cada senhor específico. E Pancrácio desempenha seu papel nessa caricatura machadiana das representações dominantes sobre a alforria ao entrar na sala como um "furacão" e abraçar os pés do senhor em agradecimento pela liberdade; além disso, o negro recebe a alforria, mas aceita continuar servindo ao antigo senhor.

Machado volta ao tema em *Memorial de Aires*, romance de 1908. Agora mais sutil, porém igualmente irônico, ele capta com precisão tanto o ressentimento dos senhores em relação à interferência do governo na questão da alforria quanto as expectativas nutridas a respeito do comportamento dos libertos. Situando a ação em abril de 1888, quando já era dada como certa a iniciativa do governo em decretar a abolição, vemos o barão aparecer na Corte para contar com o auxílio do irmão desembargador na redação de uma carta de alforria coletiva e imediata de todos os escravos de sua fazenda. O barão justifica o ato:

> Quero deixar provado que julgo o ato do governo uma espoliação por intervir no exercício de um direito que só pertence ao proprietário, e do qual uso com perda minha, porque assim o quero e posso.

À primeira vista, a atitude do barão visa a marcar apenas que a decisão do governo ia contra o direito de propriedade, contra a prerrogativa do proprietário de dispor como bem entendesse de tudo aquilo que possuía. Até aqui, portanto, nenhuma novidade em relação ao que temos visto neste capítulo. Logo adiante, no entanto, percebemos o conteúdo estratégico da resolução do barão; redigida a carta, o senhor faz uma última reflexão, retendo o papel nas mãos:

> Estou certo que poucos deles deixarão a fazenda; a maior parte ficará comigo ganhando o salário que lhes vou marcar e alguns até sem nada, — pelo gosto de morrer onde nasceram.

A atitude do barão era uma forma de reafirmar, com um último ato solene, sua autoridade diante dos negros, renovando assim a sua expectativa de que os laços de dependência dos escravos para com ele teriam continuidade mesmo com a alforria coletiva, ou talvez por causa dela.[40]

A riqueza do episódio imaginado por Machado está na possibilidade de decodificação dos símbolos que se entrecruzam no ato da alforria. A "questão servil" interferia no pacto liberal de defesa da propriedade privada, mas também implicava rediscutir a política de domínio sobre os homens, a questão do controle social dos trabalhadores. A atitude do barão machadiano e a forma como ele a justifica sugerem que os dois problemas estão imbricados, sendo que os contemporâneos não parecem ter achado possível separar as coisas nos debates sobre a escravidão. Na verdade, a análise dos processos cíveis de liberdade nos tem mostrado essa imbricação seguidamente: os herdeiros resistem às investidas dos escravos e seus curadores não somente em nome do princípio geral de defesa da propriedade privada, mas também alegando que o falecido senhor não tivera a intenção de libertar o negro em disputa. Ao narrar as histórias de Rubina e Fortunata, de Cristina, de Leopoldina e de Pompeu, procurei sempre ressaltar que a vontade do senhor é que devia ser respeitada na questão do direito ou não do escravo à liberdade. Vamos agora tentar entender melhor o que isso significa.

Em processo cível iniciado em novembro de 1852, uma viúva solitária de nome Inácia Florinda Correa procura revogar as alforrias que havia concedido aos escravos Desidério e Joana. A senhora justifica longamente a decisão de conduzir os negros de volta ao cativeiro:[41]

> 1. Provará que aos 19 de setembro de 1851, movida a autora por compassivos sentimentos, tão naturais em a sua avançada idade, conferiu carta de alforria ao Réu, seu escravo, crioulo, de nome Desidério; com a condição porém de servi-la, como seu escravo que era e é, durante a sua vida. E nessa mesma ocasião ampliou um tal benefício a mais duas escravinhas suas, a respeito das quais não milita o presente Libelo [...].
>
> 2. P. que no dia 23 do mesmo mês e ano, acima ditos, a Autora, pelos mesmos motivos conduzida, conferiu igual favor, e debaixo da mesma condição, à Ré, sua escrava de nome Joana, também crioula.

Até aqui, temos a descrição de um comportamento comum em senhoras idosas da Corte no século XIX, segundo observações já mencionadas de Mary Karasch: elas concediam alforrias condicionais a escravos mais estimados com o intuito de garantir sua fidelidade e bons serviços na doença e na velhice.[42] A precisão da afirmação de Mary Karasch é corroborada de certa forma no documento pela afirmação da viúva de que os "compassivos sentimentos" que nutria em relação aos negros eram "naturais na sua avançada idade". A boa senhora, porém, semeou compaixão e só colheu ingratidão:

3. P. que, julgando-se os Réus completamente livres, tanto Desidério como Joana, não se têm importado, nada absolutamente, com o cumprimento daquela mencionada condição. E não só isto, como ainda:

4. P. que, não contentes de não prestarem à Autora os serviços de que ela carece, e a que tem direito, os Réus não a respeitam, e menos obedecem ao que ela lhes ordena ou determina; portando-se em tudo, (até em não querer mais o rapaz andar calçado) como se fossem já libertos e livres.

5. [...] P. que [...] Desidério e Joana, saem de casa a hora que lhes parece, sem dar nenhuma satisfação à Autora e muitas vezes entram para casa fora de horas, assim desobedecendo formalmente, e zombando da ordem, que a Autora lhes tem passado, de se não conservarem na rua depois de certas horas.

6. P. que tem chegado a insubordinação dos Réus ao ponto de se ausentarem de casa por dois e três dias, sem voltarem a ela, e sem fazerem nenhum caso do respeito, obediência e gratidão, que devem à Autora, e que tão diretamente infringem e desprezam com esse seu licencioso proceder, contra o qual debalde tem sempre clamado a Autora.

7. P. que, além de todo esse desrespeito e ingratidão, com que os Réus têm tratado, por obras, a Autora, acontece que, por palavras, têm feito pior; pois que, quando a Autora os repreende, e estranha a sua insubordinação, eles sempre lhe returquem [*sic*] com altivez e insolência, ou menosprezam [...] e que os constitui na mais qualificada ingratidão.

8. P. que de outras vezes tomam os Réus até posição ameaçadora, que se manifesta, já nos modos, já nos gestos,

já nas respostas que, em tais ocasiões, dão à Autora; e, em uma palavra, que tem sido tal o procedimento dos mesmos, que a Autora tem tido receios e suspeitas de que tentem eles contra sua vida. Por todas estas causas:

9. P. que, por ser a presente ação fundada em Direito (Ord. Liv. 4, tit. 63, parágrafo 7, e outros) há de ser este Libelo recebido, e afinal julgado provado, para o fim de serem declaradas revogadas, e sem nenhum valor as cartas de alforria no primeiro e segundo artigos referidas, a saber, a primeira somente na parte relativa ao Réu Desidério [...].

O longo libelo apresentado pelo advogado de d. Inácia descreve detalhadamente duas concepções divergentes sobre a alforria condicional. A viúva interpretava a situação como uma mera continuação da escravidão, sendo que os negros só seriam considerados libertos após a sua morte. Com certeza, a senhora tinha apenas a expectativa de que Desidério e Joana se mostrassem mais agradecidos e obedientes após a promessa de liberdade. A percepção que os negros teriam da situação é desenhada de forma radicalmente oposta pelo advogado. Eles não se consideravam mais obrigados a prestar serviços na mesma intensidade que antes, e achavam que podiam tomar atitudes condizentes com a situação de homens livres: entravam e saíam de casa quando bem entendessem e, apesar do erro de redação do rábula indicar o oposto, Desidério causava indignação com a decisão de passar a andar calçado. Os sapatos pareciam ser peças realmente decisivas nessas questões de escravidão e de liberdade. Em certo momento de *A escravidão no Brasil*, Perdigão Malheiro procura arrolar evidências de que os escravos estavam recebendo um tratamento cada vez mais humano, e dispara orgulhoso: "Nas cidades já se encontram escravos tão bem-vestidos e calçados, que, ao vê-los, ninguém dirá que o são".[43]

Mas deixemos de lado, por agora, os sapatos de Desidério e as observações de Perdigão. O libelo de d. Inácia demonstra novamente a ambiguidade da situação dos escravos alforriados condicionalmente. Mais importante, o documento é um histórico dos sentimentos que a velha viúva nutriu pelos seus escravos ao longo do tempo, podendo também ser apreciado como uma descrição das representações dominantes entre os senhores a respeito da alforria. Primeiro, temos a afeição e piedade pelos escravos, o que faz com que a viúva lhes "beneficie" com a promessa de liberdade. A velha é especialmente emotiva em relação às filhas de Joana, Delfina, cabra, e Felismina, parda. Na cópia da carta de alforria que está anexada aos autos, ela explica que tinha "muita afeição" pelas meninas, "por serem crias minhas". Tanto desejo de fazer bem aos escravos tem como contrapartida uma série de expectativas de d. Inácia em relação ao comportamento dos negros. A viúva imagina que eles permanecerão fiéis, obedientes e dependentes dela até seus últimos dias. Todavia, ela logo se decepciona com as atitudes de insubordinação de Desidério e Joana. Além dos calçados e do desrespeito pelos horários, o crioulo chegou até a ser preso por deboches e zombarias que andara fazendo pelas ruas. Desidério tinha o ofício de empalhador, e seu patrão depõe no processo afirmando que o negro sempre se mostrou "bastante insubordinado" e "altivo". Tanta insubmissão acaba transformando a decepção de d. Inácia em medo, o que a conduz à resolução de revogar as alforrias de Desidério e Joana por motivo de ingratidão. Na escritura de revogação que também está copiada nos autos, a senhora reafirma os sentimentos pelas "escravinhas" Delfina e Felismina, isentando-as de culpa pela conduta da mãe e mantendo a decisão de libertá-las com a sua morte.

Afeto, expectativa, decepção, medo, novamente afeto, estamos efetivamente diante de um histórico de sentimentos. Mas será que d. Inácia descreveu suas emoções no libelo como elas realmente se passaram? Não há dúvida de que a senhora recolheu e organizou essas lembranças de suas emoções com o objetivo de conseguir um determinado efeito legal. Podemos inclusive desconfiar das maquinações de mais um herdeiro, este inconformado com a aparente prodigalidade da viúva em libertar escravos e, consequentemente, dissipar o seu futuro quinhão: um filho de d. Inácia recebeu procuração para defender os interesses da mãe no processo, e foi ele muito provavelmente quem contratou os advogados que cuidaram da causa.

Há, porém, o fato de que, se o discurso da viúva é uma estratégia — visando a alcançar um fim determinado —, então ele precisa estar tecido de forma que os outros possam realmente acreditar nele, ou possam pelo menos fingir acreditar, o que muitas vezes dá no mesmo. Em outras palavras, a narração de d. Inácia tem uma dimensão histórica; a viúva organiza a realidade de forma a representar para si mesma e para os outros uma situação que é plausível, cujos significados são conhecidos e podem ser captados pelas pessoas a quem ela se dirige. Nesse sentido, o libelo de d. Inácia pode ser lido como uma descrição do que acontece no ato da alforria na versão dos senhores — e o texto se torna então uma autodescrição de aspectos da mentalidade senhorial. O significado das coisas fica transparente nessa perspectiva: a escravidão é uma forma de organização das relações de trabalho assentada nas relações de subordinação e dependência dos escravos para com os senhores; em contrapartida, os senhores deviam proteção e orientação a seus escravos. A alforria não significava um rompimento brusco dessa política de domínio imaginária, pois o negro, despreparado para as obrigações de uma pessoa livre, devia passar de escravo a homem livre dependente.

Foi Manuela Carneiro da Cunha quem demonstrou que as discussões em torno da alforria no século XIX giravam sempre em torno do problema da produção de dependentes.[44] Os debates sobre o tema, em conformidade com o que temos visto nas ações de liberdade, enfatizavam que o poder de alforriar devia estar concentrado nas mãos do senhor, sendo que o escravo precisava entender que o caminho para a liberdade passava pela obediência e submissão devidas ao proprietário. Salvo em casos excepcionais, como na guerra de independência na Bahia, na Guerra do Paraguai e poucos mais, o governo não intervinha jamais na questão da alforria antes de 1871. Essa situação estava estritamente na lógica de uma sociedade na qual o problema do controle social do produtor direto era primordialmente uma questão privada, a ser resolvida pelos senhores no interior de cada unidade produtiva. A representação senhorial dominante sobre a alforria no século XIX, pelo menos até o seu terceiro quartel, era a de que o escravo, sendo dependente moral e materialmente do senhor, não podia ver essa relação bruscamente rompida quando alcançava a liberdade. É nesse contexto que se destaca a importância simbólica da possibilidade prevista em lei de revogação da alforria por ingratidão. A possibilidade da revogação seria um forte reforço à ideologia da relação entre senhores e escravos como caracterizada por paternalismo, dependência e subordinação, traços que não se esgotariam com a ocorrência da alforria.

Poderia encerrar essa discussão aqui com um toque de desdém e mau humor: ora, essa conversa de senhores paternalistas e escravos dependentes é apenas uma autodescrição do imaginário senhorial destinada a propalar a famigerada ideia do caráter benevolente da escravidão nos brasis. Encerrar a discussão desse jeito teria ainda a vantagem de me deixar na glória entre os "militantes acadêmicos" — isto é, aqueles que ainda hoje em dia gastam tinta, papel e esforço de pesquisa apenas para "provar" o truísmo de que a escravidão era uma forma extremamente violenta de organização das relações de trabalho. Ora, a violência da escravidão já foi demonstrada e denunciada há quase trinta anos, numa contribuição decisiva e irrevogável de historiadores e sociólogos da década de 1960 — Emília Viotti e Florestan Fernandes à frente. Estamos agora em fins da década de 1980, e as questões historiográficas e políticas que se impõem são completamente outras. É preciso ir além, e alhures. Assim, prefiro desdenhar a glória e continuar o trabalho de Sísifo. Afinal, os senhores efetivamente pensavam na escravidão e no ato de alforriar de acordo com as emoções tão exemplarmente descritas no libelo de d. Inácia? E os escravos introjetavam a ideia de que o melhor caminho para a liberdade era a obediência e a submissão, sendo que a alforria não significava o fim do respeito devido ao senhor? Essas são questões cruciais porque, ao contrário do que imaginam os "militantes acadêmicos", nem todos os senhores eram hipócritas deslavados, e nem os escravos jamais passaram pelo estágio da pré-rebeldia primitiva.

Uma primeira pista é saber até que ponto a possibilidade de revogação da alforria foi um instrumento eficaz de controle sobre os negros alforriados. E já aqui os dados são de difícil interpretação. Mary Karasch analisou os livros de notas do primeiro cartório da Corte para o período de 1807 a 1831, encontrando os registros de 904 cartas de alforria que tratam da liberdade de 1319 escravos. Os mesmos livros assinalam a existência de treze senhores que decidiram revogar a liberdade concedida a ex-escravos. Em geral, os senhores justificam sua atitude da mesma forma que a viúva Inácia: eles estavam apenas respondendo à "ingratidão" e à "desobediência" dos negros. Mary Karasch explica que os senhores quase sempre detinham o direito de revogar alforrias, fossem elas condicionais ou plenas, e conclui que esse fato obrigava o liberto a se manter respeitoso em relação ao antigo senhor.[45] Outros pesquisadores também encontraram um número reduzido de escrituras desse tipo. Silvia Lara, em estudo minucioso sobre Campos no período colonial, registrou dois casos de libertos que tiveram suas alforrias revogadas entre os 133 autos cíveis e criminais que analisou.[46] Peter Eisenberg fez o levantamento dos livros de notas de dois cartórios de Campinas para o período de 1798 até a abolição da escravidão, encontrando 2093 cartas que libertaram 2277 escravos. A mesma documentação traz apenas dois exemplos de revogação de alforria. Robert Slenes encontrou um só caso em Sorocaba.[47] Além da história de Desidério e Joana, não deparei com qualquer outra referência a uma situação semelhante nos 215 processos cíveis e criminais que analisei para o Rio na segunda metade do século XIX.

Eficaz ou não enquanto instrumento de domínio sobre escravos e libertos, o fato é que os números parecem indicar que a possibilidade de revogação da alforria era raramente utilizada pelos senhores. Difícil é saber o que isso significa. Mary Karasch talvez esteja certa ao afirmar que os libertos continuavam a demonstrar respeito aos ex-senhores temendo o retorno ao cativeiro. Nesse caso, o pequeno número de histórias desse tipo apenas confirmaria a eficácia do recurso. De qualquer forma, a discussão por essa via me parece inconclusiva.

A evolução legal do problema sugere pelo menos que ao longo do século XIX foi se tornando cada vez mais difícil aos senhores conseguir escravizar novamente os libertos sob alegação de ingratidão. O advogado da viúva esclarece que a intenção de mandar Desidério e Joana de volta ao cativeiro estava "fundada em Direito", e cita o famoso livro quarto, título 63 das Ordenações Filipinas. Com efeito, tal título das ordenações previa a possibilidade da revogação da alforria desde que o liberto se tornasse um "ingrato". E a ingratidão do liberto estava configurada se ele ferisse ou apenas tentasse ferir o ex-senhor, se o prejudicasse na sua fazenda, se o deixasse de socorrer em caso de fome ou necessidade, ou se proferisse injúrias verbais contra o patrono mesmo na sua ausência.[48]

Perdigão Malheiro achava na década de 1860 que essas disposições eram draconianas demais e acabaram dificultando a aplicação das ordenações nessa parte. Não fazia sentido punir com a mesma pena — o retorno ao cativeiro — tanto ferimentos ao senhor quanto o simples insulto desferido quando ele nem sequer estava por perto. Haviam também ocorrido mudanças no procedimento legal. Tudo indica que até meados do século XIX um senhor poderia conseguir escravizar novamente um liberto simplesmente lavrando uma escritura. Em fins da década de 1840, todavia, sentenças do tribunal da relação da Corte e do Supremo Tribunal de Justiça mostravam que os magistrados passavam a exigir que a suposta ingratidão do negro fosse sobejamente provada em juízo para que a revogação da alforria tivesse efeito legal.[49] Talvez por isso a viúva Inácia tenha primeiramente cuidado da escritura de revogação das liberdades de Desidério e Joana — em março de 1852 — e posteriormente providenciado uma ação cível com o mesmo fim — em novembro de 1852. Mesmo assim, a vitória da senhora não foi tranquila. Em sentença de abril de 1853, o juiz municipal da segunda vara, Carlos Honório de Figueiredo, julgou "improcedente" a ação por "falta absoluta de provas". A senhora conseguiu embargar a sentença e o juiz Sebastião Nunes, também da segunda vara, decidiu que Desidério e Joana deviam retornar ao cativeiro em agosto de 1853. O curador dos negros recorreu da sentença, porém não compareceu às audiências seguintes e parece ter desistido da causa. Na última peça dos autos, datada de fevereiro de 1854, um terceiro juiz municipal confirma a sentença de agosto de 1853, que mandava revogar as alforrias de Desidério e Joana. O nome do juiz era Agostinho Marques Perdigão Malheiro.

Como não sou nenhum rábula, tenho dificuldades em avaliar o papel desempenhado por Perdigão Malheiro nessa sentença de 1854. Afinal, o curador havia aparentemente desistido da causa, e não sei se no caso cabia a Perdigão julgar o mérito da questão ou apenas confirmar o que havia sido decidido pelo juiz precedente. O certo é que ele se opunha por princípio à possibilidade de revogação de alforrias na obra publicada em 1866. Ele retoma o argumento desenvolvido por ocasião da análise da situação dos *statuliberi* e, lembrando mais uma vez que raciocinava "com um pouco de benevolência à causa da liberdade", conclui que a alforria era irrevogável porque havia devolvido o escravo à condição natural de livre que lhe era devida. O "espírito moderno" havia proscrito as ações de reescravização. O ponto final de todo esse problema viria com a lei de 28 de setembro de 1871, que estabelece num de seus artigos que "fica derrogada a Ord. liv. quarto, tit. 63, na parte que revoga as alforrias por ingratidão".[50]

As alforrias com cláusula de prestação de serviços, todavia, continuaram bastante comuns após 1871. Com o fim da ameaça de revogação, como garantir o cumprimento da condição? A lei de 28 de setembro tratou da questão:

> A alforria com a cláusula de serviços durante certo tempo não ficará anulada pela falta de complemento da mesma cláusula, mas o liberto será compelido a cumpri-la, por meio de trabalho nos estabelecimentos públicos ou por contratos de serviços a particulares.[51]

A mudança é importante. Antes, a opção de punir o liberto com a retirada do "benefício" da alforria concentrava nas mãos do senhor o poder decisório sobre o destino do negro. Isso reforçava uma política de controle social baseada na visão da instituição da escravidão como caracterizada pelas relações pessoais que se estabeleciam entre senhores e escravos. Depois, o destino do liberto supostamente recalcitrante passa a depender da burocracia estatal, que se encarrega de decidir se ele trabalhará em estabelecimentos públicos ou será encaminhado a particulares. O sentido da alforria condicional, portanto, pode ter mudado bastante ao longo da segunda metade do século XIX, tendo 1871 como o balizamento principal: antes, mais uma peça na engrenagem de uma política de domínio que imaginava a existência de senhores protetores e escravos dependentes; depois, cada vez mais a ficção do contrato regulado e controlado pela suposta equanimidade da burocracia governamental e judiciária.[52]

Temos encontrado Perdigão Malheiro a cada esquina deste texto. Pois agora deixemos de lado os acidentes de percurso e vamos persegui-lo sistematicamente por algumas páginas e documentos diversos. Podemos começar pelo ato solene que prometi tentar explicar logo ao dizer "BONS DIAS!". Relembrando: numa nota de rodapé em *A escravidão no Brasil*, Perdigão narra com emoção a decisão, tomada por ele juntamente com a mulher, de alforriar todas as suas escravas "capazes de ter filhos". Ele afirma ainda que também libertara um pardo "em razão dos bons serviços", e arremata afirmando: "Nossa alma sentiu um prazer inefável; a consciência mais satisfeita e pura". Foram nove concessões de alforria ao todo, e a intenção era dar um exemplo a ser seguido, como já ficara patente logo na introdução do volume: "Não me limitando a teoria e a desejos, no ano passado libertei *gratuitamente* todas as minhas escravas, e ainda alguns escravos" (grifo meu).[53]

As informações quanto ao número e às datas das alforrias, fornecidas por Perdigão na nota de rodapé, são absolutamente precisas, e pude localizar todas as cartas de liberdade nos livros do segundo ofício de notas da Corte. A nobreza da causa, porém, talvez tenha levado o famoso abolicionista a pregar uma mentirinha. Veja, por exemplo, o documento de liberdade referente ao pardo Sabino:[54]

> Registro de uma Carta de liberdade conferida pelo Dr. Agostinho Marques Perdigão Malheiro e sua mulher ao pardo Sabino [...].
> Pela presente, por um de nós escrita e por ambos assinada, declaramos que, desejando comemorar por um ato digno da Religião de Cristo, o Redentor, e de humanidade, o aniversário que hoje celebramos, e atendendo aos serviços que já nos tem prestado o pardo Sabino, nosso escravo, temos de comum acordo e de muita nossa livre e espontânea vontade, resolvido conferir ao mesmo, como conferimos, a sua liberdade, podendo conduzir-se como se de ventre livre fosse nascido: com a cláusula, porém, de continuar a servir-nos ou à pessoa por qualquer de nós designada, ainda por espaço de cinco anos, a contar desta data [...].

Sabino, portanto, não fora libertado "gratuitamente", e sim com a condição de prestar serviços por mais cinco anos. Na verdade, todas as alforrias concedidas por Perdigão Malheiro naquele ano de 1866 foram condicionais. Além de Sabino, foram obrigadas a prestar mais cinco anos de serviços as crioulas Rosa, Sabina, Maria José e Maria; e permaneceram "em nossa companhia e serviço, e sob a nossa proteção até sua maioridade (21 anos)", as pardinhas Virgínia, filha de Rosa, Julieta e Rosalina, filhas de Sabina, e Amélia, filha de Maria José. As cartas de alforria foram sempre concedidas em comemoração a alguma data importante para o casal, sendo que a liberdade de Julieta foi "em memória da liberta Jovita, de cujo falecimento é também hoje o aniversário". Jovita era mãe de Sabina, e, portanto, avó da pardinha Julieta.

Não sei explicar o porquê de Perdigão Malheiro ter mentido sobre as condições das alforrias que concedeu, pois parece

174

pueril que ele quisesse se erigir num exemplo mais perfeito através desse pecadilho.[55] Ainda mais, a concessão de alforrias condicionais era perfeitamente coerente com as ideias de Perdigão a respeito da escravidão e da forma de encaminhar a transição para o trabalho livre. No volume II de *A escravidão no Brasil*, publicado em 1867, ele defende um ponto de vista contrário a qualquer iniciativa no sentido da emancipação imediata:

> E que destino dar a toda essa gente assim repentinamente solta da sujeição e das relações em que se achava? Deixá-los entregues a si, eles incapazes no geral de se regerem por causa da escravidão em que jazeram e do que seriam assim bruscamente retirados? A vagabundagem, os vícios, o crime, a prisão, a devassidão, a miséria, eis a sorte que naturalmente os esperaria.[56]

Esse trecho demonstra a percepção de Perdigão de que a instituição da escravidão mantinha os negros numa situação de sujeição pessoal em relação aos senhores, sujeição essa que não podia ser rompida bruscamente porque os cativos não estavam preparados para a vida em liberdade. Podemos relacionar essa passagem com as opiniões de Perdigão a respeito dos *statuliberi*. Ele comparava a situação dos alforriados condicionalmente com a dos menores, isto é, indivíduos que ainda não estavam preparados para exercer plenamente seus direitos civis. O sentido dessa comparação não era apenas legal: Perdigão achava efetivamente que os negros egressos do cativeiro eram moralmente incapazes de viver numa sociedade dita livre. Daí as alforrias condicionais; a intenção era prover um período de transição no qual os libertos ascenderiam à sua nova condição devidamente orientados pelos senhores.

Essa visão dos negros como potencialmente vagabundos, criminosos, devassos e outros epítetos pouco lisonjeiros era compartilhada pelos abolicionistas em geral, inclusive o célebre Joaquim Nabuco.[57] Esses preconceitos guiam Perdigão no esforço de elaboração de um plano visando a extinção gradual da escravidão. As ideias centrais desse plano estarão presentes mais tarde na lei de 28 de setembro de 1871. A "pedra angular da reforma" seria a liberdade do ventre, pois o nascimento era a fonte de reprodução da instituição. "Quanto aos escravos existentes", Perdigão previa uma série de medidas no sentido de um acesso gradual à alforria, medidas essas que incluíam a proteção legal do pecúlio do escravo e a possibilidade de os negros conseguirem a liberdade por indenização de seu preço. Ele era de opinião, todavia, de que "as circunstâncias atuais do país" tornavam inoportunas quaisquer medidas no sentido de promover a emancipação dos "escravos existentes". Perdigão escrevia em plena Guerra do Paraguai, e achava imprudência realizar naquele momento reformas sociais que repercutiriam na "ordem pública e no bem do Estado". O mais provável, porém, é que o ilustre abolicionista temesse mais a liberdade dos negros do que a valentia dos súditos de Solano López: não se deveriam tomar medidas — ou mesmo fixar prazos — para a alforria dos escravos existentes porque esses, "tomando a nuvem por Juno, pensariam ter sido *desde logo* declarados livres; e essa sujeição doméstica, que os contém, romper-se-ia com estrondo".[58]

Os medos de Perdigão Malheiro se tornam mais explícitos em 1871, quando não havia mais o escudo da Guerra do Paraguai. O projeto da chamada lei do ventre livre enviado pelo governo para discussão na Câmara dos Deputados toma quase tudo de empréstimo às ideias apresentadas em *A escravidão no Brasil*. Lá estavam a liberdade do ventre e o direito do escravo à alforria mediante a indenização do seu preço, e isso independentemente do consentimento do senhor. No entanto, Perdigão Malheiro foi um dos principais opositores do projeto nos debates parlamentares. Ele simplesmente recuou de suas posições anteriores. A proposta do governo era "tremenda", e provocaria a emancipação total em poucos anos. As circunstâncias exigiam medidas mais gradualistas: nas emendas que propõe ao projeto, Perdigão retira os artigos referentes à liberdade do ventre e à remissão forçada por pecúlio; propõe, em contrapartida, um fundo de emancipação gigantesco que visaria a emancipação gradual das famílias e das mulheres em condições de ter filhos. Rio Branco fulminou o novo plano de Perdigão mostrando seu conservadorismo e impossibilidade prática.[59]

Os argumentos de Perdigão contra o projeto são previsíveis. A proposta em discussão era guiada pelo "princípio do absoluto". Previa a "liberdade para todos desde que nascerem"; a alforria forçada também era concedida "de forma absoluta"; todos os escravos do Estado e em usufruto da coroa eram libertados, e assim por diante. Uma das consequências "mais perigosas" do projeto era "a quebra da força moral dos senhores". Uma medida como a manumissão obrigatória por indenização, por exemplo, significaria tirar do senhor o controle exclusivo do poder de alforriar. Perdigão Malheiro percebia que o projeto seria a falência de toda uma política tradicional de domínio sobre os escravos, e se assustava com as próprias previsões:

> [...] entendo que não podemos impunemente afrouxar as relações do escravo para com o senhor, que hoje prendem tão fortemente um ao outro, e que são o único elemento moral para conter os escravos nessa triste condição em que atualmente se acham, quais são as que resultam daquele poder.
>
> Se nós rompermos violentamente esses laços, de modo a não se afrouxarem somente, mas a cortá-los, como a proposta o faz [...] a consequência será a desobediência, a falta de respeito e de sujeição. Eis um dos mais graves perigos. Essa proposta, em todo o seu contexto, não tende a nada menos do que romper violentamente esses laços morais que prendem o escravo ao senhor.[60]

A passagem acima é uma síntese precisa da forma como Perdigão concebia a instituição da escravidão. Sua visão da transição para a liberdade implicava a continuação da tutela senhorial e da sujeição do escravo por um certo período de tempo. Daí as alforrias condicionais e a oposição a um projeto que ele considerava um rompimento muito brusco com o passado. Perdigão foi hesitante e conservador quando o momento político exigiu dele uma tomada de posição mais firme em relação à escravidão. Não há mais aqui nem sombra daquele jurisconsulto aguerrido de poucos anos antes. Mas o ato de alforriar para Perdigão ainda era um ato solene, que envolvia questões delicadas de consciência; mais do que isso, era uma atitude repleta de simbolismo, a dramatização de toda uma visão de mundo. Há realmente um abismo entre as alforrias solenes de Perdigão e as alforrias hipócritas dos abolicionistas de última hora, tão acidamente satirizadas por Machado.[61] Vamos transpor o abismo nas partes seguintes do texto.

CENAS DO COTIDIANO

A atitude de Pancrácio diante da decisão do senhor em libertá-lo foi supostamente patética: ele entrou na sala "como um furacão" e se atirou aos pés do benfeitor. Depois, decidiu continuar a servir o antigo senhor mediante um salário módico e os insultos e pontapés de costume. Pancrácio é o caso extremo de um negro "seduzido" pela ideologia da escravidão como uma relação de dependência que não se rompia definitivamente sequer no momento da alforria. Esse negro efetivamente registrava e espelhava passivamente os significados sociais que lhe eram impostos. Todavia, Machado era aqui um gozador, e Pancrácio, um negro de mentirinha.

O problema, porém, permanece: até que ponto os escravos assumiam ou introjetavam as representações dominantes sobre a alforria? Em que medida faziam projetos de vida levando em consideração a ideia de que o caminho mais seguro para a liberdade era a obediência e a submissão? Algumas cenas do cotidiano permitem a abordagem dessas questões. O liberto José Matos, ou José de Matos, um pardo de 53 anos, empreiteiro, se envolveu numa briga em setembro de 1874.[62] Sua amásia Alexandrina da Conceição, também liberta, de 35 anos, "vive de serviço doméstico", declarou num trecho do longo depoimento que prestou ao juiz:

[...] e então José de Matos, dizendo-lhe que tudo aquilo não valia nada e era maluquice do réu, acrescentou que queria camisa lavada e engomada para o dia seguinte, que era uma segunda-feira, a fim de ir servir o chá em casa do Doutor Perdigão Malheiros, ex-senhor do mesmo José de Matos por ser aniversário do mesmo Doutor Perdigão Malheiros, e ser costume do mesmo José de Matos em dias tais ir prestar este serviço a seu ex-senhor em gratidão da liberdade.

Apesar da letra a mais no final do nome, parece que o ex-senhor de José Matos era o famoso Perdigão Malheiro. Nesse trecho do depoimento, Alexandrina narra antecedentes da briga que dera origem ao processo criminal, e com efeito a família de Perdigão comemorava um aniversário em setembro. Alexandrina se enganara apenas quanto ao aniversariante: era d. Luísa Perdigão, a esposa do abolicionista, quem nascera naquele mês. As cartas de alforria concedidas às pardinhas Rosalina e Amélia foram em comemoração ao aniversário da sra. Perdigão, e são datadas de primeiro de setembro de 1866.[63]

E temos então uma visão mais completa do caráter solene, e até ritual, que o dr. Perdigão Malheiro emprestava ao ato de alforriar. As liberdades eram concedidas em comemoração a datas importantes para a família, sempre havia a declaração do afeto dos senhores pelos negros alforriados, e ficava compreendido que os libertos deviam continuar demonstrando estima e gratidão aos antigos proprietários. Não consegui localizar a carta de alforria que Perdigão teria concedido a José Matos, e, portanto, não sei se o negro recebeu a liberdade com cláusula de prestação de serviços por alguns anos. De qualquer forma, por ocasião da briga em 1874, José Matos parecia ter uma vida completamente autônoma, morando com a amásia numa casa da rua do Senado e vivendo de sua profissão de empreiteiro e do aluguel de pelo menos um dos quartos da dita casa. Os serviços que ainda prestava a Perdigão Malheiro — "servir o chá [...] em gratidão da liberdade" — eram ocasionais e aparentemente apenas uma forma de registrar o respeito que ainda tinha para com o antigo senhor. Por outro lado, Perdigão Malheiro reavivava a imagem do ex-senhor protetor, sempre disposto a prestar orientação e auxílio ao negro agora em liberdade.

Um outro trecho do depoimento de Alexandrina alarga a nossa visão da cena e nos dá melhor acesso ao mundo do liberto José Matos. A mulher narra agora a luta que presenciou:

> Disse mais que assustada com o que ouvira levantou-se ainda em menores e saiu a acudir a José de Matos, encontrando-o já ferido e lutando com o réu para tomar-lhe a espada de que se achava armado, e com a qual já tinha sido ferido, diante de cujo espetáculo disse ela testemunha ao réu que não matasse o seu senhor que era o benfeitor dela informante, lhe dava o pão e havia dado também a liberdade a ela mesma informante, e o réu confirmando que mataria a seu senhor e se entregaria depois à Polícia, ela informante agarrou-se com ele ajudando a José de Matos a subjugá-lo [...].

Vemos então que José Matos havia auxiliado Alexandrina a obter a alforria, sendo que a mulher lhe era bastante grata por isso. A situação descrita mostra ainda que os dois negros tinham projetos de vida em comum desde pelo menos os tempos do cativeiro de Alexandrina.

Mas essa solidariedade do casal na luta pela liberdade tem uma inesperada contrapartida. O depoimento de Alexandrina também informa que José Matos brigara com um escravo de sua propriedade naquela manhã de setembro de 1874. Tratava-se do preto Joaquim, natural do Congo, com mais de sessenta anos, ganhador, "morador em companhia do senhor". Encontrei na documentação analisada mais meia dúzia de referências a libertos que possuíam escravos, e João Reis registrou situações semelhantes em Salvador. Mesmo que casos como esses não fossem extremamente comuns, eles testemunham que a propriedade escrava era bastante generalizada nas cidades, não sendo privilégio de brancos e ricos.[64] No caso de José Matos, o fato de ele se haver tornado senhor de escravos talvez indique uma introjeção bastante acentuada dos valores senhoriais.[65] Pelo menos o pardo procura desempenhar esse papel dentro dos conformes, mostrando-se ressentido com a atitude do africano e declarando logo ao subdelegado que o entregava à justiça pública "e desde já o considera livre para que seja punido com as penas estabelecidas por Lei". Ou seja, o senhor liberta Joaquim e o abandona à própria sorte diante da justiça como punição pela ingratidão que supostamente cometera.[66] Há ainda o testemunho de Adão do Nascimento, inquilino de José Matos, que afirma jamais ter visto o liberto aplicar castigos em seu escravo.

José Matos, portanto, tentava desempenhar o papel do senhor justo e benevolente. Todavia, a propriedade escrava era também um investimento, e os jornais pagos pelos cativos podiam ser cruciais no equilíbrio do orçamento doméstico de famílias de baixa renda. Com efeito, além de mostrar indignação, José Matos explicou ao subdelegado que o rolo se originara no fato de ter ele observado "na véspera ao seu escravo que ele não dava conta de seus jornais". Joaquim era obrigado a dar de 800 a mil-réis diariamente ao senhor, e ainda desempenhava algumas tarefas domésticas. O preto africano fez um relato minucioso de seus infortúnios diante do júri:

> Qual o motivo que foi levado ele Réu a lançar mãos violentas contra seu ex-senhor? Respondeu que tendo sido comprado por ele contra a vontade dele Réu, e acontecendo que seu ex-senhor tirara de sua caixa uma porção de dinheiro, ele Réu insistia em pedir-lhe a restituição de seu dinheiro, ao que seu ex-senhor respondia que ele Réu queria fazer feitiço na mandinga para matá-lo, em consequência do que ele Réu recorreu à mãe de seu senhor para por intermédio dela conseguir a restituição de seu dinheiro. Com efeito ela falou a um filho [*sic*] para entregar-lhe o dinheiro, mas ele perguntara a ele Réu se tinha sido com dinheiro de sua mãe, ou com o seu próprio, que ele Réu foi comprado. Então ele Réu recorreu à Polícia para conseguir a entrega de seu di-

nheiro. Depois deste fato foi ele Réu informado que seu senhor estava com cordas prontas para amarrá-lo e castigá--lo, pelo que ele Réu procurou um protetor para apadrinhá-lo, e com efeito sendo trazido por ele a seu senhor, este declarou ao Protetor que ele Réu andava fazendo mandingas ou feitiço, e depois da retirada do Protetor, deu-lhe muita bordoada com uma palmatória, deixando-lhe o braço direito e a perna esquerda quase aleijados, e ainda [ilegível] [...] o mesmo seu senhor que o levaria à Correção para lá acabar de matá-lo; sendo por isto que ele interrogado preferindo morrer pela mão da Justiça, assentou tirar a vida a seu ex-senhor, e depois entregar-se à Justiça, e efetivamente no dia seguinte das torturas que já relatou lançou mão de uma espada velha e arremessou o golpe [...].

A julgar pela versão do preto velho, o liberto José Matos não era um senhor diferente dos outros. Os pontos de tensão na relação entre senhor e escravo narrados aqui são típicos da escravidão na Corte na segunda metade do século XIX. A primeira reclamação do escravo é que havia sido comprado por José Matos contra a sua vontade, o que nos remete à questão das percepções e atitudes dos cativos diante dos atos de compra e venda, assunto que abordamos detalhadamente no capítulo anterior. O relato do preto é novamente previsível no que tange aos castigos: assim como Bonifácio, Filomeno, Bráulio e tantos outros, Joaquim justifica a agressão ao senhor como uma resposta a castigos que considerava injustos ou excessivos. Ele relata ainda que de nada adiantara sua tentativa de arranjar um padrinho que intercedesse em seu favor. José Matos dissera ao padrinho do escravo que este lhe fizera mandingas, e desferiu as bordoadas prometidas "depois da retirada do Protetor". O objetivo do preto ao narrar o episódio do padrinho era sem dúvida enfatizar diante do júri que o comportamento do senhor havia sido excessivamente severo ou mesmo intolerante. É novamente Perdigão Malheiro quem faz uma observação relevante sobre esse aspecto: em seu esforço para mostrar que eram cada vez mais raros os exemplos de senhores que infligiam castigos bárbaros aos negros, ele afirma que a "benevolência de terceiro [*padrinho*] quase sempre evita até uma leve punição".[67]

Há mais dois pontos no depoimento do africano Joaquim que também parecem fazer parte da experiência de vários outros cativos. Entre os agressores de Veludo, pelo menos Gonçalo, Lúcio e Luiz tinham a intenção de "irem para a polícia" após desferirem as pancadas. Curiosamente, Joaquim faz uma declaração semelhante, afirmando mesmo que preferia "morrer pela mão da Justiça" do que ficar sujeito aos suplícios impostos por José Matos. Mais ainda, a narração do africano sugere que ele não recorria apenas a padrinhos na tentativa de resolver os problemas cotidianos com o senhor, pois antes já havia ido à polícia "para conseguir a entrega de seu dinheiro". Tudo isso levanta o problema da percepção que os negros tinham das autoridades policiais e judiciárias. O último aspecto importante no depoimento de Joaquim é exatamente a referência a suas economias. Na versão do negro, uma das causas principais das desavenças com o senhor era o fato de José Matos lhe estar negando o direito de juntar um pecúlio. Pelo menos na Corte, o pecúlio parecia ser desde muito tempo a melhor chance de um escravo conseguir a liberdade, sendo que a garantia da indenização frequentemente incentivava a "benevolência" ou o "espírito humanitário" dos proprietários. Ao lutar pelo pecúlio, Joaquim podia estar se agarrando na sua própria esperança de liberdade. Voltaremos a tratar da questão da percepção que os escravos tinham das autoridades policiais e judiciárias e do problema do pecúlio mais adiante. Por agora, basta observar que, em sua atuação como senhor de escravos, o liberto José Matos mostrava estar à altura dos ensinamentos recebidos supostamente durante seu período de cativeiro.

Mas é uma personagem mais rica e dividida como o pardo Agostinho Lima quem nos descreve com mais detalhes a experiência da vida após a alforria. Agora as coisas parecem mais difíceis e contraditórias, apesar de encontrarmos outro liberto que se preocupa em mostrar gratidão e respeito ao antigo senhor. Era o mês de janeiro de 1885, e Agostinho, um pernambucano de 25 anos, estava desgostoso com sua amásia, a escrava Deoclécia, parda de dezoito anos, a quem acusava de infidelidade.[68] Agostinho se dirigiu à casa onde Deoclécia estava alugada e, a pretexto de dar-lhe um recado, conduziu-a até uma esquina e a feriu pelo menos duas vezes com uma faca. O liberto lutou ainda com a preta Madalena, a quem considerava a "alcoviteira" nas supostas traições de sua amada. Consumada a agressão, Agostinho fugiu pelos fundos de uma estalagem em Santa Teresa e foi se refugiar no alto de uma amendoeira. Lá de cima, ele encenou um espetáculo que durou até o amanhecer do dia seguinte. Dizendo que a árvore era sua propriedade, Agostinho fez acrobacias, distribuiu insultos democraticamente, urinou nos espectadores — muitos dos quais eram guardas-civis — e falou de sua mágoa para com Deoclécia. Petronílio Batista, um dos guardas-civis que acompanhara a cena, explicou na subdelegacia que, apesar dos desatinos, o liberto não demonstrava estar bêbado:

> [...] que tanto Agostinho, não se achava embriagado que insultando a todos que lhe falavam sem distinção portou-se com todo o respeito e humildade para com Henrique seu ex-senhor dono da padaria e ao Doutor Subdelegado do distrito dizendo-lhe que estava pronto a descer da árvore [...] se garantisse-lhe a vida e liberdade, e como o Subdelegado lhe dissesse que lhe garantia a vida mais [*sic*] que o não podia fazer quanto a sua liberdade, declarou que ficava na árvore até o sol aparecer na forma da luz visto considerar a árvore como sua propriedade [...].

Os toques de originalidade e ousadia de Agostinho tiveram um fim quando ele pisou em falso num galho da amendoeira e se esborrachou no chão, ferindo-se nas pernas. Por um lado, o pardo registrou seu protesto contra aspectos da sociedade na qual vivia: implicou com a noção de propriedade privada ao se tornar dono da árvore; distribuiu insultos e urinou nos guardas-civis; e ainda contou que encontrara a preta Deoclécia em companhia de um branco exatamente no quarto que tinha para seus encontros com a negra. Propriedade privada, vigilância policial e preconceitos raciais são temas que esse negro liberto abordou intuitivamente no discurso da amendoeira. Mas, por outro lado, o depoimento de Petronílio mostra que Agostinho era seletivo em suas críticas. Com o subdelegado, ele tentou negociar uma saída para a enrascada na qual se metera. E, mais importante, falou respeitosamente ao padeiro Henrique, seu ex-senhor. Posteriormente, o pardo explicou ao juiz que o senhor lhe concedera a liberdade havia aproximadamente dois anos devido aos seus bons serviços e obediência. Agostinho fora escravo de Henrique por seis anos, e continuou trabalhando e morando na padaria do ex-senhor após a alforria. Mesmo nesse momento de desafio generalizado, portanto, o liberto reafirmou sua gratidão e a continuidade da ligação com o antigo senhor.

E, apesar de toda a originalidade e ousadia, o pardo foi monótono e repetitivo ao agredir a amásia quando esta não queria mais os seus amores. A única vantagem desse criminoso passional é que ele não declara ter agido "em defesa da honra". O réu alegou não se recordar de haver cometido qualquer agressão porque andara bebendo no tal dia, limitando-se a apresentar uma versão detalhada dos seus desencantos de amor:

> [...] perguntado qual razão por que saíra de casa desgostoso da vida e fora em seguida beber, respondeu, que tendo vivido alguns meses em companhia da crioula Deoclécia, que estava alugada em uma casa da rua das Marrecas, gastando com ela tudo quanto ganhava a ponto de nada guardar para si, levando sua amizade a ponto de pagar a diversos indivíduos para encher de água a casa do amo de Deoclécia com o fim de que esta não carregasse peso, Deoclécia longe de corresponder a essa amizade, o enganara e lhe era infiel iludindo-o a sua boa-fé, a ponto de praticar atos imorais com outros indivíduos no próprio quarto em que ele tinha

alugado na Travessa do Desterro, para passarem juntos, tendo tido ocasião de ele próprio verificar com seus olhos o que acaba de dizer [...].

Agostinho e Deoclécia, portanto, tinham arranjos de vida em comum, sendo que o liberto se esforçava para tornar mais tolerável o cativeiro da amásia. A preocupação de Agostinho em pagar pessoas para realizar tarefas pesadas que deveriam ser desempenhadas por Deoclécia talvez revele que o negro tinha uma percepção crítica da escravidão enquanto forma de exploração do trabalhador. Uma história de amor como essa entre um liberto e uma escrava podia levar a um esforço conjunto para conseguir a alforria do amante que ainda sofria o cativeiro. Parece ter sido assim, como vimos, com José Matos e Alexandrina. Agostinho e Deoclécia estavam ainda inseridos numa rede mais ampla de relações de amizade, incluindo alguns habitantes de cor de uma estalagem da rua Evaristo da Veiga que prestam depoimentos a respeito da vida do casal.

As histórias de José Matos e Agostinho são posteriores à lei de 1871, que, como logo veremos, pode ter sido um golpe decisivo em alguns aspectos essenciais das representações até então dominantes sobre a alforria. Essas histórias confirmam que havia em torno da alforria uma forte expectativa de continuidade de relações pessoais anteriores, de renovação do papel do negro como dependente e do senhor como patrono ou protetor. É muito difícil avaliar o quanto os escravos e libertos efetivamente compartilhavam dessa ideologia da alforria, pois é óbvio que as atitudes respeitosas de José Matos e Agostinho em relação aos senhores não são simplesmente generalizáveis. Seria fácil enumerar casos de libertos que, como Desidério e Joana, os negros "ingratos" de d. Inácia, não concebiam a vida em liberdade como a velha vida de roupa nova. Seria confortável, por exemplo, interpretar as atitudes de José e Agostinho em relação aos senhores como estratégias no sentido de lhes viabilizar melhores condições de sobrevivência. Ou seja, os libertos não compartilhavam da ideologia da alforria, porém desempenhavam o papel de dependentes ou de protegidos com o intuito de atingir certos fins. É provável que tenha sido assim em muitos casos, mas achar que sempre foi assim seria também acreditar em relações sociais vazadas por hipocrisia de alto a baixo.

Além do estranho pressuposto de que todos são hipócritas o tempo inteiro, a hipótese acima opera uma dicotomia que não mais me convence. As atitudes dos escravos, e quiçá dos dominados em geral, é interpretada segundo duas possibilidades opostas e excludentes: a introjeção de valores senhoriais ou dominantes, ou a elaboração de "estratégias de sobrevivência", que envolvem quase sempre astúcia e dissimulação. Acho plausível pensar que a ideologia da alforria "seduzia" de certa forma os escravos, tornando-se uma das sutilezas da dominação escravista. É preciso admitir que existiam essas e outras sutilezas na política de domínio de trabalhadores escravos, pois sem a introjeção pelo menos parcial de certos símbolos de poder seria impossível imaginar que uma determinada forma de organização das relações de trabalho pudesse se reproduzir por tantos séculos. A "pessoalização" e privatização do controle social eram marcas da escravidão que tinham na concentração do poder de alforriar exclusivamente nas mãos dos senhores um de seus símbolos máximos. Tanto senhores quanto escravos conheciam perfeitamente esse aspecto crucial do imaginário social na escravidão.

Mas devemos prosseguir com precaução. As pessoas podem crer em determinado símbolo — ou simular a crença — por razões ou motivações das mais variadas (e não serão necessariamente hipócritas por causa disso). Um escravo pode "acreditar" nas representações dominantes sobre a alforria tanto quanto seu senhor, e ainda assim extrair desse fato lições ou justificativas para atitudes diametralmente opostas às expectativas senhoriais. Temos encontrado sucessivamente histórias que conduzem a essa interpretação. Acossado por uma ação de liberdade, um senhor pode recorrer ao direito de propriedade e à sua prerrogativa de dar a essa propriedade o destino que lhe parecer apropriado para fundamentar a legitimidade do domínio exercido sobre o negro em questão. Aceitando o fundamento de que é a vontade senhorial a fonte de legitimidade da sua condição de cativo ou livre, vimos que negros como Carlota, Pompeu, Cristina e tantos outros investiram contra aqueles que se inculcavam seus senhores alegando que estes haviam traído a vontade expressa de seus legítimos proprietários. O mesmo fundamento ou significado social — a inviolabilidade da vontade senhorial — serve aos desígnios diametralmente opostos da escravidão e da liberdade. E o escravo "seduzido" pelos valores senhoriais se afirma e contesta o domínio de senhores específicos em nome do dito princípio geral da inviolabilidade da vontade senhorial — a criatura, por assim dizer, ameaça devorar o criador.

A mesma interpretação pode ser oferecida — com enormes consequências para o nosso entendimento do cotidiano da escravidão — quanto aos castigos físicos. O preto velho Joaquim e vários dos nossos velhos conhecidos que espancaram Veludo e criaturas semelhantes no primeiro capítulo afirmaram que agiram movidos pela injustiça ou excesso dos castigos que receberam. Não encontrei sequer vestígio de negros que colocassem em questão o castigo físico enquanto tal. Parecia ponto pacífico que o chicote e a palmatória eram instrumentos legítimos para a "correção" dos escravos recalcitrantes. Todas as lutas e contradições se davam em torno do motivo e da intensidade da punição aplicada. Parafraseando um autor razoavelmente conhecido, havia uma espécie de "economia moral" da escravaria que os senhores não ousavam ignorar sob pena de verem rolar as próprias têmporas. Alguns leitores ficarão decepcionados com esses negros que levam a sua luta aceitando pelo menos em parte as regras impostas pelos inimigos. Mas então quem for o verdadeiro revolucionário hodierno que atire a primeira pedra.

E isso ainda não é tudo, pois uma personagem sofrida e contraditória como o liberto Agostinho não nos deixaria seguir em paz. A experiência de Agostinho torna patente o limite de dicotomias do tipo "estratégias de sobrevivência" *versus* "introjeção de valores senhoriais", ou "resistência" *versus* "acomodação". Esse negro nos sugere que na mesma pessoa podiam coexistir sentimentos de agradecimento e até de afeto em relação a um senhor específico e uma percepção bastante crítica da sociedade como um todo. Agostinho talvez se assemelhasse a Pancrácio (a criatura) ao demonstrar gratidão ao antigo senhor e ao continuar a lhe prestar serviços na padaria mesmo após a alforria. E o Agostinho original e debochado do discurso da amendoeira se assemelhava a Machado (o criador) na sua intuição crítica de aspectos importantes da sociedade na qual vivia.[69]

1871: AS PROSTITUTAS E O SIGNIFICADO DA LEI

Sugeri logo de início que a crônica sobre a alforria do bom Pancrácio também comporta algum comentário sobre a participação dos próprios negros nas lutas pela liberdade. Apesar do caráter exíguo e alegórico da evidência, penso que tal comentário está cifrado no trecho em que o senhor constata que Pancrácio cresceu "imensamente" desde o nascimento. Machado faz com que o nascimento de Pancrácio coincida mais ou menos com a dita lei do ventre livre, insinuando assim que esse é um momento significativo no processo de abolição. O negro crescera incessantemente desde o início da década de 1870, e em 1888 já era mais alto que o senhor. A cena pode ter um conteúdo alegórico que fica escondido, como de hábito, em sutil ironia: a causa da liberdade avançara de forma irresistível nas duas décadas anteriores — quase uma força da natureza, como o crescimento físico de Pancrácio —, e os escravos agora pareciam mais ativos ou até capazes de levar a melhor no confronto com os senhores — Pancrário era "mais alto quatro dedos".

Mas essa interpretação de umas poucas linhas de Machado depende da demonstração de sua densidade histórica. Afinal, o que foi realmente debatido desde o final dos anos 1860 até 1871, e o que mudou de fato no que diz respeito ao acesso dos escravos à alforria com a vigência da lei de 28 de setembro? Ao invés de passar diretamente às arengas senhoriais e parlamentares — nas quais pontificam, além dos recuos de Perdigão Malheiro, as ra-

189

bugices reacionárias do marquês de Olinda, a moderação culta e elegante de Nabuco de Araújo, o Nabuco pai, e a matreirice política de Rio Branco —, comecemos a discussão por um episódio bastante significativo do início da década de 1870. Vimos no primeiro capítulo a história da parda Josefa, uma escrava que foi vendida algumas vezes consecutivas e que acusava pelo menos duas de suas supostas senhoras de a terem forçado à vida de prostituta.[70] A ação judicial com o objetivo de libertar Josefa foi parte de um esforço mais amplo do chefe de polícia da Corte, em articulação com o juiz municipal da segunda vara, no sentido de combater "o imoral escândalo da prostituição de escravas".[71] A estratégia utilizada foi a seguinte: os subdelegados elaboraram relações nominais das escravas empregadas por seus senhores na prostituição; o segundo passo foi enviar essas relações para o juiz municipal da segunda vara, que nomeou advogados como curadores das negras e determinou a apreensão e depósito imediato das mesmas; iniciaram-se assim em poucos meses cerca de duzentos processos de liberdade, baseados em disposições do direito romano segundo as quais os senhores que obrigavam suas escravas à prostituição eram obrigados a libertá-las.

Os senhores se ressentiram desse esforço organizado de representantes do poder público para arrancar alforrias contra a sua vontade, e alguns deles correram aos cartórios para registrar concessões de liberdade com cláusula de prestação de serviços. Essa foi uma fórmula dos senhores para tentar garantir a exploração sobre as escravas prostitutas por mais alguns anos. No entanto, os dissabores dos proprietários não terminaram de todo com o subterfúgio. O juiz municipal tomou conhecimento de que d. Júlia Catarina, por exemplo, conservava a parda Leopoldina "à janela dando jornal por meio de prostituição". Os oficiais de justiça encarregados de retirar a negra da posse da senhora e colocá-la em depósito público se surpreenderam com a alegação de d. Júlia de que Leopoldina já era livre, logo não fazia sentido o depósito com o intuito de tratar de sua alforria. Leopoldina estava liberta com a condição de prestar mais cinco anos de serviços à senhora. Apesar do golpe da liberdade condicional, d. Júlia só conseguiu garantir a posse da escrava após dois anos de batalha judicial.[72] Em outra história, d. Joaquina de Oliveira resolveu ser a "benfeitora" da parda Felícia, e lhe adiantou a quantia necessária para a obtenção da alforria através da indenização de seu preço ao senhor. Felícia ficara obrigada a prestar cinco anos de serviços à "benfeitora"; só que agora alegava que d. Joaquina estava querendo obrigá-la a levar vida de prostituta. Felícia deu mais sorte do que Leopoldina, pois garantiu a liberdade na justiça.[73]

O episódio das escravas prostitutas ocorre paralelamente à intensificação dos debates parlamentares sobre o "elemento servil", e significativamente podemos assistir aos mesmos aspectos debatidos pelos parlamentares por ocasião da lei do ventre livre sendo enfrentados na prática por senhores, escravos, e administradores e juízes da cidade. Uma verdadeira encruzilhada de negociações e confrontos é o que temos no processo de liberdade movido por Colombiana, crioula da Bahia, contra sua senhora, Cristina da Conceição, uma africana da Costa da Mina.[74] O curador da escrava argumenta que a senhora comprara Colombiana e, ao invés de empregá-la em serviços domésticos ou alugá-la, acabara obrigando-a à prostituição. Através da leitura dos depoimentos sabemos que um funcionário público, agindo a pedido do subdelegado, fornecera as informações necessárias para a inclusão de Colombiana na lista de escravas prostitutas. As testemunhas mobilizadas pela causa de Colombiana incluíram homens que declararam haver tido relações sexuais com ela e vizinhos que a viam de plantão na janela da casinha onde recebia as visitas.

A senhora negou tudo e assegurou que empregava Colombiana no "serviço de vender quitanda". As testemunhas a favor de Cristina da Conceição explicaram que a senhora e mais seis escravas que ela possuía, entre elas Colombiana, saíam em grupo todos os dias pela manhã para vender frutas na praça. Na parte da tarde elas se dispersavam para continuar as vendas pelas ruas e nas portas dos teatros. O advogado da senhora procurou ainda contestar as testemunhas a favor da escrava dizendo

191

que elas eram amigas do alferes Soares, o amante de Colombiana. Contra a testemunha Antônio Pinto, um negociante português, ele argumentou:

> A testemunha é inimiga da Ré porque tendo comprado a taberna em cujos fundos se acha a casa de quitanda da Ré [...] empenhou-se para deitar a Ré fora da casa, para dar maior fundo à sua casa de negócio, e como não o pôde conseguir tornou-se inimiga da Ré. Em casa da testemunha fizeram-se reuniões para se tratar dos meios tendentes à libertação da Autora. A testemunha foi a primeira pessoa que por intermédio do preto livre Benjamim, mandou dizer à Ré que, se não conferisse liberdade à Autora sua escrava, teria de sofrer muitos incômodos, gastaria muito dinheiro e por fim teria o desprazer de ver a sua escrava livre.

O advogado narra conflitos bastante locais, como aqueles que opõem alguns vizinhos à senhora, e muito especialmente a rixa entre a quitandeira Cristina e o taberneiro português. O processo mostra ainda a mobilização de pessoas que tomam partido a favor de Colombiana ou de sua senhora, às vezes devido a laços afetivos: a favor da escrava, por exemplo, temos supostamente o alferes seu amante, o pardo livre Benjamim, e até os seus fregueses na vida de prostituta.

Por outro lado, há linhas que articulam todos esses conflitos individuais ou de pequenos grupos com as listas do subdelegado, as ações cíveis incentivadas pelos juízes e, é óbvio, a batalha política sobre a escravidão que esquentava entre os parlamentares. Já podemos perceber prontamente algumas dessas vinculações. O advogado da senhora organizou a defesa em torno de dois pontos que nos são familiares: primeiro, e mesmo que ficasse provada a prostituição forçada de Colombiana, a justiça nada poderia fazer no caso porque as leis eram omissas a respeito e a Constituição do Império garantia o direito de propriedade no artigo 179; segundo, "não há lei alguma que obrigue a Ré a dar contra sua vontade, a liberdade à referida escra-

192

va". O defensor da senhora, portanto, aposta no direito de propriedade privada e nas representações senhoriais sobre a política de domínio na escravidão. Igualmente bem informado, o curador de Colombiana contra-ataca com a ideia de que o escravo era uma propriedade *sui generis*, cujo abuso não se podia admitir especialmente "na imoralíssima vida da prostituição". A propriedade escrava "não tem a mesma extensão, que a lei faculta sobre as outras espécies de propriedade", merecendo a liberdade o favorecimento da justiça. Demos algumas voltas e encontramos, novamente, o dilema da peteca.

Todavia, a história das escravas prostitutas é um tanto diferente dos casos descritos em processos de liberdade nos quais os negros tentam a alforria nas brechas das brigas entre herdeiros. Aqui, são autoridades policiais e judiciárias que tomam a iniciativa de promover ações de liberdade em benefício de cerca de duzentas escravas. São instâncias do poder público que, arrolando motivos de higiene, moral e segurança pública, resolvem interferir nas relações entre senhores e escravos. É claro que não era a primeira vez que isso ocorria — principalmente o exemplo da Guerra do Paraguai era recente —, porém iniciativas desse tipo eram sempre recebidas com a desconfiança de que traziam em seu bojo o enfraquecimento do domínio dos senhores sobre seus escravos. Além disto, as histórias das escravas prostitutas sugerem que essas mulheres eram capazes de mobilizar muita gente pela sua causa. A decisão política do chefe de polícia e do juiz municipal da segunda vara abriu para muitas escravas um atalho em direção à alforria que não passava necessariamente pela vontade dos senhores. Os processos cíveis em questão mostram que amigos e amantes das negras auxiliavam a fuga das mulheres para a polícia e prestavam testemunho no sentido de viabilizar o trabalho do curador. É como se por um momento muitos negros acreditassem que suas causas pudessem ser julgadas com isenção pelas autoridades públicas.

Talvez uma interpretação semelhante possa ser proposta na análise dos efeitos da lei do ventre livre na Corte, pelo menos a partir do que é possível perceber na leitura comparativa das ações de liberdade de antes e depois de 1871. Vamos seguir por etapas, pois a transposição não é imediata ou evidente. Uma pista importante é a discussão sobre o pecúlio do escravo e a alforria forçada nos debates que resultariam na lei de 1871. O projeto de lei enviado pelo governo à Câmara dos Deputados, e que resultara dos debates no Conselho de Estado, estabelecia no artigo quarto: "O escravo tem direito ao pecúlio proveniente de seu trabalho, economia, doações, legados e heranças que lhe aconteçam".[75] O parágrafo segundo do mesmo artigo arrematava a obra:

> O escravo que, por meio de seu pecúlio, ou por liberalidade de outrem, ou por contrato de prestação de futuros serviços, obtiver meios para indenização de seu valor, tem direito à alforria.

Essas disposições significavam que qualquer cativo que conseguisse obter dinheiro suficiente para indenizar seu preço ao senhor teria direito à liberdade. Tudo que o senhor poderia fazer no caso era tentar espichar o preço, sendo que, no caso de senhor e escravo não chegarem a um acordo, o valor da indenização seria determinado em arbitramento judicial. Já no Conselho de Estado esses artigos receberam os ataques furibundos do marquês de Olinda — cujo reacionarismo irritava até Sua Alteza Imperial —, que disparava:

> as alforrias forçadas não terão outro resultado senão fazer perder aos senhores toda a força moral perante os escravos [...] Vota contra tudo.[76]

Nas emendas ao projeto que ofereceu à apreciação dos deputados, Perdigão Malheiro simplesmente suprimiu as disposições sobre o pecúlio e a alforria por indenização de preço.[77]

O conselheiro Nabuco de Araújo procurou acalmar o marquês de Olinda explicando que as alforrias forçadas deveriam dar "pequeno resultado, porque dependem do pecúlio, e o pecúlio da vontade dos senhores". Citou ainda o exemplo dos escravos nas colônias espanholas,

> que há duzentos anos tinham [...] o direito à alforria forçada, e até parcialmente e por prestações, podendo comprar um por um os dias de serviço da semana até completar os seis.

Segundo Nabuco, esse direito pouco adiantava aos escravos, pois os senhores embaraçavam o quanto podiam as possibilidades de os negros juntarem seu pecúlio.[78] O visconde do Rio Branco perseguiu um raciocínio semelhante numa discussão sobre o projeto no Senado: sendo o pecúlio

> fruto do trabalho do escravo, estava visto que este não podia dar-se sem o consentimento do senhor, porque, para o escravo adquirir pelo seu trabalho, é preciso que o senhor lhe dê tempo, e a princípio os meios com que ele possa utilizar o seu trabalho.[79]

Os argumentos de Nabuco e Rio Branco em defesa da alforria forçada são à primeira vista estranhos: se a medida teria poucos resultados práticos e tudo continuaria a depender da vontade do senhor, por que se dar ao trabalho de defendê-la com tanto afinco?

Na verdade, talvez Nabuco, mas certamente Rio Branco, acreditavam que a alforria forçada por indenização de preço pudesse ter resultados práticos importantes. A primeira preocupação dos dois era garantir que a medida fosse inscrita em lei, derrotando assim as pretensões de Olinda e Perdigão Malheiro em excluí-la. Já na discussão na Câmara dos Deputados se chega a uma solução para o problema. O texto do artigo quarto agora é o seguinte:

> É permitido ao escravo a formação de um pecúlio com o que lhe provier de doações, legados e heranças, e com o que, *por consentimento do senhor* [grifo meu], obtiver do seu trabalho e economias.[80]

195

Quanto à alforria por indenização, ela continuava valendo, só que não se mencionava formalmente a possibilidade de o escravo conseguir a soma "por liberalidade de outrem". Ainda estava prevista a possibilidade de um cativo contratar "com terceiro a prestação de futuros serviços" no intuito de conseguir a liberdade, porém isso também se tornava dependente do "consentimento do senhor". Todas essas emendas foram inscritas na lei de 28 de setembro de 1871.

Que sentido extrair dessas sutilezas do debate parlamentar? Uma apreciação superficial das coisas pode levar à conclusão de que tudo permanece como antes: as modificações feitas no projeto inicial garantem aos senhores o direito de decidir sobre o pecúlio do escravo e, como a alforria por indenização depende da possibilidade do pecúlio, é a vontade de cada senhor específico que continua a reinar soberana. As modificações realizadas aplacaram o medo dos indecisos e garantiram a aprovação do projeto, porém é mera ilusão pensar que as palavras "por consentimento do senhor" inscritas em lei possam ter mudado muita coisa na prática cotidiana do pecúlio. As discussões dos parlamentares partem sempre do pressuposto de que o direito do escravo a suas economias era algo bastante generalizado na sociedade. O próprio marquês de Olinda achava uma bobagem que a lei se ocupasse disso porque "o pecúlio já está nos nossos hábitos".[81]

E é nesse contexto que a posição de Rio Branco quanto ao assunto se esclarece. Comentando a possibilidade de os negros formarem seu pecúlio na esperança da alforria, em geral, e mais especificamente, o caso das alforrias concedidas contra a prestação de serviços futuros a terceiro, o visconde concorda que se reconheça legalmente a necessidade do consentimento do senhor, porém arremata:

> tanto mais quanto, a meu ver, nas circunstâncias atuais do País, no estado do sentimento público a respeito da escravidão, não haverá senhor prudente que recuse alforria a seus escravos por esse meio.[82]

Em outras palavras, Rio Branco parecia pensar que a possibilidade de recuo na questão do pecúlio estava socialmente proscrita porque esse era um direito garantido aos negros pelo costume, sendo que pouca diferença podia fazer na prática a exigência legal da aquiescência do senhor. Nesse sentido, o fato de que — tendo o escravo a soma suficiente para indenizar seu preço ao senhor — a manumissão forçada passava a ser um direito expresso em lei efetivamente fazia diferença. Os senhores não poderiam impedir no cotidiano que os escravos fizessem suas economias, e depois não poderiam se negar a conceder-lhes a alforria por indenização de preço porque tal direito dos negros ficava estabelecido no artigo quarto, parágrafo segundo, da lei de 28 de setembro. Apesar das ambiguidades e vacilações do texto — imposições da composição política necessária à aprovação do projeto —, havia agora chances mais reais de os escravos atingirem a alforria mesmo contra a vontade dos senhores.

Todavia, mudanças só ocorreriam se os negros soubessem tirar proveito dos novos instrumentos legais de acesso à liberdade. Em *O abolicionismo*, livro de 1883, Joaquim Nabuco avaliava os resultados do resgate forçado pelo pecúlio: "está em uso nas cidades, não nas fazendas: serve para os escravos urbanos, não para os rurais".[83] Sendo essa afirmação de Nabuco já do início dos anos 1880, é possível que a intensificação da utilização desse recurso mesmo pelos negros da cidade fosse relativamente recente, sofrendo inclusive o impacto favorável da militância abolicionista. Não disponho de dados referentes à ocorrência de remissão forçada por pecúlio, porém o movimento da taxa de alforria pode ser indicativo das mudanças em curso na Corte. É verdade que, desde pelo menos o início da década de 1860, a taxa de alforria na cidade do Rio aumentou bastante, sofrendo inclusive uma ascensão dramática por volta de 1867, provavelmente devido às alforrias concedidas com a condição expressa de que o liberto se tornasse um soldado da "pátria" na guerra contra o Paraguai. Mesmo permanecendo muito alta em relação às outras províncias, a taxa de alforria da Corte sofrerá outro enorme aumento apenas após 1878. De qualquer forma, segundo Robert Slenes os negros da cidade do Rio nas últimas décadas da escravidão sempre tiveram uma chance mais do que razoável de conseguir a liberdade: nada menos do que 36,1% da população escrava da matrícula de 1872-3 recebeu a liberdade até a matrícula de 1886-7. Esses 36,1% são impressionantes se considerarmos que a porcentagem de negros alforriados no mesmo período na província de São Paulo foi de 11%, na província do Rio de 7,8%, na província de Minas de 5,6%.[84] Esses dados talvez ajudem a explicar também o porquê de termos encontrado tantos escravos no primeiro capítulo que se recusavam terminantemente a sair da Corte em direção às fazendas de café do interior. Tal destino significava para um negro a redução drástica de suas chances de alforria.

No que diz respeito à causa da liberdade, portanto, os negros do Rio ficaram sempre na ofensiva nessas décadas finais da escravidão. A leitura das ações de liberdade do período posterior a 1871 também indicam isso. As trapaças dos herdeiros deixaram de ser os principais obstáculos dos escravos nos processos de liberdade; o problema agora era obrigar o senhor a abaixar o preço exigido para a obtenção da alforria. Antes de passarmos a analisar com detalhes as mudanças nas ações de liberdade, precisamos ter em mente que o pecúlio e a obtenção da liberdade através da indenização de preço pareciam aspectos comuns da escravidão na Corte mesmo antes de 1871. Pelo menos há vários exemplos disso nos processos da década de 1860.

O leitor talvez tenha uma vaga lembrança da história de Maria Ana do Bonfim e Felicidade, narrada no capítulo anterior.[85] A preta livre Maria do Bonfim usa suas economias e pede o empréstimo de uma grande soma de dinheiro com o objetivo de conseguir a alforria da filha Felicidade. As ações de Maria do Bonfim são informadas pelo pressuposto de que bastaria conseguir a quantia equivalente ao preço de Felicidade para garantir-lhe a liberdade. O pagamento da dívida era coisa para resolver depois. A mesma ideia reapareceu na história de Fortunata, pois o defensor da escrava procurou obrigar o senhor a conceder-lhe a alforria pelo preço que havia supostamente cobrado a um possível comprador da negra.[86] Segundo o advogado, Fortunata passara a ter direito à liberdade porque tinha condições de oferecer os 1 conto e 500 mil-réis que o senhor estaria exigindo para vendê-la. Como vimos, advogados e juízes se engalfinharam na discussão desse ponto, porém os magistrados do tribunal da relação negaram que naquele momento houvesse amparo legal ao resgate forçado por indenização pretendido pelo advogado da escrava e pelo juiz municipal. O caso seria muito diferente se analisado após a lei de 28 de setembro. Não vou cansar o leitor abarrotando-o ainda mais de historinhas. Os que não estão convencidos da importância do pecúlio e da alforria por indenização na experiência dos escravos da Corte antes de 1871 podem se distrair com a documentação arrolada e resumida na nota.[87]

Há alguns pontos a reter em toda essa discussão. O texto final da lei de 28 de setembro foi o reconhecimento legal de uma série de direitos que os escravos haviam adquirido pelo costume e a aceitação de alguns objetivos das lutas dos negros. Isso é verdade não só em relação ao pecúlio e à indenização forçada, como também no que diz respeito à ideia mestra do projeto, isto é, a liberdade do ventre — mesmo que essa "liberdade" tenha sido relativizada por um sem-número de sutilezas e restrições que não vou desenvolver aqui. Os próprios escravos sempre valorizaram bastante a alforria das mulheres, pois isso significava a garantia de uma prole livre.[88] Na verdade, a lei de 28 de setembro pode ser interpretada como exemplo de uma lei cujas disposições mais importantes foram "arrancadas" pelos escravos às classes proprietárias.

E essa lei também pode ser interpretada como exemplo do instinto de sobrevivência da classe senhorial: o conselheiro Nabuco explicou que "a esperança de alforria" que a lei daria aos escravos "em vez de um perigo, é um elemento de ordem pública";[89] e mais tarde lembrou aos senadores que era preciso tomar logo uma decisão a respeito da "questão servil" devido à "impaciência dos escravos".[90] O velho Nabuco sabia o que lhe apertava os calcanhares. Talvez seja possível tirar outras ilações de toda essa história. Alguns autores viram na lei do ventre livre o momento de afirmação ou de consolidação de um projeto de transição para o trabalho livre e de formação de todo um contingente de trabalhadores disciplinados e higienizados. Essa pode ser uma parte da história. É tentador interpretar o acesso à liberdade pela utilização do pecúlio como uma forma de ensinar aos escravos as virtudes da ascensão social pelo trabalho. Mas os escravos já pareciam saber havia muito tempo que sua melhor chance de negociar a liberdade com o senhor era juntar as economias e conseguir indenizar seu preço. Nesse sentido, ou pensamos que esses negros estavam disciplinados para o mercado de trabalho há muito tempo, ou então admitimos que eles podiam se atirar ao trabalho por motivos muito diversos de uma suposta inclinação irresistível pelo salário e pelos encantos dos patrões.

É um anacronismo interpretar 1871 como a instauração de uma política acabada e de longo prazo no sentido da organização e da disciplina do mercado de trabalho livre no "Brasil" — e isso mesmo se fingirmos aceitar a ideia estapafúrdia de que o "Brasil" é, na melhor das hipóteses, a Corte e a região cafeeira como um todo e, na pior, só o oeste paulista. Poderíamos investigar, por exemplo, se em 1871 houve na realidade o projeto de implantação de um novo tipo de escravidão no país: os escravos agora só dependiam da obtenção do dinheiro da indenização do senhor para terem direito à liberdade — eles se tornaram, por assim dizer, servos de uma dívida cujo valor era o seu próprio preço no mercado, ou no arbitramento judicial. Estava instituída, portanto, a servidão por dívida. Essa é outra ideia estapafúrdia, porém mais coerente com uma classe dominante que, mais ou menos na mesma época, imaginou que o endividamento era a melhor forma de manter o imigrante atrelado ao processo de produção nas fazendas.

O fato é que 1871 não é passível de uma interpretação unívoca e totalizante. É mais fácil fazer um boi voar do que tirar ilações desse tipo. O que nos interessa especificamente é perceber que a lei de 28 de setembro foi de certa forma uma conquista dos escravos, e teve consequências importantes para o processo de abolição na Corte. O pecúlio, como vimos, ficava formalmente dependente do consentimento do senhor. No entanto, essa defesa dos senhores era de pouca valia numa cidade como o Rio. Além do aspecto já mencionado de o direito costumeiro haver consagrado o pecúlio do escravo, a própria dinâmica da escravidão na cidade proscrevia a possibilidade de controle dos senhores. Uma boa parte dos escravos trabalhava no ganho, ficando obrigados a dar ao senhor um jornal previamente estipulado; havia aqueles que viviam longe dos senhores, morando em cortiços ou nos locais de trabalho; não havia como evitar que os negros conseguissem dinheiro através de jornadas extras de trabalho, de empréstimos, ou então com a ajuda de amigos e familiares. Nesse sentido, para os negros da Corte o que importa na lei de 1871 é que, caso as negociações com os senhores falhassem, bastava apresentar o pecúlio em juízo e esperar pelo resultado do arbitramento judicial. Muitos conseguiram a liberdade dessa forma, apesar da oposição irada de alguns senhores. Com efeito, Pancrácio, "tu cresceste imensamente", como veremos a seguir.

O RETORNO INGLÓRIO DE
JOSÉ MOREIRA VELUDO

Em processo de liberdade iniciado em junho de 1880, o pardo José explica

> que tendo pecúlio suficiente para libertar-se, quer fazê-lo *e como não possa obtê-lo do próprio seu senhor* [grifo meu], quer usar dos meios facultados pela lei de 28 de setembro de 1871 [...].[91]

Essa petição inicial do pardo José indica os caminhos disponíveis para senhores e escravos após a lei de 1871: havia primeiramente a chance de um entendimento informal e, caso as partes se acertassem quanto ao preço, bastava ir ao cartório registrar a alforria; não havendo acordo nessa tentativa inicial, o escravo se fazia acompanhar por uma pessoa livre e partia para a ação judicial, sendo frequente que as partes alcançassem um entendimento antes que se fizesse necessário o arbitramento através de peritos.

Poucos meses após o início da vigência da lei de 28 de setembro, a preta Maria tentou a liberdade em ação movida na primeira vara cível:

> Diz a preta Maria que tendo constituído um pecúlio para a sua liberdade — pediu a seu senhor José Joaquim da França a quem entregou o pecúlio — que a libertasse e este recebendo o dinheiro na importância de 613 mil-réis, deu-me um recibo por conta de 1400 mil-réis preço em que arbitrou a liberdade. Tendo a Suplicante além do dinheiro dado — algum mais, e julgando excessivo o que exige seu senhor — vem requerer a VExa. que mandando-a depositar — digne-se nomear-lhe curador — que promova a avaliação da Suplicante sendo forçado ao senhor a dar-me a liberdade pelo preço da avaliação.

> P. deferimento
> A rogo da preta Maria Francisco Paula e Vasconcelos.[92]

Os esclarecimentos prestados pela preta mostram que não fora possível um acordo com o senhor sobre o preço da indenização. A linguagem da petição é incisiva quanto aos direitos da negra: o senhor devia ser "forçado" a dar a liberdade pelo preço da avaliação. Se a linguagem é incisiva, a ação é rápida. Maria recebe logo um curador — que não é a mesma pessoa que a acompanhou na petição inicial —, e é depositada numa casa da rua do Sabão do Mangue. O senhor é intimado para uma audiência na qual seria determinado o preço da liberdade da preta.

Tudo aqui parece muito sumário e à revelia da vontade senhorial. Todavia, um documento anexado aos autos indica que houve a anuência do senhor nas primeiras iniciativas da negra em busca da liberdade. O documento é datado de 3 de julho de 1871 — portanto, poucos meses antes da lei do ventre livre —, e nele o senhor, José Joaquim de França, autoriza

> a minha escrava Maria a agenciar por meio de subscrição a quantia de 1 conto e 400 mil-réis (preço do Inventário) para a sua liberdade; obrigando-me pelo presente a passar--lhe a competente carta logo que me seja entregue a referida quantia.

Ou seja, França provavelmente recebera a preta como herança havia pouco tempo, e estava disposto a passar-lhe a carta de alforria desde que ela lhe pagasse o preço da avaliação no inventário.

Maria é então autorizada a correr uma lista para colher contribuições à sua liberdade. Há algumas pessoas que contribuem com somas consideráveis, como dois "anônimos" que doaram 70 mil-réis, ou um indivíduo com assinatura ilegível que, em duas etapas, entregou ao todo 75 mil-réis à escrava. A maior parte das doações, porém, foi de quantias entre 2 e 5 mil--réis, oferecidas por pessoas que se identificam simplesmente por "Nô Nô" ou Joaquim, por exemplo. Se a lista registra realmente todas as contribuições recebidas, Maria não conseguiu mais do que 271 mil-réis por esse meio. Não há qualquer informação nos autos sobre a origem dos outros 300 e tantos mil-réis que a preta também já havia pago ao senhor. E ainda faltavam 787 mil-réis para completar o preço exigido pelo proprietário.

Maria teria pouco a fazer numa situação como essa se a lei Rio Branco não tivesse sido aprovada na mesma época de sua tentativa de liberdade por indenização do senhor. França não aceitava menos do que 1 conto e 400 mil-réis, porém a negra tinha agora a chance do arbitramento judicial. O arbitramento funcionaria da seguinte forma: cada parte indicaria um perito para realizar a avaliação da negra; se as avaliações fossem díspares, o juiz apontaria um terceiro perito que tinha de escolher qual das duas avaliações lhe parecia mais justa. Esse terceiro perito não podia simplesmente tirar a média das duas avaliações anteriores; ele tinha de se decidir por uma delas. Esse método talvez impedisse que os peritos das partes oferecessem avaliações descabidas — para mais ou para menos —, pois isso diminuiria suas chances de vitória no desempate.

Já o meu método neste trabalho é o do eterno retorno — isto é, temas, historinhas e personagens vão e voltam o tempo inteiro —, e eis que ressurge, lépido e fagueiro, o arquivilão José Moreira Veludo. Talvez devesse ter escrito que Veludo reaparece cambaleante e estropiado, pois a surra de Bonifácio & Cia. ocorrera apenas três meses antes. Estamos em 20 de junho de 1872, e o certo é que Veludo continua incorrigível: na avaliação judicial da preta Maria, ele é o perito da parte do senhor. Examinada a negra, o perito da parte da escrava propôs o preço de 700 mil-réis; Veludo achou que a negra valia 1 conto de réis. Veludo, portanto, não era tão bandido quanto o tal França, senhor de Maria, que exigia 1 conto e 400 mil-réis de indenização. O terceiro perito achava que o preço correto seria o de 800 mil-réis, "mas que obrigado a escolher um dos valores prefere o de 700 mil-réis por ser para a liberdade". Tudo resolvido, o juiz profere a sentença:

> estando a preta Maria no caso de gozar do benefício concedido pela Lei de 28 de setembro de 1871, mando que exiba em juízo a quantia necessária para preencher a de sua avaliação, descontada a que já entregou ao seu senhor.

Maria ainda precisava pagar 83 mil-réis, mais as custas do processo. França chegou a apresentar recurso ao tribunal da relação, porém acabou desistindo. Todo esse procedimento judicial levara cerca de dois meses, sendo que Maria conseguira o direito à liberdade pela metade do preço exigido inicialmente pelo senhor.

Seria ilusório pensar que as coisas haviam ficado assim tão fáceis para os escravos. A ânsia em arrumar dinheiro para a alforria podia conduzir a acordos desvantajosos. Mencionei no primeiro capítulo o episódio no qual João Joaquim Barbosa, sócio de Veludo na casa de comissões da rua da Prainha, 104, fica em dificuldades para pagar uma letra no valor de 12 contos de réis.[93] Três anos antes, mais precisamente em fevereiro de 1875, fora um João Joaquim Barbosa, "morador na rua da Prainha, 104", quem aparecera diante do juiz da segunda vara de órfãos para se queixar da liberta Ângela Gertrudes Maria da Conceição.[94] Salvo o caso improvável de haver aqui muita coincidência, estamos realmente diante do sócio de Veludo — portanto, cá está um vilão coadjuvante. Barbosa expôs seus motivos ao juiz:

> Sendo a liberta ainda escrava de Manoel Antônio de Mello e sua mulher [...] D. Maria Paula da Silva Mello, possuía um pecúlio de 800 mil-réis, que foi julgado insuficiente para indenizar a seus senhores pela liberdade da querelada, avaliada em 1 conto e 400 mil-réis. Em vista disso, o queixoso emprestou à querelada a quantia de 600 mil-réis, que entregou ao dito Mello, celebrando com a queixosa o contrato de locação de serviços [...] em consequência do qual foi ela declarada liberta pelo Juízo da Terceira Vara Cível [...]. Entretanto, apenas apanhou-se livre do cativeiro, em vez de procurar cumprir o contrato, prestando ao queixoso os serviços a que se obrigara, ocultou-se, fugindo assim às suas obrigações [...].

O que vemos então é que a parda Ângela tentara uma ação de liberdade contra o senhor apresentando o pecúlio de 800 mil-réis. Mas o arbitramento resultara na fixação do preço em 1 conto e 400 mil-réis. Para obter o resto da quantia, a negra recorreu ao artigo quarto, parágrafo terceiro da lei de 28 de setembro, que permitia ao escravo, "em favor de sua liberdade, contratar com terceiro a prestação de futuros serviços por tempo que não exceda de sete anos".[95] O contrato entre Ângela e Barbosa era por quatro anos de serviços, e tinha tanto o consentimento do senhor quanto a aprovação do juiz de órfãos, conforme as exigências da lei. Nesse caso, portanto, o senhor se mostrava satisfeito com o preço de 1 conto e 400 mil-réis estabelecido no arbitramento. Uma das testemunhas do processo, o negociante português João Rebello, afirma que fora ele quem sugerira à parda que tomasse emprestado os 600 mil-réis que lhe faltavam "para completar a sua liberdade".

Aparentemente, tudo havia sido estabelecido em negociações entre as partes e de acordo com a lei em vigor. Como entender, então, a alegação de Barbosa de que a negra fugira, recusando-se assim a cumprir o contrato? A liberta foi logo localizada na rua dos Inválidos e encarcerada na Casa de Detenção por cerca de trinta dias. A primeira preocupação do advogado de Ângela foi livrá-la da prisão. Depois, organizou a defesa afirmando que Ângela — que tinha cerca de quinze anos na ocasião — não se evadira à prestação de serviços, insinuando ainda que ela não sabia do trato entre seu senhor e Barbosa, trato esse aprovado pelo juiz de órfãos. Segundo o advogado, Ângela saiu do depósito em que estava devido à ação de liberdade e foi embora, não tendo sido jamais procurada para o início da prestação de serviços no mês que transcorreu entre o fim do processo de liberdade e sua prisão. O advogado achava que Ângela havia sido abandonada por Barbosa, e por isso ficara desobrigada dos serviços.

Em outro momento, o defensor de Ângela argumenta que o contrato firmado era nulo porque a negra havia sido claramente lesada. Agora ele não sugere que Ângela desconhecesse a existência do contrato; o que a parda não percebera de imediato eram suas condições draconianas. O advogado fazia bem as contas e demonstrava que "obrigar a servir por quatro anos mediante 600 mil-réis é lesão": isso significava que a negra servia por

150 mil-réis por ano, ou 12 mil e 500 réis por mês, ou 416 réis por dia! Quando se sabe que qualquer pessoa, para servir, não se aluga nas condições da embargante [Ângela], ou mesmo em piores condições, por menos de 30 mil-réis, 35 mil-réis, 40 mil-réis e mais.

Com efeito, e mesmo levando-se em consideração que o aluguel de uma negra para serviços domésticos podia variar bastante dependendo de suas condições físicas e habilidades, o valor que o contrato estabelecia para o trabalho de Ângela parecia bem inferior ao preço de mercado.[96] De qualquer maneira, e apesar de todo o empenho do advogado da liberta, o Superior Tribunal de Justiça decidiu que Ângela estava obrigada a cumprir o contrato firmado.

Pode-se imaginar que outros especuladores tenham se aproveitado da ânsia de liberdade dos escravos para somar muitos mil-réis em suas contas de extorsão. A impressão geral que se tem, entretanto, é que os senhores ficavam cada vez mais na defensiva com o passar dos anos. Havia sempre advogados dispostos a promover ações de liberdade, e os juízes da Corte não gozavam de muita simpatia entre os senhores. Em julho de 1882, a liberta Filipa da Silva apresenta em juízo 300 mil-réis com o objetivo de tentar a alforria do filho Onofre, então com treze anos de idade. A senhora, d. Francisca Pena, se empenha em evitar que o arbitramento do preço da liberdade de Onofre seja realizado no foro da Corte.[97] Ela anexa aos autos documentos comprobatórios de que "é domiciliada na Cidade de Ubá Província de Minas Gerais onde tem sua casa de residência seus escravos e mais bens". Explica ainda que estava na Corte apenas para tratar do "padecimento mental" do marido, não pretendendo mudar de domicílio; logo, e como a regra geral de direito determinava que ninguém podia ser demandado fora do foro de domicílio, a senhora insistia em que o arbitramento de Onofre tinha de ser feito em Ubá.

O caso se complica bastante, pois Onofre e a mãe também estavam decididos a atingir seu objetivo. Onofre é encaminhado a um depositário particular, porém logo escapa para a "casa do amigo da mãe". O negro foi localizado na rua da Alfândega e posto em outro depósito particular. No dia seguinte já fugira novamente, e desconfiavam que estivesse "oculto em casa da mãe"; mas lá o "moleque" não foi encontrado. O menino sossegou com o terceiro depositário que lhe arranjaram. Apesar do empenho do curador e da atitude de insubordinação do escravo, o juiz da vara municipal deliberou que a ação de liberdade deveria ter prosseguimento em Ubá.

Todavia, a senhora mal pôde comemorar essa vitória. Ela solicitou inutilmente o levantamento do depósito e a devolução de Onofre. O curador conseguiu convencer o juiz de que o fato de a ação de liberdade ter sua conclusão em Ubá não significava a suspensão do depósito, pois o escravo "não pode voltar para a posse do senhor antes do final da ação judicial". Em março de 1884, quase dois anos após o início do processo, d. Francisca ainda permanecia na Corte e tentava arrancar Onofre da posse de Jeremias, o depositário, que "tem movido todos os meios de protelação com o fim de ter esse escravo em seu poder desfrutando-lhe os serviços". Ela pedia então que se tratasse da remoção do escravo para o depósito público. Poucos dias depois, e antes que qualquer medida nesse sentido fosse formalizada, Jeremias apareceu diante do juiz para contar a última de Onofre: "que esse escravo desapareceu, fugiu desde ontem de manhã".

Não há qualquer outro vestígio de Onofre nos autos. D. Francisca acabou se dando por vencida em outubro de 1885, sendo que até então o resultado da ação de liberdade ainda não chegara de Ubá. A senhora agora aceitava os 300 mil-réis depositados pela mãe de Onofre em 1882. É claro que a habilidade do curador, a lentidão da justiça e a atitude resoluta de Onofre — auxiliado pela mãe e pelo terceiro depositário — foram decisivas para esse desfecho. Também é verdade que a retirada de d. Francisca foi estratégica, uma maneira de ainda salvar alguma coisa: os preços dos escravos caíam acentuadamente desde o início dos anos 1880, e já em 1885 a senhora talvez tenha concluído que 300 mil-réis estava de bom tamanho para alguém indomável — e desaparecido — como Onofre.[98]

Júlia, escrava de Mariana Kloes, requisitou arbitramento para liberdade em junho de 1884.[99] A negra depositou inicialmente um pecúlio de 300 mil-réis, conseguido "com a liberalidade de diversas pessoas". O juiz, porém, exigiu um depósito mínimo de 400 mil-réis para dar continuidade ao processo. Júlia apresentou o dinheiro, recebendo logo um curador. Aqui, novamente, uma senhora tenta remeter o caso para outro foro: d. Mariana dizia que estava na Corte "a passeio"; ela teria seu domicílio em Vassouras. A resistência dessa senhora desapareceu quando Júlia aceitou pagar outros 100 mil-réis pela alforria, totalizando 500 mil-réis. Júlia foi "julgada livre [...] como se de ventre livre houvesse nascido". Vimos antes os negócios da escravidão, agora temos as pechinchas da liberdade.

Assumindo um certo distanciamento desses processos, o que fica é realmente uma imagem pouco edificante. É um senhor atrás do outro resistindo aos procedimentos judiciais e protelando-os na esperança de conseguir um aumento de 20% ou 30% no valor das indenizações. É claro que a propriedade escrava não era privilégio dos abastados na Corte, e certamente a perda dos jornais de um cativo podia comprometer o orçamento de alguns dos senhores recalcitrantes. O que espanta, contudo, e peço desculpas ao leitor pela minha ingenuidade, é a presença constante de pessoas que resistem por mera avareza ou intolerância; tudo em nome da defesa irrestrita da propriedade privada. Sim, porque a esta altura — já estamos comentando casos da década de 1880 — seria mera hipocrisia sair em defesa das velhas representações da alforria como continuação dos laços de proteção e dependência entre senhores e escravos. Figuras sofridas e contraditórias como o pardo Agostinho podiam eventualmente existir, mas Perdigão Malheiro morrera logo no início da década — em 1881 —, e haja senso crítico e ironia para imaginar um negro como Pancrácio e um senhor-narrador como aquele da crônica de 1888.

A resistência de alguns senhores aos arbitramentos judiciais surge outra vez na história da parda Cândida. A escrava, que dizia estar "sofrendo do peito e do útero", apresentara um pecúlio de 650 mil-réis provenientes de "economias e pequenas quantias em donativos".[100] E vemos então um segundo juiz que faz uma avaliação provisória do "libertando" e exige o aumento do depósito inicial; Cândida teve de pagar outros 150 mil-réis. É provável que os escravos e seus curadores procurassem não comprometer logo todo o pecúlio quando faziam o depósito inicial para uma ação de liberdade. Encontrei outros casos nos quais os juízes mandaram aumentar em 100 mil-réis ou mais a quantia previamente depositada; e os escravos sempre tiveram o dinheiro necessário para completar a soma exigida.[101]

Agostinho Adolfo Guimarães, o senhor de Cândida, urdiu um plano na tentativa de lograr o arbitramento judicial. Ele jurava que, antes de tomar conhecimento da ação de liberdade, decidira passar a cativa a um negociante de escravos que se encarregara de vendê-la no interior da província. O defensor da negra apresentara a petição inicial do processo em 3 de fevereiro de 1881; a parda teria saído em viagem no dia 4, sem ter havido tempo suficiente para que se providenciasse a sua apreensão e depósito. O senhor afirmou ainda que desconhecia o roteiro de viagem do negociante, e arrematou a peça asseverando que traria Cândida de volta "na hipótese de não ter passado ao domínio de outrem caso em que nenhum direito, tem o Suplicante para determinar a sua volta". O comerciante Joaquim Bravo, que era quem teria sido supostamente encarregado da venda de Cândida, foi localizado na Corte e se apresentou para depor em março. Ele disse que Guimarães realmente o havia procurado em janeiro "e pediu-lhe para comprar uma escrava ou encarregar-se da venda dela a terceiro"; Bravo, contudo, não concordara com a transação. O negociante declarou ainda: "Que não conhece a parda Cândida nem nunca teve a [sic] em seu poder e ignora o destino que lhe foi dado [...]". O telhado de Guimarães era de vidro e se quebrou.

Legalmente sim; na realidade, talvez não, pois Cândida continuou desaparecida. O juiz foi em frente mesmo na ausência da escrava e apesar dos protestos do senhor. Foram nomeados peritos para o arbitramento, e o curador apresentou testemunhas que podiam informar a respeito das condições da negra. Como seria de imaginar, as testemunhas do curador pintam um quadro lúgubre: a parda, "que era maior de trinta anos", sofria de reumatismo e do útero, era de "construção débil" (sic), e lhe faltavam dentes. Diante dessas informações, os

210

peritos, de comum acordo, julgaram que o pecúlio depositado era suficiente para a alforria. Cândida foi declarada liberta em 3 de maio, exatamente três meses após a petição inicial da ação de liberdade. Guimarães se achou esbulhado e qualificou de "intempestiva" a decisão de realizar logo o arbitramento. Ele apelou ao tribunal da relação por dois motivos: primeiro, não sabia se ainda era o senhor legítimo de Cândida; segundo, o arbitramento fora irregular porque não contara com a presença da escrava para os devidos exames. Nada podemos saber sobre o desfecho da história de Cândida porque as últimas páginas dos autos estão mutiladas ou ilegíveis.

Há vários outros exemplos de escravos que, como Cândida, se dizem doentes logo na petição inicial dos processos de liberdade.[102] É impossível saber em que medida essas doenças eram reais ou apenas uma maneira de tentar empurrar para baixo o valor da indenização: por um lado, havia pouca preocupação dos escravos ou seus curadores em apresentar atestado médico que reforçasse a alegação de doença; de outro lado, os juízes não solicitavam que os libertandos fossem examinados por médicos. Restariam as apreciações dos peritos nos autos que chegavam até a audiência de arbitramento, porém as anotações tomadas pelos escrivães nessa etapa geralmente se limitavam a registrar o preço estabelecido para a indenização. Não há, por conseguinte, como resolver esse problema.

Bem mais concretas são as evidências quanto às alianças entre escravos e depositários nas ações de liberdade. Vimos páginas atrás que o negro Onofre contou com a simpatia do depositário Jeremias, que inclusive pode tê-lo acobertado quando da ameaça de remoção para o depósito público. Outro senhor indignado com a atuação do depositário é José Lopes.[103] Antônio Preto viera de Pernambuco e já tinha quase cinquenta anos de idade quando apresentou 400 mil-réis em juízo para tratar da liberdade em novembro de 1881. O negro afirmava sofrer de reumatismo, mas mesmo assim o juiz exigiu que o depósito inicial fosse de 600 mil-réis. O escravo completou a quantia e foi para o depósito particular em casa de Felisberto

211

Martins, na rua da Alfândega. O senhor não se conformou; dirigiu-se à casa de Felisberto e arrastou o negro para uma estação policial. Antônio foi dado como fujão e encaminhado à Casa de Detenção; entretanto, o subdelegado foi logo informado que o escravo estava "tratando de sua liberdade", e mandou que o preto fosse conduzido à presença do juiz municipal.

José Lopes continuava agastado, e deixou à posteridade suas lamúrias:

> [...] que a [*sic*] dias lhe desaparecera de sua casa sem motivo algum o seu escravo Antônio preto, vindo mais tarde o Suplicante a saber extrajudicialmente, que ele requerera ser depositado por este Juízo [...] consignando no depósito o pecúlio de 600 mil-réis, e sendo depositado em poder de Felisberto Augusto Martins [...] e como destes fatos se dão por efeito de comanditas que se organizam nesta Corte para explorarem a propriedade alheia, afim [*sic*] dos escravos trabalharem em proveito dos comanditários com prejuízo de seus donos, por isso o Suplicante requer [...] mandar intimar ao depositário do escravo para durante o tempo da pendência alugue-o e responder-lhe pelo aluguel de 35 mil-réis por mês sob as penas da lei, além da remoção do depósito [...].

Segundo o senhor, portanto, Antônio havia tomado a iniciativa de desaparecer de casa com a intenção de lutar judicialmente pela alforria. Isso não o livrou totalmente da sanha de José Lopes, que, como vimos, ainda conseguiu por um momento a prisão do preto como fujão mesmo após o início da ação de liberdade. Mais interessante é a denúncia de José Lopes de que havia grupos organizados na Corte com o objetivo de promover "fatos" como a fuga e o depósito de Antônio Preto. O senhor oferece sua explicação para a existência dessas "comanditas": queriam se aproveitar da propriedade alheia obtendo serviços gratuitos de escravos que não lhes pertenciam.

É provável, na verdade, que houvesse fortes motivações econômicas por trás da ajuda que depositários, e até pessoas que tinham os cativos alugados em suas casas, prestavam aos libertandos. Os processos de liberdade duravam geralmente alguns meses, e o depositário do escravo estava legalmente desobrigado de pagar qualquer aluguel enquanto durasse a ação judicial. O curador de Antônio Preto é um tanto sarcástico em sua resposta à pretensão de José Lopes em cobrar aluguéis durante o período de depósito:

> não me oponho a que, *caso apareça quem aceite o encargo de depositário com a obrigação de pagar aluguéis* — seja o meu curatelado removido para o poder dessa pessoa [grifo no original].

É claro que não apareceria ninguém aceitando pagar por algo que poderia ter de graça. Há antes exemplos inversos: a crioula Cândida e a parda Caetana iniciam ações de liberdade por indenização de seus senhores e permanecem nas mesmas casas onde se encontravam anteriormente alugadas.[104] A senhora de Caetana aceitou logo os 800 mil-réis do pecúlio e o processo não registra sequer o depósito da escrava; já Cândida é depositada na casa do ex-locatário durante o andamento da ação de liberdade. Neste caso, o ex-locatário deixa de ter a obrigação de pagar pelos serviços da negra pelo menos por algum tempo.

Mas não vamos reduzir tudo à paixão pecuniária. Afinal, era chiquérrimo assumir fumaças abolicionistas naqueles anos finais da escravidão. Basta lembrar do nosso profeta *après coup*, depois da lebre abatida, ou como melhor nome tenha em árabe. Ao alforriar o bom Pancrácio, nosso profeta acompanhou "as ideias de Cristo", recebeu um brinde como o "primeiro dos cariocas", teve seu retrato pintado provavelmente a óleo, e queria se eleger deputado. Como se não bastasse, ele ainda se arrolava entre "os homens puros, grandes e verdadeiramente políticos" porque teria se antecipado à lei áurea ao alforriar Pancrácio. O senhor de Pancrácio era movido pelo "amor à nomeada", exatamente o mesmo mal que entregara Brás Cubas aos vermes.

Ao apagar das luzes, os abolicionistas se tornam ao mesmo tempo mais implacáveis e sutis. Além de continuarem a auxiliar os negros que conseguiam formar um pecúlio, eles começam a examinar as listas de matrícula em busca de escravos cuja propriedade não estava regularizada.[105] Procuram se aproveitar, por exemplo, do fato de que era frequente que as listas de matrícula não informassem os nomes dos pais dos escravos, que eram então tidos como de "filiação desconhecida". Ora, raciocinava o curador de Virgílio, escravo de Henrique Andrade, o negro era um brasileiro de 26 anos, logo só poderia ser cativo caso sua mãe também fosse cativa; mas, se a mãe de Virgílio era desconhecida, não se podia ter certeza de que o negro nascera de ventre escravo; finalmente, e como em casos de dúvida a "presunção do direito" era contra o cativeiro, Virgílio devia ser restituído à sua "liberdade natural". O juiz concordou com tudo, e o pardo entrou "na posse mansa e pacífica de sua liberdade" em julho de 1887.[106]

Em outra história, a africana Beatriz, de 51 anos de idade, tenta a alforria "por se achar matriculada com a declaração de ser desconhecida sua filiação". Além disso, no entanto, o curador recorre à velha lei de 7 de novembro de 1831, que abolira o tráfico de escravos para o Brasil, e que, apesar de jamais ter sido cumprida, tampouco fora revogada. O curador pensava claramente: estamos no ano de 1887 e, se a matrícula da escrava lhe dava a idade de 51 anos, ela nascera por volta de 1836; por conseguinte, era impossível que a negra tivesse chegado aos brasis antes da lei de proibição do tráfico de 1831. Intimado a depor, o senhor, Antônio Monteiro, declarou que "comprou a autora em 1846 [...] muito pouco tempo depois dela chegar d'África". O senhor desconhecia completamente a lei "para inglês ver" de 1831, e seu depoimento provou o direito de Beatriz à liberdade.[107]

Os curadores de Virgílio e Beatriz não eram apenas aguerridos; eles eram também sutis. Ambos se recusam a utilizar a forma tradicional de identificação dos cativos nos documentos judiciais. Ao invés de escrever, "Fulano, escravo de Sicrano de tal", eles escrevem "Virgílio, *escravizado* por Henrique das Chagas Andrade" e "Beatriz, *escravizada* por Antônio de Pádua Monteiro" (grifos meus). Uma sutil mudança de expressão enfatiza o ato de força que está na origem da instituição que se quer abolir. E tudo dentro dos conformes, utilizando como armas de luta a persuasão e as leis vigentes — uma militância, enfim, muito bem-comportada.

Os abolicionistas bacharéis — esses que ajudaram a transformar a jurisprudência numa das arenas de luta contra a escravidão com sua atuação nas ações de liberdade — deviam ter em alta consideração o papel que eles mesmos desempenhavam nessa guerra pela liberdade travada estritamente dentro das leis vigentes. Nabuco é quem expressa com mais firmeza a opinião de que mudanças sociais significativas podem ser obtidas através de novas leis, e procurando-se sempre evitar as pressões dos movimentos populares. Nabuco recolhe essa pérola de um inglês, seu irmão de luta contra a escravidão, e a coloca como epígrafe de um capítulo intitulado "caráter do movimento abolicionista":

> Não é por ação direta e pessoal sobre o espírito do escravo que lhe podemos fazer algum bem. É com os livres que nos devemos entender; é com estes que devemos pleitear a causa daquele. A lei eterna obriga-nos a tomar a parte do oprimido, e essa lei torna-se muito mais obrigatória desde que nós lhe proibimos levantar o braço em defesa própria.[108]

É ao menos reconfortante saber que o nosso herói da Abolição foi recorrer exatamente a um inglês para expressar um *parti pris* tão radicalmente antidemocrático. Para Nabuco, os escravos não podiam se defender porque não tinham consciência dos seus direitos, e mesmo quando a tinham não lhes era dada a chance de defesa devido à morte civil a que estavam condenados.[109] Todavia, este não é o argumento decisivo para Nabuco. Era necessário evitar a ação direta dos negros porque isso implicaria ver uma classe, e essa a mais influente e poderosa do Estado, exposta à vindita bárbara e selvagem de uma população mantida até hoje ao nível dos animais e cujas paixões, quebrado o freio do medo, não conheceriam limites no modo de satisfazer-se [...].[110]

Bárbaros, selvagens, animais, possuídos por paixões sem limites... não devia ser lisonjeiro para os negros saber que um dos campeões da causa da liberdade pensava tudo isso a seu respeito. Porém, Nabuco estava apenas exprimindo um medo visceral, que não era só seu e que fazia parte da própria "alma" dos homens poderosos da época. O abolicionismo de Nabuco visava a alcançar seus objetivos através da persuasão e de caminhos estritamente parlamentares e jurídicos, sendo estes os espaços próprios de atuação dos militantes do movimento. Ele afirmava expressamente que não era nas "fazendas ou quilombos do interior, nem nas ruas e praças das cidades, que se há de ganhar, ou perder, a causa da liberdade".[111] Toda a iniciativa, portanto, devia caber aos abolicionistas, aos iluminados ou esclarecidos que sabiam exatamente o que era melhor para os cativos, e que tinham mesmo "o mandato da raça negra". O raciocínio possuía ainda um certo charme poético: incapacitados e proibidos os negros de lutarem em causa própria, tudo passava a depender dos abolicionistas redentores, dos cavalheiros da liberdade.

Nabuco talvez se imaginasse um Messias, mas dispensava o acompanhamento do rebanho de fiéis em busca de salvação. Posso estar sendo injusto com esse herói da nossa história: afinal, estamos tratando de um político culto e bem-intencionado — nada comparável com o fisiologismo puro dos liberais de hoje em dia. Mas acontece que a ótica de Nabuco é uma ilusão. Tanto o estudo das situações de compra e venda no primeiro capítulo quanto, agora, a análise dos processos cíveis mostram que a liberdade era uma causa dos negros, uma luta que tinha significados especificamente populares — no sentido de que esses significados eram elaborações culturais próprias, forjadas na experiência do cativeiro. E tampouco se trata aqui de dar uma outra versão à luta imaginária de Zumbi contra Princesa, algo que esteve tão em voga no ano da graça de 1988; e isso mesmo que, por força de ênfase, meu argumento possa tender mais para Zumbi. O problema é que não estou à procura de heróis. Este capítulo mostrou, entre outras coisas, que o direito foi uma arena decisiva na luta pelo fim da escravidão, e não se justifica o desdém ou o mecanicismo que a historiografia habitualmente dispensa a esse tema. Nesse sentido, a atuação de pessoas como Perdigão Malheiro e Nabuco, assim como de um sem-número de curadores e juízes de vara simpáticos à causa da liberdade, fez uma enorme diferença. Mas, por outro lado, e mesmo nesse jargão legal cujo ideal é anular a voz do escravo e falar por ele, vimos que os negros conseguiam impor pelo menos em parte certos direitos adquiridos e consagrados pelo costume, assim como conseguiam mostrar o que entendiam como cativeiro justo ou pelo menos tolerável. Vários souberam ainda como conseguir o direito legal à liberdade e, percebendo a possibilidade da alforria, procuraram o auxílio de homens livres, fugiram para a polícia, se apresentaram às autoridades judiciais e, o que é mais surpreendente, perceberam muitas vezes exatamente o que deviam fazer para conseguir transformar em histórias de liberdade alguns daqueles calhamaços que se encontram até hoje nos cartórios e arquivos públicos.

Nossa... minha mão escorregou vadia pelo teclado e acabei escrevendo um parágrafo eloquente. Não se arrufe, caro leitor, sei cá com os meus botões que este capítulo já vai longo e preciso terminá-lo. Está decidido: a conclusão deste capítulo aparece na introdução do próximo. Questão de método. Por agora, lá vai...

BOAS NOITES.

3. CENAS DA CIDADE NEGRA

DE BONIFÁCIO A PANCRÁCIO:
A CONCLUSÃO DO CAPÍTULO ANTERIOR

Alguns companheiros de Bonifácio explicaram a decisão de surrar Veludo de forma no mínimo intrigante: Gonçalo contou que "saiu por um rombo do muro que havia no quintal e vinha se apresentar à polícia para assentar praça"; o preto Luiz afirmou que os outros escravos o haviam convidado para "darem bordoada em Veludo e depois irem para a polícia"; já o baiano Lúcio achava que bastava "matarem a este [Veludo] e irem depois se apresentar à polícia para ficarem livres".[1] A esperança de Gonçalo em assentar praça talvez se relacionasse com a memória então recente da Guerra do Paraguai, durante a qual muitos negros haviam recebido a alforria com a condição de se tornarem defensores da "pátria". Mas essa hipótese talvez não nos ajude em nada, pois Gonçalo e seus parceiros deviam saber perfeitamente que em 1872 já não mais havia Guerra do Paraguai. O fato é que esses escravos estabeleciam uma relação entre "irem para a polícia" e "ficarem livres", o que, na perspectiva de um habitante deste país no fim do século XX, não passa de uma contradição em termos.

É óbvio que há razões bem imediatas para a associação entre polícia e liberdade: Bonifácio e seus parceiros desejavam "ficar livres" do dono da casa de comissões e, mais importante, queriam evitar a venda para uma fazenda de café do interior. Ainda assim, é preciso tentar entender aquilo que não é óbvio de modo algum: afinal, por que estes escravos achavam que a polícia e o eventual cumprimento de uma pena na Casa de Correção era um destino menos execrável do que uma fazenda de café do interior? Esta "preferência" manifestada por vários es-

218

cravos é por si só um testemunho contundente a respeito das condições de vida sob o cativeiro nos brasis do século passado. Precisamos, todavia, ir para além da denúncia.

Com efeito, foram muitos os escravos que cometeram crimes e depois procuraram se entregar à polícia ou à justiça. Já encontramos alguns exemplos ao longo da narrativa. Os baianos Carlos e Ciríaco, que estavam na casa de comissões de Veludo em dezembro de 1877, se recusavam terminantemente a seguir para uma fazenda do interior. Ciríaco tentou argumentar com o caixeiro encarregado de conduzi-los, afirmando que "precisava ir à Polícia fazer a declaração dos motivos que o impediam a seguir aquele destino". Segundo os escravos, o caixeiro permaneceu insensível, e teria mesmo respondido a Carlos que "nem Jesus Cristo o podia valer". Fracassados os esforços de negociação, Ciríaco "deliberou com o seu companheiro Carlos a matar o assassinado". Os dois negros permaneceram na Corte para serem processados pelo crime.[2]

E vimos também o caso de Joaquim Africano, que agrediu seu senhor, o liberto José Matos, ex-escravo de Perdigão Malheiro. Narrando os antecedentes da disputa, Joaquim Africano mencionou que havia anteriormente recorrido à polícia para tentar recuperar um dinheiro que seu senhor lhe teria supostamente tomado. Segundo o depoimento da amásia de José Matos, o escravo teria dito ao senhor durante a luta: "quero matá-lo sim, e entregar-me à Polícia". Ao juiz encarregado do sumário, o africano se queixou que seu senhor "deu-lhe muita bordoada com uma palmatória, deixando-lhe o braço direito e a perna esquerda quase aleijados". Alegando temer a morte devido ao rigor dos castigos que vinha sofrendo, Joaquim "decidiu tirar a vida" a seu senhor e "depois entregar-se à Justiça", pois preferia "morrer pela mão da Justiça".[3]

As histórias de escravos — e ocasionalmente até libertos — que pensam poder recorrer à polícia no sentido de conseguir alguma proteção, ou mesmo que parecem cometer um crime com o objetivo de escapar a um destino indesejável, se sucedem com uma regularidade espantosa. Podemos lembrar do pardo

Agostinho, discursando sobre seus desencantos de amor do alto da amendoeira. O liberto insultava a todos indiscriminadamente, porém portou-se com todo o respeito para com seu ex-senhor e para com o subdelegado do distrito. Com o subdelegado, na verdade, Agostinho tentou negociar uma saída para a situação na qual se encontrava. Ele desceria da árvore desde que lhe fossem garantidas a vida e a liberdade. É claro que o subdelegado não poderia concordar com a parte relativa à liberdade, porém é significativo que o liberto, num momento de desafio generalizado, tenha tentado chegar a um acordo com a autoridade policial mais graduada que presenciava a cena.[4]

Já recordamos as ações de várias personagens conhecidas, mas há ainda uma saraivada de outras histórias relevantes neste contexto, algumas das quais serão analisadas detalhadamente mais adiante. Manoel Moçambique deu uma facada no caixeiro da casa de negócios de seu senhor porque este lhe havia castigado sem motivo justo. O caixeiro achava que o negro havia se "demorado na rua vadiando" ao ir buscar água; o escravo, contudo, explicou que "qualquer pequena demora no seu serviço fora devida a ter de esperar que o Inspetor do Chafariz abrisse as torneiras". Consumada a agressão, Manoel Moçambique "saiu com destino à Polícia".[5] Já o escravo João Africano fora comprar sabão, porém o português da venda não o atendia por estar de conversa com um patrício. Enfurecido, o negro chamou o negociante Antônio Santos de "filho da puta e sacana", sendo então empurrado para fora da loja. Poucos minutos depois, uma pedra passou zunindo a poucos centímetros da cabeça do português. Interrogado pelo subdelegado, João Africano lamentou

> não ter acertado com a pedra no dito Santos para melhor poder ser processado e se tivesse um revólver o teria morto visto achar-se preso por coisa tão simples.[6]

A escrava Francelina tornou-se suspeita de ter envenenado sua senhora. Ao prestar seu depoimento, a negra contou que havia tentado de tudo para se livrar das crueldades da senhora, tendo inclusive recorrido à polícia na esperança de ser vendida.[7] O advogado de Adolfo Mulatinho, um escravo que era acusado de ter cometido um assassinato no domingo de carnaval de 1885, levantou a suspeita de que o rapaz, influenciado pelo abolicionismo, teria confessado o crime à autoridade policial com o objetivo de fugir ao cativeiro.[8] Francelina e Adolfo Mulatinho serão duas das principais personagens deste capítulo.

Todos esses exemplos apontam para dois problemas um tanto distintos. O primeiro deles diz respeito às repetidas decisões do imperador no sentido de perdoar penas de escravos e de comutar condenações à morte baseadas na lei de 10 de junho de 1835. Como já foi mencionado anteriormente, Brasil Gerson, em pesquisa realizada no *Jornal do Commercio* e no *Diário Oficial*, encontrou o registro de 195 pedidos de graça de escravos condenados à morte despachados favoravelmente por d. Pedro II entre 1850 e 1875. A maior parte das penas foi comutada em galés perpétuas.[9] Perdigão Malheiro, por exemplo, faz referência a um decreto de 14 de abril de 1865, no qual 21 escravos tiveram suas penas de morte comutadas em galés perpétuas.[10] Além disso, ainda segundo o levantamento de Brasil Gerson — que o próprio autor admite não ser completo —, o imperador perdoou pelo menos 34 escravos do resto de suas penas no mesmo período (1850-75).[11]

Não parece haver muitas dúvidas quanto aos motivos do imperador ao proceder desta forma. Após mencionar que mais de vinte escravos haviam tido suas penas de morte comutadas no ano de 1868, o ministro da Justiça se apressou em justificar e apoiar tal atitude de Sua Majestade Imperial no relatório ministerial publicado em 1870. Com efeito, a lei de 10 de junho de 1835 era excessivamente rigorosa para com os cativos. Sendo uma lei "de circunstância", aprovada quando o país andava sobressaltado com a rebelião escrava de 1835 na Bahia, ela determinava a execução da sentença condenatória sem recurso algum, visando "a pronta punição de tão graves delitos". O ministro achava que tal lei deveria agora ser derrogada, de acordo com "as modificações do tempo e da civilização".[12] Mais adiante, porém, o ministro iria defender uma "reforma penitenciária" no sentido de tornar mais dura a pena de galés, "transformando a existência do condenado em uma vida de fadigas e de privações". Tal reforma era necessária porque "a pena de galés não intimida" os escravos, "principalmente aos que estão sujeitos ao regímen duro dos estabelecimentos rurais".[13]

A lógica do ministro da Justiça é de uma sutileza formidável. Primeiro, temos o diagnóstico de uma situação: as condições de vida dos negros nas fazendas são tão abomináveis a ponto de poderem ser comparadas desfavoravelmente com a vida dos condenados a galés; em seguida, a prescrição da cura: a pena de galés deveria se tornar mais degradante do que o "regímen" dos estabelecimentos rurais, pois só assim os escravos deixariam de cometer crimes para se verem livres do cativeiro. Sutileza igualmente paquidérmica aparece numa representação feita à Câmara dos Deputados pelo Clube da Lavoura de Campinas, em fevereiro de 1879. Os fazendeiros deste município — famosos na província de São Paulo por sua truculência no trato dos escravos — pediam tanto a revogação da lei de 10 de junho de 1835 quanto a extinção da pena de galés. O rigor da lei de 1835 tinha efeito contrário ao desejado: os júris hesitavam em condenar os negros à forca, especialmente depois que d. Pedro II passou a comutar as sentenças de morte quase sistematicamente — só criminosos que tivessem usado de extrema crueldade não teriam seus pedidos de graça deferidos por Sua Majestade naqueles anos. O resultado desta expectativa de impunidade, prosseguiam os lavradores campineiros, era o aumento no número de atentados à ordem e à propriedade, e o desassossego das fazendas do interior.[14]

Quanto às galés, os proprietários realmente achavam que os escravos preferiam cumprir pena de trabalhos forçados na penitenciária ou em serviços públicos do que labutar em suas fazendas.[15] Mesmo sem apelar para a ideia de que o problema da criminalidade escrava se devia em parte ao gosto dos escravos pelas galés, o conselheiro José Tomás Nabuco de Araújo alerta va, em 1869, que, no caso de assassinatos supostamente cometidos por escravos, devia-se encarar com cautela "a confissão desses infelizes". Nabuco de Araújo, que parecia um contumaz defensor das comutações da pena última no Conselho de Estado, pensava que "O desgosto da vida pode explicar a frequência dessa confissão", e concluía seu argumento citando Ulpiano e o exemplo de um escravo que falsamente se declarara culpado de uma morte "para não recair no poder do senhor".[16]

Outra questão que preocupava os fazendeiros era a condição social dos cativos que, condenados a galés perpétuas, acabavam tendo o restante de suas penas comutadas pelo imperador. Algumas pessoas achavam que os negros deveriam ser restituídos aos seus senhores ou herdeiros logo que interrompido o cumprimento das penas. Nabuco de Araújo, solicitado a analisar o assunto, concluiu: "O escravo, condenado a galés perpétuas, está para sempre perdido pelo senhor". A pena perpétua só cessaria mediante a interferência do imperador, e o perdão de Sua Alteza "é uma graça", que não poderia por conseguinte ter "o efeito odioso de restituir à escravidão aquele a quem foi concedida".[17]

D. Pedro II, portanto, levantava questões espinhosas ao reforçar sua imagem de defensor da ideia da emancipação dos escravos através da farta distribuição de graças em datas festivas — ele ainda teve tempo de comemorar o primeiro aniversário da Lei Áurea perdoando os negros José e Bento do restante de suas penas de galés em 13 de maio de 1889.[18] Mais difícil do que entender a carpintaria político-teatral do imperador, porém, é tentar compreender as atitudes dos escravos diante disso tudo. A opinião dos fazendeiros de Campinas a este respeito já é conhecida: os escravos cometiam mais crimes na esperança da impunidade e atraídos pelo éden nas galés.

Não há dúvida de que a figura de d. Pedro II gozava de certa popularidade entre os negros, pelo menos nos anos finais da monarquia. Joaquim Nabuco escreveu, em 1883, que o nome do imperador "é para os escravos sinônimo de força social e até de Providência, como sendo o protetor da sua causa".[19] E chega a ser divertida a ira de Rui Barbosa, em março de 1889, ao denunciar as supostas tentativas da monarquia de garantir a segurança do trono através da mobilização política dos libertos da cidade do Rio. Rui menciona um episódio que teria ocorrido dias antes: uma numerosa malta de navalhistas, engrossada ainda por trabalhadores pagos pelo governo e armados de "estadulhos" policiais, percorrera a rua do Ouvidor aos gritos de "morte aos republicanos". Rui afirma ainda que essa tentativa de motivar negros libertos à participação política direta demonstrava bem "o arrojo de irresponsabilidade, que governa este país". Incontrolavelmente irado, Rui deixou escapar a frase seguinte:

> Ao manipanso grotesco das senzalas, próprio para a gente d'África, sucedia o feiticismo da idolatria áulica, digna de uma nação de libertos inconscientes.[20]

"Idolatria áulica" que fosse, pelo menos até certo ponto; afinal, o imperador devia lá ter seu charme naquelas barbas longas e naqueles olhos azuis. Além disso, os escravos e libertos dos brasis não seriam os primeiros deserdados da história do planeta a caírem vítimas do feitiço de uma coroa monárquica. Mas "libertos inconscientes" certamente é o que não eram, e exatamente isto é que devia irritar Rui Barbosa e os propagandistas republicanos. Surge assim um segundo problema, para muito além das artimanhas políticas de d. Pedro II no sentido de angariar a simpatia dos escravos e libertos — cidadãos em potencial no Terceiro Reinado que parecia cada vez mais ameaçado.

O material analisado no capítulo anterior permite a compreensão do sentido político das atitudes dos escravos que recorriam às instituições — no caso a polícia ou a justiça — com o objetivo de resolver questões que surgissem no relacionamento com seus senhores, ou que cometiam crimes alegando que preferiam a prisão ao jugo senhorial. Como vimos, as últimas décadas da escravidão na Corte foram anos de esperanças e de conquistas para os negros. Muitos deles souberam tirar proveito das possibilidades de ganhos econômicos no meio urbano e tiveram a experiência marcante de conseguir comprar sua liberdade através do trabalho árduo e da ajuda de familiares e amigos. Além disso, o surgimento de um movimento abolicionista aguerrido e o paternalismo calculado de um imperador carismático podem ter sugerido aos negros que dias melhores estavam por vir.

Mais ainda, os cativos presenciaram mudanças institucionais importantes nas duas últimas décadas da escravidão. O tradicional método de luta contra o cativeiro, consagrado pelo costume, de conseguir a alforria através da indenização do senhor se transformara em lei escrita — isto é, num direito dos escravos que não mais dependia da aquiescência dos senhores. Alguns episódios isolados — como a iniciativa de um juiz municipal e de autoridades policiais no sentido de promover a liberdade de escravas empregadas na prostituição — também devem ter contribuído para difundir entre os escravos da Corte a ideia de que o aparato institucional da sociedade não lhes era mais completamente hostil. Ao contrário, havia indícios claros de que algumas de suas principais aspirações — a liberdade por indenização, o repúdio a castigos injustos ou desmedidos, a resistência a vendas para locais aonde não desejassem ir — podiam eventualmente ser levadas em consideração pelas autoridades policiais e judiciárias.

Há dois episódios cruciais na história do assassinato cometido pelos irmãos Carlos e Ciríaco que até agora não foram comentados. Como vimos, Ciríaco insistia em que precisava ir à polícia explicar os motivos pelos quais não queria ser vendido para o interior. Ao noticiar o crime em sua edição de 30 de dezembro, a *Gazeta de Notícias* relatou algo que teria ocorrido logo depois que os escravos haviam depositado seus pertences no chão, declarando que dali não se arredariam:[21]

> Passavam na ocasião dois urbanos a quem Oliveira pediu que o auxiliassem na condução dos negros. Os urbanos recusaram-se sob pretexto de que não estavam de serviço e lá

foram seu caminho. Oliveira continuou a tratar de convencê-los. Apareceram outros urbanos que estavam de serviço; mas declararam que não podiam prender os escravos e que iam à estação.

O caixeiro da casa de comissões de Veludo confirmou os dois episódios em seu depoimento, explicando que Oliveira, a vítima, quisera que os urbanos o ajudassem a conduzir os dois escravos até o vapor que partiria para São Mateus. Num momento dramático e decisivo de suas vidas, a recusa dos guardas urbanos em colaborar com o inimigo pode ter sido mais um fator na resolução dos escravos de atacar o tal Oliveira, que teimava em conduzi-los a qualquer custo. Certamente, a decisão de Carlos e Ciríaco teve um sentido político, na medida em que revelou a percepção desses negros de que cometer um crime e se entregar à justiça era uma forma de desafiar a prepotência senhorial.

Como ficou demonstrado no capítulo sobre a liberdade do bom Pancrácio, a falência da política de domínio centrada na alforria fez com que a prepotência senhorial fosse gradualmente às favas após 1871. Esta transformação ocorrera pelo menos em parte como resultado das seculares lutas dos escravos no sentido de obrigar os senhores a alforriá-los mediante indenização. Temos aqui, portanto, mudanças institucionais diretamente associadas a objetivos importantes das lutas populares. Os escravos sabiam disso perfeitamente, e por vezes ostentavam esse saber trucidando um capacho senhorial qualquer como o tal Oliveira, e deixando-se ficar nas mãos da justiça. Na maior parte do tempo, todavia, esse saber era exercido de modo mais manso, mas não menos resoluto, no cotidiano e nas ações de liberdade já analisadas.

Machado de Assis também sabia que os escravos não eram sujeitos da luta pela liberdade apenas quando resolviam fugir ou surrar um inimigo. É por isso que Pancrácio se chama Pancrácio. Numa definição mais imediata, os dicionários nos ensinam que *pancrácio* significa "tolo", "pateta", "idiota", "simplório", "pascácio".[22] Numa leitura apenas transparente, a personagem machadiana daquela crônica de maio de 1888 se ajusta perfeitamente a essa definição. Ficou sugerido, porém, que a crônica é passível de uma leitura na contramão. E então um dicionário etimológico nos informa que a palavra *pancrácio* vem do grego *pagkrátios*, de *pagkrátion*, de *pan*, "todo", e de *krátos*, "força"; pelo latim, *pancratiu*, "forte em tudo, que domina tudo, todo-poderoso".[23] Pancrácio, portanto, era aquele que tinha todo o poder. Com isso, Machado queria dizer apenas que o processo histórico das décadas anteriores caminhava inexoravelmente em direção à extinção da escravidão, e que os cativos desempenhavam também o seu papel neste processo.

Bonifácio e Pancrácio talvez representassem formas distintas de lutar pela liberdade; ambas as formas, contudo, eram igualmente decididas, e com certeza só se tornam excludentes nas abstrações teóricas de alguns intérpretes contemporâneos da história daquele tempo. Afinal, é realmente difícil "discernir a verdade daquele tempo, e exprimi-la depois de tantos anos". Se o homem é mesmo uma "errata pensante", então já está na época de fazer a errata dos mitos do Bonifácio-escravo-rebelde e do Pancrácio-escravo-coisa.

Rui Barbosa provavelmente exagerava em seus receios de que a massa de libertos da cidade do Rio havia se convertido à "idolatria áulica". Afinal, o golpe militar de 15 de novembro de 1889 ocorreu sem convulsões na Corte, e houve quem achasse na época que os populares assistiram a tudo julgando talvez que se tratasse de uma simples parada militar.[24] Machado de Assis parece sugerir que este sentimento de incompreensão a respeito do que se passava foi até bastante generalizado. Custódio, o dono da confeitaria em frente à casa do conselheiro Aires, em *Esaú e Jacó*, estava angustiado apenas com o prejuízo que haveria de ter se tivesse de mudar o nome de sua confeitaria — que se chamava "do Império" — logo quando o pintor já havia terminado de lhe fazer uma nova tabuleta.[25] O próprio Aires reagira com "incredulidade" às notícias, pois, calejado por anos de diplomacia, "vira nascer e morrer muito boato falso". Ao consolar o amigo Santos, revelou suas expectativas a respeito da república que surgia: "Nada se mudaria; o regímen, sim, era possível, mas também se muda de roupa sem trocar de pele".[26]

Pode ser que os negros da cidade do Rio compartilhassem essa incredulidade geral, e tivessem então se conservado em atitude de expectativa, enquanto o imperador saía de cena e se ia para o exílio em Paris. De qualquer forma, a questão do porquê de a monarquia ter caído tão de maduro na Corte, exatamente na época em que parecia estar no auge de sua popularidade entre os habitantes pobres da cidade, permanece enigmática — e aí está um enigma que, neste livro, permanecerá enquanto tal.

Por ora, fiquemos com a constatação de que na primeira década do século XX a classe trabalhadora carioca em geral, e a população negra em particular, já havia entendido que, ao contrário das previsões do conselheiro Aires, a república trouxera mudanças. E havia saudade dos tempos do imperador. Um observador atento e sensível como João do Rio chegou a ficar um tanto obcecado com o tema da popularidade da monarquia entre a população pobre da Corte quase duas décadas após a proclamação da República. Em *A alma encantadora das ruas*, um livro de crônicas publicado originalmente em 1908, João do Rio aborda o assunto em cinco passagens e contextos diferentes. Há inicialmente a observação das tatuagens, uma prática bastante comum entre os populares: ao lado de fetiches e figuras religiosas complicadas, os negros traziam frequentemente a coroa imperial desenhada na pele; é verdade que alguns traziam o corpo ornamentado pelas armas da República, porém o cronista conclui: "Pelo número de coroas da Monarquia que eu vi, quase todo esse pessoal é monarquista".[27] Mais adiante, encontramos o cocheiro nostálgico, que se lembrava perfeitamente de que o imperador d. Pedro II costumava receber o príncipe Obá II da África no paço da cidade. Obá era liberto e veterano da Guerra do Paraguai, se dizia filho de reis africanos, e tinha como seus vassalos os negros minas e as quitandeiras do largo da Sé.[28] O cocheiro nostálgico resume suas impressões: "A Monarquia tinha as suas vantagens. Era mais bonito, era mais solene... Bom tempo aquele!".[29] A terceira passagem é ainda mais enfática. Passam os cordões de carnaval, e alguém explica ao jornalista que

> nenhum desses grupos intitula-se republicano, Republicanos da Saúde, por exemplo. E sabe por quê? Porque a massa é monarquista. Em compensação abundam os reis, as rainhas, os vassalos [...].[30]

Há ainda os registros da célebre visita de João do Rio à Casa de Detenção. Os presos tinham suas "ideias gerais", e a

> primeira, a fundamental, a definitiva, é a ideia monárquica. Com raríssimas exceções, que talvez não existam, todos os presos são radicalmente monarquistas.[31]

Finalmente, as mulheres detentas: as coroas imperiais muitas vezes apareciam tatuadas ao lado dos nomes dos amantes, filhos, irmãos etc.[32]

Intrigado com tudo isso, João do Rio se perguntava: por que todas essas pessoas "preferiam Sua Majestade ao Dr. Rodrigues Alves?". O jornalista tinha sua resposta: a explicação estava no "próprio sangue da raça, sangue cheio de revoltas e ao mesmo tempo servil", sendo que esta segunda característica fazia com que mesmo "malandros da Saúde", "menores vagabundos" etc., fossem desejosos de ter um "senhor perpétuo".[33] Podemos deixar de lado a resposta de João do Rio para o problema; afinal, o cronista remete o assunto para o campo da natureza — o "sangue da raça" —, quando está claro que o que temos diante de nós é uma questão histórica decisiva.

Uma primeira explicação possível para a continuidade da popularidade da monarquia entre os pobres da cidade do Rio no início do século XX está no próprio conteúdo e objetivos da política urbana implementada pelas primeiras administrações republicanas. Acreditando que sua missão era promover o "progresso" e a "civilização" na Capital Federal, os burocratas republicanos partiram para uma profunda cirurgia do espaço urbano. Informados por um entendimento bastante restritivo do significado da palavra *progresso* — integração completa nas relações internacionais de mercado e imitação deslumbrada de costumes parisienses —, esses senhores começaram por perseguir capoeiras e demolir cortiços, e tiveram seu momento de maior glória na reforma urbana liderada pelo prefeito Pereira Passos. Não é necessário repetir aqui as linhas gerais de uma história que vem se tornando cada vez mais bem conhecida, bastando enfatizar que a contrapartida a essa política agressiva de transformação da cidade e de intolerância em relação à cultura popular foi a obstinada resistência da classe trabalhadora carioca a algumas das principais medidas dos governos republicanos do período.[34]

Há uma segunda explicação para a insatisfação popular em relação à República — e a consequente nostalgia pela monarquia tão bem captada por João do Rio. O objetivo do restante deste capítulo é mostrar que, pelo menos no que diz respeito à população negra da cidade do Rio, havia um sentido cultural profundo nas manifestações de hostilidade às administrações republicanas. Com efeito, os escravos, libertos e negros livres pobres da Corte haviam instituído uma cidade própria, arredia e alternativa, ao longo de décadas de luta contra a instituição da escravidão no século XIX. Essa cidade negra se fez através de movimentos e racionalidades cujo sentido fundamental, independentemente ou não das intenções dos sujeitos históricos, foi inviabilizar a continuidade da instituição da escravidão na Corte.

Nas últimas duas décadas, o tema da relação entre escravidão e cidade vem sendo abordado tendo sempre como ponto de partida o polêmico livro de Richard Wade, *Slavery in the cities*, publicado pela primeira vez em meados da década de 1960. Analisando a escravidão urbana no sul dos Estados Unidos, Wade chegou à conclusão de que havia uma incompatibilidade irredutível entre escravidão e desenvolvimento urbano. Segundo ele, a decadência da escravidão nas cidades nas décadas anteriores à Guerra Civil Americana teria ocorrido devido às dificuldades no controle social dos escravos no meio urbano. Em outras palavras, a escravidão sofria adaptações importantes nas cidades — como a maior autonomia dos cativos no trabalho, a possibilidade de muitos escravos morarem fora da casa dos senhores, a dificuldade em seguir os passos dos negros num ambiente diversificado e com uma população numerosa —, sendo que tais mudanças acabavam inviabilizando a política de domínio tradicional da escravidão.[35]

A tese de Wade parece ser uma tentativa de explorar sistematicamente o potencial explicativo de um comentário penetrante de Frederick Douglass: "Slavery dislikes a dense population" ["Escravidão não combina com população densa"].[36] Não tenho dúvidas de que Douglass, assim como Wade, trouxe a lume o problema essencial: é impossível discutir escravidão urbana, seja no Brasil seja no sul dos Estados Unidos no século XIX, sem lidar com a questão do "desmanchar" da política de domínio característica da escravidão. Ainda assim, é preciso historicizar a questão. Já na década de 1830 as autoridades policiais da Corte pareciam compreender que enfrentavam dificuldades insuperáveis no que diz respeito ao controle dos movimentos dos negros. O fato, todavia, é que a população escrava da cidade do Rio ainda dobrou entre a década de 1820 e a cessação definitiva do tráfico negreiro no início dos anos 1850. Ou seja, a instituição da escravidão continuava a dar mostras de vitalidade na Corte mesmo num período em que já se percebiam claramente os impasses em relação à política de controle dos escravos na cidade. Nos vinte anos seguintes, mudanças demográficas e um certo adensamento político das ações dos escravos inverteram radicalmente a situação, deixando patente a vulnerabilidade da escravidão na Corte nos anos 1870.

Em outras palavras, não basta postular, como faz Wade, a suposta incompatibilidade entre escravidão e cidade, como se estas fossem duas entidades abstratas e "naturalmente" excludentes. Na verdade, é preciso entender o que muda na Corte entre as décadas de 1830 e 1870, e isso nos remete ao bojo do processo de formação da cidade negra. A cidade negra é o engendramento de um tecido de significados e de práticas sociais que politiza o cotidiano dos sujeitos históricos num sentido específico — isto é, no sentido da transformação de eventos aparentemente corriqueiros no cotidiano das relações sociais na escravidão em acontecimentos políticos que fazem desmoronar os pilares da instituição do trabalho forçado. Castigos, alforrias, atos de compra e venda, licenças para que negros vivam "sobre si", e outras ações comuns na escravidão se configuram então como momentos de crise, como atos que são percebidos pelas personagens históricas como potencialmente transformadores de suas vidas e da sociedade na qual participam. Em suma, a formação da cidade negra é o processo de luta dos negros no sentido de instituir *a política* — ou seja, a busca da liberdade — onde antes havia fundamentalmente *a rotina*.

Ao perseguir capoeiras, demolir cortiços, modificar traçados urbanos — em suma, ao procurar mudar o sentido do desenvolvimento da cidade —, os republicanos atacavam na verdade a memória histórica da busca da liberdade. Eles não simplesmente demoliam casas e removiam entulhos, mas procuravam também desmontar cenários, esvaziar significados penosamente construídos na longa luta da cidade negra contra a escravidão. O que se segue é um relato dessa luta, que é na realidade a formação histórica da cidade negra.

UM "OBJETO" GRAVÍSSIMO: "A SEGURANÇA A SEGURANÇA"

O apogeu da instituição da escravidão na cidade do Rio ocorreu na primeira metade do século XIX, mais precisamente entre 1808 e 1850.[37] Em 1821, o Rio — excluídas as paróquias rurais — tinha uma população de 86 323 habitantes, dos quais 10 376 eram cativos (16,7% da população total).[38] Segundo as estimativas de Mary Karasch, os escravos chegaram a constituir mais de 50% da população da cidade durante a década de 1830.[39] O censo de 1849 registrou a presença de 78 855 cativos entre os 205 906 habitantes das paróquias urbanas do município da Corte (38,2%). Se computadas também as paróquias rurais, teremos 110 602 escravos numa população total de 266 466 indivíduos (41,5%).[40] Todos esses dados significam que naqueles anos o Rio tinha a maior população escrava urbana das Américas, sendo que os aproximadamente 80 mil cativos que habitavam a cidade em 1849 representam um notável contraste numérico com os 15 mil escravos existentes em Nova Orleans em 1860.[41]

Tamanha concentração de negros escravos e livres — em 1849 havia ainda 10 732 libertos nas freguesias urbanas,[42] e mais alguns milhares de pretos e pardos livres —[43] deixava os administradores da Corte apreensivos. Em ofício de 17 de março de 1835, o ministro da Justiça solicitava ao chefe de polícia da Corte, Eusébio de Queiroz Coutinho Mattoso da Câmara, que

> tomasse todas as medidas, que nas atuais circunstâncias se fazem indispensáveis, para a tranquilidade dos habitantes da Capital, os quais temem a reprodução das cenas da Bahia, pela insurreição de escravos.[44]

O movimento baiano ocorrera em 25 de janeiro daquele ano, e podem-se adivinhar os calafrios que os políticos e burocratas da Corte deviam sentir ao pensar que algo semelhante poderia vir a ocorrer numa cidade habitada por cerca de 55 mil escravos em 1838 —[45] Salvador tinha pouco mais de 10 mil cativos em 1835.[46] O ofício do ministro da Justiça recomendava ainda que os juízes de paz deveriam estar atentos aos

> pretos minas que vendem em seus respectivos distritos, se nas casas que habitam há reuniões de maneira que possam causar desconfiança.

Finalmente, o ministro pedia cuidado com

um preto que reside na rua do Valongo, próximo ao teatro e ao qual muitos outros rendem o maior respeito, e que ali vão iniciar-se em princípios religiosos.

Eusébio de Queiroz, o chefe de polícia, agiu com presteza. Em ofício reservado de 27 de março de 1835, ele determinou ao juiz de paz do primeiro distrito de Santana que investigasse uma casa na rua Larga de São Joaquim, "na qual há reuniões de pretos Minas a título de escola de ensinar a ler e escrever". O documento informava ainda que os negros "se reúnem todos os dias de tarde", e pedia uma resposta "com toda urgência e circunstanciadamente".[47] Em outro ofício expedido na mesma data, dizia-se que o juiz de paz do segundo distrito de Santana deveria descobrir algo sobre as atividades do preto mina Manoel, morador na rua Formosa da Cidade Nova, numa casa junto à qual "há um lampião". Manoel se tornara "suspeito pelas reuniões que tem em sua casa de pretos de mesma Nação ele é conhecido com o título de curandeiro ou que dá fortuna".[48]

O ano de 1835 deve ter sido mesmo de grandes sobressaltos na Corte. O ministro da Justiça tornou a escrever ao chefe de polícia em primeiro de novembro, alertando sobre a descoberta de "um livro em caracteres africanos" e reafirmando a necessidade

> de maior vigilância, para que não se propaguem entre os escravos, e menos se levem a efeito, doutrinas perniciosas que podem comprometer o sossego público, que tem exemplo em algumas províncias, principalmente na Bahia.[49]

O natal se aproximava, e as perspectivas não eram sorridentes. As autoridades certamente sabiam que era comum que os cativos escolhessem dias santos, domingos ou feriados para o exercício da rebeldia — o movimento dos malês, por exemplo, fora planejado para um domingo.[50] Os juízes de paz do município da Corte receberam do chefe de polícia a seguinte circular, datada de 18 de dezembro:[51]

Segundo participações feitas pelos Presidentes do Rio de Janeiro e Minas Gerais há desconfiança de que os escravos queiram tentar um movimento insurrecional que se diz concertado para romper nos dias Santos do Natal, e como a mesma tentativa possa verificar-se neste Município e convenha em objeto de tanta gravidade não desprezar nem ainda os indícios mais remotos cumpre que V. Sa. dê as providências, que estão ao seu alcance para que se mantenha inalteráveis a segurança a segurança [sic] e tranquilidade pública, mandando dissolver qualquer ajuntamento de escravos e prender os que nele se encontrarem ou que estejam fazendo ou provocando desordens, ou que se tornem suspeitos, guardando sempre toda a madureza em qualquer passo que a este respeito possa dar pois bem vê os funestos resultados que pode ter a mais leve imprudência nesta matéria.

A circular de Eusébio de Queiroz é extremamente reveladora. Trata-se de "correspondência reservada", o que faz com que o chefe de polícia expresse abertamente seus temores: o "objeto" é "de tanta gravidade" que mesmo os "indícios mais remotos" devem ser analisados; tal "objeto" deve ser enfrentado com "toda a madureza", pois "funestos resultados" poderiam advir da "mais leve imprudência". Como diria José Dias, a personagem dos superlativos em *Dom Casmurro*: situação "gravíssima", consequências "funestíssimas". E há ainda o equívoco perfeito do escrivão que copiou o ofício: o problema era manter "a segurança a segurança". O escrivão não era nenhum literato, e cometeu uma repetição onde iria bem outro superlativo. A verdade histórica, porém, permanece a mesma: a autoridade policial máxima da Corte reconhecia que era sério o problema de manter a disciplina entre os escravos.

Que o problema do controle social dos escravos na Corte se tornava sério, e exigia mudanças delicadas na política de domínio tradicional na escravidão, era algo que os contemporâneos sabiam perfeitamente, mesmo que só se dispusessem a admitir mais claramente a questão em "correspondências reservadas". Não é possível exagerar a dimensão do problema — basta pensar que os burocratas da Corte estavam entregues à sua própria criatividade: não havia outra cidade no continente americano que tivesse a experiência de gerir um espaço urbano ocupado por 50, depois 80 mil escravos — mais de 100 mil escravos se contarmos as freguesias rurais. Mesmo uma leitura superficial das fontes policiais da época revela a preocupação que havia em torno desse "objeto".

Apesar disso, há uma certa tendência na historiografia mais recente no sentido de minimizar a importância da questão do controle social na explicação da decadência da escravidão nas cidades, tanto nos Estados Unidos quanto no Brasil. Segundo Claudia Goldin, criticando Richard Wade, a escravidão nas cidades do sul dos Estados Unidos teria entrado em decadência não devido a uma suposta incompatibilidade entre a instituição e o meio urbano, mas sim porque a demanda por escravos no campo era bastante "inelástica".[52] O aspecto central do argumento de Goldin, apesar de um tanto escondido na obsessão da autora por seus modelos numéricos, parece ser a questão da atitude dos homens livres em relação ao trabalho nas grandes fazendas. Como estes trabalhadores se recusavam a labutar nas fazendas, só restava aos agricultores recompor sua força de trabalho recorrendo aos escravos urbanos. Os proprietários urbanos, por sua vez, vendiam seus negros para o interior por bons preços, e depois não tinham dificuldades em substituir os escravos negociados por trabalhadores livres, imigrantes em muitos casos. Ou seja, a demanda por trabalhadores escravos era bastante "elástica" nas cidades e "inelástica" no campo; por este motivo, no sul dos Estados Unidos, entre aproximadamente 1820 e 1860, muitos escravos foram "puxados" (*pulled out*) para o campo, causando um certo declínio da escravidão nas cidades.

As ideias de Goldin têm despertado bastante interesse entre os historiadores, e Luiz-Felipe de Alencastro propôs uma explicação semelhante para a decadência da escravidão na Corte após a cessação do tráfico negreiro em 1850. Os cafeicultores do vale do Paraíba, incapacitados de recorrer à importação de africanos ou à contratação de trabalhadores livres para recompor sua força de trabalho, passaram a comprar escravos na Corte maciçamente. Os proprietários urbanos venderam seus negros atraídos pelos altos preços que os fazendeiros se mostravam dispostos a pagar e porque contavam com um fluxo crescente de imigrantes portugueses para a cidade do Rio, fluxo este que lhes garantia o suprimento de mão de obra a baixo custo.[53]

Tudo parece estar em seu lugar nos argumentos de Goldin e de Alencastro, mas talvez haja aqui um certo exagero quanto ao alcance explicativo do conceito de "elasticidade da demanda". Os problemas do argumento são mais óbvios na matriz, isto é, em Goldin. Em primeiro lugar, Goldin pretende esgrimir seus dados e equações *contra* Wade; na verdade, seu trabalho é inteiramente *complementar* ao de Wade.[54] Os escravos podem ter sido ao mesmo tempo "puxados" (*"pulled out"*) para as fazendas por questões de elasticidade de demanda e "empurrados" (*"pushed out"*) para lá por questões de segurança e de política de domínio. Goldin vislumbra a possibilidade de que essas duas hipóteses sejam compatíveis, porém a descarta de forma liminar e pouco convincente. Segundo ela, não havia ansiedade por parte dos proprietários urbanos em relação ao comportamento dos escravos nas décadas anteriores à Guerra Civil porque não se observa no período um crescimento do aparato repressivo. Além disso, não ocorreram insurreições escravas importantes nas cidades do sul que pudessem justificar tais temores por parte dos senhores.[55] O que Goldin precisava considerar, todavia, é até que ponto interessaria aos senhores urbanos, e lhes seria possível, a ampliação da rede de controle dos movimentos de seus cativos — o que se traduziria certamente em mais impostos, em diminuição dos rendimentos com eventuais prisões dos cativos, e em negros insatisfeitos com restrições a direitos conquistados anteriormente. Talvez a venda para as fazendas do interior tenha sido a forma mais realista e lucrativa de garantir a segurança nas cidades. Quanto à ausência de insurreições de escravos urbanos, isso obviamente não é suficiente para provar que os senhores não tivessem uma ansiedade constante quanto à sua possível ocorrência.

Em segundo lugar, e isto é o que mais me incomoda no caso, Goldin confunde exercícios de futurologia retrospectiva com explicação histórica. Baseada em seus modelos interpretativos das variações nos preços, a autora conclui que, se não fosse o acidente da Guerra Civil, "o declínio da escravidão entre 1850 e 1860 teria sido temporário"; isto é, quando os preços dos cativos passassem a crescer menos rapidamente, as cidades começariam a receber seus escravos de volta.[56] Tal exercício é oferecido como mais um argumento contra Wade; uma evidência adicional de que o meio urbano em si não era responsável pela diminuição da importância da escravidão nas cidades do sul dos Estados Unidos. É nesse momento que a análise de Goldin torna-se tão a-histórica quanto a postulação abstrata de Wade sobre a incompatibilidade entre escravidão e cidade. O conceito de "elasticidade da demanda" se desgarra das evidências históricas e se transforma num todo-poderoso demiurgo historiográfico.

Poderíamos imaginar, por exemplo, um exercício semelhante para o caso da Corte. Digamos que, por algum acidente, o tráfico africano de escravos tivesse ressuscitado em fins da década de 1860. Nesse caso, o preço dos cativos passaria a crescer mais lentamente, tornando-se os negros novamente um investimento atraente para os habitantes da cidade. Isso significa que a escravidão recrudesceria na Corte, e que o município voltaria a ter mais de 100 mil escravos, como em fins da década de 1840? Essa questão não é apenas irrespondível; ela é irrelevante para o historiador porque opera a partir de um reducionismo drástico na interpretação das motivações das personagens daquele tempo — e um tal reducionismo é completamente alheio à lógica da explicação histórica.

Podemos retornar agora à circular de Eusébio de Queiroz. Ela não só afirma a gravidade do problema da manutenção da disciplina entre os escravos como oferece pistas a respeito da invenção de estratégias para o enfrentamento cotidiano da questão. O chefe de polícia recomenda ação contra os escravos "que se tornarem suspeitos". A ideia de "suspeição" talvez tenha uma história relevante neste contexto. Silvia Lara procurou determinar os "critérios de suspeição" em Campos dos Goitacazes no século XVIII. A autora define essa suspeição como "pontual e nominal": isto é, ela se exerce "contra determinada pessoa que, em determinado momento e local, torna-se suspeita". Um exemplo seria "o negro que está descendo a rua com o chapéu desabado"; ele se torna suspeito "de ser Fulano, escravo de Sicrano, que está na rua, à noite, sem o conhecimento do senhor". Enfim, esse negro seria alguém que talvez não estivesse, naquele momento, em seu devido lugar.[57]

Esses não são certamente os critérios de suspeição numa cidade com mais de 50 mil escravos e outras duas ou três dezenas de milhares de pretos e pardos libertos e livres. Os cativos se movimentavam bastante pelas ruas do Rio, e se tornava cada vez mais difícil identificar prontamente as pessoas e os sentidos de seus movimentos. O meio urbano misturava os lugares sociais, escondia cada vez mais a condição social dos negros, dificultando a distinção entre escravos, libertos e pretos livres, e desmontando assim uma política de domínio em que as redes de relações pessoais entre senhores e escravos, ou amos e criados, ou patrões e dependentes, enquadravam imediatamente os indivíduos e suas ações.

A cidade que escondia, porém, ensejava aos poucos a construção da cidade que desconfiava, que transformava todos os negros em suspeitos. É essa suspeição que Eusébio de Queiroz está preocupado em afirmar: "qualquer" ajuntamento de escravos deve ser dissolvido; "os que nele se encontrarem" devem ser presos; os "que se tornarem suspeitos" devem ter o mesmo destino. A suspeição aqui é indefinida, está generalizada, *todos* são suspeitos. Não é mais o Fulano com o chapéu desabado que importa, mesmo porque agora seria difícil saber quem era o Fulano mesmo que ele estivesse ostentando a cara limpa. Ao invés de uma suspeição "pontual e nominal", é a suspeição generalizada e contínua que se torna o cerne da política de domínio dos trabalhadores.[58]

É verdade que o chefe de polícia mandou investigar, por exemplo, a vida do "preto mina Manoel, morador na rua Formosa da Cidade Nova", informando ainda que havia um lampião junto à casa do preto. Identificação "pontual e nominal" na aparência, mas não na origem. As redes de relações pessoais do preto não servem para situá-lo de imediato; ele se torna suspeito exatamente por ser desconhecido. Era exatamente a sensação do desconhecido — a impressão de que se enfrentava uma situação nova e de desdobramentos imprevisíveis — o que mais assustava os administradores da cidade escravista. E se, por hipótese, os negros emprestassem um sentido internacionalista à luta pela liberdade?

Em ofício de 12 de novembro de 1836, Eusébio de Queiroz solicitou que o juiz de paz do segundo distrito da Candelária obtivesse informações sobre "um tal Emiliano suspeito de haitianismo", que estaria na casa de Miguel Cerigueiro, na rua da Quitanda.[59] A palavra *haitianismo* nesse documento é uma referência ao fantasma da experiência do Haiti, com o seu exemplo assustador de uma rebelião negra que resultara na tomada do poder. Essa palavra, porém, assumiu no século XIX um sentido mais geral, significando a ameaça de movimentos populares com a participação de negros escravos e libertos. Isto é, a utilização da palavra *haitianismo* nesse contexto não implica necessariamente que o chefe de polícia suspeitasse que o tal Emiliano fosse um dos elos numa articulação internacional dos negros contra o cativeiro.

Ou talvez os administradores da Corte temessem mesmo o possível internacionalismo da luta dos negros. Em 1805, um ano após a proclamação da independência do Haiti, foram encontrados no Rio alguns "cabras" e crioulos forros ostentando no peito o retrato de Dessalines, o ex-escravo e "Imperador dos Negros da Ilha de São Domingos";[60] em 1831, chegou ao conhecimento da polícia que dois haitianos haviam desembarcado no Rio de Janeiro e tinham sido vistos conversando com "muitos

240

pretos" na rua dos Latoeiros.[61] Em julho de 1841, o ministro da Justiça recebeu uma comunicação, em caráter reservado, do ministro brasileiro em Londres:[62]

> Apresso-me a comunicar a V. Exa. a notícia dada nas folhas de ontem, de haverem desembarcado em Cuba 63 pretos forros da Jamaica, pertencentes ao Clube ou Sociedade dos Abolicionistas da Escravidão; e pretenderam naquela ilha sublevar os escravos. As autoridades locais caíram sobre eles, processaram-nos, e, enforcaram-nos. Este fato prova até que ponto chega o fanatismo dos intitulados amigos da liberdade africana. Sirva ele de lição ao Governo Imperial para redobrar de vigilância sobre o procedimento dos emissários, que dizem atualmente são nomeados a todos os lugares onde há escravidão [...].

O "fanatismo" de uns torna completamente visível o medo e a incerteza de outros. Não há, é verdade, nenhuma referência conhecida a uma insurreição de negros de grandes proporções na cidade do Rio no século XIX. Todavia, o temor de que isso ocorresse era sólido como uma rocha, e era realimentado de vez em quando por revoltas urbanas em outros lugares, por notícias de haitianos passeando pelas ruas da Corte, ou pelos rumores de uma conspiração internacional para subverter as sociedades escravistas.

Além de mais um registro do medo branco, porém, o documento enviado ao ministro da Justiça mostra exemplarmente como a instituição da escravidão era encarada pela classe dos proprietários e governantes na primeira metade do século XIX. A menção desabonadora aos "amigos da liberdade africana" sugere o quanto a escravidão ainda era então percebida como parte da ordem natural das coisas. Na verdade, é difícil apontar qualquer exemplo de uma personagem ou corrente de opinião importante nesse período que tenha levantado a voz contra o cativeiro. A honrosa exceção é sem dúvida José Bonifácio, em seu famoso projeto sobre o assunto encaminhado à Constituinte de 1823. O "Patriarca da Independência" propunha, por exemplo, a liberdade por indenização de preço e a concessão de "pequena sesmaria de terra para cultivarem" aos homens de cor forros "que não tiverem ofício ou modo certo de vida". Joaquim Nabuco insinuava, na década de 1880, que

> as ideias conhecidas de José Bonifácio sobre a escravidão concorreram para fechar ao estadista que planejou e realizou a Independência a carreira política em seu próprio país.[63]

Em outras palavras, o medo que havia em relação às insurreições escravas na primeira metade do século XIX não levava a maiores questionamentos a respeito da própria instituição da escravidão. Não se concebia, na realidade, outra forma de organizar as relações de trabalho, e o problema das revoltas escravas era aparentemente um assunto a ser contornado com um "redobrar de vigilância", como recomendava o ministro brasileiro em Londres. As hesitações em relação ao término do tráfico negreiro ilustram exemplarmente essa incapacidade de pensar fora dos quadros da escravidão. O tráfico estava legalmente abolido desde 1831, mas os africanos continuaram a chegar aos milhares nas décadas de 1830 e 1840. Joaquim Nabuco se referiu a esse período da política imperial como de "degradação", de "violação da lei moral", e é difícil não simpatizar com a avaliação do abolicionista.[64]

O leitor mais versado nas vidas das grandes personagens e nas efemérides da nossa história já terá associado o nome do chefe de polícia da Corte naqueles anos atemorizantes da década de 1830 com o nome do ministro da Justiça do gabinete conservador que subiu ao poder em 29 de setembro de 1848. Com efeito, Eusébio de Queiroz Coutinho Mattoso da Câmara, que havia sido o chefe de polícia da Corte de março de 1833 — quando tinha apenas vinte anos de idade — até março de 1844 — com exceção do período de julho de 1840 a março de 1841 — foi também o autor do projeto de lei antitráfico que entrou em vigor em 4 de setembro de 1850.[65]

242

Em discurso que se tornou célebre, proferido na Câmara dos Deputados em 16 de julho de 1852, quando já não era mais ministro da Justiça, Eusébio de Queiroz se empenhou em mostrar que o mérito pela bem-sucedida lei de cessação do tráfico de 1850 deveria ser atribuído ao gabinete conservador de 29 de setembro, e não à ameaça dos canhões britânicos, como queriam fazer crer a oposição parlamentar e os próprios britânicos. Apesar de ser essa a ênfase principal do discurso do ex-ministro, não vou me ocupar aqui dessa questão. O estadista apenas cumpria seu papel ao exaltar as façanhas do gabinete no qual participara; e está sobejamente provado que as pressões britânicas foram decisivas para que o governo brasileiro tivesse a vontade política de dar fim à carnificina do tráfico.[66]

Todavia, há dois ou três parágrafos de grande interesse no discurso de Eusébio de Queiroz. Aqui está o primeiro:

Sejamos francos; o tráfico no Brasil prendia-se a interesses, ou, melhor dizer, a presumidos interesses dos nossos agricultores; e num país em que a agricultura tem tamanha força, era natural que a opinião pública se manifestasse em favor do tráfico... O que há pois para admirar em que os nossos homens políticos se curvassem a essa lei da necessidade? O que há para admirar em que nós todos, amigos ou inimigos do tráfico, nos curvássemos a essa necessidade? Senhores, se isso fosse crime, seria um crime geral do Brasil (*apoiados*), mas eu sustento que, quando em uma nação todos os partidos políticos ocupam o poder, quando todos os seus homens políticos têm sido chamados a exercê-la, e todos eles são concordes em uma conduta, é preciso que essa conduta seja apoiada em razões muito fortes, é impossível que ela seja um crime [*apoiados*], e haveria temeridade em chamá-la um erro [*Apoiados*].[67]

A importância desse parágrafo não escapou a Joaquim Nabuco, que estranhou principalmente a "moralidade da doutrina" de que um crime — no caso o desrespeito à lei de cessação do tráfico de 1831 — deixava de sê-lo se cometido pela "nação inteira".[68] Mas, antes de absolver a nação, Eusébio estava se eximindo de seus próprios pecados. Afinal, como chefe de polícia, fora dele a responsabilidade de fazer cumprir a lei contra o tráfico na Corte durante vários anos. Com efeito, há registros de ações tomadas por Eusébio contra os traficantes na década de 1830, porém em janeiro de 1837 ele enviou um ofício ao ministro da Justiça explicando a dificuldade em agir contra os traficantes especialmente devido à cumplicidade dos peritos encarregados de examinar os navios.[69] Pode ser que as ações do chefe de polícia contra os negreiros tenham sido dificultadas pela cumplicidade de outros; o fato, todavia, é que menos de duas décadas depois ele proclamava da tribuna que todos "os homens políticos" se haviam curvado diante da "necessidade" do tráfico nas duas décadas anteriores, inclusive o orador na ocasião. Podemos desconfiar, portanto, que o chefe de polícia da Corte talvez não tenha agido com o devido rigor contra os traficantes porque tal atitude contrariava suas convicções.

Em suma, e a julgar pelos vários "apoiados" recebidos pelo orador nesse trecho do discurso, a sessão daquele dia na Câmara dos Deputados foi uma espécie de ritual coletivo de autoabsolvição: todos eram culpados de violação da lei de abolição do tráfico de 1831, porém estavam justificados pela unanimidade na culpa e pelo fato de que o crime se cometera em nome dos "interesses dos nossos agricultores". Aliás, os nobres deputados estavam assim se absolvendo também do crime, previsto no código penal, de reduzir pessoas livres à escravidão: muitos deles eram certamente proprietários de alguns daqueles milhares de negros importados após a lei de 1831, os quais eram legalmente livres. Esse é sem dúvida mais um capítulo edificante da história parlamentar do país, um capítulo cujo conteúdo foi resumido por Joaquim Nabuco com um toque de erudição: "Nessa questão do Tráfico bebemos as fezes todas do cálice".[70]

Reinava no plenário, portanto, um clima de total sinceridade na ocasião; o próprio Eusébio havia começado o parágrafo anterior com um convite: "Sejamos francos". O resto da verdade viria nos parágrafos seguintes:

> Sr. Presidente, ia eu dizendo que nos anos de 1846, 1847 e 1848, o tráfico havia crescido, triplicado, mas o excesso do mal traz muitas vezes a cura, faz sentir pelo menos a necessidade do remédio, e foi isto o que aconteceu. Quando o Brasil importava anualmente 50 a 60 mil escravos, sendo a importação de escravos, como é sabido, exclusiva da importação de braços livres, devia necessariamente acontecer que, ainda mesmo não conhecendo os quadros estatísticos dessa importação, os nossos fazendeiros, os nossos homens políticos, os habitantes do Brasil enfim, a quem não podia escapar essa progressão ascendente do tráfico, fossem feridos pela consideração do desequilíbrio que ela ia produzindo entre as duas classes de livres escravos [*sic*], e pelo receio dos perigos gravíssimos a que esse desequilíbrio nos expunha [...].
>
> [...] Alguns acontecimentos ou antes, sintomas de natureza gravíssima, que se foram revelando em Campos, no Espírito Santo, e em alguns outros lugares como nos importantes municípios de Valença e Vassouras, produziram um terror, que chamarei salutar, porque deu lugar a que se desenvolvesse e fizesse sentir a opinião contrária ao tráfico. Todas as pessoas que então se achavam no Rio de Janeiro e se tivessem ocupado desta matéria reconheceram que nesta época os mesmos fazendeiros que até ali apregoavam a necessidade do tráfico, eram os primeiros a contestar que era chegado o momento de dever ser reprimido.[71]

"Perigos gravíssimos", "sintomas de natureza gravíssima" — estamos de volta aos superlativos. Eusébio de Queiroz falava com conhecimento de causa. Como vimos, fora dele a missão de administrar o medo branco coletivo na Corte durante boa parte das décadas de 1830 e 1840. Segundo o orador, os "quadros estatísticos" sobre o tráfico não estavam ainda disponíveis por ocasião da discussão da lei de abolição do tráfico de 1850, porém todos estavam conscientes do crescente "desequilíbrio" entre "as duas classes" — livres e escravos. É verdade que Eusébio não cita a cidade do Rio ao arrolar exemplos de lugares onde haviam ocorrido acontecimentos que "produziram terror" — Campos, Valença e Vassouras são os municípios fluminenses na lista. Todavia, vimos que, enquanto chefe de polícia, ele trabalhara sempre com a possibilidade de que os escravos de diferentes municípios e províncias — e quiçá países — pudessem se "concertar" na luta pela liberdade. Além dos casos já citados, Eusébio tomou outra precaução desse tipo em dezembro de 1836. No dia 12, ele escreveu ao presidente da província do Rio de Janeiro relatando que

> o Soldado Joaquim José de S. Anna que veio de Maricá afirma que lá está preso [*sic*] grande quantidade de pretos que se queriam insurrecionar, e que tem descoberto bastantes cúmplices o que me apresso a comunicar a V. Exa. para seu conhecimento se inda ignora e para se dignar comunicar-me o que a esse respeito constar para meu Governo.[72]

Ou seja, Eusébio não fez referência explícita ao Rio de Janeiro ao mencionar o "terror" que justificara a decisão política de fazer cessar finalmente o tráfico, mas é claro que ele pensava que "a segurança a segurança" de um município com mais de 100 mil escravos não poderia estar garantida quando cativos de municípios vizinhos se rebelavam, ou apenas ensaiavam se rebelar. Na verdade, *todos* compartilhavam da sensação de insegurança em relação à Corte, e Eusébio não a incluiu na lista do "terror" simplesmente porque preferiu calar o óbvio.

O que fica de toda esta discussão é que há boas razões para suspeitar que as transformações ocorridas na escravidão na Corte nas décadas de 1850 e 1860 se tenham devido a causas mais complexas, e menos aparentes, do que simples estímulos econômicos. Em princípio, deve ser correta a ideia de que os proprietários de escravos procuravam extrair o máximo de seus investimentos, e que tivessem, portanto, se mostrado dispostos a vender seus negros para o interior quando os preços se tornaram compensadores. Esse raciocínio, porém, talvez seja mais cristalino e anódino para nós do que podia ser para as personagens daquele tempo. Estamos anestesiados por um século e meio de distância.

Como ficou demonstrado nos capítulos anteriores, a resolução de comprar ou vender escravos e, principalmente, a decisão de alforriá-los ou não envolviam certamente cálculos estritamente econômicos, mas frequentemente implicavam também avaliações afetivas e em considerações de segurança individual. Nas décadas de 1850 e 1860 na Corte, vender para o interior e alforriar escravos podem ter sido ainda questões de segurança coletiva para senhores que andavam sobressaltados com a ameaça de insurreições, e que viviam no cotidiano a crescente dificuldade de acompanhar os movimentos dos cativos numa cidade cada vez mais desconhecida, autônoma e impermeável às tentativas de domesticação — uma cidade, em suma, cada vez mais negra e, naquela época, ainda predominantemente africana.[73]

A ideia de que enviar os negros para o interior era uma forma de diminuir os males da Corte — e de punir os negros, que ali se moviam em cenários que pareciam escapar ao controle senhorial — aparece sutilmente num episódio de outubro de 1857. Havia então uma dúvida entre funcionários ligados ao Ministério da Justiça a respeito do destino que deveria ser dado a dezenas de africanos que estavam depositados na Casa de Correção da Corte. Tratava-se, na verdade, de "africanos livres", isto é, de negros declarados legalmente livres por efeito da lei de proibição ao tráfico de 1831, e que permaneciam sob a tutela do governo imperial. De fato, esses negros eram alugados a particulares e utilizados amplamente em obras públicas, enquanto aguardavam o retorno à África — que, obviamente, jamais ocorria. Os africanos em questão eram disputados pela província do Espírito Santo — que os queria para a construção de uma estrada — e pela Câmara Municipal da cidade do Rio. Chamado a opinar, o administrador da Casa de Correção reclamou de que não tinha sequer braços em número suficiente para atender as necessidades do serviço da própria penitenciária. Logo em seguida, porém, descobriu "uma razão de conveniência" em mandar aqueles negros para longe da Corte: "é que não sendo esses africanos dos mais morigerados, a remoção para o Espírito Santo os arredaria do *teatro de seus vícios* [grifo meu]".[74]

A imagem é deliciosa. Enviar os africanos para longe da cidade era uma maneira de castigá-los pelo seu mau comportamento; e isso porque esse mau comportamento parecia enraizado no meio em que se moviam os africanos — a cidade percebida como impura, viciada, contrateatro de personagens perigosas. A cidade negra mudaria bastante nas décadas seguintes, mas continuaria a ser percebida como uma ameaça.

"PROFUNDO ABALO NA NOSSA SOCIEDADE"

A população da Corte cresceu pouco entre os censos de 1849 e de 1872: de 266 466 para 274 972 habitantes. Todavia, movimentos intensos de entrada e saída de pessoas haviam mudado consideravelmente o panorama demográfico do município. A mudança mais visível foi certamente quanto à população escrava. Em 1849, havia 110 602 cativos na Corte (41,5% da população total), enquanto em 1872 foram computados 48 939 escravos, menos da metade do total registrado em meados do século e representando apenas 17,8% dos habitantes do município.[75] Em outras palavras, a população cativa decrescia numa média de 2681 escravos por ano nesse período.[76]

Mary Karasch apontou recentemente as razões para essa enorme diminuição no número de escravos da Corte a partir de 1850. Primeiro, houve as altas taxas de mortalidade nos anos iniciais da década de 1850. A febre amarela e a cólera causaram a morte de muitos cativos em 1850 e 1855, respectivamente. Segundo, o já mencionado aumento dos preços dos escravos devido à cessação do tráfico negreiro e à demanda de braços nas fazendas de café teriam levado muitos senhores a alugar ou vender seus negros para as áreas rurais. Terceiro, era baixa a taxa de natalidade entre os cativos. Finalmente, houve um aumento significativo no número de alforrias, principalmente na década de 1860, quando 13 246 escravos tiveram sua liberdade registrada na Corte, numa média de mais de 1300 manumissões por ano.[77]

Se as alforrias, as vendas e as mortes levavam da Corte, a cada ano, uma média de 2681 escravos, o município em contrapartida incorporava em sua população uma média anual de 1269 portugueses e 1880 brasileiros livres e libertos no mesmo período.[78] Segundo Luiz-Felipe de Alencastro, o acréscimo no número de brasileiros se devia às taxas de natalidade — crescimento natural da população — e ao saldo positivo no movimento migratório, além dos libertos que permaneciam na cidade. Realmente impressionantes, contudo, são os dados de Alencastro a respeito da imigração portuguesa entre 1844 e 1878. Mais de 200 mil portugueses chegaram ao Rio naqueles anos, sendo que houve um aumento considerável no número de entradas nos anos imediatamente posteriores ao término do tráfico negreiro.[79]

Alencastro atribui a três fatores esse aumento da corrente imigratória portuguesa nos anos 1850. Em ordem crescente de importância, temos o contexto socioeconômico do norte de Portugal e das ilhas atlânticas, a demanda por mão de obra no Brasil e, sobretudo, o redirecionamento na utilização dos equipamentos e a amortização dos capitais antes investidos no lucrativo comércio negreiro — isto é, os tumbeiros nos anos 1850 passaram a transportar açorianos em lugar de africanos. Alencastro encontrou inclusive exemplos de ex-traficantes de escravos efetivamente engajados na importação de trabalhadores portugueses, destacando-se a figura de Joaquim José de Souza Breves, talvez o mais importante cafeicultor da época e um ex-negreiro notório.[80]

Simples resultado de cálculos econômicos ou não, o fato é que, pelo menos na Corte, essa chegada maciça de portugueses, ao lado da diminuição no número de escravos, contribuiria em muito para resolver o problema do "desequilíbrio" entre "as duas classes de livres [e] escravos" que preocupava tanto Eusébio de Queiroz. Por ocasião do censo de 1872, portanto, muita coisa havia mudado na capital. Os escravos ainda eram quase 50 mil no município, mas esse número representava menos da metade do total de cativos existentes em 1849, e agora eles constituíam apenas 17,8% de uma população que havia certamente embranquecido devido ao contingente de imigrantes portugueses. Objetivamente, então, os proprietários e os administradores da cidade não pareciam ter mais tantos motivos para aquele temor em relação à ocorrência de insurreições escravas de consequências cataclísmicas na Corte.

Transformações importantes haviam ocorrido também quanto à estrutura ocupacional da população escrava, notando-se principalmente um acentuado declínio na participação dos cativos em atividades assalariadas. Em 1852, 64,5% dos trabalhadores empregados nos 1013 estabelecimentos artesanais e industriais do Rio eram escravos; os outros 35,5% eram trabalhadores livres brasileiros e estrangeiros. Já o censo de 1872 registrou apenas 10,2% de cativos entre os artesãos e operários da Corte; os brasileiros livres e os estrangeiros representavam então 49,0% e 40,6% desses trabalhadores, respectivamente. A maior parte da população escrava do município estava empregada no serviço doméstico (41,5%) e nas atividades agrícolas (11,6%) em 1872.[81] A escravidão doméstica havia adquirido uma importância crucial especialmente nas paróquias urbanas da Corte, sendo que o censo daquele ano computou nada menos do que 20 825 escravos empregados nesse tipo de atividade entre os 37 567 cativos moradores em tais paróquias (55,4% do total).[82]

A escravidão doméstica, todavia, passou a ser crucial também em sentidos que não se podem revelar totalmente na dança dos números. Era antiga na Corte a preocupação com os senhores que se excediam nos castigos físicos impostos a seus cativos. O código de posturas de 1838 instruía os fiscais para que vigiassem o mau tratamento e crueldades que se costumam praticar com escravos, indicando os meios de preveni-los, e dando de tudo parte à Câmara.

Mais importante ainda, o código determinava que, em casos de violações dentro das casas dos cidadãos, o fiscal podia agir desde que houvesse "uma denúncia escrita de algum vizinho".[83] É difícil saber se esse dispositivo das posturas de 1838 visava instituir uma prática de vigilância sobre senhores especialmente cruéis, ou se era apenas o caso de reconhecer e regulamentar uma prática social já relativamente generalizada no meio urbano. De qualquer forma, talvez haja aqui a constatação de que um dos motivos mais recorrentes alegados por escravos que agrediam seus senhores ou feitores era o de que estes aplicavam castigos rigorosos ou sem motivo justo. É possível que nos aglomerados urbanos houvesse uma sensibilidade maior para o fato de que senhores cruéis, ao incitar a reação de seus escravos que se consideravam injustiçados, poderiam pôr em risco o bem-estar geral dos proprietários de escravos. Era a década de 1830, e o receio de um levante em massa dos cativos é o que deve ter guiado a pena dos redatores das posturas de 1838.

É difícil acreditar que o dispositivo permitindo as ações das autoridades, mediante denúncia, contra as violações ocorridas "dentro das casas dos cidadãos" tenha sido de muita serventia na proteção dos escravos domésticos. Os processos criminais registram histórias pífias sobre o tratamento dispensado pelas senhoras às escravas que lhes garantiam a gordura na ociosidade. Algumas dessas histórias tiveram grande repercussão nas décadas de 1870 e 1880, assumindo sentidos políticos inesperados. Em dezembro de 1872, a preta Francelina, natural da Corte, com dezesseis ou dezessete anos, era acusada de ter assassinado sua senhora, d. Maria Soares da Costa Calheiros, ministrando veneno no remédio que esta tomava todas as manhãs.[84] Francelina prestou longos depoimentos sobre o crime, negando sempre que tivesse sido a autora da morte da senhora, mas descrevendo detalhadamente os suplícios aos quais era sub-

251

metida. A negra admitia que era frequentemente castigada "com pau de vassoura acha de lenha ou qualquer outro objeto", mas afirmava que "não tinha razão de ódio" pela senhora. Ela explicou ainda ao delegado que não havia sido castigada por d. Maria no dia do envenenamento, e que a senhora "aliás só lhe puxara as orelhas no dia antecedente". Aproveitando-se do fato de que d. Maria parecia distribuir sua crueldade de forma igualitária, Francelina tentou convencer o delegado de que a crioulinha Elvira, escrava de doze anos, alugada na casa de sua senhora, fora quem ministrara o veneno. As duas negras contaram que d. Maria, quando começou a se sentir mal e pressentir o que acontecera, teve tempo ainda de forçar ambas a tomar do remédio envenenado. O médico, chamado para cuidar de d. Maria, chegou a tempo de salvar apenas as escravas. O doutor em medicina contou ao juiz que, antes de atender a Francelina, procurou extrair desta, inutilmente, a confissão do crime.

Francelina reservou o melhor relato de suas experiências para o júri, que ficou impressionado o suficiente para absolvê-la por sete votos contra cinco, em julgamento de agosto de 1873. Ela começou reafirmando que estava inocente, e agora deixava de acusar a crioulinha Elvira, alegando desconhecer de quem fora a autoria do assassinato:

> [...] em princípio o atribuiu à escravinha Elvira que também estava na casa, e prometera vingar-se da senhora que a maltratava e queria comprar, mas depois viu que ela contestava a inculpação e por isso não sabe se foi com efeito a autora do crime [...]. Perguntada se sua senhora a maltratava muitas vezes com severidade e rigor, e sem motivo justo? Respondeu que sua senhora maltratava-lhe muito, dando-lhe pancadas todos os dias com pau e uma vez chegou a ferir-lhe os olhos; era muito severa e injusta porque castigava sem motivo [...]. Perguntada se por esse motivo tinha ódio a sua senhora? Respondeu que não tinha ódio, apenas zanga por ver que era tão severamente maltratada e contrariada no desejo, muitas vezes manifestado, de ser vendida; desejo a

252

que aquiesceu seu senhor mas era contestado pela senhora, que por mais de uma vez dissera que a interrogada não seria vendida e havia de morrer no cativeiro; que chegou mesmo a recorrer à polícia a ver se era satisfeita em seu intento, e sendo reconduzida à casa de seu senhor foi por esse fato de novo castigada e privada de sair à rua, sem que minorassem os seus sofrimentos; que ainda na véspera e no dia do envenenamento sua senhora lhe bateu asperamente com um pau, sem nem ao menos lhe dizer por quê.

Essa primeira parte do depoimento de Francelina reforça alguns aspectos da escravidão na Corte na segunda metade do século XIX que foram analisados principalmente no primeiro capítulo. Aqui temos, por exemplo, a informação de que a escravinha Elvira estava alugada na casa de d. Maria passando por uma espécie de período de teste, podendo ser definitivamente comprada mais tarde. A julgar pelas declarações de Francelina, Elvira não estava nada contente com a possível compradora e procurava escapar a tal destino. Francelina, por seu lado, expressava sua insatisfação procurando convencer os senhores a vendê-la, tendo inclusive convencido o senhor, o farmacêutico Miguel Calheiros, de que esta seria a melhor solução para os problemas no relacionamento entre ela e d. Maria. Em seu depoimento, o senhor explicou que tinha "desconfiança", já de longa data, em relação a esta escrava, e por isso desejava negociá-la, esbarrando sempre na negativa obstinada da esposa. O farmacêutico e outras testemunhas mencionaram mesmo uma suposta tentativa anterior de envenenamento: Francelina teria lançado mão das botinas do senhor e colocado raspas de couro na sopa da família, causando uma indisposição séria na filha pequena do casal.

Outro assunto já abordado e que reaparece aqui é a frequente alegação dos escravos acusados de algum crime de que haviam sido submetidos a castigos severos ou injustos. Neste ponto, Francelina está na companhia de Bonifácio, Bráulio, e outras personagens conhecidas. Ao tratar desse tema no primeiro capítulo, sugeri que poderia haver uma "dimensão simbólica" nesse argumento tão repetido pelos cativos: seria uma forma de "traduzir", para a linguagem dos senhores, sua percepção mais geral de que alguns de seus direitos não estavam sendo devidamente respeitados.[85] Com efeito, as reclamações de Francelina tiveram um caráter mais geral: ela não só insistiu nos castigos, mas reclamou que pedira para ser negociada e não fora atendida, e se queixou da proibição de sair à rua desacompanhada. Todavia, analisando agora mais de perto o relato de Francelina — e de outras escravas domésticas — e pensando bem nas baixezas de d. Maria — uma senhora burguesa típica daquele e quiçá de outros tempos — para com suas domésticas, descubro que meu texto talvez já precise de uma primeira errata: quando as escravas domésticas falavam em castigos rigorosos, elas provavelmente queriam dizer que haviam sido cruelmente espancadas mesmo. Não, não preciso de uma errata: na verdade, encontramos aqui um falso problema, pois é claro que a busca de interpretações mais elaboradas não exclui a constatação do caráter simplesmente cruento das evidências.

Veja-se, por exemplo, aquilo que o tipógrafo Telésforo do Lago, vizinho do casal Calheiros, teve a dizer a respeito de toda essa história:

> Disse que conquanto não tenha visto, a crioula Francelina deitar veneno no medicamento que costumava tomar sua senhora e conquanto não saiba de quem ela houve tal veneno atribui todavia a morte da mulher de Calheiros a uma vingança de sua escrava a referida crioula a qual era frequentemente maltratada com pancadas e castigos que indignavam a vizinhança que indo uma vez acerca de quatro meses à casa de Calheiros por causa dos choros de uma menina que aí estava falou-lhe nos castigos que eram dados a sua escrava e por Calheiros lhe foi dito que queria desfazer-se dessa escrava mas que a isso se opunha sua senhora. Que ouviu dizer que a falecida preferia ver morta sua escrava a ter de vender e que ela ou havia de aprender ou havia de acabar.

O depoimento do tipógrafo é contundente: os maus-tratos dispensados a Francelina "indignavam a vizinhança", e a sanha da senhora chegava a ponto de preferir "acabar" com a negra do que satisfazer seu desejo de ser vendida. Outro vizinho indignado era o capitão José Santos, que sabia "que essa escrava era castigada em demasia" e que por isso compartilhava da impressão geral de que a escrava se vingara cometendo o assassinato. Já o guarda municipal Manoel da Costa contou ao delegado que certa vez encontrara Francelina na rua a chorar, "dizendo-lhe que sua senhora a queria matar".

A reação dessas testemunhas, antes do que uma ocorrência isolada, é um fato de significado geral. Numa época em que a legitimidade da instituição da escravidão era abertamente questionada, e sua existência se justificava normalmente em termos da necessidade de evitar o hipotético caos econômico que resultaria de sua abolição a curto prazo, havia menos tolerância na Corte em relação aos senhores que insistiam em supliciar seus escravos. A escravidão se tornava agora um problema de consciência, e havia um sentimento de culpa relativamente generalizado na sociedade. O cativeiro deixara de ser, como na década de 1830, uma questão externa à moral, um problema meramente de "redobrar a vigilância", cuja legitimidade era inquestionável e justificava até mesmo as ações mais inescrupulosas, como a escravização de fato dos "africanos livres" e o tráfico ilegal. Nesse sentido, a possível vingança de Francelina, à primeira vista simplesmente pessoal e privada, assume um conteúdo político mais geral e saborosamente subversivo. Ao prestar a denúncia, o promotor público oscilou entre o linguajar normalmente utilizado contra negros suspeitos de terem cometido crimes — Francelina seria "dotada de índole perversa e gênio vingativo" — e a condenação de uma senhora que impunha à sua escrava "frequentes e rigorosas sevícias a ponto de excitarem reparos da vizinhança". O promotor acabou concluindo que "semelhante fato [...] traz profundo abalo na nossa sociedade".

O "abalo", porém, não advinha apenas de salutares problemas de consciência. Casos como o de Francelina provocavam aparentemente uma reação de medo branco em cadeia — não mais o receio de uma insurreição cataclísmica presente em décadas anteriores, mas aquele medo calado e igualmente corrosivo de que os negros pudessem eventualmente se solidarizar e eliminar uma senhora que considerassem injusta, que castigasse "sem nem ao menos lhe dizer por quê", na fórmula expressiva de Francelina. Neste caso, era preciso investigar cuidadosamente as redes de relações sociais nas quais se moviam os negros, e mesmo as possíveis articulações e cumplicidades entre essas redes e setores das classes proprietárias. O delegado Figueira de Mello recebeu uma carta anônima em janeiro de 1873, cerca de três semanas após a morte de d. Maria:

Informações acerca da negrinha Francelina sobre o envenenamento da mulher de Miguel Francisco da Costa Calheiros.

1º Frequentava a casa da família que a criou (segundo consta) moradora na rua da Assembleia. O número da casa sabe o Dr. Nóbrega morador na rua nova do Ouvidor nº 1 que foi que avendeu [sic] a Miguel Francisco da Costa Calheiros.

2º Frequentava a venda da Travessa do Maia onde se diz que falava com o seu amigo. Um pardo.

3º Existe um pardo chamado Galdino (livre), então solteiro e a pouco [sic] casado, que á tempos [sic] cozinhou algumas vezes em casa de Calheiros por ocasião de festas. Este tal ou reside ou aparece na casa da rua de Olinda nº 10A, em Botafogo, e talvez que procurasse a negrinha.

4º Escutou-se que o autor do crime era um guarda que havia comprado o veneno a um boticário da Praia Grande.

5º Esta notícia escutou-se maios [sic] ou menos ainda 2ª vez.

6º Ouviu-se finalmente no mês de janeiro uma conversa de pessoas desconhecidas nos bondes das laranjeiras que falavam acerca do fato atribuindo o envenenamento a certo guarda fiscal da freguesia do Sacramento ou S. José chamado Pinheiro como amigo da negrinha e seu protetor.

O conteúdo da carta anônima é um mapa do medo branco. O conflito de opiniões em relação à escravidão parecia acirrado a ponto de se poder levantar suspeitas a respeito das relações existentes entre uma escrava acusada de assassinato e a "família que a criou". O juiz obteve alguma informação acerca desse ponto ao interrogar Francelina no júri sobre "um papel que tinha na caixa" e com o qual dissera à crioulinha Elvira que se vingaria da sra. Calheiros. A acusada explicou que o tal papel efetivamente existia, e "era uma carta que sua anterior senhora lhe tinha mandado, dizendo que quando fosse maltratada se dirigisse à casa dela". A carta fora encontrada por d. Maria, tendo sido prontamente destruída.

As pistas seguintes fornecidas na carta — o possível envolvimento de "Um pardo" e de "um guarda fiscal" no episódio — foram perseguidas mais sistematicamente. As testemunhas foram interrogadas sobre os movimentos de Francelina pela cidade. A negra tinha certa liberdade inicialmente, saindo sozinha às compras com frequência. Essa liberdade, no entanto, foi abolida quando Francelina desapareceu por alguns dias da casa dos senhores, tendo se apresentado depois à polícia pedindo para ser vendida. Ou seja, a negra deve ter tentado fazer com que os policiais intercedessem em seu favor; não sabemos se ela obteve efetivamente alguma ajuda, mas é certo que ela foi reconduzida à casa dos senhores. Significativamente, em seu depoimento Miguel Calheiros datou sua decisão de vender a escrava como imediatamente posterior ao episódio da fuga. Teria ele cedido aos argumentos de algum guarda a favor da escrava? Talvez. O fato, contudo, é que "sua finada mulher opôs-se à venda".

D. Maria não só vetou a venda como resolveu, a partir de então, controlar rigidamente os movimentos de Francelina. A negra agora só saía à rua para as compras acompanhada por algum membro ou amigo da família. Mas houve um descuido na véspera do envenenamento. Segundo o capitão José Santos, a escrava saíra sozinha para comprar carne, "porque não tinha, quem a acompanhasse". Um hóspede da família na ocasião, que vinha tendo com frequência a missão de acompanhar a escrava à rua, contou que naquele dia "saiu a acusada só para as compras demorando-se fora mais duas ou três horas". Na volta, Francelina recebeu de d. Maria, pela última vez, os suplícios de costume.

Teria a negra obtido o veneno junto ao pardo Galdino, ao guarda Pinheiro, ou a algum outro "protetor", na escapada da véspera do assassinato? Nada se pôde descobrir a respeito, e a escrava negou sempre, negou obstinadamente, que tivesse cometido o crime. Ela concluiu seu depoimento no júri repetindo que só havia sido maltratada nos sete anos que esteve sob o jugo dos Calheiros, e isso apesar de d. Maria, ao comprá-la, se fazer "de boa". E o impacto que tinha uma história como a de Francelina aparece ainda de outra forma na carta anônima: o assunto continuava sendo tema de conversas de bonde semanas após o ocorrido, e os ouvidos indiscretos do nosso investigador encontravam aí combustível para sua imaginação amedrontada. O mapa das ansiedades está delineado: sentimento de culpa em relação a uma instituição condenada por unanimidade no tribunal da "civilização"; ameaça de divisão no interior das classes proprietárias; receio em relação às articulações elaboradas pelos negros na luta contra o cativeiro. Vemos aqui que mesmo a escrava doméstica de uma senhora cruel constituía solidariedades diversas e era capaz de montar um cenário alternativo ao teatro doméstico de seus suplícios. Por tudo isso, a possível vingança de Francelina é muito mais do que o ato isolado de uma consciência individual; fatos como esse assumiam significados múltiplos, e podem ter sido golpes decisivos à instituição da escravidão.

Francelina dera muita sorte ao escapar com vida das garras de uma criatura como d. Maria. Outras boas notícias se seguiram. Primeiro, houve a difícil absolvição no júri; depois, a notícia da morte de Miguel Calheiros. O inventariante dos bens do casal Calheiros decidiu providenciar para que Francelina fosse avaliada e posta à venda. A negra, afinal, conseguiria o objetivo de ser negociada. Mas, repito, ela teve muita sorte. Totalmente diferente foi o destino da crioulinha Margarida, escrava de Francisco Lisboa, que estava alugada na casa de Gregório Cardoso e Brasilina Cardoso havia sete ou oito meses em julho de 1874.[86]

O senhor de Margarida residia em Guaratiba, e deixara a negra, assim como outros escravos de sua propriedade, na casa de comissões de Inácio Gomes para ser alugada. Numa viagem que fez à Corte em meados de julho, Francisco Lisboa resolveu ver como estava passando sua escrava. Chegando à casa da família Cardoso, acompanhado pelo caixeiro da casa de comissões, foi informado de que a crioulinha havia saído para as compras e estava se demorando muito. Lisboa e o caixeiro acabaram se retirando; ainda no mesmo dia, Gregório — "um pouco sobressaltado", segundo o negociante Inácio — apareceu na loja para comunicar que Margarida havia fugido. O comerciante, contudo, não acreditou que isso pudesse ser verdade, pois "essa crioula [...] era de bons costumes e incapaz de ter fugido". O caixeiro ficou encarregado de investigar o que estava realmente acontecendo.

O que emerge então é outra história pífia, sem a atenuante de um final feliz. Interrogando os vizinhos, o caixeiro logo descobriu que havia saído um enterro da casa dos Cardoso dias antes, e vários informantes haviam dado pela falta de Margarida desde aquela ocasião — a crioulinha costumava ir muito à rua para fazer compras, às vezes em companhia da filha menor do casal Cardoso, que passara então a sair só. Algumas pessoas acreditavam que Margarida havia sido morta pelos Cardoso, e isso porque sabiam que a negra era bastante maltratada pelo casal. Gregório, ao saber que o caixeiro andara investigando nas redondezas e que o caso chegaria ao conhecimento da polícia, foi à casa dos vizinhos dar explicações e pedir que não o comprometessem nas declarações. Tudo não passara de um acidente: Margarida, embriagada e carregando uma tina de roupa, caíra da escada e batera a cabeça. Gregório, temendo que o senhor da escrava exigisse uma indenização, ocultara o fato do dono da casa de comissões. Ele fizera, na verdade, mais do que isso: a crioulinha fora enterrada com um atestado de óbito falso, onde constava que o cadáver era de um liberto chamado Florindo.

259

Gregório não pôde contar com nenhuma simpatia entre os vizinhos. Toda a história foi logo revelada ao caixeiro, mas a indignação geral explodiu mesmo nos relatos feitos ao delegado. Joaquina do Espírito Santo, com 34 anos, casada, analfabeta, era a vizinha do andar térreo:

> Disse que viu em casa de Gregório que mora por cima de sua casa uma crioulinha de nome Margarida a qual ela era bastante maltratada aí e a poucos dias [*sic*] da cozinha de sua casa que tem uma grade para o quintal do sobrado viu a referida crioula com um olho muito inflamado e conversando ela testemunha pela grade com a vizinha mulher de Gregório [...] esta lhe falou muito mal da crioula e perguntando-lhe ela testemunha se a crioula estava doente dos olhos ela respondeu-lhe que era resultado de pimentas que ela tinha botado no olho da crioula. Que no dia 20 de julho do corrente ano de dia ouviu ela testemunha uns gemidos e um falar abafado da crioulinha pedindo água ao que respondia Ernestina Amélia* "quer feijão" tornando o mesmo pedido de água respondia "arroz" e assim por diante, ouvindo também que a filha de Ernestina dizia para mãe "é água que ela pede" respondendo a mãe "eu bem estou ouvindo e quero que ela fale mais alto" até que a rapariga parou de pedir água, e depois desde esse dia ela não viu mais a crioula Margarida [...].

Apesar de outras testemunhas se referirem às "pancadas" constantes que Margarida sofria, não houve nenhuma outra menção ao episódio da pimenta ou da tortura através da sede. De qualquer forma, Gregório e a mulher, logo que perceberam a atitude hostil dos vizinhos, colocaram seus pertences e as galinhas num tílburi e fugiram de madrugada. Foram presos quase

---

* A mulher de Gregório, chamada Brasilina Cardoso, era conhecida pelos vizinhos como Ernestina Amélia.

um mês depois, quando o exame do cadáver já havia revelado que o enterro observado pelos vizinhos havia sido mesmo o de Margarida. O casal admitiu apenas que dava "sopapos" na negra de vez em quando; negou as outras torturas e disse que o processo se originara na sua recusa em indenizar o senhor de Margarida. A morte fora mesmo um acidente, sendo que não contaram logo tudo ao dono da casa de comissões porque ficaram "perturbados" com o ocorrido. Finalmente, o atestado de óbito falsificado fora apenas equívoco do médico: ou seja, o doutor vira alguém do sexo masculino onde estava uma menina; entendera que se tratava de um liberto quando lhe disseram que era uma escrava; chamara Florindo quem era Margarida. Por incrível que pareça, o advogado do casal conseguiu a absolvição dos acusados no júri. A estratégia utilizada foi extremamente hábil, e talvez a única que lhe restava diante de tantas evidências contrárias. Quatro das principais testemunhas de acusação eram mulheres jovens — entre vinte e 34 anos de idade —, três eram solteiras, três eram analfabetas, uma era costureira e as outras não declararam sequer a profissão. Isto é, tratava-se de um grupo de mulheres humildes. Alguma talvez até habitasse a estalagem que se via de uma das janelas do sobrado dos Cardoso. O advogado concluiu, então, que eram todas "sacerdotisas do amor", "irmãs das livres mulheres da corrupta Corintho", e tinham raiva "de um casal que nunca quis suas relações". Que fossem aquilo mesmo que dizia o advogado de defesa. Neste caso, temos a moral da história: mais vale o corpo da prostituta do que a alma do rábula.

A história de Margarida reforça algo que ficara indicado no caso Francelina: a preocupação existente na Corte, pelo menos nos anos 1870, a respeito do tratamento dispensado aos escravos. O caso seguinte retoma o problema de como a insegurança sobre a instituição da escravidão se revelava às vezes na ansiedade demonstrada pelos senhores em relação ao comportamento das escravas domésticas. O jornal *O Globo*, em sua edição de 14 de outubro de 1881, iniciou assim o relato do crime cometido pelo pardo livre Antônio Romão, vulgo Bahia: "Deu-se hoje na rua Larga de S. Joaquim, uma dessas tragédias que fazem época nos anais criminais de um país".[87] As testemunhas pareciam sinceramente chocadas com o que haviam presenciado: Romão, que é descrito como um "pardo reforçado", "de constituição forte e robusta", armou-se de uma tesoura grande — algumas pessoas dizem que ele também tinha uma faca e um revólver — e investiu contra d. Rita de Carvalho Alves, uma senhora de cinquenta anos. Ouvindo os gritos de d. Rita, seu filho Alexandre veio em socorro e se atracou com o agressor. Várias pessoas que passavam pela rua, inclusive um guarda urbano, perceberam o que ocorria e subiram ao sobrado para acudir. Acabaram amedrontados com Romão, e este desceu pelos fundos da casa e se trancou no quartinho onde morava. Foi necessário chamar um grupo de guardas urbanos para conseguir tirar o acusado do quarto, pois ele não se entregava e disparava tiros e garrafadas em quem se aproximava. A velha ficou gravemente ferida, mas escapou; Alexandre acabou falecendo devido às facadas que recebera no coração, no pulmão esquerdo e no baço.

A extrema violência do crime e o estado de completo desatino de Romão causaram perplexidade e revolta. Os policiais só conseguiram detê-lo depois que fizeram um buraco no teto do quartinho em que ele se encontrava e despejaram cal no recinto, fazendo com que Romão se retirasse para evitar a "iminente sufocação". Preso o acusado, foi necessária a presença do chefe de polícia para garantir-lhe a vida, pois o povo que se havia juntado no local insistia no imediato linchamento do assassino. Ninguém atinava com o motivo para uma reação tão violenta de Romão. Uma ou outra testemunha se referiu a uma questão que teria ocorrido entre o pardo e a senhora a respeito de uma grade ou uma cerca que aquele teria posto abaixo sem permissão. Mas esta não parecia uma razão suficiente para tanto ódio; e Manoel Antônio Alves, marido de d. Rita, prestou seu depoimento na tentativa de auxiliar a polícia a desvendar o mistério. O leitor me desculpará a citação um tanto longa, porém é importante saber o que passava pela mente de Manoel Alves naquelas horas após a tragédia:

[...] que ele declarante tinha alugado ao seu serviço a preta Maria que dizia ser liberta, desde Julho do corrente ano se bem se lembra; que ele declarante querendo aproveitar as lojas de sua casa de sobrado mandou prepará-las para alugar, o que se fez; [...] que em princípios de Agosto Domingos José Ribeiro alugou-lhe a loja com o fim de transferir [...] para a mesma o seu negócio de carvoaria; que Domingos Ribeiro depois de alugar-lhe a loja não transferiu conforme revelou propósito, a sua carvoaria [...] e então passou a alugar cômodos por noite, na loja, alugando também em fins de Setembro um cômodo [...] efetivo a Antônio Manoel Romão; que segundo ele declarante ouviu dizer por muitas pessoas, a preta Maria ao seu serviço, estava amasiada com Domingos Ribeiro; que a preta Maria dias antes de Romão vir morar na loja despediu-se sem razão justa, de sua criada; que não obstante, a preta Maria de vez em quando aparecia em sua casa e prometia em conversa voltar para a casa como criada que tinha sido; que de uma das vezes que a preta Maria veio à casa entrou na loja onde morava Antônio Manoel Romão; que a preta Maria quando sua criada via sempre ele depoente trazer para casa e guardar dinheiros que recebia; [...] que dois dias antes de ser ofendida sua mulher e seu filho Alexandre [...] a preta Maria lhe apareceu e disse que tinha sido presa a ordem do Subdelegado do Segundo Distrito do Sacramento como escrava de Deodato de tal, o que com efeito se deu conforme ele depoente leu no jornal, e a preta Maria declarou, quando tal fato revelou, que queria conhecer o seu senhor para saber a quem estava sujeita ao vergalho. Que segundo ele depoente foi informado depois do crime que se deu em sua casa, a dita preta Maria passou a ser amásia de Romão, assassino de seu filho Alexandre, isto muitos dias antes do crime [...]. Que a circunstância de ter Maria deixado de ser sua criada sem razão, de ter sido amásia de Romão, de ver por vezes ele depoente guardar em sua casa dinheiros e de ter Romão sem haver qualquer motivo ofendido a sua mulher e a seu filho [...] fez

263

suspeitar a ele declarante que o mesmo Romão informado que ele depoente guardava dinheiro em sua casa, ia com o propósito de assassinar as pessoas da casa para roubar. Que tinha a preta Maria como livre, conforme já disse, e por isso a ela pagava os alugueres. Que depois da morte de seu filho a escrava Cecília pertencente a ele declarante, disse-lhe que a preta Maria por vezes lhe disse que continuava amante de Domingos José Ribeiro porque este tinha muito dinheiro, até enterrado na casa e que queria ter ocasião de roubar o dinheiro de Domingos Ribeiro [...].

Manoel Alves, portanto, era capaz de alinhavar uma série de suposições, fatos e circunstâncias e chegar à hipótese de que Romão havia cometido o crime com o intuito de roubar, agindo ainda sob a influência de sua amásia, a preta Maria, ex-doméstica na casa dos Alves. O esforço de Manoel Alves em estabelecer todas essas relações e de lançar fortes suspeitas sobre a preta Maria, contudo, não tem qualquer consequência para o andamento das investigações policiais. A explicação para a tragédia, segundo as conclusões do inquérito, era completamente diferente. Antônio Romão, que era um veterano da Guerra do Paraguai, tinha o ofício de alfaiate, mas andara ultimamente trabalhando no trapiche Reis, sendo considerado um bom trabalhador. O fato, porém, é que, a partir de 1880, sua vida vinha desandando. Estivera na Casa de Detenção por embriaguez, vadiagem, furto e suspeito de homicídio, lá permanecendo sempre por curtos períodos. Havia deixado o "Asilo de Mendigos" três meses antes do ataque a d. Rita e Alexandre. Interrogado sobre o ocorrido, Romão disse que "não tinha rixas" com as vítimas, e que agira devido a "um sentimento repentino". O acusado continuou a ter um comportamento agressivo na Casa de Detenção, e o administrador do presídio escreveu ao juiz encarregado do processo informando que Romão sofria "de alienação mental sob a forma de monomania homicida", achando-se "em cubículo forte e com muita vigilância". Foi então nomeada uma junta médica para examinar o réu, constituída por "três lentes" da Faculdade de Medicina do Rio de Janeiro. Os médicos concluíram, após longo e minucioso exame, que o paciente sofria mesmo de alienação mental, da espécie denominada "*lypemania hypochondriaca*, com *raptus melancholicos*". O pardo foi conduzido para o hospício D. Pedro II, onde permaneceu internado e faleceu de "lesão cardíaca" em maio de 1886, tendo sempre crises de "delírio *hypochondriaco*".

Só restou ao juiz declarar improcedente a denúncia, lamentando a loucura que acometera o homem e causara a tragédia. Não é preciso discutir muito a loucura de Romão para perceber que não havia qualquer fundamento nas graves acusações feitas por Manoel Alves à preta Maria. Nenhum outro depoimento fez qualquer referência à preta, e nem as autoridades policiais e judiciárias pareceram levar a sério a possibilidade do envolvimento de Maria no crime. É verdade que Manoel Alves fez seu relato num momento de extrema conturbação; mas isso apenas torna mais relevante o fato de que seu desespero se expressou através de uma catilinária paranoica contra a doméstica que trabalhara em sua casa.[88] A desconfiança de Manoel Alves se fundamentou, aparentemente, na altivez e determinação da negra — sugeridas em várias passagens do depoimento — e no fato de ela ter mentido quanto à sua condição: Maria disse ser liberta, quando era escrava. As declarações de Manoel Alves sugerem ainda que ele não tivera meios de saber a verdadeira condição da preta ao contratar seus serviços, e tal fato nos abre uma janela para um significado essencial da cidade negra.

A CIDADE-ESCONDERIJO

Perdigão Malheiro é uma leitura proveitosa mesmo quando ele empenha sua pena em argumentar o aparentemente inverossímil:

Nas cidades já se encontram escravos tão bem-vestidos e calçados, que, ao vê-los, ninguém dirá que o são. Até o uso do fumo, o charuto sobretudo, sendo aliás um vício, confundindo no público todas as classes, nivelando-as para bem dizer, há concorrido a seu modo para essa confraternidade, que tem aproveitado ao escravo; o empréstimo do fogo ou do charuto aceso para que um outro acenda o seu e fume, tem chegado a todos sem distinção de *cor* nem de *classe*. E assim outros atos semelhantes.

Ainda mais, a muitos permitem os senhores que vivam sobre si, com a obrigação apenas de darem um certo salário ou jornal; o restante é pecúlio dos escravos, que assim lucram, e vivem quase que isentos da sujeição dominical, quase livres.[89]

O contexto desses dois parágrafos é a tentativa de Perdigão Malheiro em mostrar que a situação dos escravos no Brasil vinha melhorando nas décadas precedentes, em parte devido ao fim do tráfico negreiro — o que teria levado os senhores a se preocupar mais com o bem-estar de seus cativos —, e em parte devido à "índole brasileira, proverbialmente bondosa". A primeira hipótese explicativa, portanto, é a de que só a necessidade de garantir a continuidade da força de trabalho, agora que a fonte inesgotável de mão de obra barata parecia estancada, teria convencido os senhores a tratar os negros com mais "humanidade". Que esta primeira hipótese, materialista e cruenta como é, implica a total impossibilidade da segunda — sobre a bondade proverbial "brasileira" — é algo que passou despercebido a Perdigão Malheiro. Talvez não; ele propõe também uma versão possível para a relação entre os fatos econômicos e a "índole brasileira" nas décadas de 1850 e 1860:

O interesse da conservação desses braços, única fonte de trabalhadores e servidores restante [...] atuou sobre os espíritos, e serviu à causa da caridade e humanidade.[90]

Ou seja, a "índole brasileira" é agora historicizada: os senhores não *são* naturalmente bondosos, porém teriam passado a tratar melhor seus escravos como consequência de transformações econômicas.

Esses comentários servem como preâmbulo e alertam contra uma leitura possivelmente ingênua dos dois parágrafos que estão em questão. Perdigão Malheiro se empenhava em demonstrar que as condições de vida dos escravos estavam efetivamente melhorando naqueles anos, porém ele permanecia lúcido e não era uma personagem mistificada pela lenda da bondade dos senhores; a opinião que emite sobre o assunto é fundamentada na sua compreensão do processo histórico que vivenciava. Seria precipitado, por conseguinte, descartar as referências de Perdigão ao vestuário, aos charutos, ao nivelamento das "classes" e à isenção de "sujeição dominical" dos escravos na cidade como simples banalidades e exageros de um conservador, ou de um político com "ideias abolicionistas moderadas", como ele próprio se definia.[91]

Há inicialmente a observação de que não é sempre possível conhecer a condição servil de um negro pelas roupas ou calçados que usa. Pode ser verdade, como sugere Manuela Carneiro da Cunha, que no século XIX "o sinal da escravidão são os pés descalços". Segundo ela, "quem se alforria trata logo de comprar sapatos".[92] De fato, vimos no capítulo anterior que o crioulo Desidério, logo que soube de sua alforria condicional, passou a andar calçado. D. Inácia, a senhora, teria achado nessa atitude mais um sinal da ingratidão do negro, pois ele ainda não estava efetivamente livre.[93] Deveríamos então acrescentar que a presença dos sapatos não podia ser tomada como indicação segura de que uma pessoa era livre ou liberta. É isso o que sugere a passagem de Perdigão Malheiro; e vários exemplos provenientes de processos criminais mostram que nem sempre era possível saber pela aparência a condição social de uma pessoa. Parece óbvio que escravos que quisessem passar por livres usassem sapatos, com ou sem o conhecimento do senhor. Se os sapatos eram assim tão importantes, é fácil adivinhar que a preta Maria se apresentou calçada a Manoel Alves quando foi tratar o emprego de doméstica se dizendo liberta. Ou talvez não fossem tão importantes. Afinal, Perdigão escreveu que havia na cidade escravos "tão bem-vestidos e calçados" que "ao vê-los" era impossível descobrir se eram realmente cativos. Isso não parece excluir a possibilidade de que houvesse escravos que andassem malvestidos e mal calçados. Neste caso, estar ou não de sapatos já não é tão importante quanto a qualidade dos sapatos que se tem. E isso tudo sem sequer mencionar que certamente havia libertos que andavam descalços e malvestidos... Em suma, e antes que reine a confusão: é pouco provável que na Corte, pelo menos nas últimas décadas da escravidão, fosse possível descobrir a condição de um negro olhando para o que trazia ou deixava de trazer nos pés.

Não há nada a acrescentar especificamente sobre o fumo e o charuto. Ou melhor, há apenas a história do escravo Juvêncio, um preto de trinta anos, catraieiro, que foi acusado de arrombar o quiosque de um português para roubar, entre outras coisas, "cigarros e fósforos".[94] Isso é embaraçosamente pouco diante das observações de Perdigão Malheiro sobre os efeitos sociais do fumo: "confundindo no público todas as classes, nivelando-as". É verdade que não apenas o charuto — além das roupas e dos calçados — era responsável pelo tal nivelamento das classes; "outros atos semelhantes" levavam ao mesmo efeito. Mas o que precisamente queria exprimir Perdigão ao se referir ao nivelamento das classes?

Vimos mais atrás que Eusébio de Queiroz, em seu discurso na Câmara dos Deputados em 16 de julho de 1852, utilizou a palavra *classes* numa acepção bastante precisa: as duas classes existentes eram a dos "livres" e a dos "escravos". Perdigão Malheiro, no volume publicado em 1867, parece conferir à palavra um sentido mais matizado. O fumo confundia no público "todas as classes", o que sugere que este autor entendia a sociedade como dividida em mais de duas classes. O interessante é que entre o discurso de Eusébio e o livro de Perdigão haviam transcorrido cerca de quinze anos, os quais haviam trazido modificações importantes, como já foi mencionado: aumentara o número de imigrantes portugueses, de brasileiros livres e de libertos na cidade; o número de escravos fora reduzido a menos da metade. Ou seja, a população livre da Corte se tornara mais numerosa e diversificada; os escravos, bem menos numerosos que antes, e com os africanos mais aculturados, certamente não se distinguiam muito facilmente dos libertos e dos pretos e pardos livres habitantes da cidade. Diante dessa complexidade crescente, é natural que pensar a sociedade como dividida em duas grandes classes — livres e escravos — se torne insuficiente. Também já não é razoável presumir que uma pessoa de cor seja provavelmente cativa, pois os negros libertos e livres estão agora por toda parte. Em suma, o nivelamento de classes ao qual se refere Perdigão Malheiro pode ser interpretado como uma referência à crescente dificuldade de identificar prontamente quem são os cativos num meio urbano: "ao vê-los, ninguém dirá que o são".

Essa interpretação se reforça no parágrafo seguinte, que é de fato um aprofundamento do anterior — "Ainda mais [...]". A dificuldade em distinguir prontamente negros escravos de livres tem a ver ainda com o modo de vida dos escravos urbanos: muitos vivem "sobre si", ou seja, moram longe do senhor e são responsáveis pelo próprio sustento; é comum que se apresentem ao senhor apenas para pagar o jornal combinado, ficando, portanto, "quase que isentos da sujeição dominical, quase livres". A referência à isenção "da sujeição dominical" deixa claro os limites da política de domínio característica da escravidão quando posta em prática no cenário urbano. Como vimos no capítulo sobre a alforria do bom Pancrácio, Perdigão Malheiro tinha a concepção de que a instituição da escravidão mantinha os negros numa situação de sujeição pessoal em relação aos senhores, sendo essa a única "força moral" que os prendia à sua "triste condição".[95] Pois o exercício dessa "força moral", dessa "sujeição dominical", parecia cada vez mais inviável na cidade — mais especificamente, na Corte, a cidade que servia de suporte às observações de Perdigão. Um dos motivos para esse fato foi sem dúvida o desdobramento de interesses dos próprios senhores: os cativos eram um investimento lucrativo, e não poucos senhores viviam ou complementavam sua renda com os jornais pagos pelos escravos; mas a maximização do investimento nesse caso implicava muitas vezes autorizar o negro a viver no local onde tinha seu emprego, ou a gozar de completa mobilidade para que auferisse maiores rendimentos e se sujeitasse a pagar jornais mais altos. Em outras palavras, uma das dimensões desse afrouxamento da "sujeição dominical" no meio urbano era a adaptação do investimento em escravos às condições de mercado.

Que as características assumidas pela escravidão nas cidades tenham sido de certa forma desdobramentos dos interesses senhoriais é algo sugerido pelo próprio Perdigão Malheiro. São os senhores que "permitem" que os escravos vivam "sobre si"; são eles que os fazem "quase que isentos" de "sujeição dominical". Cálculos econômicos e concessões senhoriais, por conseguinte, seriam os fatores determinantes das adaptações sofridas pela instituição da escravidão no meio urbano. Todavia, podemos novamente tentar uma interpretação na contramão. Em que medida, pelo menos no caso da Corte, foram os movimentos dos próprios negros que instituíram esta cidade onde as distinções entre livres pobres e escravos se desmanchavam lentamente?

Já encontramos alguns episódios relevantes neste contexto. No primeiro capítulo, vimos que o pardo Bráulio, escravo do barão de Três Ilhas, fugiu de uma fazenda em Valença e conseguiu alcançar a Corte. Passou então a se chamar Braz, pardo livre, carpinteiro por profissão. Ele chegou a morar na rua Estreita de São Joaquim por seis meses antes de ser detido — "por suspeito de ser escravo" — ao procurar tomar um vapor de volta para a Bahia, sua terra natal.[96] Pudemos também acompanhar a trajetória do preto Serafim. Ao relatar sua fuga de uma fazenda da província de Minas para a Corte, Serafim contou que viajara sempre durante a noite, repousando "ora numa ora noutra fazenda, com os escravos e ora no mato". Os escravos, "seus conhecidos e até desconhecidos", lhe davam os mantimentos necessários para a continuação da viagem. Ou seja, durante a fuga pelas áreas rurais, Serafim tomou todo o cuidado para que não se tornasse suspeito ou fosse reconhecido como escravo. Na Corte, o preto viveu pelo menos um ano, talvez até três anos — ele declarava não saber calcular o tempo —, e foi preso apenas porque se envolveu numa briga com um cocheiro português e um praça de polícia em janeiro de 1884. As autoridades policiais e judiciárias só ficaram sabendo da condição de cativo de Serafim a partir das declarações do próprio preto.[97] Podemos lembrar ainda de negros libertos condicionalmente, como Desidério e Cristina, por exemplo, personagens do segundo capítulo. Vivendo uma situação ambígua, não sendo perfeitamente livres nem escravos, esses negros pautaram sua conduta na tentativa de se tornarem livres de fato — o curador de Cristina explicou que ela praticava "fatos de plena liberdade", que no caso eram "viver só" e não pagar jornal.[98]

As pressões dos escravos para que suas vidas se tornassem indiferençáveis em relação às vidas dos homens livres pobres da cidade percorrem boa parte da documentação coligida. É nesse contexto que as roupas e os sapatos se tornam relevantes — e não tanto como um efeito da crescente "humanidade" dos senhores nas últimas décadas da escravidão. Em junho de 1869, o comendador Joaquim José de Souza Breves, cafeicultor poderoso, muito provavelmente aquele mesmo fazendeiro que Luiz-Felipe de Alencastro identificou como envolvido outrora no tráfico ilegal de africanos, depois na importação de trabalhadores portugueses, apresentou queixa de furto contra o crioulo Jerônimo, escravo da viúva d. Libânia Maria da Silva. Segundo as alegações do queixoso, por seu procurador, já que Breves se declarou muito ocupado nos "serviços de sua lavoura em diversas localidades da província do Rio de Janeiro", Jerônimo havia induzido a preta Maria Felisberta, escrava doméstica de Breves em sua chácara de São Cristóvão, a "subtrair-lhe a quantia de 2 contos de réis em quatro notas de 500 mil-réis".[99]

Maria Felisberta, trinta anos, solteira, "lavadeira e engomadeira"; contou ao juiz o que ocorrera:

Respondeu que sendo amiga e entretendo relações com o preto Jerônimo, este por várias vezes lhe dizia que precisava ou de um par de botinas, ou de um chapéu ou de qualquer outra roupa, e por isso lhe pedia que ela Interrogada procurasse haver a si o dinheiro que ele precisava, tirando de seu Senhor que era muito rico e que por isso não lhe podia fazer falta. Que ela Interrogada levada pelo amor que tinha ao preto Jerônimo dormindo no quarto de seu Senhor e por isso sabendo onde ele deixava a sua carteira de dinheiro, em uma noite em que o viu dormindo foi a uma cadeira onde se achava a sobrecasaca de seu Senhor, tirou do bolso a carteira e do meio de uma porção de notas tirou quatro não sabendo qual o valor de nenhuma delas [...]. Que dessas quatro notas deu [...] três ao preto Jerônimo, e uma ao pardo Geraldo [...] dizendo ao pardo Geraldo que fosse trocar a nota que lhe havia dado [...].

Jerônimo, portanto, teria usado de um argumento bastante razoável para convencer a amásia a furtar algum dinheiro do comendador, um grande fazendeiro e ex-contrabandista de africanos: Breves era muito rico, e o dinheiro não lhe faria falta. Com efeito, Breves só deu pela falta do dinheiro quando já havia chegado a sua fazenda em São João do Príncipe. Ele desconfiou imediatamente da preta que dormia em seu quarto, e enviou um de seus empregados de volta à Corte para investigar o caso. Enquanto isso, Jerônimo e Maria pareciam realmente embaraçados com o montante de dinheiro que tinham em suas mãos, sendo possível que dissessem a verdade ao declarar que não conheciam o papel-moeda em seus valores mais elevados. Maria, por exemplo, pedira ao pardo Geraldo que trocasse uma das notas de 500 mil-réis porque precisava pagar uma dívida de apenas mil-réis. Ficou assustada com o bolo de notas que o pardo lhe trouxe de volta, e não reconheceu no maço qualquer nota no valor que necessitava. A dívida da escrava era aparentemente com um mascate que lhe vendera "umas fazendas".

272

Jerônimo se dirigiu prontamente à rua do Hospício, onde vários alfaiates tinham suas lojas, e encomendou roupas novas — segundo seu advogado, uma calça e um colete. Cobraram-lhe um sinal de 10 mil-réis, e o escravo se assustou quando ouviu o caixeiro dizer que a nota que entregara era do valor de 500 mil-réis. Não é possível saber se Jerônimo dizia ou não a verdade. Claramente orientado pelo advogado contratado por sua senhora, o crioulo disse que só quando soube do valor da nota é que desconfiou que a preta Maria havia furtado o dinheiro. Ele teria então completado os 10 mil-réis que gastara com suas próprias economias, dirigindo-se imediatamente à chácara para devolver toda a quantia à preta Maria. O procurador de Breves, por sua vez, jurava por todos os santos que a preta recebera de volta apenas uma pequena parte do dinheiro — ele sabia disso não propriamente por obra dos santos, mas porque a escrava parecia sustentar esta versão mesmo depois de muito padecimento no tronco.

Há mais nessa história do que o desejo dos negros em comprar roupas novas. O resultado de um processo desse tipo dependia de forma decisiva do sucesso ou não do advogado de defesa em construir a imagem do réu como alguém incapaz de surrupiar a propriedade alheia. O advogado perseguiu esse objetivo de duas maneiras. Em primeiro lugar, tratou de argumentar que Jerônimo era um escravo bastante fiel. O negro, que morava na casa da senhora, parecia gozar de certa autonomia para negociar salários e condições de trabalho com as pessoas interessadas em seus serviços de pedreiro; ele precisava apenas cumprir a obrigação "de dar a sua senhora 1500 réis por dia, quantia esta que unicamente lhe é exigida por sua senhora". O advogado não considerava alto o jornal pago pelo escravo porque, segundo ele, Jerônimo era "um bom pedreiro", conseguindo ganhar de 2000 a 2500 réis por dia. Além de cumprir suas obrigações para com a senhora, portanto, o negro teria condições de juntar algum pecúlio com o que conseguia ganhar a mais do que o exigido por d. Libânia; "tendo além disso os Domingos livres, nos quais quase sempre ele trabalha para si".

Ou seja, Jerônimo aparece aqui como o protótipo do cativo fiel e cumpridor de seus deveres.

Em seguida, o advogado procurou mostrar que o negro era também um ótimo operário. Jerônimo tinha "boa conduta", "sendo sempre estimado por todos os mestres de obras e pessoas para quem tem trabalhado". Três ex-patrões prestaram seu testemunho sobre as boas qualidades do réu. Luiz Curvello, por exemplo, atestou

> que o crioulo Jerônimo, oficial de pedreiro, escravo da Ilma. Snra. D. Libânia Maria da Silva, durante os dois últimos anos serviu como contramestre na construção de um prédio de minha propriedade à rua do Imperador nº 14B, e que neste tempo além e zeloso, assíduo e fiel teve um comportamento exemplar [...].

Nesse documento, Jerônimo está adornado com qualidades essenciais do operário disciplinado: dedicação e assiduidade. O fato de que ele havia servido como contramestre na obra talvez indique que seu trabalho era ainda eficiente; ou pelo menos o patrão devia apreciá-lo. Finalmente, o negro é de novo descrito como "fiel".

É importante que para alcançar o objetivo de provar a honestidade de Jerônimo o advogado tenha necessitado descrevê-lo como um homem de dupla fidelidade: bom escravo para d. Libânia, bom operário para seus patrões. A estratégia foi um sucesso, e Jerônimo foi absolvido por unanimidade no júri em outubro de 1870, apesar da ira do todo-poderoso comendador Breves. O procurador de Breves recorreu ao tribunal da relação alegando que várias testemunhas de acusação não haviam comparecido ao julgamento, porém o advogado de defesa contra-atacou alegando que a apelação tinha apenas o intuito de perseguir "a pobre viúva". A apelação foi declarada improcedente.

Tudo isso talvez prove apenas que d. Libânia contratara um advogado competente. Talvez prove também que Jerônimo se encontrava duplamente sujeito a políticas de domínio: como escravo e como operário. Talvez prove ainda que as autoridades judiciárias se compraziam em contemplar o exemplo de alguém supostamente perfeito no desempenho simultâneo dos papéis de escravo e operário. Meu argumento, todavia, é o de que os escravos lutavam para *provocar* essa duplicidade de papéis. A multiplicação da ocorrência de situações nas quais os cativos conquistavam o direito de negociar a venda de sua força de trabalho diretamente com os empregadores, ou de aplicá-la em atividades autônomas, fez apodrecer pouco a pouco os alicerces de uma instituição cuja estratégia de dominação se definia, de um lado, pela sujeição e dependência pessoal e, de outro, pela ameaça constante do castigo exemplar. A instituição da escravidão deixa de ser sem a vigência da ideologia da alforria — conforme descrita no segundo capítulo — e, como vimos, os escravos se mostraram incansáveis na luta para transformar, na prática, em incontáveis batalhas individuais, o sentido da manumissão. A instituição da escravidão deixa de ser quando se torna impossível identificar prontamente, e sem duplicidades, as fidelidades e as relações pessoais dos trabalhadores, e os escravos se mostraram incansáveis em transformar a cidade num esconderijo. A cidade que esconde é, ao mesmo tempo, a cidade que liberta. É também a cidade que engendra um novo tipo de sujeição, fundada na suspeição generalizada... mas isso é uma outra história. O objetivo imediato é fazer apodrecer a escravidão, e entregá-la de graça aos vermes. É hora de pôr em cena o incrível Adolfo Mulatinho, um homem de muitas máscaras e fantasias.

Era o dia 17 de fevereiro de 1885, final da tarde na rua da Carioca num domingo de carnaval. A brincadeira que predominava era o zé-pereira, presente no carnaval da cidade desde meados do século. Tal brincadeira consistia num grupo de pessoas, em geral fantasiadas e mascaradas, que saíam pelas ruas zabumbando seus tambores e pandeiros de forma ritmada — ou simplesmente para fazer barulho — e troçando os assistentes.[100] Apesar das versões para o ocorrido serem as mais contraditórias, tudo indica que dois desses grupos se desafiaram e travaram luta. Minutos depois, um pardo, que não chegou nunca a ser identificado, jazia no chão com uma navalhada na virilha.[101]

O acusado chamava-se Adolfo Ferreira Nogueira, vulgo Adolfo Cigarreiro, também conhecido como Adolfo Mulatinho, natural de Maricá, província do Rio, dezoito anos, analfabeto, cigarreiro, morador da rua da Imperatriz, 83, estalagem, quarto número 10. Adolfo teria confessado o crime na delegacia:

> Disse que fazia parte de um grupo de Zé-Pereira, ontem às seis horas da tarde mais ou menos, quando, penetrando na rua de Uruguaiana, encontraram um outro José Pereira, travando-se aí um pequeno conflito por motivo de rivalidade; e nessa ocasião ele respondente viu um indivíduo de cor, que procurava agredi-lo com uma fivela, digo uma sovela; deu-lhe um golpe de navalha que o prostrou, fugindo incontinenti; declara que foi só ele o autor do ferimento; que Emílio Francisco Velozo, que carregava o estandarte, era quem se achava mais perto dele respondente, quando se deu o fato; que haviam [*sic*] outras pessoas, mas que ele interrogado não conhece. Declarou mais: ser verdade ter dito a diversos companheiros, no Campo de Santana, que dera uma navalhada em um indivíduo na rua da Carioca, e que nessa ocasião mostrara a navalha, arrancando o couro do pandeiro, que tocava, e pondo-o fora [...].

A versão dos fatos apresentada na suposta confissão do réu foi corroborada e completada por vários outros depoimentos. Houve testemunhas que afirmaram que o zé-pereira no qual vinha Adolfo era constituído por capoeiras, que teriam provocado o conflito com o outro grupo. Alguns contaram ainda que mais tarde ouviram Adolfo se gabando a rapazes no Campo de Santana de que já havia "aprontado um" e, nessa ocasião, segundo o caixeiro português José Carvalho, de dezessete anos, o acusado mostrou a navalha estando esta suja de sangue a limpara em um pandeiro que trazia, inutilizando logo o couro que o pôs fora, dizendo ao guardar a navalha que ainda podia servir para outro.

O couro apodrecido do pandeiro de Adolfo está até hoje anexado ao processo criminal movido contra ele, e o tempo já cuidou de apagar as manchas de sangue do pardo desconhecido que lá devem ter existido. Por um lado, é possível tocar efetivamente nesse couro de pandeiro como uma verdadeira relíquia de uma tragédia de carnaval; por outro lado, tanto naquele tempo como agora permanecem nebulosas as circunstâncias da morte do pardo desconhecido. Assim, há uma versão contraditória a esta que pinta Adolfo como capoeira e assassino. No dia seguinte ao crime, o subdelegado do segundo distrito de São José, que foi a primeira autoridade policial a tomar conhecimento da ocorrência, enviou um ofício ao delegado da freguesia informando dos resultados de suas investigações. O subdelegado concluiu que os ofensores haviam sido Tito de tal, ex-caixeiro e que então tinha casa de roleta na rua da Carioca, e Domingos Calçado, vulgo Dominguinhos do largo da Sé, e levantou ainda os nomes de outros capoeiras que integravam o grupo do preto Tito e do mulato claro Dominguinhos. Adolfo não foi incluído nessa lista de nomes bizarros, onde figuram aparentemente capoeiras importantes do tempo na freguesia de São José e adjacências: Apolinário, chefe da malta da São Diogo, Maneco Crioulo, Evangelista, que era um ex-guarda urbano, Zeca da rua Larga, Joãozinho da rua do Regente, João Goiaba, Pai João, Emílio da rua de São Jorge e outros. Todos faziam parte do grupo de zé-pereira significativamente denominado Arrelia.

Essa outra versão dos acontecimentos está também presente no depoimento prestado na delegacia pelo português Joaquim Gomes, de 22 anos, solteiro, empregado numa "fábrica de licores" na rua Sete de Setembro, "morador na mesma fábrica", tendo assinado seu nome nos autos:

Disse que [...] passando pela rua da Carioca encontrou-se com um bando denominado "Zé Pereira", indo na frente Domingos Calçado, vestido de marinheiro, trazendo bigode e cavanhaque postiços e bem assim o crioulo Tito vestido a paisana; que ao chegar ao Largo da Carioca ele testemunha viu o crioulo Tito dar uma cacetada em um pardinho que ele testemunha não conhece, e em ato contínuo viu Domingos Calçado dar uma navalhada na região do ventre próximo à virilha; que o pardo caiu logo falecendo cinco minutos depois, pois ele testemunha assistiu a seus últimos momentos. Que o grupo a que pertenciam Domingos Calçado e o crioulo Tito armou-se logo de navalha e investiu contra alguns soldados da tropa de linha que faziam a polícia conseguindo por esse meio evadirem-se [...].

Terminado o depoimento de Joaquim, Calçado e Tito foram trazidos à presença do português, que os reconheceu como os indivíduos aos quais se referira em suas declarações. Calçado e Tito assinaram o termo de reconhecimento sem contestar coisa alguma, mas o delegado surpreendentemente não tomou seus depoimentos. Mais tarde, nas declarações que fez ao juiz, Joaquim Gomes explicou que reconhecera Tito e Calçado entre quinze ou dezesseis indivíduos que se achavam detidos por estarem envolvidos no rolo que resultara na morte do pardo desconhecido. Contou ainda que foi ameaçado por Calçado e seus companheiros, mudando logo de casa por causa disso, e disse que estranhou quando soube que Calçado se encontrava solto quatro dias após o crime, "presumindo [...] que é proteção desconhecida".

Nessa nova versão, portanto, Dominguinhos do largo da Sé aparece como o assassino. Nas declarações que prestou ao juiz de direito, Adolfo negou que tivesse confessado o crime, dizendo que quando estivera no xadrez da delegacia junto com os outros suspeitos lhe haviam perguntado apenas se sabia ler e escrever. Segundo o advogado do réu, a acusação feita a Adolfo não passava de uma articulação entre policiais e capoeiras com o intuito de livrar Calçado do crime que cometera.

Essas duas versões absolutamente opostas sobre o crime do domingo de carnaval se digladiariam no foro criminal, e o destino de Adolfo, assim como fora o caso com Jerônimo, dependeria muito da habilidade do advogado de defesa em construir uma imagem adequada para o seu cliente. E Adolfo acabou se mostrando, na verdade, um negro de muitas imagens. Nos depoimentos prestados ao delegado, as testemunhas se referiram ao réu simplesmente como "Adolfo", ou "Adolfo Mulatinho", ou "o cigarreiro conhecido por Adolfo Mulatinho". O réu declarou que seu nome era Adolfo Ferreira Nogueira. Foi assim também que o jornal *O Paiz* o identificou ao noticiar o crime, acrescentando, porém, que ele tinha o vulgo de "Mulatinho".[102] Todos, portanto, pareciam presumir, e o réu parecia querer induzir, que se tratava de uma pessoa livre.

A leitura dos autos não esclarece precisamente como nem quando, mas o fato é que se descobriu que Adolfo era escravo de d. Rosa Ferreira da Silva Pinto. Através de uma certidão passada na coletoria da Vila de Maricá, província do Rio, sabemos que o negro tinha sido herdado por essa senhora. Ele fora matriculado pelo pai de d. Rosa em 9 de setembro de 1872 sob o nº 4298 na lista geral do município, sendo o quinto escravo da relação desse senhor. Adolfo era filho de Generosa, e teria oito anos de idade em 1872. Em procuração datada de março de 1885, a viúva e mais sua filha, moradoras na rua da Saúde, delegaram ao advogado João Maria Correa de Sá e Benevides a missão de defender seus interesses na justiça.

Benevides se dedicou apaixonadamente à tarefa de tentar obter a absolvição do escravo, dando sempre a entender, porém, que sua motivação era defender a propriedade de d. Rosa, e não propriamente o pardo Adolfo. De qualquer forma, suas intervenções no processo nos legaram uma deliciosa e reveladora "leitura" da capoeiragem carioca da época, da vida de Adolfo, e dos eventos do carnaval de 1885. A primeira preocupação do advogado foi argumentar que o verdadeiro assassino havia sido

Dominguinhos, e que se estava diante de um plano urdido por policiais da terceira delegacia e capoeiras da freguesia de São José no sentido de proteger Dominguinhos e fazer com que Adolfo pagasse o pato. Na verdade, Benevides tinha uma tese geral a respeito da conivência entre os capoeiras, as autoridades policiais e judiciárias, e até "figurões" — o que provavelmente significava personalidades da política da época. Ele disparava corajosamente:

> Parece impossível que na capital do Império, neste grande centro comercial, nesta primeira cidade da América do Sul, se pratiquem fatos da ordem deste que deu causa ao processo; que não tenha havido até hoje autoridades policiais que possam extinguir esta horda de selvagens, verdadeiras feras sedentas de sangue humano, e que praticam o crime com o riso nos lábios e onde vão contar aos seus as façanhas e provar as lâminas de seus instrumentos mortíferos. Entretanto eles se reproduzem e por quê? [...] porque não temos homens, porque não temos juízes, porque os nossos costumes estão corrompidos; e porque o exemplo vem de cima para baixo e haja visto além da proteção escandalosa prestada por figurões, a esses assassinos, a própria polícia se serve deles como agentes secretos algumas vezes [...].

Benevides não estava sozinho nessa sua asserção geral de que "figurões" e policiais protegiam os capoeiras e se associavam a eles. Mello Morais Filho, um contemporâneo e estudioso das festas e tradições populares da época, afirmava, em suas páginas notáveis sobre a capoeiragem, que "à luz da navalha, muitos dos que nos governam, subiram", observando ainda que havia capoeiras nos quadros da própria polícia.[103] Para reforçar sua tese, pelo menos no concernente a Dominguinhos, Benevides fez anexar aos autos diversas certidões da Casa de Detenção comprovando que, durante os três anos nos quais o processo rolou na justiça, tal indivíduo havia sido preso várias vezes por vadiagem, desordem, capoeiragem e ofensas físicas. Dominguinhos era sempre solto horas ou dias após o ocorrido, e certa vez Benevides fez também juntar aos autos um recorte do jornal *Gazeta de Notícias*, de 27 de outubro de 1887, no qual se denunciava que o processo criminal movido contra Domingos Calçado por um ferimento feito no português Casemiro havia sido "abafado". O jornal especulava sobre as razões do fato: "muita e descabelada proteção da polícia, ou muita e descabelada relaixação [*sic*]".

Para ter chances de ganhar a batalha judicial, todavia, Benevides, além de divulgar as arrelias nas quais se envolvia Dominguinhos, precisava cuidar de construir uma imagem positiva para Adolfo. O advogado tratou então de tentar explicar a suposta confissão do crime feita pelo réu na delegacia:

> Senhor Desembargador Juiz de Direito, ou esta confissão não foi feita como parece claro, ou então ameaças ou sugestões estranhas ao direito da Senhora, ou antes o desejo de liberdade — trocando alguns meses de prisão no cárcere pela prisão menos dura do cativeiro fizeram alguma mossa no espírito embrutecido do criançola e saiu a declaração então de fls 130*v* a 140*v* e isto de algum modo se explica pelo que vamos narrar [...].

Benevides, portanto, levanta inicialmente a hipótese de que a confissão havia sido uma fraude policial; em seguida, temos de volta a ideia de que os escravos preferiam a "prisão no cárcere" ao cativeiro. O interessante é que, na versão que Benevides dá ao tema, Adolfo, que é escravo na cidade, prefere o cárcere mesmo sabendo que o cativeiro era uma prisão "menos dura". Ou seja, ao contrário do ministro da Justiça no relatório de 1870, ou dos fazendeiros de Campinas na representação à Câmara de 1879, o advogado não argumenta que Adolfo preferiria as condições de vida que teria na prisão àquelas que tinha como escravo. Sendo assim, e no caso de a confissão ter realmente ocorrido, restariam duas hipóteses para explicá-la: primeiro, as "ameaças ou sugestões estranhas ao direito da Senhora", que, como logo ve-

281

remos, é uma referência de Benevides à possível influência do movimento abolicionista sobre os escravos; segundo, o "desejo de liberdade" teria feito "alguma mossa no espírito embrutecido do criançola". Em qualquer dos casos, o advogado acabou percebendo o sentido político das atitudes desse negro: seja pela influência "externa" das ideias abolicionistas, seja pela sua motivação pessoal em lutar pela liberdade, o fato é que a possível confissão de Adolfo é percebida aqui como uma afronta ao poder da senhora, e uma afronta que passaria por uma utilização calculada das instituições policiais e judiciárias — e, portanto, não seria apenas uma senhora específica que estaria sendo desafiada, mas a própria instituição da escravidão. Em outras palavras, e apesar de não ter sido esta obviamente a sua intenção — ele queria apenas mostrar que a confissão havia sido fraudulenta ou mentirosa —, Benevides reconheceu nesse "criançola" de "espírito embrutecido" a sofisticação de procurar politizar atitudes cujo sentido não poderia aparentemente ultrapassar uma situação individual e específica.

Na continuação de seu longo texto em defesa da propriedade de d. Rosa — 21 páginas manuscritas —, o advogado passou a relatar a experiência de Adolfo no cativeiro:

Este rapaz foi criado por uma senhora da roça de costumes sãos, que teve alguma coisa, mas a morte de seu pai ou antes os negócios de sua família ficaram mal, tiveram de largar o teto paterno e vindo para a Corte trouxe da herança este único escravinho que até a idade de doze anos, era tratado com carinho de filho; casou-se com marido tão pobre como ela, e pouco depois enviuvou, ficando morando com uma irmã solteira à rua da Saúde nº 75, mandou ensinar o ofício de cigarreiro ao mulatinho, e este não só aprendeu depressa o ofício como era de ótimo comportamento e é como se vê nos documentos sob números 2 e 3 dos dois patrões com quem serviu antes do crime que se lhe imputa, e levava fielmente para a casa o produto de seus serviços nas quinzenas recebidas, dando-lhe a senhora mais do que o necessário [...].

Assim como fizera o advogado do crioulo Jerônimo, Benevides se empenhava em mostrar que Adolfo se comportava bem como escravo. Durante a infância, o pardinho recebera "carinho de filho" e, em troca, oferecia fidelidade e obediência à senhora. D. Rosa havia possibilitado a Adolfo aprender "o ofício de cigarreiro", o que sem dúvida fazia com que a senhora pudesse lhe exigir jornais mais altos. Por outro lado, Adolfo deveria possuir pelo menos alguma autonomia na escolha de seus empregos como cigarreiro. Sua obrigação essencial era levar "fielmente para a casa o produto de seus serviços nas quinzenas recebidas".

E aqui, novamente, importa que Adolfo não seja apenas um escravo fiel, mas também um ótimo operário. Benevides faz referência aos documentos números 2 e 3 que vinham em anexo, "dos dois patrões" a quem Adolfo Cigarreiro havia servido antes do crime. O documento número 2 é um atestado fornecido pelo sr. Correa de Araújo, "com depósito de charutos e miudezas e fábrica de cigarros", no qual esse proprietário afirma que

> o pardinho Adolfo escravo de D. Rosa [...] foi empregado como oficial de cigarreiro em minha casa durante o espaço de três meses, [...] e no tempo em que serviu foi sempre assíduo e pontual no trabalho, sendo considerado como o mais perito oficial que tenho tido, sendo bom o seu comportamento e jamais me constando que fosse capoeira ou navalhista conhecido.

O outro documento é o atestado de Domingos José de Barros, gerente de uma "casa de negócios de charutos e cigarros" na qual Adolfo havia trabalhado por mais de um ano, sempre se destacando como "um dos mais peritos" da casa e de "ótimo comportamento". Outro negro escravo está aqui adornado pelos patrões com qualidades essenciais do trabalhador livre disciplinado: pontualidade, assiduidade e eficiência.

A julgar pelas afirmações de Benevides, Adolfo, escravo de d. Rosa Pinto, que se dizia chamar Adolfo Ferreira Nogueira, que era conhecido por Adolfo Mulatinho, e ainda por Adolfo Cigarreira, procurava deliberadamente multiplicar suas máscaras e forjar imagens alternativas de si mesmo:

> [...] — e sabendo [d. Rosa] que ele se inculcava livre, e não se importando com isso — nove a dez meses antes do carnaval, aparece um desses emissários deste abolicionismo acoroçoado oficialmente até pouco e propõe à senhora 100 mil-réis para a liberdade do pardinho; não sendo aceita a proposta como é fácil de prever, o emissário retira-se dizendo que ela se arrependeria e três dias depois desaparece de casa o rapaz sem que durante seis meses soubesse dele a Senhora e passando privações como atualmente sofre pela falta de seus salários, até que soube que se achava numa loja de carpinteiro à rua de Santo Antônio. Lá comparecendo, o rapaz cedeu às suas ordens ou súplicas e voltou para a casa indo trabalhar na loja número 50 da rua da Constituição até a sua prisão, e dando daí em diante obediência à senhora — ao menos aparentemente — mas talvez a ideia de liberdade e os maus conselhos atuassem no seu ânimo, porquanto pedindo dois a três dias antes do carnaval para que a Senhora lhe arranjasse roupa de chita de cores bizarras para palhaço e com o tal pandeiro, queria assim divertir-se no domingo de carnaval [...].

Agora vemos Benevides empenhado em explicar como um escravo fiel e cumpridor de seus deveres pôde andar assumindo atitudes não apropriadas — como a fuga e a participação em brincadeiras de carnaval. A principal ênfase do advogado é sem dúvida na influência do movimento abolicionista. Ele cita inclusive um episódio no qual um militante do movimento teria proposto a d. Rosa a alforria de Adolfo mediante a indenização de 100 mil-réis. Negada a oferta, Adolfo teria sumido por vários meses, sendo descoberto trabalhando como carpinteiro.

Mas aqui, como já ocorrera na tentativa de explicar a possível confissão de Adolfo, Benevides oscila entre a influência "externa" — por assim dizer — do abolicionismo, e a determinação do próprio negro na luta pela liberdade. E somos informados então de que Adolfo ocultava sua condição de cativo, procurando passar por livre em seus movimentos pela cidade — ele se "inculcava livre". Além disso, o negro voltou para junto de d. Rosa após descoberto na "loja de carpinteiro" — Benevides não parece decidir se a volta se dera mediante as "ordens" ou as "súplicas" da senhora —, mas é claro que o escravo deve ter imposto suas condições: à senhora só restou ceder, por exemplo, quando o rapaz pediu para brincar no carnaval que se aproximava, e ele ainda conseguiu que d. Rosa lhe arranjasse uma "roupa de chita de cores bizarras" para que pudesse improvisar a fantasia de palhaço e sair no zé-pereira. Enfim, havia a influência do abolicionismo, porém Benevides não deixou de ver nas atitudes do pardinho uma forma de desbravar o próprio caminho em direção à liberdade.

Apesar de toda essa dedicação, Benevides não obteve sucesso. Adolfo acabou condenado a seis anos de prisão, depois de três julgamentos muito disputados no júri e diversos discursos e petições de um advogado de defesa bastante teimoso. Adolfo chegou a ser absolvido no primeiro julgamento, porém o juiz que presidiu a sessão do tribunal não se conformou com as decisões dos jurados e apelou para a anulação do julgamento. O juiz argumentou que as respostas que os jurados haviam dado aos quesitos contrariavam as provas dos autos. É possível, contudo, que Benevides colhesse aqui os frutos de seu desafio aberto às autoridades policiais e judiciárias envolvidas no caso. O último julgamento, que acabou valendo, pois a apelação ao Supremo Tribunal de Justiça não foi acolhida, foi realizado em 12 de setembro de 1887. Apenas alguns meses depois — estando na prisão — Adolfo se tornaria finalmente um liberto, como parecia desejar tanto.

Na tentativa de livrar Adolfo Mulatinho da acusação de ter assassinado o pardo desconhecido, o dedicado Benevides procurou representá-lo ao mesmo tempo como um escravo fiel e um ótimo operário. Já na história do pardo Bernardino, escravo de Leopoldina Maria de Souza, a representação do cativo é quase completamente obliterada pela imagem do operário. Bernardino, brasileiro, de 32 anos, era empregado como cocheiro, ao lado de trabalhadores livres, numa cocheira da rua da Lampadosa, paróquia do Sacramento, de propriedade de Alfredo Luiz de Souza, português, de 28 anos. Em abril de 1872, o pardo foi acusado de ter arremessado um copo contra Manoel Ferreira Félix, seu companheiro de trabalho, português, de 22 anos. A vítima narrou assim o ocorrido:[104]

> [...] que sendo empregado da cocheira número 20 e 22 da rua da Lampadoza, achava-se hoje pelo meio-dia na mesma cocheira quando entrando nela o cocheiro de nome Bernardino de cor parda, *que supõe ser escravo* [grifo meu] e morar no Rio Comprido o qual vinha de servir um freguês, e principiou a provocar e insultar, tanto a ele respondente como a mais dois empregados da casa; e saindo ele respondente para a rua a fim de evitar algum conflito, o dito Bernardino o seguiu continuando a insultá-lo, e chegando à casa de pasto da mesma rua [...] entrou, Bernardino entrando também agarrou em um copo e atirou-o sobre ele respondente caindo-lhe na cabeça e resultando-lhe os ferimentos que apresenta feito o que Bernardino evadiu-se não podendo ser preso. Que o dito Bernardino já andava a [*sic*] meses com rixa com ele e sempre a provocá-lo.

Manoel Félix, então, trabalhava ao lado de Bernardino — e os dois andavam às turras havia meses —, mas apenas supunha que o pardo era escravo. Enquanto Manoel não passava da suposição, Cândido Mendes, português, caixeiro da casa de pasto que ficava próxima à cocheira e onde se consumou a agressão, estava almoçando quando viu a discussão entre "Manoel Ferreira Félix, e o cocheiro Bernardino pardo, ambos da cocheira [...] da mesma rua". Ou seja, o caixeiro parecia saber quem eram os brigões, porém não demonstrou conhecer a condição de cativo do réu. As outras duas testemunhas do inquérito policial também são de nacionalidade portuguesa: o "artista" Alexandre Mesquita, que também almoçava na ocasião, referiu-se a Bernardino como "um pardo que não sabe o nome nem moradia"; o procurador Manoel Ramos protestou nada saber sobre os fatos em questão. Na verdade, o subdelegado concluiu o inquérito policial sem se certificar da condição de Bernardino, que permanecia foragido. Aparentemente, a situação só se esclarece quando o escrivão do sétimo distrito criminal inicia as providências no sentido de convocar as testemunhas para o sumário de culpa, que se realizou em junho. Sendo necessário localizar novos depoentes para completar o número legal mínimo de cinco testemunhas, o escrivão foi à procura de Alfredo, o dono da cocheira da rua da Lampadosa, e tudo indica que nas diligências encontrou também o acusado, mas

> não intimei ao Réu Bernardino, por ser informado pela testemunha Alfredo Luiz de Souza, que o Réu é escravo, e pelo mesmo Bernardino que era cativo.

Por conseguinte, era a senhora do negro que tinha de ser intimada a apresentá-lo.

Em suas declarações ao juiz, o dono da cocheira não fez nenhuma distinção entre as condições de Bernardino e Manoel Félix — afirmou que ambos "foram seus empregados", e que "em vista do procedimento deles os despediu de sua casa". O pardo, por sua vez, não esperou pelas providências seguintes da justiça e sumiu novamente. Leopoldina de Souza, a senhora, comunicou ao juiz em dezembro que, "havendo aparecido seu escravo", o encaminhava para a prisão. Interrogado no júri, Bernardino disse que

> não praticou semelhante ferimento, que é verdade que estando em casa de seu patrão daí saiu para ir jantar em uma hospedaria perto da casa de seu patrão, e aí estando apare-

ceu um barulho de que ele não tomou parte, desse barulho resultou Manoel Ferreira cair, pois que estava embriagado e ferir-se [...]. É verdade que seu patrão respondendo ao princípio que ele interrogado tivesse feito aquele ferimento despediu-o de seu serviço; mas verificando depois que ele interrogado não era perseguido pela Justiça e que não tinha tido parte naquele ferimento tornou-o a chamar e empregar em seu serviço.

Está claro, portanto, que Bernardino procurou provar sua inocência argumentando que não tivera nada a ver com o "barulho" que resultara no ferimento de Manoel; além disso, enfatizou que o patrão aceitara suas explicações, tanto que o empregara novamente na cocheira. Em suma, as palavras do negro visam a realçar sua condição de bom operário, deixando quase completamente de lado o fato de que continuava escravo. Bernardino foi absolvido em 31 de janeiro de 1873, e o juiz determinou que "seja o acusado entregue à sua senhora". Apesar da vitória judicial, Bernardino vivenciara uma outra face da cidade-esconderijo. Ao passar por homem livre, o pardo se viu atirado numa situação aberta de competição no trabalho com um imigrante português, que contava com as vantagens, nada desprezíveis nessa sociedade, de ser branco, europeu, e ter um patrício seu como patrão.[105]

As histórias que narram situações nas quais parece impossível descobrir prontamente a condição social de um negro se sucedem. Em março de 1874, houve uma briga entre a malta de capoeiras da Lapa e a de São José, segundo o delegado, ou da Lapa e de Santa Rita, segundo uma das testemunhas.[106] Nemésio da Costa, que estava no local do conflito, disse que viu "sujeitos crioulos, mulatos e brancos em número superior a vinte pessoas" trocando garrafadas próximo a uma venda e fazendo "grande rolo". As investigações policiais mostraram que entre os valentões se encontravam, além de brasileiros livres e portugueses, um número relativamente grande de escravos. O rolo resultara na morte do escravo Oscar e em ferimentos em outros dois cativos.

Entre os acusados figuravam o brasileiro Joaquim Costa, não identificado racialmente no inquérito policial, o português Joaquim Carvalho, e mais os escravos Zeferino e Maximiano.

Os depoimentos dos três guardas urbanos que participaram da prisão dos acusados sugerem que os policiais não tinham como saber que havia escravos entre os envolvidos no tumulto. José Siqueira, por exemplo, afirmou que prendera "o acusado Maximiano que diz ser escravo de Antônio Correa de Sá Lobo"; o guarda José Bastos disse que conseguira deter "o acusado Zeferino que diz ser escravo de Luiz José da Silva". O terceiro guarda urbano se referiu aos rapazes em luta genericamente como "vários indivíduos suspeitos, parecendo serem capoeiras". Em suma, provavelmente foram os próprios escravos capoeiras, interessados em que seus senhores se empenhassem em sua defesa, que informaram os policiais de sua condição e os nomes de seus proprietários. Com efeito, Maximiano e Zeferino conseguiram se livrar da acusação sem sequer serem levados a júri. No caso de Maximiano, que era o principal suspeito da morte de Oscar, o juiz de direito decidira inicialmente pronunciá-lo, reclamando das "maltas de capoeiras, que infestam a Corte". O curador do escravo — contando "com assistência de seu senhor" — recorreu da pronúncia ao "Egrégio Tribunal da Relação da Corte". Em suas novas alegações em defesa de Maximiano, todavia, o curador escreveu como se estivesse se dirigindo diretamente à "Sua Majestade Imperial". Não sei se esse detalhe tem ou não alguma importância no caso, mas o fato é que o escravo foi despronunciado e devolvido ao senhor em julho de 1874. E o caso sugere ainda que, se havia escravos que recorriam à polícia e à justiça para confrontar seus senhores, também havia aqueles que, dependendo dos apuros em que se encontravam, evocavam sua condição servil no intuito de obter alguma proteção. Talvez tenha sido por esse motivo que o preto Serafim, um dos protagonistas do primeiro capítulo, desaparecido há anos da fazenda de seu senhor e acusado de um crime na Corte, tenha colaborado tanto para que as autoridades localizassem seu proprietário nas Minas Gerais.

O código de posturas da Corte de 1830 estabelecia penas de multa e prisão para

> toda, e qualquer pessoa com casa de negócio, que comprar objetos, que se julguem furtados, pelo diminuto preço de seu valor, e por pessoas, que se julgue não possuírem tais objetos.[107]

O código de posturas de 1838 tentava apertar mais esse controle sobre a circulação de objetos presumivelmente furtados por negros escravos ou "pessoas suspeitas". Além de reafirmar o que havia sido estabelecido no código anterior, ficava determinado que

> Ninguém poderá ter casa ou loja de comprar e vender trastes e roupas usadas, vulgarmente chamadas — casas de belchior — sem que assine termo nesta Câmara de não comprar coisa alguma a escravos ou a pessoas suspeitas.[108]

É reveladora a fórmula utilizada por esses códigos — elaborados por administradores-proprietários em defesa de seus bens — contra os despossuídos dessa sociedade: ou se enquadram na categoria de trabalhadores compulsórios, os escravos, ou caem numa categoria que se vinha ampliando constantemente ao longo do século XIX — ou quem sabe desde muito antes —, as "pessoas, que se julgue não possuírem [...] objetos", ou as "pessoas suspeitas".

Não eram apenas os furtos que preocupavam os administradores da cidade. O código de posturas de 1830 proibia que os donos de casas de negócio consentissem na presença "em suas portas [de] pessoas cativas sentadas, ou a jogarem, ou paradas por mais tempo, do que o necessário para fazerem compras".[109] O código de 1838, em geral mais rigoroso e detalhado em relação aos movimentos permitidos aos escravos e "pessoas suspeitas", não reafirmou, porém, a determinação acima. Por outro lado, recomendava aos donos das tavernas que não autorizassem o "ajuntamento de mais de quatro escravos" em suas casas de negócio. O mesmo código, que ao que tudo indica não fora formalmente revogado nesses pontos em plena década de 1880, estabelecia ainda

> que todo o escravo, que for encontrado das sete horas da tarde em diante, sem escrito de seu senhor, datado do mesmo dia, no qual declare o fim a que vai, sofrerá oito dias de prisão, dando-se parte ao senhor.[110]

Nada disso foi capaz de impedir Raimundo, escravo de João Dias Quintas, de obter dinheiro com um furto que cometera e passar a noite na farra com amigos.[111] Era o mês de outubro de 1881, e Raimundo, que labutava ao lado de trabalhadores livres e escravos num armazém de café na rua da Saúde, estava sendo acusado pelo caixeiro e outros empregados do dito armazém de ter arrombado a escrivaninha de seus patrões e tirado de lá cerca de 200 mil-réis em prata e dinheiro, além de letras de diferentes bancos. O escravo Augusto, amigo de Raimundo, contou na estação policial o encontro que teve com o acusado pela manhã:

> [...] encontrou-se ele depoente com seu parceiro de nome Raimundo na rua Estreita de São Joaquim e aí viu este com um papel de valor e viu que tinha escrito o algarismo de 100 mil-réis e nessa ocasião Raimundo disse a ele depoente que tinha tirado uma sorte na loteria e que o dito papel lhe havia sido dado por um cambista; que depois foi com Raimundo beber vinho em uma taberna da dita rua [...].

Outros depoentes disseram que o réu explicara que fora um dono de quiosque quem lhe pagara o prêmio da loteria, sem jamais mencionar onde era o quiosque nem quem era seu dono. Apesar de ter sido preso ainda de posse de algumas das letras que haviam desaparecido da escrivaninha do armazém, o preto negou sempre que tivesse cometido o roubo, e contou ao subdelegado "que o dinheiro que recebeu do cambista gastou durante a noite em pândega com outros indivíduos". Ele acrescentou ainda que quando chegou à casa de seu senhor, no outro dia pela manhã, já havia gasto todo o dinheiro das letras que trocara.

O inquérito policial acabou revelando que Raimundo havia sido auxiliado por um caixeiro na venda das letras. Joaquim da Cunha, português, de vinte anos, contou que fora ele que levara o negro para onde se encontravam os cambistas, e explicou que "se assim o fez foi supondo ser este livre e hoje sabe que é escravo de Fuão Cardoso". É claro que é impossível saber se o caixeiro dizia a verdade ao declarar que desconhecia a condição de cativo de Raimundo; todavia, Joaquim estava sob ameaça de ser considerado cúmplice no caso, e é relevante que ele tenha se safado com esta versão. Em outras palavras, podia não ser verdadeira, mas era verossímil a alegação do caixeiro de que ele não pudera saber que estivera lidando com um escravo; e as autoridades policiais acreditaram em Joaquim, ou pelo menos foi possível fingir acreditar. Raimundo, portanto, estava em apuros, e seu senhor contratou então um excelente advogado para defender sua propriedade na justiça: João Maria Correa de Sá e Benevides. Mas Benevides não chegou a fazer muito desta vez: Raimundo faleceu de beribéri na Casa de Detenção em 15 de março de 1882.

Não é necessário multiplicar as historinhas nesse contexto para enfatizar que a cidade escravista disciplinada, como aparece idealizada nos códigos de posturas da década de 1830, deixara de existir na segunda metade do século XIX, senão desde muito antes. Logo encontraremos mais exemplos de negros escravos que, mais ou menos insistentemente e em diferentes situações, procuravam passar por homens livres.

O ESCONDERIJO NA CIDADE: OS CORTIÇOS E A LIBERDADE

O que o acaso trouxe à tona sobre a história da escrava Júlia foram apenas os procedimentos para a execução da sentença, em maio de 1868. Apesar de buscas subsequentes no oceano de processos do Arquivo Nacional, não consegui localizar os demais autos referentes ao caso. Tais autos certamente existiram alguma vez, e talvez ainda existam em algum canto indevassável de arquivo: a execução cível registra apenas a última cena de uma longa e infrutífera batalha de Júlia pela liberdade. Tudo começara com uma ação de liberdade proposta pela escrava, através de seu curador, contra sua senhora, Maria Joana do Espírito Santo, em 1865. A escrava perdera a causa em sentença proferida pelo juízo municipal da segunda vara em 31 de agosto de 1866. Em recurso interposto ao tribunal da relação da Corte, a escrava perdeu novamente, segundo acórdão de 5 de julho de 1867. O curador da negra obteve o embargo da sentença; todavia, um novo acórdão de 20 de março de 1868 confirmou a decisão anterior. Vitoriosa, a senhora solicitou a execução da sentença em maio; isto é, requereu que Júlia, que estava no depósito público desde abril de 1866, lhe fosse devolvida. Esta última peça jurídica é a única que temos disponível no momento.[112]

A execução cível contém uma cópia da sentença do juiz municipal da segunda vara, proferida em agosto de 1866. Felizmente para nós, o caso era complicado, e o juiz fundamentou sua decisão numa análise minuciosa dos argumentos e das provas oferecidas pelas partes em confronto. A versão da escrava era de que ela deveria ser considerada uma "africana livre", pois teria sido importada após a lei de proibição do tráfico de 1831. Além disso, a negra alegava que já havia prestado mais de vinte anos de serviços a Maria Joana e que, por conseguinte, tinha direito à liberdade devido ao decreto de 28 de dezembro de 1853 — que limitara em quatorze anos o período máximo de prestação de serviços por parte dos africanos livres —, e também devido ao decreto de 24 de setembro de 1864 — que emancipara todos os africanos livres existentes no Império. Júlia afirmava ainda que havia chegado ao país em 1845, tendo sido desembarcada clandestinamente na Ponta do Caju, cidade do Rio, onde foi achada à noite por Joaquim José Madeira, que dela fez entrega à Notificada, sua filha [Maria Joana do Espírito Santo], em cujo poder tem estado até hoje, intitulando-se sua senhora.

Finalmente, Júlia menciona que a senhora queria "ultimamente vendê-la", e a menção desse fato indica que a tentativa da negra em obter a liberdade na justiça era provavelmente uma forma de lutar contra um destino que lhe repugnava. Basta lembrar de Bonifácio, Carlos, Ciríaco, Carlota...

A versão da senhora era completamente diferente. Júlia pertencera a um inglês chamado Guilherme Erving, morador em Ubatuba, e que morrera em 1838. A escrava, portanto, teria sido importada em época incerta, porém sem dúvida anterior a 1838, e não em 1845, como alegava. Com o falecimento do inglês, seus escravos foram "à praça", a africana Júlia entre eles. O pai de Maria Joana arrematou Júlia e a entregou de presente à filha, "sendo essa a única escrava, que esta possuía". Ao que tudo indica, nos últimos anos Júlia "esteve alugada nesta Corte, entregando os aluguéis às pessoas encarregadas de percebê-los e de entregá-los à Notificada". Em suma, Maria Joana, que se declarava "pobre e inteiramente balda de recursos", utilizava a única negra que possuía prioritariamente como fonte de renda, e não para lhe prestar serviços pessoais. O juiz municipal considerou convincentes as provas apresentadas pela senhora e lhe deu ganho de causa.

Mais interessantes, contudo, são os comentários do magistrado a respeito da versão e das provas apresentadas da parte da escrava:

> [...] não exibiu ela nos autos a menor prova, apenas constando dos depoimentos das testemunhas que trouxe a Juízo, que passava ela por africana livre no Catete, onde residiu em um quarto, e vivendo de lavar roupas de alguns fregueses, conhecendo-a as testemunhas há sete ou oito anos [...]. Dado mesmo esse fato por averiguado, não importa ele o

reconhecimento da Notificante como Africana livre, e podendo obter hoje a sua emancipação, quando apareçam provas mais valentes, que ilidam o direito da Notificante. É certo, que alguns senhores dão muitas vezes autorização a escravos seus para com o modo de vida que eles escolherem, lhes darem um certo e determinado jornal, esses escravos procuram ganhar o jornal, e andam muitas vezes ocupando quartos, em cortiços, ou em casas particulares, para cujo pequeno aluguel concorrem, e não é de admirar que não queiram passar como escravos, antes o seu amor-próprio lhes aconselha que se inculquem como livres. Eis a razão porque as testemunhas da Notificante depõem que sempre a tiveram como livre [...].

Os comentários do juiz evidenciam, com admirável clareza e precisão, alguns aspectos centrais do argumento que venho procurando construir neste capítulo. Vemos aqui, por um lado, o reconhecimento de que as características que a escravidão assumira na Corte haviam resultado, pelo menos em parte, do interesse dos senhores em extrair o máximo de seus investimentos em cativos nas condições do mercado de trabalho no meio urbano em questão. Assim, os escravos pareciam precisar de mobilidade para terem condições de pagar os jornais determinados — e aí estaria a origem das autorizações para que escravos morassem em quartos de cortiços ou em casas de cômodos. Por outro lado, isso implicava que tais cativos tivessem "o modo de vida que eles escolherem", e o juiz acaba tendo de concluir que a transformação da cidade num esconderijo era uma escolha de luta dos próprios negros: "não é de admirar que não queiram passar como escravos [...] que se inculquem como livres". Na avaliação do juiz, essa opção de luta era razoavelmente bem-sucedida, sendo que as testemunhas apresentadas por Júlia, por exemplo, pareciam ter sido levadas a acreditar que a negra era efetivamente livre.

Até aqui, apenas repisamos um caminho já percorrido. Para ir adiante, podemos perguntar o porquê de Júlia e seu curador terem construído sua versão dos fatos da forma como o fizeram. A escrava e seu curador aparentemente pensavam que podiam vencer a causa se provassem que Júlia vivia "sobre si", como se dizia na época — isto é, se a negra vivia num quartinho de cortiço e se sustentava com o próprio trabalho, ela estava isenta de "sujeição dominical", presumindo-se, então, que se tratava de pessoa livre. O raciocínio é rigorosamente lógico do ponto de vista do lugar tradicional da escravidão no imaginário senhorial: se o cativeiro se define como uma relação de sujeição e dependência pessoal, é razoável supor que uma pessoa que viva "sobre si", que possa escolher seu "modo de vida", não esteja sob o domínio de senhor algum. Em outras palavras, a estratégia do curador foi procurar aplicar de forma irrestrita a definição "ortodoxa", por assim dizer, do cativeiro. Uma definição, porém, cuja validade era cada vez mais problemática na experiência histórica da Corte — uma definição incontroversa em outros lugares, quiçá em outros tempos.

Torna-se claro, então, que escravos vivendo "sobre si" contribuíam para a desconstrução de significados sociais essenciais à continuidade da instituição da escravidão. O restante deste capítulo é uma tentativa de perceber como os negros articulavam, em suas ações cotidianas, os dois componentes centrais do viver "sobre si": a possibilidade de morar fora da casa dos senhores, e o desejo de certa autonomia nas atividades produtivas às quais se dedicavam. Desvendar essa articulação equivale a aprender um pouco do sentido que os próprios negros conferiam à liberdade.

Em primeiro lugar, o tema não é inédito para nós. A perspicácia de Machado de Assis fez com que ele colocasse na boca do senhor de Pancrácio, ao conversar com o molecote sobre a sua nova condição, as seguintes palavras: "Tu és livre, podes ir para onde quiseres". Liberdade aqui tem a ver com mobilidade, com a possibilidade de deixar a casa do senhor. Com efeito, há indícios seguros, para além do que já foi discutido no primeiro capítulo, de que os negros aproximavam a condição de livre da possibilidade de escolher aonde e com quem morar. Adolfo Mulatinho, que se "inculcava livre", declarou na delegacia que morava na rua da Imperatriz, 83, estalagem, quarto número 10; Júlia provou que passava por africana livre em cortiço do Catete. Um dos lances decisivos num processo de luta pela alforria podia ser conseguir sair da casa do senhor, sem que isso implicasse necessariamente um confronto direto, uma fuga. Essa pode ter sido uma das atitudes da preta livre Maria Ana do Bonfim no sentido de conseguir a liberdade da filha Felicidade. Na versão do negociante Guimarães, Maria do Bonfim lhe alugara a própria filha; esta parecia uma solução provisória das negras para que, vivendo e trabalhando juntas, conseguissem amealhar o dinheiro necessário para remir Felicidade do cativeiro. O curador da escrava, todavia, irá se basear no fato de que Felicidade "viveu sobre si em companhia de sua mãe" para argumentar que

> este estado que sem contestação gozou a Autora [Felicidade] são indicativos certos [*sic*] que o próprio réu a considerava pessoa livre.[113]

Alugar a própria filha também foi uma atitude tomada pela preta Antônia para tirar a rapariga da posse do senhor.[114] O proprietário fez publicar suas queixas no *Jornal do Commercio* em 7 de abril de 1863:

> Boaventura Joaquim Gomes [...] protesta [...] contra quem der couto em sua casa à sua escrava Benedita, crioula, com quinze para dezesseis anos de idade, de corpo e estatura regular, com sinais de bexiga pelo rosto, que lhe fugiu em 28 de Março de 1863, seduzida pela preta livre, mãe da mesma sua escrava, porque tendo procurado o anunciante para alugar sua filha, pagando um mês adiantado e levando consigo a referida Benedita, e não tendo trazido o jornal, nem comparecido em casa do anunciante, foi o mesmo à casa onde existia a sua escrava e a mãe desta, e aí foi informado que tendo saído a sua escrava em companhia da mãe, ainda

não tinha voltado, e tendo o mesmo anunciado pelo jornais a fuga de sua escrava, foi informado que a viram ambas em Niterói [...].

Antônia e a filha estavam morando juntas num sótão que haviam alugado. Boaventura Gomes conseguiu um mandado de apreensão de Benedita, e os oficiais de justiça souberam que a negra se encontrava no sótão da rua da Prainha em 24 de abril. Lá chegando, logo viram que a rapariga se havia trancado por dentro e não queria se entregar — ela alegava que a mãe havia saído e levado a chave. Depois de muita protelação, Benedita foi detida quando explorava uma rota de fuga pelo telhado às três da madrugada.

A preta Antônia, natural da Costa da Mina, quitandeira, explicou detalhadamente ao juiz municipal o porquê de achar ilegítima a escravidão à qual estava submetida a filha. Iniciou contando que ela própria conseguira a alforria havia dois anos, tendo pago ao senhor 2 contos de réis de indenização. A filha Benedita continuara cativa do mesmo senhor. O tal senhor, contudo,

> tendo [...] de pagar umas dívidas lhe contou que aquela sua filha ia ser vendida na praça, e querendo ela respondente livrar sua filha do cativeiro procurou arranjar e por fim conseguiu obter a quantia de 1 conto e 400 mil-réis [...].

Obtida a quantia, em parte proveniente de suas economias de quitandeira, na maior parte proveniente de empréstimos, Antônia teria pedido a Boaventura Gomes — "porque conhecendo-o há muito tempo tinha nele confiança" — que "com aquele dinheiro forrasse na praça a sua filha". A africana descobriu depois que fora miseravelmente traída por Boaventura: ele teria usado o dinheiro levantado pela negra para fazer de Benedita sua própria escrava. Para provar que Boaventura Gomes sabia perfeitamente que a condição legítima de Benedita era a liberdade, a africana argumentou ao final de suas declarações:

> Que depois disso e até hoje tem sua filha estado em companhia da respondente, não sabendo a razão por que sua filha está até hoje em seu poder quando o réu se considera seu senhor.

Ou seja, aqui é uma ex-escrava mesmo quem raciocina segundo o pressuposto de que se pode presumir livre a pessoa que vive "sobre si" ou, no caso, que vive com a mãe liberta — estando Benedita, por conseguinte, isenta de domínio senhorial. Apesar de todo o empenho, as negras não obtiveram sucesso na justiça.

No caso da preta Augusta, no entanto, um raciocínio semelhante parece ter ajudado na luta pela manutenção de uma alforria contestada por herdeiros.[115] Na petição inicial datada de 28 de julho de 1870, Augusta explica que havia sido escrava do tenente-coronel José Valle, e que este a alforriara havia oito anos, "sob condição de acompanhar durante sua vida". Com a morte do senhor em novembro de 1864, a negra

> retirou-se e separou a sua economia, como pessoa livre, que é, e neste estado tem permanecido até o presente, sem contestação alguma.

Agora, porém, o inventariante dos bens do falecido tentava incluí-la como escrava no "acervo hereditário", tendo a seu favor o fato de que a carta de alforria de Augusta se havia extraviado. Mais ainda, o inventariante estava "querendo obrigá-la a pagar jornais".

Diante desse quadro, a alternativa para Augusta foi provar, através de testemunhas, duas coisas: primeiro, que a carta de alforria existira — sendo que um dos depoentes declara até que ouvira "ler essa dita carta de liberdade pelo filho da mesma preta de nome Frutuoso"; segundo, que ela efetivamente vivia como livre — e neste ponto as duas testemunhas apresentadas pela negra declaram que, com a morte do senhor, a preta Augusta desde logo entrou na posse de sua liberdade sem contestação de pessoa alguma vivendo em companhia de seu filho Frutuoso.

Isto é, Augusta vivia "sobre si" em companhia do filho, e sem contestação de ninguém, havia pelo menos cinco anos, presumindo-se livre uma pessoa em tais circunstâncias. A liberdade de Augusta foi ratificada na justiça em 30 de agosto de 1870.

Essas histórias sugerem que em torno da ideia do "viver sobre si" havia um conteúdo ideológico aparentemente comum a senhores, escravos e magistrados: todos achavam que "viver sobre si" era algo atrelado à condição de pessoa livre. Ou seja, trata-se de um outro significado social geral dos brasis no século XIX, semelhante àquele, destrinchado no capítulo sobre o bom Pancrácio, de que a decisão sobre a alforria do escravo era prerrogativa exclusiva do senhor. E aqui, novamente, temos um significado social que, longe de mascarar as contradições presentes na sociedade, confere um sentido político geral às ações mais particulares dos escravos: alargar, quiçá interpretar diferentemente, o "viver sobre si" significa se aproximar da liberdade, confundir, até destruir, a imagem de uma sociedade de "duas classes de livres [e] escravos", como dizia Eusébio de Queiroz. Significa, em suma, fazer desmanchar conteúdos ideológicos cruciais à continuidade da escravidão.

Conseguir autorização para morar fora da casa do senhor, portanto, era algo que os escravos valorizavam — era um passo, pelo menos simbólico, no sentido da liberdade. E para escravos, assim como para libertos e negros livres em geral, as alternativas viáveis de moradia na Corte no período eram cada vez mais os cortiços e as casas de cômodos. Sair da casa do senhor, ou do ex-senhor, era um desejo que talvez não tivesse muito a ver com a expectativa de melhores condições materiais de vida. Os cativos continuavam a ter de pagar os jornais, e havia agora a despesa do aluguel e da alimentação; os libertos estavam pelo menos livres dos detestados jornais que antes pagavam aos senhores. Como dizia Bertoleza, a negra que era amásia de João Romão, em *O cortiço*, a respeito dos jornais que tinha de "escarrar" para o proprietário: "Seu senhor comia-lhe a pele do corpo".[116]

Três processos do juízo de ausentes da primeira vara da Corte nos dão alguma ideia das condições de moradia de negros escravos e libertos vivendo "sobre si". No primeiro deles, de 1866, Benedito, preto forro, morava na "casa número 110, loja, da rua da Prainha".[117] Segundo o subdelegado do primeiro distrito de Santa Rita, o preto fugira "por temor de uma execução por dívida". A casa, com o que ficara dentro, estava "em poder de uma parda escrava que tem alugada". A parda se retirou logo para a casa do senhor, e foi feito um levantamento dos objetos pertencentes ao liberto. Constam da lista: duas mesas e dois bancos de pinho, uma marquesa, também de pinho, um baú, uma cadeira velha, "louças diversas", dezesseis sacos de carvão, um barril, uma moringa, três alguidares, um fogão de ferro, dez abanos, e uma bandeja de limões. Um indivíduo com o grandiloquente título de "Curador geral das heranças jacentes e bens de ausentes do Município da Corte" só poderia considerar os móveis de Benedito "insignificantes" mesmo, e tudo foi arrematado na praça por pouco mais de 20 mil-réis.

Nos autos seguintes, de 1875, Miguel Faria, residente em Portugal e proprietário na Corte de uma estalagem na rua Velha de São Diogo, solicita, através de seu procurador, que se tomem providências a respeito dos pertences de três moradores de sua estalagem que haviam morrido, e de um outro que estava desaparecido.[118] O subdelegado da freguesia de Santana mandara "pregar as portas desses quartos com o que se acha dentro", e o proprietário protestava que assim não lhe deixavam crescer os cobres. Entre os finados estavam Antônio Benguela, escravo de Fuão Guimarães, morador do quarto número 3 e falecido em abril, e o preto Leopoldo, morador do quarto número 5 e falecido em setembro. Os bens arrecadados nos quatro quartos em questão, novamente considerados "insignificantes", renderam na praça, somados, a quantia de 6 mil-réis. Não se fez sequer uma lista específica para cada um dos quartos, sabendo-se apenas que entre os objetos leiloados estavam "duas caixas de pinho, duas marquesas e uma cama de ferro".

Finalmente, em autos de "arrecadação" de fevereiro de 1887, temos a listagem dos objetos pertencentes a "Benedito, crioulo, preto".[119] Benedito sumira do quarto número 9 da estalagem da rua Nova de São Leopoldo, 10, de propriedade de José Antônio de Sampaio, residente em Braga, Portugal. O "Curador geral etc." registrou, por força do hábito, que os bens encontrados eram "insignificantes", e tudo rendeu a quantia de 8 mil-réis no leilão. A lista, contudo, é a mais longa dos três casos localizados:

> [...] uma cama francesa para solteiro; uma cadeira de jacarandá quebrada; uma caixa com alguma ferramenta; dois baús de folha com roupa muito velha; um cabide de madeira; uma mesa pequena ordinária; sete quadros; uma moringa de barro; um banco para a talha; dois barris; um chapéu de palha branco; uma mala pequena; alguma lasca de barro; um castiçal de metal amarelo; uma caneca vazia; três facas e três garfos ordinários; uma caixa muito velha; uma mesa de pinho velha.

Espaço restrito, mobília "insignificante", e aluguel às vezes difícil de pagar: em 10 de abril de 1860, Joaquim Costa, proprietário de uma casa na rua do Lavradio, resolveu cobrar na justiça os aluguéis devidos por Valeriano, "preto mina, forro".[120] Segundo ele, o negro lhe devia pouco mais de 61 mil-réis, quantia referente a 45 dias de atraso no pagamento, e protestava também que se providenciasse o despejo do inquilino inadimplente. As brigas entre senhorio e inquilino são uma invenção humana tão arraigada quanto o direito à propriedade privada: o português Fernando Borges, dono de uma casa de cômodos, agrediu Elísia Albertina, baiana, "de cor", que estava grávida na ocasião, durante uma discussão sobre aluguéis em atraso;[121] a mineira Honorata da Conceição, encarregada de uma estalagem na rua da Alfândega, foi cobrar uma dívida contraída pela crioula Amélia — e a cobrança resultou em briga entre os amantes das duas mulheres;[122] já a baiana Margarida arremessou um prato contra o "preto crioulo livre" Paulo Silva porque este ousara lhe cobrar o aluguel do quarto de zungu onde morava.[123]

Apesar de todas as dificuldades, vimos que o liberto Agostinho Lima — o pardo do discurso da amendoeira — havia alugado um quarto para seus encontros de amor com a escrava Deoclécia.[124] Marcolino, pardo, "cozinheiro e de todo o serviço doméstico sendo também padeiro", escravo de d. Flora da Cunha Carvalho, uma viúva abastada moradora no Catete, narrou ao subdelegado as circunstâncias do roubo ocorrido na casa da senhora em dezembro de 1870:[125]

> Que ele declarante é o incumbido de guardar a casa de sua senhora sempre que ela tem de ficar fora de casa; que na noite passada, fechando ele declarante a casa de sua senhora, [...] na mesma noite passada, em que sua senhora dormiu em casa de uma sua filha, moradora na praia do Flamengo número 60, e indo ele declarante dormir na rua do Marquês de Abrantes, onde há um cortiço, em que ele declarante tem a sua amásia, vindo para casa de sua senhora na manhã de hoje, pelas seis horas, encontrou a porta da entrada da casa, aberta, desconfiando então que aí houvesse penetrado alguém [...].

A leitura do processo não esclarece se Marcolino tinha permissão da senhora para dormir com a amásia no cortiço. Todavia, pela aparente naturalidade com a qual ele se refere à existência da amásia, e pelo fato de ser ele um escravo de confiança, a quem d. Flora entregava mesmo a guarda de seus bens quando precisava se ausentar, é bem provável que o negro contasse com a anuência da senhora para dormir fora. De qualquer forma, Marcolino correu ao encontro da viúva no Flamengo assim que constatou o roubo, assustado "por causa da responsabilidade que lhe cabia", conforme declarou, e certamente temendo que lhe atribuíssem alguma cumplicidade no ocorrido. O escravo retornou então ao Catete acompanhado da senhora, e as averiguações constataram o sumiço de "joias de ouro e de brilhantes, e muitas peças de prata", além de algum dinheiro.

As investigações policiais revelaram logo que João Inácio de Souza, português, dono de um armazém de secos e molhados na rua Estreita de São Joaquim, andava vendendo os objetos furtados. Seguindo a pista, os policiais descobriram que os gatunos haviam sido Afonso, um chim que não chegou a ser preso, Manoel Pereira Ramos, vulgo Pica-Pau, natural da Corte, pintor, 21 anos, morador da estalagem da rua da Imperatriz, 67, e o pardo Amâncio, vulgo Camundongo, escravo de Manoel Correa da Rocha, baiano, sapateiro, e com 28 anos de idade. O escravo Amâncio foi exatamente o acusado que explicou mais longamente ao subdelegado tudo o que se passara. Ele contou, inicialmente, que fora premeditado o arrombamento da casa de d. Flora, isso porque ele e seus companheiros sabiam que

a dona dessa casa havia noites que aí não dormia, e que um pardo escravo dessa senhora, que era incumbido de guardar a casa tinha o costume de fechá-la e ir dormir fora, porque viam ele [sic] sair.

Após descrever os detalhes do arrombamento e da ação dentro da casa da viúva, Camundongo passou a narrar a participação do dono do armazém de secos e molhados no episódio:

Que João Inácio de Souza sabia que esses objetos eram roubados, e é certo que João Inácio de Souza, além de ter disso ciência, é costumado a comprar roubos, sendo que já tem comprado a diversos outros indivíduos relógios e mais outros objetos roubados. Que João Inácio de Souza sabe perfeitamente que ele respondente é escravo, por isso que ele respondente já lho tem dito, sendo até que João Inácio de Souza já de há muito conhecia ele respondente, tanto que em certa ocasião tirando ele respondente 800 mil-réis na loteria João Inácio de Souza foi quem guardou esse dinheiro a pedido dele respondente.

É interessante a forma como Amâncio explicou ao subdelegado o fato de que o negociante sabia de sua condição de escravo: a explicação não estaria nos pés descalços ou em qualquer outro sinal externo, e sim "por isso que ele respondente já lho tem dito". Com efeito, a versão do próprio negro sobre seu modo de vida é construída de maneira a tornar patente que só pessoas que o conheciam de longa data, e a quem ele falava a respeito de sua condição, poderiam saber que ele era cativo.

As respostas seguintes de Amâncio mostram que, pelo menos nas aparências, sua vida não se podia distinguir da de seus companheiros livres, como o chim Afonso e Pica-Pau:

> Perguntado qual o motivo que os levou ao cometimento do roubo? Respondeu que ninguém roubou senão por necessidade [...]. Perguntado a [*sic*] quanto tempo conhece a João Inácio de Souza? Respondeu que o conhece há mais de seis anos, tendo feito com o mesmo relações, porque já morou em uma casa que comunica com os fundos da venda do mesmo. Perguntado há quanto tempo conhece ao chim Afonso e a Manoel Pereira Ramos, e como fez com eles relações? Respondeu que ao chim conhece há dois anos, e a Ramos há oito anos, morando com o mesmo Ramos desde essa época. Perguntado como morava desde essa época sobre si, sendo ele respondente escravo? Respondeu que dava jornal, e tinha licença escrita de seu senhor para dormir fora.

Segundo o depoimento de Antônio Ribeiro, caixeiro do armazém de secos e molhados do acusado João Inácio, o escravo Amâncio e Pica-Pau frequentavam "a casa de seu patrão" e haviam morado algum tempo juntos nos fundos do armazém. E, se Camundongo ainda morava com Pica-Pau por ocasião do roubo — e é isso o que parece estar implícito nas declarações

305

acima —, então seu mais recente endereço era a estalagem da rua da Imperatriz. A última pergunta do subdelegado parte do conhecido pressuposto de que "viver sobre si" era por definição algo associado à condição de pessoa livre — "como morava [...] sobre si, sendo [...] escravo?" —, um pressuposto relativizado pelo costume do escravo Marcolino de dormir com a amásia no cortiço, e totalmente superado no tipo de relacionamento que Amâncio declarava ter com seu senhor: ele tinha a obrigação de pagar os jornais, porém conquistara o direito de dormir fora, de escolher seu "modo de vida", como dizia o juiz na história de Júlia.

Raras são as chances que se oferecem, nos tipos de fontes analisadas neste trabalho, para que possamos seguir famílias de negros ao longo do tempo. É possível todavia, juntar aqui e ali os fragmentos de experiência disponíveis e tentar esboçar algumas generalizações. Já temos encontrado, por um lado, histórias dramáticas como as das negras Maria Ana do Bonfim e Antônia, que tentavam de todas as formas se reunir novamente às filhas — de quem haviam sido separadas em virtude dos negócios da escravidão. Por outro lado, acompanhamos momentos nas vidas de alguns casais de negros. José Matos e Alexandrina, ambos libertos, senhores de Joaquim Africano, tinham uma relação amorosa que vinha desde os tempos do cativeiro de Alexandrina; segundo a mulher, José Matos, ex--escravo de Perdigão Malheiro, a havia auxiliado na obtenção da liberdade. Vimos também a paixão louca de Agostinho por Deoclécia, e as escapadas de Marcolino para o cortiço onde tinha a amásia.

Na verdade, como sugeri no primeiro capítulo, o desejo de se reunir à família e às suas comunidades de origem era a força que movia e que dava garra a negros como Bráulio e Serafim. É provável mesmo que a rebeldia santa dos "negros maus vindos do norte" — isto é, os milhares de escravos arrancados do convívio de suas famílias e comunidades por obra do tráfico interprovincial, especialmente na década de 1870 — tenha elevado as tensões sociais no sudeste aos limites do intolerável, e ajudado a cavar finalmente a sepultura da instituição da escravidão. Vimos que Eusébio de Queiroz achava que, no caso do tráfico de africanos, a "cura" viera pelo "excesso do mal"; ele poderia talvez pensar a mesma coisa do tráfico interprovincial se estivesse vivo na década de 1870. O fundamental, de qualquer forma, é enfatizar que, para os negros, a liberdade significava, entre outras coisas, o fim de uma vida constantemente sujeita às vicissitudes das transações de compra e venda. As feridas dos açoites provavelmente cicatrizavam com o tempo; as separações afetivas, ou a constante ameaça de separação, eram as chagas eternamente abertas no cativeiro. A história do escravo Bráulio ressurge aqui com toda a força de sua mensagem, e por isso não custa repeti-la em parte. Bráulio sempre vivera com a mãe Severina e outros familiares como escravo do major Nicolau, na província da Bahia; com a morte do senhor e o inventário subsequente, ocorreu a diáspora familiar: a mãe e o irmão Durval foram vendidos para o Rio Grande do Sul e Bráulio, "como depois procedesse mal", acabou vendido para uma fazenda de café no sudeste. O negro fugiu da fazenda e foi preso na Corte, "por suspeito de ser escravo", quando tentava tomar um vapor de volta à sua terra natal.[126]

Por isso tudo, devia ser importante, e emocionante, conseguir juntar algumas pessoas queridas na liberdade, mesmo que o cenário do alvitre fosse um dos miseráveis cortiços da Corte. A ironia dos testemunhos históricos é que geralmente chegamos a saber de tais arranjos de vida porque as relações entre as pessoas envolvidas passaram por momentos agudos de crise, redundando às vezes em desenlaces trágicos, registrados e preservados nos arquivos judiciais. João da Costa Viana, "preto liberto", natural de Cabo Frio, 59 anos, analfabeto, solteiro, consta apenas ser "trabalhador", morador numa estalagem do Engenho Velho, relatou no júri as causas de suas desavenças com a amásia:[127]

Que é verdade que Águeda Maria da Conceição viveu em companhia dele interrogado durante dezessete anos, e quinze dias antes do fato o abandonou por sugestões de José dono da estalagem que a insufrava [*sic*] para tirar dele interrogado objetos de sua casa como louça e até roupa, e foi a isso que aludia quando disse que o senhor José era culpado segundo informou a testemunha Umbelina Maria, sendo que o mesmo José dizia a sua companheira que lhe havia de arranjar um homem branco para digo branco seu patrício para seu companheiro. E por essas seduções antes de retirar-se de casa já o maltratava dizendo que já estava arranjada.

Águeda Maria da Conceição, a amásia de João Viana por dezessete anos, era uma "preta liberta". O "fato" ao qual se refere o liberto João foram os ferimentos a navalha que ele havia feito na amásia e em si próprio, em setembro de 1874, porque a mulher não queria mais os seus amores. Na versão de João, a culpa por seus dissabores cabia a José Antônio da Silva, o português que era dono da estalagem onde o casal de libertos morava e da venda que havia na frente da estalagem. As queixas do liberto têm um conteúdo abertamente racial e nacional: o português dizia a Águeda que lhe arranjaria um novo amásio, "um homem branco [...] seu patrício". Segundo o relato de testemunhas e do próprio acusado, a agressão ocorrera quando João encontrara Águeda na venda de José Antônio.

Umbelina Maria, a testemunha que aparece nas declarações do réu, era uma liberta de "quarenta anos presumíveis", solteira, lavadeira, moradora na mesma estalagem do Engenho Velho. Ela explicou ao subdelegado o que sabia sobre o caso:

[...] vindo da chácara que fica defronte, para sua casa, viu seu tio João da Costa Viana precipitado pela estalagem adentro gritando que fossem chamar a Justiça e que quem era o culpado era o senhor José, dono da estalagem; Que sabe mais que seu tio trazia uma navalha sempre consigo para ferir a si ou a sua amásia. Que isto haverá três para quatro Domingos que seu tio correu de casa para fora com sua tia, e filha, a bofetadas, e desta data é que tem propalado que acima fica dito. Que tudo sabe por lhe ter dito o seu amásio Marciano Coutinho, que por diversas vezes tentou tirar a navalha que o dito Viana andava com ela porém nunca pôde.

Umbelina, portanto, era sobrinha de João e Águeda, e morava com seu amásio Marciano na estalagem. Marciano tinha "49 anos presumíveis", era natural de Cabo Frio, solteiro, e trabalhava como cocheiro; sendo o único membro dos dois casais que não foi identificado como liberto. De qualquer forma, o amásio de Umbelina se declarou sobrinho de João Viana, e tentara apaziguar as tensões crescentes entre este e Águeda: ele procurara tirar a navalha do acusado, e afirmou em seu depoimento que havia conseguido de João a promessa de que não levaria adiante a intenção de agredir a amásia.

No depoimento que prestou mais tarde ao juiz, Umbelina modificou substancialmente sua versão dos fatos no sentido de beneficiar o tio. Confirmando o relato na parte em que se referira à entrada de João pela estalagem gritando que "o culpado era seu José", ela não reafirmou, porém, o restante de suas declarações, explicando que

nesse dia ela testemunha estava completamente fora de seu Juízo porque tendo ido à casa de sua ex-senhora excedeu-se um pouco em bebidas espirituosas e por isso não se recorda do que se passou nesse dia e do que declarou.

No depoimento anterior, ela declarara que tinha "vindo da chácara que fica defronte" e, a julgar pelas informações dadas agora ao juiz, aquela devia ser a chácara da ex-senhora. De qualquer maneira, essa é uma liberta que, como o pardo Agostinho e José Matos, se refere a uma continuidade no seu relacionamento com a senhora ou o senhor de outrora. O liberto João, por sua vez, procurou escapar de sua responsabilidade no episódio afirmando que "no dia mencionado tinha bebido aguardente mais do que o costume", não se recordando sequer que tivesse investido contra a amásia. O júri reconheceu a atenuante da embriaguez, desqualificou o crime de tentativa de homicídio para ferimentos, e o réu acabou condenado a apenas seis meses e quinze dias de prisão.

Apesar do desenlace violento, portanto, o que ressalta nessa história é a continuidade no tempo e a solidariedade existente nas relações entre os libertos. Em outro processo, temos vários negros livres, pelo menos dois deles certamente libertos, morando juntos numa casa de cômodos na paróquia de Santa Rita.[128] Em mais uma tragédia protagonizada por um amante ciumento, Vitório Mina, "preto liberto", filho "de pais para ele réu desconhecidos", com cerca de setenta anos, matou sua amásia Felicidade Maria da Conceição, "preta mina", também de setenta anos de idade mais ou menos, ferindo ainda levemente a negra Inácia Maria da Conceição, outra moradora da casa de cômodos, porque esta tentara evitar sua fuga. O crime ocorreu em 24 de junho de 1883, e o réu expôs seus motivos na subdelegacia:

> Perguntado, por que motivo ele interrogado praticou o assassinato de que acaba de confessar ser o autor? Respondeu, tinha tomado raiva da finada por se ter amasiado com outro indivíduo pelo que viviam constantemente em briga e mais por ter quando se libertou e amasiou-se com ela lhe entregado um dinheiro que a finada lhe negou quando ele o reclamou.

Além do ciúme, portanto, Vitório atribuiu a agressão a questões de dinheiro, deixando claro ainda que se amasiara com Felicidade logo que obtivera a alforria. Em depoimento posterior, o liberto afirmou que cometera o crime porque sua amásia

> há cerca de um ano assassinou por meio de veneno a uma sua filha de nome Justina de seis anos de idade isto fez a assassinada porque queria ir viver com outro indivíduo.

O acusado mudaria novamente suas explicações para o fato diante do júri: dizendo agora que ele e Felicidade "viviam na melhor harmonia", ele atribuía os incidentes daquele dia ao estado de embriaguez da mulher, que chegara de uma festa e tentara agredi-lo. Os depoimentos das testemunhas esclarecem o esforço de outros habitantes da casa para evitar o desenlace violento. Uma "preta velha", que não aparece como testemunha, foi quem percebeu primeiro a briga do casal de libertos, e se dirigiu logo ao quarto onde moravam a preta Inácia e seu amásio Marcolino para pedir ajuda. Marcolino — pernambucano, de 39 anos, "trabalhador de carroças" — correu ao quarto de Vitória e Felicidade, acompanhado por Inácia e pela "preta velha", porém chegou tarde demais. O acusado foi condenado no júri a doze anos de prisão pelo assassinato de Felicidade, e a mais um ano pelos ferimentos feitos na preta Inácia Maria da Conceição.

Vários negros unidos por laços de parentesco e amizade e habitando uma mesma estalagem na paróquia do Espírito Santo dominam novamente a cena no processo criminal no qual foi réu o pardo Domingos José Ramalho, natural da Corte, 23 anos, solteiro, trabalhador.[129] Neste caso, como ocorre com frequência — sendo provável que a maioria dos ex-escravos procurasse evitar referências à sua condição passada —, podemos desconfiar, mas não há como ter certeza, de que pelo menos alguns dos negros envolvidos eram libertos. Felismina, ou Firmina, Rosa Coração de Jesus, por exemplo, é descrita por uma testemunha como "preta livre", uma fórmula que às vezes aparece utilizada como sinônimo de "preta liberta",[130] porém não há como saber se isso é o que ocorre aqui. Carlota do Coração de Jesus, preta, natural da Corte, de 36 anos, viúva, narrou assim o crime cometido por Domingos no dia 15 de julho de 1873:

> [...] que ela testemunha mora com sua irmã Firmina e filhas da mesma na Estalagem da rua do Alcântara [...] onde residiam o acusado e o pardo Antônio; [...] que o acusado dirigiu-se a sua irmã Firmina para em nome de Antônio pedir-

-lhe por tudo que a [*sic*] de sagrado que voltasse para a companhia dele Antônio. Que sua irmã Firmina recusou-se terminantemente [...] ao pedido que fazia o acusado dizendo: que era impossível visto ter o pardo Antônio a repelido para fora de sua casa. Que Antônio [palavra ilegível] por essa recusa agarrou sua irmã Firmina pelo pescoço levando-a de encontro à parede com o propósito de sufocá-la que a isso opondo-se o acusado que não consentiu que continuasse a ofender uma mulher, travou-se então uma luta com este [...]. Que quando Antônio agrediu sua irmã, uma sobrinha dela testemunha saiu para pedir socorro aos vizinhos e que essa menina de nome Joana Florência, voltou para casa na ocasião em que o acusado e Antônio saíam lutando [...].

Da luta entre Domingos Ramalho e Antônio resultou a morte deste último, atingido no tórax por uma facada. As declarações de Carlota nos informam que ela e sua irmã Firmina e mais as filhas desta moravam juntas na estalagem — na realidade, elas ocupavam o mesmo quarto da estalagem. A ocupação do mesmo quarto, contudo, era um fato recente: segundo Firmina, ela fora morar com a irmã "desde que separou-se pelo São João de Antônio" — ou seja, havia menos de um mês. Por outro lado, as pessoas envolvidas pareciam estar naquele cortiço havia muitos anos — o acusado Domingos e seu padrasto, por exemplo, lá estavam havia onze anos, e o réu declarou que conhecia "há anos" as pessoas que tinham jurado no processo. A briga entre Domingos e Antônio ocorreu quando o primeiro procurava convencer a preta Firmina a superar as desavenças com Antônio e voltar para junto deste no quarto de estalagem que dividiam anteriormente. Em seu depoimento no júri, Domingos enfatizou que era amigo do falecido,

> tanto que a pedido dele Antônio empregou os meios necessários para se ver se [*sic*] conseguia a ida da preta Firmina Rosa do Coração de Jesus para a companhia deste.

Desesperado com a insistente recusa da ex-amásia, Antônio passou a agredi-la, surgindo então a interferência de Domingos em proteção à mulher e a morte de Antônio na luta que se seguiu. Domingos, na verdade, tinha uma relação bastante próxima com o casal Antônio e Firmina: além de habitantes da mesma estalagem há muito tempo, o jovem estava para se casar com Alexandrina, uma rapariga de dezenove anos, filha de Firmina. Várias testemunhas do crime, inclusive portugueses habitantes do cortiço, afirmaram que fora o assassinado quem apanhara a faca utilizada na luta, sendo desarmado e ferido pelo réu no decorrer da briga. Apesar do argumento do acusado de que agira "em sua defesa própria", ele foi condenado a seis anos de prisão com trabalho.

Outros exemplos de processos nos quais negros escravos, libertos e livres aparecem em cortiços estão listados na nota,[131] estando cada caso acompanhado de um breve relato dos acontecimentos. Nessa lista — que não é exaustiva, contendo apenas os casos mais densos — o leitor encontrará outras histórias de amor, brigas de lavadeiras, rolos entre meninos e rapazes, pequenos furtos, um confronto entre habitantes de duas estalagens, e conflitos por questões de raça e nacionalidade — envolvendo principalmente brasileiros negros e portugueses. Trata-se, enfim, de um amplo painel de solidariedades e confrontos, ao qual se assiste com a evocação constante das personagens de *O cortiço*, a obra-prima de Aluísio Azevedo.

Epílogo
A DESPEDIDA DE ZADIG,
E BREVES CONSIDERAÇÕES SOBRE
O CENTENÁRIO DA ABOLIÇÃO

O mais ajuizado talvez fosse não escrever estas considerações finais. Ao decidir fazê-lo, todavia, lembrei-me mais uma vez de Zadig. Após passar por todas aquelas dificuldades apenas porque fora capaz de descrever a cadela da rainha e o cavalo do rei sem tê-los jamais visto, Zadig prometeu a si mesmo que dali por diante procuraria não revelar seu entendimento das coisas, ou sequer "tornar a dizer o que porventura houvesse visto". Surgiu logo uma ocasião para que o moço colocasse em prática a sua decisão: um prisioneiro de Estado, que estava foragido, passou por baixo das janelas de sua casa. Interrogado pelas autoridades, Zadig nada respondeu. Mas provaram-lhe que ele andara olhando pela janela, e o moço acabou tendo de pagar uma pesada multa.

A moral da história: Zadig ficou em apuros quando decidiu falar; ficou igualmente em apuros quando decidiu calar. Parece que não faz nenhuma diferença. Escrevo, então, estas considerações finais. Na esperança de que possa, eventualmente, fazer alguma diferença. Qualquer diferença.

Este livro foi uma contestação, mais ou menos explícita ao longo dos capítulos, mas sempre presente, daquilo que batizei aqui de "teoria do escravo-coisa". Tal teoria — tão difundida na produção historiográfica que é quase supérfluo ficar arrolando nomes de autores — defende a ideia de que as condições extremamente duras da vida na escravidão teriam destituído os escravos da capacidade de pensar o mundo a partir de categorias e significados sociais que não aqueles instituídos pelos próprios senhores. Assim, na formulação de Fernando Henrique Cardoso, o autor-protótipo contra quem esgrimi mais explicitamente meus argumentos, ocorreria uma "coisificação social" dos negros sob a escravidão; isto é, "a consciência do escravo apenas registrava e espelhava, passivamente, os significados sociais que lhe eram impostos". Outro autor-protótipo no caso seria Jacob Gorender, para quem "o oprimido pode chegar a ver-se qual o vê seu opressor".

Procurei demonstrar também que a outra face da teoria do escravo-coisa é a ênfase na rebeldia negra. Apesar das diferenças de formulação, a ideia sempre presente aqui é a de que as práticas mais abertas de resistência por parte dos negros eram a única maneira de eles se afirmarem como pessoas humanas, como sujeitos de sua própria história. Para F. H. Cardoso, restava aos cativos "apenas a negação subjetiva da condição de coisa, que se exprimia através de gestos de desespero e revolta..."; para Gorender, "o primeiro ato *humano* do escravo é o *crime*".

Minhas discordâncias em relação a tais conclusões se devem, por um lado, a problemas de procedimentos de investigação e explicação histórica. Tanto Cardoso quanto Gorender estão às vezes empenhados em entender aquilo que se passava pelas cabeças dos escravos, porém partem para essa empreitada equipados com armaduras teóricas inexpugnáveis. Eles já "sabem", de antemão, que "o oprimido pode chegar a ver-se qual o vê seu opressor", e isso os torna incapazes de ler com o mínimo de desconfiança até os comentários mais claramente racistas e preconceituosos dos viajantes do período. Assim, no que tange às visões de mundo dos escravos, o que as fontes analisadas revelam é apenas aquilo que elas dizem na sua literalidade. Na verdade, Cardoso e Gorender oferecem uma série de deduções filosóficas a respeito das motivações dos negros escravos e libertos — deduções filosóficas a respeito de um assunto que exige antes de tudo uma análise atenta e sistemática de fontes históricas pertinentes.

Por outro lado, esses autores só concebem "o fazer" dos escravos, sua atuação como sujeitos históricos, em termos de alternância — ou, mais raramente, composição — entre passividade e atividade, conformismo e resistência, ou coisificação e rebeldia. No primeiro dos polos, surge um discurso de denúncia da violência da escravidão e da vitimização dos negros; no segundo, um discurso contundente pontificado de feitos heroicos. Ambos os polos têm sua parcela de validade. Todavia, diante de vítimas somos levados a sentir pena; diante de heróis devemos ficar embasbacados. Não faço uma coisa, nem outra.

O caminho que procurei trilhar neste livro talvez possa ser formulado em poucas palavras. Meu objetivo principal foi tentar recuperar alguns aspectos da experiência dos escravos da Corte, de seus modos de pensar o mundo e atuar sobre ele. Trabalhei quase sempre no campo da interpretação de interpretações: o importante era perceber o que os diferentes sujeitos históricos entendiam por escravidão e liberdade, e como interagiam no processo de produção dessas visões ou percepções. Ao fazer isso, deparei-me com a eficiência das malhas da política de domínio na escravidão e, ao mesmo tempo, com exemplos seguidos de *criação da diferença* através dessas malhas, com os negros operando às vezes um sutil deslocamento de seus próprios fios. Acho que foi isso essencialmente o que fiz, e seria tolice especificar mais agora aquilo que foi perseguido com esforço em centenas de páginas.

Preciso agora juntar os fios de minha própria argumentação e dar um ponto final a este trabalho, que já vai mais longo do que pode aturar mesmo o leitor mais indulgente. Enquanto o escrevia, passou o bonde do centenário da Abolição. Passou cheio, lotado daquilo que se tornou lugar-comum: a teoria do escravo-coisa. Tal teoria apareceu principalmente na sua versão "progressista" de escravo-rebelde, e deu o tom nas longas querelas a respeito do significado das datas e das personagens históricas: maio ou novembro, princesa ou Zumbi dos Palmares?

É um fato incontestável que questões políticas importantes podem ser debatidas sob o pretexto de uma discussão sobre o significado de certas datas históricas: são leituras do passado, ou mecanismos de produção social da memória histórica, que podem ser desmontados ou explicitados no processo de discussão. Assim, por exemplo, o 13 de maio está cada vez mais desmoralizado enquanto uma data de "concessão" ou "doação" da liberdade aos negros por um ato de humanidade de uma princesa, ou mesmo de toda uma classe dominante. Também está crescentemente desmoralizado enquanto data de redenção do trabalho, momento de emergência de um tempo de liberdade na história. A desmoralização dessa última leitura do 13 de maio continua em curso numa sociedade que, em termos alarmantes, substituiu os açoites pelos acidentes de trabalho como uma das formas cruciais de disciplinarização e mutilação dos corpos dos trabalhadores.

E o 20 de novembro? Zumbi continua sendo uma arma essencial em toda esta guerra de ideias. Uma das formas de se combater um mito histórico é tentar destruí-lo em seu próprio campo de luta: aceitando a necessidade de mitos históricos com certas características e funções, o que se faz é reforçar um outro mito que represente valores diametralmente opostos àqueles estampados no mito que se quer destruir. Essa é sem dúvida uma forma historicamente recorrente de conduzir lutas sociais, e implica certamente conduzir a luta num campo de possibilidades que é, em larga medida, uma criação dos adversários.

Mas essa é uma situação bastante corriqueira quando nos debruçamos sobre questões de história social. Lutar dentro de um campo de possibilidades delimitado historicamente por condições específicas de exploração econômica e controle social é, afinal de contas, a experiência da esmagadora maioria dos trabalhadores em qualquer tempo e sociedade. Raramente é possível, ou mesmo desejável, escapar *para fora* de um certo sistema de exploração e de uma determinada política de domí-

317

nio; e é neste ponto que a querela sobre as datas assume contornos de certa forma imprevistos.

O processo histórico que resultou no 13 de maio foi significativo para uma massa enorme de negros que procurou cavar seu caminho em direção à liberdade explorando as vias mais ou menos institucionalizadas na escravidão dos brasis no século XIX — penso aqui, é claro, no pecúlio, na alforria por indenização, nas autorizações para "viver sobre si", e em tudo o mais que procurei reconstituir neste texto. O fato de muitos escravos terem seguido esse caminho não significa que eles tenham simplesmente "espelhado" ou "refletido" as representações de seus "outros" sociais. Os cativos agiram de acordo com lógicas ou racionalidades próprias, e seus movimentos estiveram sempre firmemente vinculados a experiências e tradições históricas particulares e originais. E isso ocorria mesmo quando escolhiam buscar a liberdade dentro do campo de possibilidades existente na própria instituição da escravidão — e lutavam então para alargar, quiçá transformar, esse campo de possibilidades.

Algumas pessoas ficarão decepcionadas com as escolhas desses escravos que lutaram pela liberdade, resolutamente por certo, mas sem nunca terem se tornado abertamente rebeldes como Zumbi. Essa é uma decepção que temos de absorver, e refletir sobre ela, pois para cada Zumbi com certeza existiu um sem-número de escravos que, longe de estarem passivos ou conformados com sua situação, procuraram mudar sua condição através de estratégias mais ou menos previstas na sociedade na qual viviam. Mais do que isso, pressionaram pela mudança, em seu benefício, de aspectos institucionais *daquela sociedade*. E que os defensores da teoria do escravo-coisa não me venham com a afirmação de que tais opções de luta não são importantes: afinal, combater no campo de possibilidades largamente mapeado pelos adversários é exatamente o que fazem ao insistirem em Zumbi e na rebeldia negra. A inversão de mitos resulta antes de tudo em mitos invertidos, e estes repetem os originais em aspectos essenciais. Não sei se há, ou mesmo se pode haver, uma alternativa para isso. O fato, porém, é que não cabe se embriagar com o alcance das próprias ideias. Seria trágico se não conseguíssemos entender o quanto nossas disputas historiográficas aparentemente mais banais — como uma simples querela de datas — explicitam os limites do nosso próprio "fazer" político. Mas, se aqui não há lugar para delírios de grandeza ou ilusões de novidade revolucionária, também não é preciso pensar em rendição: afinal, o que acabamos de ver foram exemplos seguidos de sujeitos históricos que conseguiram politizar a rotina e, assim, transformá-la. O resultado se revelou aos poucos algo muito diferente daquilo com o que haviam sonhado, e a transformação do sonho em pesadelo tomou logo a forma de golpe militar e, paradoxalmente, de República. Isso, porém, é uma outra história, e ainda é a nossa história.

NOTAS

INTRODUÇÃO: ZADIG E A HISTÓRIA [pp. 12-31]

1. Voltaire, *Zadig ou o destino*, Rio de Janeiro, Edições de Ouro, s/d. A história resumida a seguir aparece no capítulo 3, "O cão e o cavalo", pp. 29-34.

2. Umberto Eco, *O nome da rosa*, Rio de Janeiro, Nova Fronteira, 1983, p. 38. O episódio que se segue está narrado nas páginas 36-9.

3. Robert Darnton, *O grande massacre de gatos*, Rio de Janeiro, Graal, 1986, p. XVII.

4. Carlo Ginzburg, *O queijo e os vermes: o cotidiano e as ideias de um moleiro perseguido pela Inquisição*, São Paulo, Companhia das Letras, 1987.

5. Idem, "Morelli, Freud and Sherlock Holmes: clues and scientific method", in *History Workshop Journal* nº 9, 1980, pp. 7-36.

6. Sigmund Freud, "O Moisés de Michelangelo", in *Totem e tabu, e outros trabalhos*, in *Obras psicológicas completas de Sigmund Freud*, Rio de Janeiro, Imago, 1974, v. XIII, pp. 264-5.

7. Sidney Chalhoub, *Trabalho, lar e botequim: o cotidiano dos trabalhadores no Rio de Janeiro da Belle Époque*, São Paulo, Brasiliense, 1986.

8. Clifford Geertz, *A interpretação das culturas*, Rio de Janeiro, Zahar, 1978.

9. Rainer Maria Rilke, *Cartas a um jovem poeta*, Rio de Janeiro, Globo, 1988, p. 64.

10. Essa noção de processo histórico segue E. P. Thompson, *A miséria da teoria, ou um planetário de erros: uma crítica ao pensamento de Althusser*, Rio de Janeiro, Zahar, 1981.

11. A crítica mais articulada que conheço a esses demiurgos da historiografia está em Cornelius Castoriadis, *A instituição imaginária da sociedade*, Rio de Janeiro, Paz e Terra, 1982; ver também do mesmo autor *A experiência do movimento operário*, São Paulo, Brasiliense, 1985, especialmente "Introdução: a questão da história do movimento operário", pp. 11-78. Uma boa parte da obra de Thompson pode ser lida como uma crítica à metáfora base/superestrutura; nesse sentido, *Whigs and hunters* me parece incomparável (tradução brasileira: *Senhores e caçadores: a origem da lei negra*, Rio de Janeiro, Paz e Terra, 1987).

12. Ver E. P. Thompson, "Folklore, anthropology and social history", in *The Indian Historical Review* nº 2, jan. 1977, v. III, pp. 247-66; o assunto já aparecera anteriormente em E. P. Thompson, "Anthropology and the disci-

pline of historical context", in *Midland History* n⁰ 3, primavera de 1972, v. I, pp. 41-55. Os parágrafos seguintes acompanham principalmente a discussão presente no artigo de 1977. Para um histórico desse debate acadêmico, de uma perspectiva bastante crítica, ver Ian McKay, "Historians, anthropology and the concept of culture", in *Labour/Le Travailleur* n⁰ˢ 8 e 9, 1981/82, pp. 185-241.

13. E. P. Thompson, "Folklore, anthropology and social history", p. 260.

14. Idem, ibidem, p. 248.

15. Idem, ibidem, p. 251.

16. E. P. Thompson, "Time, work-discipline, and industrial capitalism", in *Past and Present* n⁰ 38, dez. 1967, pp. 56-97, e "The moral economy of the English crowd in the eighteenth century", in *Past and Present* n⁰ 50, fev. 1971, pp. 76-136.

17. Ver Sidney W. Mintz, "Culture: an anthropological view", in *The Yale Review*, Yale University Press, 1982, pp. 499-512 e "American anthropology in the marxist tradition", in Jacques Maquet e Nancy Daniels, eds., *On marxian perspectives in anthropology: essays in honor of Harry Hoijer*, Malibu, Udena Publications, 1984, pp. 11-34. Nos dois artigos, Mintz tenta a aproximação com a história recorrendo precisamente a Thompson. Mintz ratificou mais recentemente seu "viés em direção à história" (*bias in a historical direction*) na introdução de seu *Sweetness and power: the place of sugar in modern history*, Nova York/Londres, Penguin Books, 1986, p. XXX. Os parágrafos que se seguem acompanham principalmente o argumento do artigo de 1982.

18. Sidney W. Mintz e Richard Price, *An anthropological approach to the Afro-American past: a Caribbean perspective*, Philadelphia, Institute for the Study of Human Issues, 1976, p. 4.

19. Sidney W. Mintz, "Culture: an anthropological view", p. 509.

20. As duas obras mais influentes neste contexto talvez tenham sido Eugene D. Genovese, *Roll, Jordan, Roll. The world the slaves made*, Nova York, Random House, 1974, e Herbert G. Gutman, *The black family in slavery and freedom, 1750-1925*, Nova York, Pantheon, 1976. Para uma história da historiografia norte-americana sobre a escravidão no período, ver August Meier e Elliott Rudwick, *Black history and the historical profession: 1915-1980*, Urbana/Chicago, University of Illinois Press, 1986, especialmente o capítulo 4, "The historiography of slavery: an inquiry into paradigm-making and scholarly interaction", pp. 239-76.

21. Ira Berlin; Barbara Fields et alii, eds., *Freedom: a documentary history of emancipation: 1861-1867*, Londres/Nova York, Cambridge University Press, 1985, série I, v. I, "The destruction of slavery"; ver ainda, de Ira Berlin, *Slaves without masters: the free negro in the antebellum south*, Nova York, Oxford University Press, 1981 (1ª ed.: 1974), e "Time, space, and the evolution of Afro-American society on British Mainland North America", in *The American Historical Review* n⁰ 1, fev. 1980, v. 85, pp. 44-78. De Barbara Fields, *Slavery and*

freedom on the Middle Ground: Maryland during the nineteenth century, Londres/ New Haven, Yale University Press, 1985. De Eric Foner, *Nothing but freedom: emancipation and its legacy*, Baton Rouge/Londres, Louisiana State University Press, 1983, e "O significado da liberdade", in *Revista Brasileira de História* nº 16, São Paulo, Marco Zero/ANPUH, mar./ago. 1988, v. 8, pp. 9-36. E ainda: Leon Litwack, *Been in the storm so long: the aftermath of slavery*, Nova York, Random House, 1979, e Willie Lee Rose, "Jubilee and beyond: what was freedom?", in David Sansing, ed., *What was freedom's price?*, University Press of Mississippi, 1978. Também importante é o livro de Rebecca J. Scott sobre Cuba: *Slave emancipation in Cuba: the transition to free labor, 1860-1899*, Princeton, Princeton University Press, 1985, e ainda da mesma autora "Exploring the meaning of freedom: post-emancipation societies in comparative perspective", in *Hispanic American Historical Review*, 68: 3, ago. 1988. A lista poderia ser bem mais longa.

22. Manuela Carneiro da Cunha, "Sobre os silêncios da lei. Lei costumeira e positiva nas alforrias de escravos no Brasil do século XIX", in *Antropologia do Brasil: mito, história, etnicidade*, São Paulo, Brasiliense/Edusp, 1986, pp. 123-44.

1. NEGÓCIOS DA ESCRAVIDÃO [pp. 32-115]

1. O relato que se segue foi baseado no processo criminal no qual foram réus Bonifácio e outros escravos, Arquivo do Primeiro Tribunal do Júri da cidade do Rio de Janeiro (APTJ) , maço 2, ano de 1872. Também utilizei o relato que aparece na página 1 do *Jornal do Commercio* de 18 de março de 1872. Ao longo de todo o texto, os documentos de época são transcritos respeitando-se sempre a pontuação e a gramática originais, mas atualizando-se a ortografia das palavras. Como o leitor logo verá, toda a narrativa nesse primeiro capítulo se tece a partir de meus comentários a respeito dos eventos narrados no processo criminal mencionado. O leitor encontrará minhas anotações de pesquisa referentes a esses autos no Anexo, pp. 81-93. Seria obviamente impossível reproduzir aqui um manuscrito de mais de trezentas páginas, porém minhas anotações incluem longas transcrições dos depoimentos das principais personagens da história, o que permitirá aos espíritos mais desconfiados, ou ansiosos por divertimento, algum tipo de confronto entre minhas interpretações e suas leituras de trechos dos autos em questão. (Os interessados em ler o manuscrito original devem correr ao APTJ antes que o descaso dos homens, a umidade e as traças concluam seu trabalho de destruição.) Há ao longo do texto várias referências a esse Anexo, anotadas de forma abreviada; por exemplo, o resultado do exame de corpo de delito feito em José Moreira Veludo está em A 81 (Anexo, página 81). Comentei essa história anteriormente em "Negócios da escravidão: os negros e as transações de compra e venda", in *Estudos Afro-Asiáticos* nº 16, Rio de Janeiro, mar. 1989, pp. 118-28.

322

2. Essa lista de presença de autoridades está no *Jornal do Commercio*, 18 de março de 1872, p. 1.

3. Ver o depoimento do escravo Lúcio, que afirma que o crioulo Bonifácio "escondido na beira do tanque com um pau na mão [...] lhe disse que era hora" (A 101). Vários depoentes afirmam que Bonifácio deu a primeira pancada; ver, por exemplo, as declarações de Lúcio (A 101), Francisco (A 100), Tomé (A 107) e Odorico (A 108).

4. Ver os depoimentos de Gonçalo (A 104), Lúcio (A 101) e Luiz (A 103).

5. Ver os depoimentos de João de Deus (A 104), Bartolomeu (A 103), João de Deus (A 102), Bonifácio (A 103), Petronílio (A 104), Benedito (A 105) e Hilário (A 105).

6. Perdigão Malheiro, *A escravidão no Brasil: ensaio histórico, jurídico, social*, Petrópolis, Vozes/INL, 1976, 2v.

7. Idem, ibidem, v. I, p. 35.

8. Idem, ibidem, v. I, pp. 69, 109 e 136, entre outras. Dito de outra forma, Perdigão Malheiro estava aqui resgatando a teoria da liberdade original do homem, e se contrapondo à ideia de que a liberdade era algo a respeito do qual os homens podiam estabelecer um contrato ou pacto social. Para um breve histórico desse debate, que se iniciara desde o fim do século XV, ver Manuela Carneiro da Cunha, "Sobre a servidão voluntária: outro discurso. Escravidão e contrato no Brasil colonial", in *Antropologia do Brasil: mito, história, etnicidade*, São Paulo, Brasiliense/Edusp, 1986, pp. 145-57.

9. Perdigão Malheiro, op. cit., v. II, p. 31.

10. Idem, ibidem, p. 32.

11. Fernando Henrique Cardoso, *Capitalismo e escravidão no Brasil meridional: o negro na sociedade escravocrata do Rio Grande do Sul*, 2ª ed., Rio de Janeiro, Paz e Terra, 1977, p. 125.

12. Idem, ibidem, p. 128.

13. Sobre o racismo e os preconceitos culturais dos viajantes na observação das famílias dos escravos, ver Robert Slenes, "Lares negros, olhares brancos: histórias da família escrava no século XIX", in *Revista Brasileira de História* nº 16, Marco Zero/ANPUH, mar./ago. 1988, v. 8, pp. 189-203.

14. Fernando Henrique Cardoso, op. cit., p. 128.

15. Idem, ibidem, p. 143.

16. Jacob Gorender, *O escravismo colonial*, São Paulo, Ática, 1978, p. 65.

17. F. H. Cardoso, op. cit., p. 152.

18. Jacob Gorender, op. cit., p. 65.

19. Robert Slenes, *The demography and economics of Brazilian slavery*, tese de Ph.D., Stanford University, 1976, p. 138. Ver especialmente o capítulo III e o Apêndice I para uma explicação detalhada de como o autor elaborou os cálculos sobre o volume do tráfico interprovincial.

20. Idem, ibidem, pp. 150-8.

21. Os grandes comerciantes das áreas portuárias dedicados ao comércio

de cabotagem incluíam escravos entre as "mercadorias" que negociavam havia muito tempo; ver Riva Gorenstein, *O enraizamento de interesses mercantis portugueses na região Centro-Sul do Brasil: 1808-1822*, dissertação de Mestrado, USP, 1978, pp. 38-56.

22. Francisco Duarte de Souza Queiroz, autor, e José Moreira Veludo, réu; ação ordinária, nº 266, caixa 1521, galeria A, 1872, Arquivo Nacional (AN).

23. Localizei três autos cíveis sobre o caso, com José Moreira Veludo e João Joaquim Barbosa como réus, sendo o autor Manoel José de Freitas Guimarães: 1) processo de ação de dez dias, maço 325, nº 7323; 2) ação de embargo, maço 302, nº 6850; 3) execução, maço 330, nº 7652. Todos no AN, ano de 1878.

24. Robert Slenes, "Grandeza ou decadência? O mercado de escravos e a economia cafeeira da província do Rio de Janeiro, 1850-1888", in Iraci del Nero da Costa, org., *Brasil: história econômica e demográfica*, São Paulo, Instituto de Pesquisas Econômicas, USP, 1986.

25. Ver acima, p. 36.

26. Felicidade, crioula, por seu curador; ação de liberdade, nº 4645, maço 872, galeria A, 1870, AN.

27. Manoel da Costa Talhão Jr., autor, e Manoel Afonso da Silva Viana, réu; libelo cível, nº 4871, caixa 1725, galeria A, 1881, AN.

28. Faço essas suposições baseado na experiência de leitura das ações cíveis de liberdade, que serão analisadas principalmente no segundo capítulo.

29. Ver acima, p. 34.

30. Fiz uma primeira menção ao detalhe do muro na página 34: o depoimento de Filomeno está em A 102.

31. Bráulio, réu; processo criminal, maço nº 3, ano de 1875, APTJ.

32. Uma cópia do documento em questão foi juntada aos autos em 19 de setembro de 1875, mas o delegado parece já se utilizar das informações nele contidas em seu relatório de 6 de setembro. A ficha de Bráulio, portanto, chegou bastante rapidamente à Corte.

33. Ver, por exemplo, Robert Conrad, *Os últimos anos da escravatura no Brasil, 1850-1888*, 2ª ed., Rio de Janeiro, Civilização Brasileira, 1978, pp. 207-12.

34. Ver Emília Viotti da Costa, *Da senzala à colônia*, São Paulo, Difel, 1966, p. 465. A autora reafirma sua posição no "Prefácio à segunda edição" de *Da senzala à colônia*, São Paulo, Livr. Ciências Humanas, 1982, p. XXXIII e nota 17, pp. L e LI; a discussão sobre o fim do tráfico interprovincial aparece nas páginas 192 a 204 dessa edição. Para uma crítica a esse ponto de vista e outros afins, ver Peter Eisenberg, "A mentalidade dos fazendeiros no Congresso Agrícola de 1878", in José Roberto do Amaral Lapa, org., *Modos de produção e realidade brasileira*, Petrópolis, Vozes, 1980, pp. 167-94; Robert Slenes, "Grandeza ou decadência?", e do mesmo autor "Escravos, cartórios e desburocratização: o que Rui Barbosa não queimou será destruído agora?", in *Revista Brasileira de História* nº 10, São Paulo, Marco Zero/ANPUH, mar./ago. 1985, v. 5, especificamente pp. 179-80.

35. Ver Brasil Gerson, *A escravidão no Império*, Rio de Janeiro, Pallas, 1975, p. 262.

36. Dados citados em Gerson, op. cit., pp. 150-1.

37. Robert Slenes, *The demography and economics*, p. 214.

38. Essas afirmações são de Ademir Gebara, *O mercado de trabalho livre no Brasil (1871-1888)*, São Paulo, Brasiliense, 1986, pp. 156-7.

39. Célia M. M. de Azevedo, *Onda negra, medo branco. O negro no imaginário das elites: século XIX*, Rio de Janeiro, Paz e Terra, 1987. A importância do "medo branco" no período já havia sido enfatizada por Warren Dean, *Rio Claro: um sistema brasileiro de grande lavoura; 1820-1920*, Rio de Janeiro, Paz e Terra, 1977, especialmente o capítulo 5. Também sugestivo quanto ao tema, tomando jornais paulistas como fonte, é o livro de Lilia Schwarcz, *Retrato em branco e negro: jornais, escravos e cidadãos em São Paulo no final do século XIX*, São Paulo, Companhia das Letras, 1987. Para um estudo das tensões sociais nas lavouras paulistas nas últimas décadas da escravidão, tendo como fonte principal processos criminais, ver Maria Helena P. T. Machado, *Crime e escravidão: trabalho, luta e resistência nas lavouras paulistas, 1830-1888*, São Paulo, Brasiliense, 1987.

40. Serafim, réu; processo criminal, nº 1077, maço 153, galeria C, 1884, AN.

41. Agradeço a Silvia Lara por me ter observado esse aspecto.

42. Uma análise rigorosa dos discursos e das práticas sociais associadas ao castigo físico dos escravos no período colonial está em Silvia H. Lara, *Campos da violência: escravos e senhores na capitania do Rio de Janeiro, 1750-1808*, Rio de Janeiro, Paz e Terra, 1988, especialmente páginas 57 a 96.

43. Martinho, réu; processo criminal, maço 24, 1882, APTJ.

44. Antônio, réu; processo criminal, maço 16, 1876, APTJ.

45. Ver acima, p. 35.

46. O relato que se segue foi baseado no processo criminal no qual foi réu Ciríaco, liberto, maço 186, nº 2125, galeria C, AN; na *Gazeta de Notícias* de 30 de dezembro de 1877, p. 1, e no *Jornal do Commercio* de 30 e 31 de dezembro de 1877, em ambos os dias na página 1.

47. Ver acima, p. 70.

48. Ver acima, p. 38. O resumo da defesa está em A 111.

49. Isso não é nenhuma novidade, pelo menos legalmente. As *Ordenações Filipinas* previam detalhadamente os motivos pelos quais as vendas de escravos podiam ser anuladas no livro quarto, título 17. Ficava estabelecido, entre outras coisas, que escravos doentes e com o "vício de fugitivo" podiam ser devolvidos pelos compradores ludibriados, desde que a reclamação fosse feita dentro de um certo prazo após a realização do negócio; ver Perdigão Malheiro, op. cit., v. I, p. 73. Quanto às práticas sociais, Silvia Lara encontrou ações cíveis que tratam de anulações de transações de compra e venda de escravos em Campos no século XVIII, ver op. cit., pp. 147-63.

50. Ver acima, p. 54.

51. Josefa, escrava, autora; ação de liberdade, caixa 3696, nº 14198, 1871, AN.

52. Silvia Lara já havia observado a interferência de escravos nas transações de compra e venda; ver op. cit., p. 162. Slenes narra o caso sugestivo de um escravo que pede para ser vendido em Campinas em 1845; ver "Escravos, cartórios", p. 176.

53. O preto Pompeu, autor, João de Araújo Rangel, réu; libelo cível, nº 2665, maço 923, galeria A, 1860, AN.

54) João, escravo, réu; processo criminal, nº 828, maço 110, galeria C, 1871, AN.

55. Cardoso, op. cit., p. 152. Ver acima, p. 48.

56. Idem, ibidem, p. 152.

57. Idem, ibidem, p. 240.

58. Sobre a construção do mito da vadiagem do negro em fins do século XIX, e para alguns comentários críticos sobre sua incorporação pela produção acadêmica, ver Sidney Chalhoub, *Trabalho, lar e botequim: o cotidiano dos trabalhadores no Rio de Janeiro da Belle Époque*, São Paulo, Brasiliense, 1986, pp. 39--51; para estudos mais completos a respeito das imagens construídas sobre os negros no período, ver as obras de Célia Azevedo e Lilia Schwarcz citadas na nota 39. O mito da ociosidade do negro é tão inabalável em alguns trabalhos acadêmicos quanto a teoria do escravo-coisa; em geral, os dois fenômenos ocorrem juntos. Celso Furtado, por exemplo, escreveu: "O homem formado dentro desse sistema social [a escravidão] está totalmente desaparelhado para responder aos estímulos econômicos. Quase não possuindo hábitos de vida familiar, a ideia de acumulação de riqueza é praticamente estranha. Demais, seu rudimentar desenvolvimento mental limita extremamente suas 'necessidades'. Sendo o trabalho para o escravo uma maldição e o ócio o bem inalcançável, a elevação de seu salário acima de suas necessidades que estão definidas pelo nível de subsistência de um escravo determina de imediato uma forte preferência pelo ócio"; Celso Furtado, *Formação Econômica do Brasil*, 16ª ed., São Paulo, Nacional, 1979, p. 140. O tema também é abordado por Jacob Gorender: "Se nos voltarmos, contudo, à história real, ao escravo *real*, a dialética se nos apresenta como o oposto da hegeliana. Porque o escravo real só conquistava a consciência de si mesmo como ser humano ao *repelir* o trabalho, o que constituía sua manifestação mais espontânea de *repulsa* ao senhor e ao estado de escravidão". Após esta aula de "história real" da escravidão no Brasil a partir de uma "crítica transformadora" de Hegel — o autor, pensando seguir o pobre Marx, inverteu a dialética hegeliana e chegou à "verdade" a respeito da "história real" da escravidão brasileira —, Gorender prossegue "explicando" o que sucedia com os libertos: "Com frequência, a atitude negativa do escravo diante do trabalho se prolongava no liberto. Este ostentava sua condição de homem livre através do desprezo pelo trabalho e da supervalorização do ócio"; Gorender, p. 74.

2. VISÕES DA LIBERDADE [pp. 116-217]

1. John Gledson, *Machado de Assis: ficção e história*, Rio de Janeiro, Paz e Terra, 1986, pp. 124-6; a crônica também se encontra em Afrânio Coutinho, org., *Machado de Assis: obra completa*, Rio de Janeiro, Nova Aguilar, 1986, v. III, pp. 489-91.

2. John Gledson, op. cit., p. 15.

3. Idem, ibidem, p. 124.

4. Perdigão Malheiro, *A escravidão no Brasil: ensaio histórico, jurídico, social*, Petrópolis, Vozes/INL, 1976, 2 v., v. II, p. 149, nota 622; Segundo Ofício de Notas, Livro de Registro Geral nº 101, fls. 111 verso, 150, 150 verso; Livro de Registro Geral nº 102, fls. 2, 3, 4, 27 verso.

5. *Obra completa*, v. I, p. 394.

6. John Gledson, op. cit., p. 126.

7. Idem, ibidem, p. 22.

8. Idem, ibidem, p. 117.

9. Há três processos sobre o caso, todos no Arquivo Nacional (AN): 1) A preta Rubina, por seu curador (autora), e Joaquim José Guimarães e sua mulher (réus); libelo, nº 1360, maço 1661, galeria A, 1864; 2) Joaquim José Gomes Guimarães e sua mulher (exequentes) e A preta Rubina (executada): execução, nº 1347, maço 902, galeria A, 1865; 3) Joaquim José Gomes Guimarães (exequente) e A parda Fortunata, por seu curador (executada); execução, nº 1298, maço 901, galeria A, 1865.

10. John Gledson, op. cit., pp. 121-2; *Obra completa*, v. III, pp. 488-9.

11. Sobre o "favor à liberdade", ver Perdigão Malheiro, op. cit., v. I, pp. 67-9.

12. Constituição Política do Império do Brasil, artigo 179, parágrafo XXII, in Campanhole, *Constituições do Brasil*, São Paulo, Atlas, 1979, p. 675.

13. Perdigão Malheiro afirma: "Entre nós, nenhuma lei garante ao escravo o pecúlio"; ver op. cit., v. I, p. 62. Mas, quanto aos costumes, observa: "Não é raro, sobretudo no campo, ver entre nós cultivarem escravos para si terras nas *fazendas* dos senhores, de consentimento destes; fazem seus todos os frutos, que são seu pecúlio. Mesmo nas cidades e povoados alguns permitem que os seus escravos trabalhem como livres, dando-lhes porém um certo jornal; o excesso é seu pecúlio: e que até vivam em casas que não as dos senhores, com mais liberdade", v. I, p. 63.

14. Sobre o depósito do escravo que litiga sobre a liberdade, ver Perdigão Malheiro, op. cit., v. I, pp. 127-8, e Joaquim Nabuco, *Um estadista do Império*, Rio de Janeiro, Nova Aguilar, 1975 (1ª ed.: 1897-99), pp. 880-1.

15. Ver cap. 1, pp. 57-63.

16. Cristina (de nação rebola) e suas duas filhas Emília e Josina, por seu curador; execução, nº 3838, maço 856, galeria A, AN.

17. Verbas testamentárias, livro primeiro, anos de 1860 e 1861, AN. Fichei cerca de 20% do total de verbas do livro em questão.

18. Manoel Pereira da Motta (autor); justificação, nº 2389, maço 920, galeria A, 1870, AN.

19. Efigênia, de nação mina, e Antônia, crioula, por seu curador (autoras); justificação, nº 4457, maço 866, galeria A, 1864, AN. Para um outro caso que apenas se inicia, ver Elisa, parda, por seu curador (suplicante), e Maria Rosa (suplicada); depósito, nº 4450, maço 866, galeria A, 1870, AN.

20. Mary C. Karasch, *Slave life in Rio de Janeiro: 1808-1850*, Princeton, Princeton University Press, 1987, pp. 353-4.

21. Idem, ibidem, p. 354.

22. Venceslau Cordovil de Siqueira e Mello e a parda Leopoldina e seus filhos, Leopoldo e Perpétua; execução, nº 2548, maço 922, galeria B, 1863, AN.

23. Peter Eisenberg, "Ficando livre: as alforrias em Campinas no século XIX", in *Estudos Econômicos* nº 17 (2), maio/ago. 1987, p. 198 e nota 38.

24. *Obra completa*, v. I, pp. 562-3.

25. Gledson, op. cit., pp. 121-2; *Obra completa*, v. III, pp. 488-9.

26. Ver acima, pp. 140-2.

27. Karasch, op. cit., p. 354.

28. Kátia de Queiróz Mattoso, *Ser escravo no Brasil*, São Paulo, Brasiliense, 1982, p. 208; Perdigão Malheiro, op. cit., v. I, pp. 114-21.

29. O preto Pompeu (autor) e João de Araújo Rangel (réu); libelo, nº 2665, maço 923, galeria A, 1860, AN.

30. Perdigão Malheiro, op. cit., v. I, p. 56.

31. Sobre as vendas de Pompeu, ver cap. 1, pp. 93-4.

32. Segundo Peter Eisenberg, as alforrias onerosas se assemelhavam cada vez mais a contratos de trabalho ao longo da segunda metade do século XIX; ver "Ficando livre", pp. 205 e 212.

33. Manoel, filho da preta forra Joaquina; libelo, nº 2390, maço 920, galeria B, 1866, AN.

34. Ângelo de Jesus Alves (apelante) e Alcina e Eufrosina, por seu curador (apelada); libelo, nº 1628, maço 1679, galeria A, 1865, AN.

35. Perdigão Malheiro, op. cit., v. I, pp. 114-7.

36. Ver cap. 1, pp. 41-3; o "trabalho de reconstrução" está em Perdigão Malheiro, op. cit., v. I, pp. 117-21.

37. Perdigão Malheiro, op. cit., v. I, p. 118.

38. Idem, ibidem, p. 120.

39. Perdigão Malheiro parte novamente do direito romano para defender a ideia de que o escravo tinha direito à liberdade mediante a indenização do restante do seu preço ao outro condômino, e arremata que "Haveria absurdo em ser alguém parte livre, e parte escravo", op. cit., v. I, pp. 102-3. Encontrei dois processos sobre o assunto: 1) um senhor decidiu libertar o preto Alexandre quanto à sua parte — o escravo trabalhava a seu lado no ofício de calafate; os herdeiros do outro condômino resistiram, porém Alexandre conseguiu a alforria na justiça; Alexandre, preto (autor), e José Francisco Ribeiro (réu); li-

belo, nº 3384, maço 849, galeria A, 1870, AN; 2) o preto Miguel era propriedade de d. Bernardina e de Constantino Ferreira; em seu testamento, Constantino libertara Miguel quanto à sua parte, e o preto então tentou libertar-se totalmente indenizando a senhora do restante do preço; a senhora resistiu com o argumento de que ela era a única proprietária de Miguel, mas o escravo ganhou a causa; Miguel, por seu curador, c d. Bernardina Rosa de Aguiar; execução, nº 2305, maço 919, galeria A, 1869, AN. A lei de 28 de setembro de 1871 eliminou qualquer dúvida nesse assunto em seu artigo quarto, parágrafo quarto: "O escravo que pertencer a condôminos, e for libertado por um destes, terá direito à sua alforria, indenizando os outros senhores da quota do valor que lhes pertencer. Esta indenização poderá ser paga com serviços prestados por prazo não maior de sete anos, em conformidade do parágrafo precedente"; in Fábio V. Bruno, ed., O *Parlamento e a evolução nacional, 1871-1889*, Brasília, Senado Federal, 1979, 6 v., v. 1, pp. 293-4.

40. *Obra completa*, v. I, p. 1116. As tentativas dos senhores no sentido de confirmar sua autoridade moral sobre os escravos podiam ser ainda mais ridículas na vida real do que na ficção machadiana. Warren Dean, por exemplo, encontrou o caso de um barão que se deu ao trabalho de ratificar a lei do ventre livre em escritura particular! Ver Warren Dean, *Rio Claro: um sistema brasileiro de grande lavoura: 1820-1920*, Rio de Janeiro, Paz e Terra, 1977, p. 130.

41. Inácia Florinda Correa (autora) e Desidério e Joana, por seu curador; libelo, nº 625, maço 877, galeria A, AN. Analisei esta história anteriormente em "Visões da liberdade: senhores, escravos e abolicionistas da Corte nas últimas décadas da escravidão", in *História: Questões e Debates* nº 16, Curitiba, ano 9, jun. 1988, pp. 5-37.

42. Karasch, op. cit., pp. 353-4.

43. Perdigão Malheiro, op. cit., v. II, p. 95. Voltarei ao problema da relação entre os calçados e a liberdade no capítulo 3.

44. Manuela Carneiro da Cunha, "Sobre os silêncios da lei. Lei costumeira e positiva nas alforrias de escravos no Brasil do século XIX", in *Antropologia do Brasil: mito, história, etnicidade*, São Paulo, Brasiliense/Edusp, 1986, pp. 123-44.

45. Karasch, op. cit., pp. 335 e 360-1.

46. Silvia H. Lara, *Campos da violência: escravos e senhores na capitania do Rio de Janeiro, 1750-1808*, Rio de Janeiro, Paz e Terra, 1988, pp. 264-8.

47. Peter Eisenberg, "Ficando livre", p. 176 (sobre as fontes e número de alforrias levantadas). Tanto Peter Eisenberg quanto Robert Slenes me informaram pessoalmente o número de casos de revogação de alforria que encontraram em suas pesquisas.

48. Perdigão Malheiro, op. cit., v. I, pp. 132-9.

49. Idem, ibidem, v. I, p. 131, nota 797 e p. 135, nota 818.

50. Idem, ibidem, v. I, pp. 135-9; lei de 28 de setembro de 1871, artigo quarto, parágrafo nono, em Fábio Bruno, *O Parlamento*, v. 1, p. 294.

51. Lei de 28 de setembro de 1871, artigo quarto, parágrafo quinto, em Fábio Bruno, *O Parlamento*, v. 1, p. 294.

52. Foi Peter Eisenberg quem sugeriu que as alforrias com cláusula de prestação de serviços se assemelhavam cada vez mais a contratos de trabalho; ver acima, nota 23.

53. Ver acima, p. 98; Perdigão Malheiro, op. cit., v. II, p. 149, nota 622, e p. 14 (Introdução).

54. Segundo Ofício de Notas, Livro de Registro Geral nº 101, folha 150. Ver acima, nota 4, para a localização de todas as cartas de alforria comentadas aqui.

55. Ao afirmar que alforriara os escravos "gratuitamente", Perdigão podia querer dizer apenas que os negros não tiveram de lhe pagar qualquer indenização pecuniária. Contudo, o próprio Perdigão explica que a manumissão pode ser "a título oneroso ou gratuito", e sua discussão mostra que as alforrias com cláusula de prestação de serviços estão no vasto grupo das onerosas. Ver op. cit., v. I, pp. 105-8.

56. Perdigão Malheiro, op. cit., v. II, p. 154.

57. Joaquim Nabuco, *O abolicionismo*, Petrópolis, Vozes, 1977 (1883), pp. 71-2. Voltaremos a isso mais adiante.

58. Perdigão Malheiro, op. cit., v. II, p. 164.

59. Para as emendas propostas por Perdigão Malheiro, ver Fábio Bruno, *O Parlamento*, v. 1, pp. 241-4; para as críticas do visconde do Rio Branco, ver pp. 281-4, no mesmo volume.

60. Fábio Bruno, *O Parlamento*, v. 1, p. 250; a citação é um trecho de um longo discurso de Perdigão Malheiro criticando o projeto de lei (pp. 246-53, no mesmo volume).

61. Descrevi esse abismo acima, sem explicá-lo: pp. 119-21.

62. Joaquim Africano (réu); processo criminal, maço nº 8, 1874, Arquivo do Primeiro Tribunal do Júri (APTJ).

63. Segundo Ofício de Notas, Livro de Registro Geral nº 102; as duas cartas estão na folha 27 verso.

64. João José Reis, *Rebelião escrava no Brasil: a história do levante dos malês (1835)*, São Paulo, Brasiliense, 1986, pp. 24-5. Sobre a distribuição da propriedade escrava na Corte ao longo de todo o século XIX, ver Luis Carlos Soares, *Urban slavery in nineteenth century Rio de Janeiro*, tese de Ph.D., University of London, 1988, pp. 94-117.

65. Segundo Brás Cubas, o fato de um ex-escravo se tornar senhor de escravos tinha uma explicação mais simples (e cínica). Certo dia, ele caminhava pelo Valongo absorto em seus amores clandestinos quando deparou com "um preto que vergalhava outro na praça". Era o moleque Prudêncio, ex-escravo de seu pai, quem se havia tornado senhor e castigava seu escravo. Os açoites só cessaram diante da interferência de Brás Cubas. A explicação para a atitude de Prudêncio era a seguinte: Cubas se lembrava dos maus-tratos que dispensa-

ra ao moleque — vítima indefesa de suas diabruras de menino — e achava que ele agora estava indo à forra; "comprou um escravo, e ia-lhe pagando com alto juro, as quantias que de mim recebera". Ver Machado de Assis, *Memórias póstumas de Brás Cubas*, in *Obra completa*, v. I, p. 582.

66. Ciríaco também foi abandonado pelo senhor e declarado liberto durante um processo criminal; ver cap. 1, p. 85. O crioulo Basílio foi processado porque deu facadas em José Nunes, "por ciúmes da preta Maria"; ele declarou em juízo que "o que mais sente é o incômodo e o desgosto que seu senhor tem de passar". O senhor se livrou do incômodo concedendo a alforria ao negro durante o processo, e deixando, por conseguinte, de lhe patrocinar a defesa; Basílio, liberto; processo criminal, nº 2125, maço 186, galeria C, 1882, AN.

67. Perdigão Malheiro, op. cit., v. II, p. 95.

68. Agostinho Manoel de Lima (réu); processo criminal, maço 29, 1885, APTJ.

69. Essa interpretação da história de Agostinho deve muito às críticas de Robert Slenes a uma versão anterior deste capítulo.

70. Ver cap. 1, pp. 89-93.

71. *Relatório do chefe de polícia da Corte*, anexo ao *Relatório do ministro e secretário de Estado dos Negócios da Justiça*, 1871, p. 21. Há um relato do episódio em Luis Carlos Soares, "Da necessidade do bordel higienizado: tentativas de controle da prostituição carioca no século XIX", in Ronaldo Vainfas, org., *História e sexualidade no Brasil*, Rio de Janeiro, Graal, 1986, pp. 159-61. Para um estudo mais completo sobre a preocupação com o controle da prostituição no século XIX, ver Magali Engel, *Meretrizes e doutores: saber médico e prostituição no Rio de Janeiro (1840-1890)*, São Paulo, Brasiliense, 1989.

72. Leopoldina, por seu curador; ação de liberdade, nº 4693, caixa 1719, galeria A, 1871, AN.

73. Felícia; justificação, nº 320, maço 871, galeria A, 1870, AN.

74. Colombiana, preta, por seu curador (autora); ação de liberdade, nº 1803, maço 1690, galeria A, AN. Esse processo foi iniciado em fevereiro de 1871.

75. Fábio Bruno, *O Parlamento*, v. 1, p. 232.

76. *Pareceres do Conselho de Estado no ano de 1868 relativos ao elemento servil*, Rio de Janeiro, Typografia Nacional, 1871, p. 33.

77. Fábio Bruno, *O Parlamento*, v. 1, pp. 241-4.

78. *Pareceres do Conselho de Estado*, p. 33.

79. Fábio Bruno, *O Parlamento*, v. 1, p. 269.

80. Idem, ibidem, p. 260.

81. *Pareceres do Conselho de Estado no ano de 1868 relativos ao elemento servil*, p. 45.

82. Fábio Bruno, *O Parlamento*, v. 1, p. 269. Numa discussão anterior sobre as alforrias forçadas, Rio Branco havia afirmado que o projeto de lei oferecido pelo governo procurava apenas "auxiliar a filantropia particular e os es-

forços dos próprios escravos". Dizia mais: "essas disposições não fazem mais do que consagrar em direito o que já está de fato admitido pelo bom senso e magnanimidade dos senhores" (p. 240).

83. Joaquim Nabuco, *O abolicionismo*, pp. 77-8.

84. Robert W. Slenes, *The demography and economics of Brazilian slavery: 1850-1888*, tese de Ph.D., Stanford University, 1976, pp. 495, 501, 504, 542.

85. Ver cap. 1, pp. 57-61.

86. Ver acima, pp. 126-33.

87. 1) Joana, preta forra, tomara cento e tantos mil-réis emprestados "para a sua liberdade"; depois não queria ou não podia pagar a dívida, fazendo com que o credor recorresse à justiça; Jacinto Pereira da Costa (autor) e a preta Joana (ré); juramento d'alma, nº 1746, maço 909, galeria A, 1865, AN. Há outro processo sobre esse mesmo caso: Jacinto Pereira da Costa e Joana, preta; execução, nº 1309, maço 901, galeria A, 1865, AN.

2) Antônia, preta forra — ela mesmo teria comprado sua liberdade —, alugou a própria filha (Benedita) e depois tentou ocultá-la de seu senhor (Boaventura), que também era um liberto. A história inclui uma fuga espetacular de Benedita pelo telhado da casa onde estava oculta. Há um longo depoimento da quitandeira Antônia, que alegou ter sido ludibriada por Boaventura; este teria recebido dinheiro para tratar da liberdade de Benedita, porém acabou usando a quantia para comprar a escrava para si próprio; Boaventura Joaquim Gomes; justificação, nº 3832, maço 855, galeria A, 1863, AN.

3) Manoel Mina ganhou na loteria e entregou 800 mil-réis à senhora por conta da liberdade; o preço seria completado com prestação de serviços por dois anos. Manoel tentou a ação judicial quando achou que já havia cumprido o combinado, porém perdeu a causa; Maria Rombo e Manoel Mina; execução, nº 2348, maço 919, galeria A, 1865, AN.

4) A parda Margarida recebeu autorização do senhor para passar uma lista de contribuições com o intuito de formar pecúlio para a liberdade. O indivíduo a quem ela dera o dinheiro para guardar utilizou esse mesmo dinheiro para comprar Margarida à sua senhora; Margarida, parda; depósito nº 2431, maço 920, galeria A, 1866, AN.

5) Outro caso interessante é a rescisão do contrato de arrendamento da feitoria de Santarém, propriedade do imperador, provocada pela libertação dos escravos "em usufruto da Coroa" (lei de 28 de setembro de 1871, artigo sexto, parágrafo segundo). Perdigão Malheiro é quem atua como advogado da Casa Imperial. O contrato entre a Mordomia da Casa Imperial e o arrendatário previa o seguinte quanto ao trabalho dos escravos: "Será também obrigado o outorgado a conservar livres para os escravos de trabalho na Imperial Feitoria, todos os sábados, domingos, dias de guarda e aniversários de Suas Majestades, segundo o costume antigo, para os mesmos trabalharem por sua conta nesses dias para se sustentarem e vestirem, dando-se-lhes para isso terreno e ferramentas; podendo todavia convencionar com os mesmos qual-

332

quer outro meio que convenha a eles, por ser direito consuetudinário que se lhes quer conservar por parte da Mordomia". Os administradores da Casa Imperial, portanto, faziam questão de manter certo espaço para o trabalho autônomo dos escravos, viabilizando assim a formação do pecúlio. Como os escravos da feitoria de Santarém estavam "em usufruto da Coroa", todos ficaram livres em 28 de setembro de 1871. A Casa Imperial orientou o arrendatário para que fizesse a seguinte proposta aos negros: além do sábado e domingo, eles agora teriam a quinta e sexta-feira de cada semana para trabalho em suas próprias lavouras, além de uma remuneração pelos dias de trabalho para o arrendatário. A proposta, portanto, parte do pressuposto de que a liberdade para os negros significava principalmente maior autonomia no trabalho, sendo que a remuneração pelos outros dias de serviço surge como uma vantagem complementar. Os manuscritos não informam se os libertos aceitaram continuar na fazenda (Arquivo do Instituto Histórico e Geográfico Brasileiro, lata 436, doc. 1).

6) A prova definitiva de que o pecúlio e a liberdade por indenização do senhor eram parte da experiência dos escravos da Corte havia longo tempo são as próprias cartas de alforria. Na amostra de Mary Karasch, 39,4% das alforrias da Corte no período de 1807 a 1831 foram concedidas mediante indenização: em 25,6% dos casos foram os próprios escravos que compraram a liberdade; em 6,1% o comprador não é mencionado; em 7,7% a indenização é oferecida por terceiro (Karasch, op. cit., p. 353). Para Campinas, Peter Eisenberg computou entre 30,4% e 37,6% de alforrias concedidas mediante pagamento em dinheiro em diferentes períodos ("Ficando livre", p. 197).

88. Karasch, op. cit., p. 346; Eisenberg, "Ficando livre", pp. 183-4; Slenes mostra que as mulheres escravas tinham maior chance de conseguir a liberdade nas treze províncias do Império para as quais encontrou dados, *The demography and economics*, pp.521-2.

89. *Pareceres do Conselho de Estado*, p. 33.

90. Fábio Bruno, *O Parlamento*, v. 1, p. 285.

91. José (pardo) e Hermenegildo Henrique; arbitramento para a liberdade, nº 655, maço 877, galeria A, 1880, AN.

92. Maria Preta, por seu curador; depósito para a liberdade, nº 4855, caixa 1725, galeria A, 1872, AN.

93. Ver cap. 1, p. 55.

94. Ângela, liberta, e João Joaquim Barbosa; apelação cível, nº 39, maço 1583, galeria A, 1875, AN.

95. Fábio Bruno, *O Parlamento*, v. 1, p. 293.

96. Sobre preços de aluguéis de escravos, ver Delso Renault, *Indústria, escravidão, sociedade*, Rio de Janeiro, Civilização Brasileira/INL, 1976, p. 101; Sandra Lauderdale Graham, *House and street: the domestic world of servants and masters in nineteenth-century Rio de Janeiro*, Cambridge, Cambridge University Press, 1988, p. 102; e, principalmente, Pedro Carvalho de Mello, *The economics*

333

of labor in Brazilian coffee plantations, 1850-1888, tese de Ph.D., University of Chicago, 1977, p. 66.

97. Onofre, por seu curador, e d. Francisca Cândida de Salles Penna; liberdade, nº 2537, maço 921, galeria A, 1882, AN.

98. Sobre os preços dos escravos, ver Slenes, *The demography and economics,* pp. 241 e 243.

99. Júlia e Mariana Kloes; arbitramento para liberdade, nº 1433, maço 902, galeria A, 1884, AN.

100. Cândida (autora) e Agostinho Adolfo de Souza Guimarães (réu); liberdade por traslado, nº 3878, maço 856, galeria B, 1881, AN.

101. Ver, entre outros: Marta (autora) e Manoel da Cruz Senna; liberdade, nº 2442, maço 920, galeria A, 1884, AN; Antônio Preto (autor); liberdade, nº 2722, maço 842, galeria A, 1881, AN.

102. Ver, entre outros: Justina, por seu curador, e d. Adelaide Benedita d'Almeida Lopes; arbitramento para liberdade, nº 1702, maço 909, galeria A, 1883, AN; Felinto; liberdade, nº 583, maço 875, galeria B, 1885, AN; Juvenal, por seu curador; arbitramento para liberdade, nº 1434, maço 902, galeria A, 1882, AN; Ermíria e d. Maria Carolina Correia de Sá; liberdade, nº 4451, maço 866, galeria A, 1885, AN; Júlia, por seu curador, e Joaquim Mariano de Macedo Soares; arbitramento para liberdade, nº 1432, maço 902, galeria A, 1883, AN.

103. Antônio Preto (autor); liberdade, nº 2722, maço 842, galeria A, 1881, AN.

104. Caetana, parda, e d. Deolinda Francisca Telles; liberdade, nº 3879, maço 856, galeria A, 1881, AN; Cândida, crioula, por seu curador; depósito para liberdade, nº 7862, maço 14, 1874, AN.

105. Ver, entre outros: Teresa (suplicante) e d. Francisca Maria do Carmo Godinho; ação de liberdade, nº 2575, maço 922, galeria B, 1885, AN; Michaela (suplicante) e Augusto Martins de Lima; ação de liberdade, nº 2443, maço 920, galeria A, 1885, AN.

106. Virgílio e Henrique das Chagas Andrade; justificação nº 2675, maço 923, galeria A, 1887, AN.

107. Beatriz (autora) e Antônio de Pádua Monteiro (réu); liberdade, nº 3813, maço 855, galeria A, 1887, AN. Em outro processo, Júlio também ganhou a liberdade porque foi importado após a lei de proibição do tráfico de 1831; três africanos prestaram depoimento afirmando que haviam conhecido Júlio na Bahia, e que ele teria sido importado "depois da guerra do Sabino"; Júlio (autor) e d. Teresa Torquato Vieira do Amaral (ré); manutenção nº 1435, maço 902, galeria A, 1882, AN. Para o debate, já nos anos 1880, em torno da vigência, ou não da lei de 7 de novembro de 1831, ver Antônio Joaquim Macedo Soares, "A lei de 7 de novembro de 1831 está em vigor", in *Campanha jurídica pela libertação dos escravos (1867 a 1888)*; trata-se do primeiro volume das *Obras completas do conselheiro Macedo Soares*, organizada por Julião Rangel de Macedo Soares,

Rio de Janeiro, José Olympio, 1938. O artigo sobre a lei de 1831 está nas páginas 29 a 72.

108. Channing, citado em Nabuco, *O abolicionismo*, p. 71.

109. Nabuco, *O abolicionismo*, p. 67.

110. Idem, ibidem, pp. 71-2.

111. Idem, ibidem, p. 72.

3. CENAS DA CIDADE NEGRA [pp. 218-313]

1. Os depoimentos de Gonçalo e Luiz estão em A 103-4; o de Lúcio, em A 101.

2. Ver cap. 1, pp. 86-9.

3. Ver cap. 2, pp. 178-83.

4. Ver cap. 2, pp. 183-6.

5. Manoel Moçambique, réu; processo criminal, maço 97, nº 1124, galeria C, Arquivo Nacional (AN),

6. O preto João Africano, réu; processo criminal, maço 11, 1874, Arquivo do Primeiro Tribunal do Júri (APTJ).

7. Francelina, ré; processo criminal, maço 4, 1872, APTJ.

8. Adolfo Ferreira Nogueira, réu; processo criminal, maço 9, 1885, APTJ.

9. Brasil Gerson, *A escravidão no Império*, Rio de Janeiro, Pallas, 1975, p. 150.

10. Perdigão Malheiro, *A escravidão no Brasil: ensaio histórico, jurídico, social*, Petrópolis, Vozes/INL, 1976, 2 v., v. I, p. 47, nota 107.

11. Brasil Gerson, op. cit., p. 150.

12. *Relatório do ministro e secretário d'Estado dos Negócios da Justiça*, 1870, p. 11. Perdigão Malheiro também afirma que "O Poder Moderador tem procurado corrigir esse rigor da lei"; op. cit., v. I, p. 47, nota 107.

13. Idem, ibidem, p. 22. Um despacho da presidência da província do Rio de Janeiro, de 1876, se refere assim à pena de galés: "[...] é um melhoramento da condição servil. Os escravos assassinam para serem condenados a galés, como consta de informações oficiais. Todos os dias registra a imprensa assassinatos de senhores por seus escravos, que são arrastados ao crime, não pelos maus-tratos que têm desaparecido de nossos hábitos, mas pelo desgosto da condição, pelo natural desejo de melhorar dela; e sem dúvida alguma melhoram, porque deixam de ser obrigados ao trabalho e, quando condenados a galés perpétuas, i.é., quando matam seus senhores ou feitores, adquirem uma quase liberdade, que em tanto importa a certeza de não voltarem ao cativeiro e a esperança de liberdade completa — pelo perdão ou remissão, aliás não difícil, de parte da pena! Esta pois não é em relação ao escravo um mal, infligido como punição; parecendo, pelo contrário, um bem conferido como recompensa". *Ofícios de presidentes*, 1876, quarto trimestre, IJ1-490, AN. Agra-

335

deço a Flavio dos Santos Gomes por ter-me chamado a atenção para este despacho bastante esclarecedor.

14. Gerson, op. cit., pp. 252-3.

15. Sobre a utilização dos "forçados" em serviços públicos, no caso no abastecimento de água, há uma prancha de Debret intitulada *Negociante de tabaco em sua loja*. A gravura retrata um grupo de galés, devidamente acorrentados e escoltados por um guarda, diante da loja de um negociante de tabaco. O negro que está mais à frente fica encarregado de levar as encomendas de todo o grupo; os demais companheiros aguardam "comodamente sentados em seus barris", conversando e "oferecendo aos transeuntes trabalhos feitos em chifres de boi". Mais relevante, contudo, é a observação seguinte de Debret: "Empregam-se os forçados duas vezes por dia para abastecer de água as fortalezas; honrados com uma escolta, têm eles a prerrogativa de tomar conta das fontes e espalhar os negros vagabundos que aí se encontram sempre. O triunfo dessa canalha acorrentada repercute nos clamores dos descontentes que a cercam". Em suma, o relato de Debret sugere que os "forçados" tinham uma presença de certa forma imponente sobre os outros negros na cidade, e isso talvez seja mais uma pista para entender o porquê das reclamações senhoriais de que os escravos preferiam as galés ao cativeiro. Ver Jean-Baptiste Debret, *Viagem pitoresca e histórica ao Brasil*, Belo Horizonte/Itatiaia; São Paulo, Edusp, 1978, t. I, v. II, pp. 337-40. Ainda sobre a utilização de prisioneiros em serviços públicos, ver Leila Mezan Algranti, *O feitor ausente: estudos sobre a escravidão urbana no Rio de Janeiro — 1808-1822*, Petrópolis, Vozes, 1988, pp. 77-82.

16. Parecer de José Tomás Nabuco de Araújo, citado em Joaquim Nabuco, *Um estadista do Império*, Rio de Janeiro, Nova Aguilar, 1975, p. 881.

17. Idem, ibidem, p. 879.

18. Gerson, op. cit., p. 155.

19. Joaquim Nabuco, *O abolicionismo*, Petrópolis, Vozes, 1977, p. 96.

20. Rui Barbosa, "Libertos e republicanos", in *Queda do Império*, Rio de Janeiro, Livr. Castilho, 1921, t. I, pp. 131-8. A observação sobre o "manipanso das senzalas" e a "idolatria áulica" está na página 132.

21. *Gazeta de Notícias*, 30 de dezembro de 1877, p. 1. A história de Carlos e Ciríaco foi narrada com detalhes no capítulo 1, pp. 84-9.

22. Caldas Aulete, *Dicionário contemporâneo da língua portuguesa*, Lisboa, 1925; Aurélio Buarque de Holanda Ferreira, *Novo dicionário da língua portuguesa*, Rio de Janeiro, Nova Fronteira.

23. Antenor Nascentes, *Dicionário etimológico*, Rio de Janeiro, Francisco Alves, 1952. Agradeço a Robert Slenes por ter-me observado a relevância do nome Pancrácio nesse contexto. O interessante é que John Gledson, que se mostra em geral atento ao significado dos nomes das personagens nos textos de Machado, não faz qualquer comentário a respeito do nome do negro alforriado nessa crônica de maio de 1888. Tal lapso sugere que Gledson realmente

não percebeu toda a densidade dessa crônica aparentemente despretensiosa e apenas divertida. Paradoxalmente, o fato é que eu jamais teria podido interpretar corretamente as intenções de Machado na crônica sem ter passado pela experiência de ler o livro de Gledson. Ver John Gledson, *Machado de Assis: ficção e história*, Rio de Janeiro, Paz e Terra, 1986, pp. 124-6.

24. José Murilo de Carvalho, *Os bestializados: o Rio de Janeiro e a República que não foi*, São Paulo, Companhia das Letras, 1987, p. 9.

25. Machado de Assis, *Esaú e Jacó*, in Afrânio Coutinho, org., *Machado de Assis: obra completa*, Rio de Janeiro. Nova Aguilar, 1986, v. I, caps. LXII e LXIII, pp. 1027-30.

26. Idem, ibidem, v. I, p. 1031.

27. João do Rio, *A alma encantadora das ruas*, Rio de Janeiro, Secretaria Municipal de Cultura, 1987, pp. 30-2.

28. Mello Morais Filho, "O príncipe Obá", in *Festas e tradições populares do Brasil*, Belo Horizonte, Itatiaia; São Paulo, Edusp, 1979, pp. 309-12.

29. João do Rio, op. cit., p. 73.

30. Idem, ibidem, p. 95.

31. Idem, ibidem, pp. 160-2.

32. Idem, ibidem, p. 167.

33. Idem, ibidem, p. 160. Sobre a popularidade da monarquia, ver também José Murilo de Carvalho, op. cit., pp. 29-31.

34. Vários trabalhos têm surgido ultimamente sobre a história da cidade do Rio nas primeiras décadas do período republicano. Além do livro de José Murilo de Carvalho, já citado, temos: Lia de Aquino Carvalho, *Habitações populares Rio de Janeiro: 1886-1906*, Rio de Janeiro, Secretaria Municipal de Cultura, 1986; Sidney Chalhoub, *Trabalho, lar e botequim: o cotidiano dos trabalhadores no Rio de Janeiro da Belle Époque*, São Paulo, Brasiliense, 1986; Martha de Abreu Esteves, *Meninas perdidas: os populares e o cotidiano do amor no Rio de Janeiro da Belle Époque*, dissertação de mestrado, Niterói, UFF, 1987; Teresa Meade, *Community protest in Rio de Janeiro, Brazil, during the First Republic, 1890-1917*, tese de Ph.D., Rutgers University, 1984; Gladys Sabina Ribeiro, "*Cabras*" e "*pés-de-chumbo*": *os rolos do tempo. O antilusitanismo na cidade do Rio de Janeiro (1890-1930)*, dissertação de mestrado, Niterói, UFF, 1987; Oswaldo Porto Rocha, *A era das demolições: cidade do Rio de Janeiro, 1870-1920*, Rio de Janeiro, Secretaria Municipal de Cultura, 1986; Nicolau Sevcenko, *Literatura como missão: tensões sociais e criação cultural na Primeira República*, São Paulo, Brasiliense, 1983; Eduardo Silva, *As queixas do povo*, Rio de Janeiro, Paz e Terra, 1988; Rachel Soihet, *Condição feminina e formas de violência: mulheres pobres e ordem urbana, 1890-1920*, Rio de Janeiro, Forense Universitária, 1989.

35. Ver Richard Wade, *Slavery in the cities: the south, 1820-1860*, Londres/Nova York, Oxford University Press, 1964. Barbara Fields retomou recentemente o argumento de Wade sobre "a incompatibilidade entre escravidão e

desenvolvimento urbano"; ver Barbara Jeanne Fields, *Slavery and freedom on the Middle Ground: Maryland during the nineteenth century*, Londres/New Haven, Yale University Press, 1985, especialmente o capítulo 3, "Baltimore and the problem of slavery in cities", pp. 40-62. Fields concorda com Wade quanto à "incompatibilidade entre escravidão e desenvolvimento urbano" (p. 51); também concorda com Wade na avaliação de que tal incompatibilidade se devia em grande medida "ao problema de manter a disciplina entre os escravos" (p. 52). O fato, porém, é que Fields considera que "há uma base muito mais profunda para o antagonismo entre escravidão e desenvolvimento urbano do que o problema do controle do comportamento dos escravos": é que o trabalho escravo não poderia prover "a base para a indústria urbana" (p. 54); mais adiante: "A indústria permaneceu subdesenvolvida no Sul devido à fraqueza do mercado consumidor e à posição subalterna da burguesia" (p. 56). Em suma, para Barbara Fields o antagonismo essencial era entre escravidão e desenvolvimento industrial. Comentarei mais adiante o trabalho de Claudia Goldin, uma crítica aparentemente demolidora de Wade.

36. Frederick Douglass, *My bondage and my freedom*, Urbana/Chicago, University of Illinois Press, 1987 (1ª ed.: 1855), p. 93. Wade cita essa passagem de Douglass logo na página 4 de seu livro.

37. Mary C. Karasch, *Slave life in Rio de Janeiro: 1808-1850*, Princeton, Princeton University Press, 1987, p. XXI.

38. Luis Carlos Soares, *Urban slavery in nineteenth-century Rio de Janeiro*, tese de Ph.D., University of London, 1988, p. 453.

39. Karasch, op. cit., p. 63.

40. Soares, op. cit., p. 458.

41. Karasch, op. cit., p. XXI.

42. Soares, op. cit., p. 460.

43. Segundo Karasch, vários viajantes que estiveram no Rio na primeira metade do século XIX estimaram que cerca de 2/3 da população da cidade era de cor; op. cit., p.62.

44. Registro de Correspondência Reservada Recebida pela Polícia (1833-40), cód. 334, fls. 9-10, AN.

45. Karasch, op. cit., p. 64.

46. João José Reis, *Rebelião escrava no Brasil: a história do levante dos malês (1835)*, São Paulo, Brasiliense, 1986, p. 16.

47. Registro de Correspondência Reservada Expedida pela Polícia (1835--44), cód. 335, v. I, fls. 2-3, AN.

48. Idem, fl. 2.

49. Registro de Correspondência Reservada Recebida pela Polícia (1833--40), cód. 334, fls. 14-5, AN.

50. Reis, op. cit., p. 87.

51. Registro de Correspondência Reservada Expedida pela Polícia (1835--44), cód. 335, v. I, fl. 9, AN.

52. Claudia Goldin, *Urban slavery in the American South, 1820-1860: a quantitative history*, Chicago, University of Chicago Press, 1976, e "A model to explain the relative decline of urban slavery: empirical results", in Stanley Engerman e Eugene Genovese, eds., *Race and slavery in the Western hemisphere: quantitative studies*, Princeton, Princeton University Press, 1975, pp. 427-50. Ver ainda Stanley Engerman e Robert Fogel, *Time on the cross: the economics of American negro slavery*, Boston/Toronto, Little, Brown and Company, 1974, pp. 94-102.

53. Ver Luiz-Felipe Alencastro, "Prolétaires et esclaves: immigrés portugais et captifs africains a Rio de Janeiro 1850-1872", in *Cahiers du CRIAR*, nº 4, Publications de l'Université de Rouen, 1984. O autor explicita sua posição a favor de Goldin e contra Wade na página 131, nota 52. Segundo ele, seu estudo sobre o Rio "confirma a análise de Goldin". Além da demanda por escravos ser mais intensa nas zonas rurais, Alencastro argumenta que a venda de escravos para as fazendas se explicaria também pela queda dos salários urbanos devido à chegada de grandes levas de proletários portugueses. Ver também Karasch, op. cit., p. 367, e Soares, op. cit., pp. 448-9.

54. Agradeço a Robert Slenes por ter-me demonstrado este aspecto.

55. Goldin, "A model to explain", p. 430.

56. Ibidem, p. 450.

57. Silvia H. Lara, *Campos da violência: escravos e senhores na capitania do Rio de Janeiro: 1750-1808*, Rio de Janeiro, Paz e Terra, 1988, p. 293.

58. Desenvolvi esse argumento anteriormente em "Medo branco de almas negras: escravos, libertos e republicanos na cidade do Rio", in *Revista Brasileira de História*, São Paulo, mar./ago. 1988, v. 8, nº 16, pp. 83-105, número especial sobre escravidão organizado por Silvia Hunold Lara. Significativos sobre este aspecto são os trabalhos de Leila Mezan Algranti, *O feitor ausente*, especialmente o capítulo 4, "Entre a suspeita e a chibata"; e Marilene Rosa Nogueira da Silva, *Negro na rua: a nova face da escravidão*, São Paulo, Hucitec, 1988, especialmente o capítulo 3, "O escravo ao ganho — uma nova face da escravidão". Algranti argumenta — sempre com a concordância de Silva — que a escravidão nas cidades sofreu adaptações no sentido de resolver o desafio de manter o controle social dos negros: a principal característica desses ajustes seria a participação crescente do Estado no controle dos trabalhadores, assumindo assim o lugar do "feitor ausente". Todavia: 1) A autora exagera visivelmente o papel do Estado no período que estuda. A vigilância do Estado sobre os escravos nessa época se restringia aos locais públicos; fora disso, sua ação se limitava à punição de crimes cometidos pelos negros e à aplicação de punições solicitadas pelos próprios senhores. A participação decisiva dos burocratas governamentais nas relações de trabalho, seja no campo seja na cidade, só iria se consolidar meio século depois. 2) Como a missão de manter o produtor direto atrelado à produção continuava a ser um problema de cada senhor específico, era comum a presença de feitores em chácaras e estabelecimentos comerciais e industriais da

Corte. Esses dois pontos em relação ao trabalho de Algranti foram levantados recentemente por Soares, op. cit., pp. 276-8, e me parecem procedentes. Também encontrei casos de conflitos entre escravos e feitores — às vezes "caixeiros" e "mestres" atuando na função de feitores — mesmo em processos criminais posteriores a 1870; ver, por exemplo, Joaquim da Silva Ribeiro, réu, maço 18, 1876, APTJ; Patrício, escravo de José Ferreira de Almeida, réu, maço 20, 1879, APTJ; Pedro Nunes da Graça, réu, maço 22, 1877, APTJ, Lourenço, escravo de Manoel Joaquim Alves da Rocha, réu, maço 12, 1873. APTJ. De qualquer forma, a questão da importância ou não da presença dos feitores na cidade permanece aberta, e não será resolvida com o simples arrolamento de exemplos de um ou de outro lado. 3) A contribuição de Algranti é importante na medida em que identifica uma tendência que só se ampliará ao longo do século XIX: a presença crescente do Estado no controle do comportamento dos trabalhadores. Porém, a imagem do "feitor ausente" não me parece adequada. O sentido da atuação do Estado não será feitorizar, não será desempenhar as funções antes, ou alhures, exercidas pelos feitores, e sim engendrar uma política de domínio radicalmente diferente. Foi isso também que tentei demonstrar no capítulo anterior. Se a escravidão é uma forma de organização das relações de trabalho assentada numa política de dominação como a descrita no segundo capítulo, então a emergência de um aparato político-burocrático apto e disposto a interferir sistematicamente nas relações entre senhores e escravos, ou patrões e empregados, é efetivamente um momento de ruptura no processo histórico.

59. Registro de Correspondência Reservada Expedida pela Polícia (1835-44), cód. 335, v. I, fl. 30 verso, AN.

60. Documento do Arquivo Histórico Ultramarino de Lisboa, citado em Luiz R. B. Mott, "A revolução dos negros do Haiti e o Brasil", in *História*: *Questões e Debates*, Curitiba, 3(4),1982, p. 57.

61. Documento do AN, citado em Mott, op. cit., p. 62.

62. Documentação não catalogada, maço5F-255, AN.

63. Joaquim Nabuco, *O abolicionismo*, pp. 88-9; ver especialmente a nota 5 na p. 89. José Murilo de Carvalho observou a inexistência de correntes de opinião significativas até mesmo contra o tráfico negreiro na primeira metade do século XIX; ver José Murilo de Carvalho, *Teatro de sombras*: *a política imperial*, Rio de Janeiro, Vértice, 1988, p. 57. Isso não significa, porém, a completa inexistência de opiniões contrárias ao tráfico no período; ver, por exemplo, os textos de João Severiano Maciel da Costa, Domingos Alves Branco Muniz Barreto e Frederico César Burlamaque, incluídos em *Memórias sobre a escravidão*, Rio de Janeiro, Arquivo Nacional, 1988.

64. Joaquim Nabuco, *O abolicionismo*, p. 111. Luís Carlos Martins Pena, que foi um contemporâneo do tráfico africano ilegal, denunciou a falta de escrúpulos de autoridades e traficantes numa divertida comédia da década de 1840: *Os dois ou o inglês maquinista*; ver *As melhores comédias de Martins Pena*, Porto Alegre, Mercado Aberto, pp. 119-49.

65. Leslie Bethell, *A abolição do tráfico de escravos no Brasil*, Rio de Janeiro, Expressão e Cultura; São Paulo, Edusp, 1976, p. 298, nota 1. Uma relação parcial dos gabinetes do Império (1837-78) está em Joaquim Nabuco, *Um estadista*, pp. 1022-32; os membros do gabinete de 29 de setembro estão listados nas páginas 1025-6.

66. Sobre as pressões britânicas, ver Bethell, op. cit.

67. "Discurso do conselheiro Eusébio de Queiroz Coutinho Mattoso da Câmara em 16 de junho de 1852", transcrito em Perdigão Malheiro, op. cit., v. II, pp. 201-22. A passagem citada está na página 209.

68. Joaquim Nabuco, *O abolicionismo*, p. 111.

69. Registro de Correspondência Reservada Expedida pela Polícia (1835--44), cód. 335, v. I, fls. 17, 17 verso, 18, 40 verso, 51, 51 verso (para exemplos de ações contra os traficantes); fls. 37, 37 verso (ofício ao ministro da Justiça).

70. Joaquim Nabuco, *O abolicionismo*, p. 111.

71. Perdigão Malheiro, op. cit., v. II, pp. 209-10.

72. Registro de Correspondência Reservada Expedida pela Polícia (1835--44), cód. 335, v. I, fls. 32 e 32 verso.

73. Segundo Karasch, nas décadas de 1830 e 1840 entre 2/3 e 3/4 dos cativos na cidade do Rio eram africanos; o censo de 1849 revelou que 66,4% dos escravos do Rio eram africanos, op. cit., p. 8.

74. Maço IJ6-468, AN. Sobre a experiência dos africanos livres, ver Robert Conrad, *Tumbeiros: o tráfico de escravos para o Brasil*, São Paulo, Brasiliense, 1985, pp. 171-86.

75. Soares, op. cit., pp. 25-42.

76. Alencastro, op. cit., p. 135.

77. Karasch, op. cit., pp. 367-8.

78. Alencastro, op. cit., p. 135.

79. Idem, ibidem, pp. 135 e 148.

80. Idem, ibidem, pp. 128-30.

81. Idem, ibidem, p. 137.

82. Soares, op. cit., p. 496.

83. *Código de posturas da Ilustríssima Câmara Municipal do Rio de Janeiro e editais da mesma Câmara*, Rio de Janeiro, 1870, parte referente ao código de posturas de 1838, seção segunda, título XII, parágrafos 7 e 9, Arquivo Geral da Cidade do Rio de Janeiro (AGCRJ).

84. Francelina, ré; processo criminal, maço 4, 1872, APTJ.

85. Ver cap. 1, p. 78.

86. Gregório Fernandes Cardoso e sua mulher, réus; processo criminal, maço 8, 1874, APTJ.

87. Antônio Romão, réu; processo criminal, maço 9, 1881, APTJ. Também há informações sobre o caso na edição de *O Globo* de 15 de outubro de 1881.

88. Para dois outros exemplos de escravas domésticas suspeitas de envolvimento em furtos, ver Serafião, escravo, réu; processo criminal, maço 12,

341

1874, APTJ; e Jerônimo, escravo, réu; processo criminal, caixa 3669, apelação nº 6930, 1869, AN. Veremos este segundo caso com detalhes logo adiante.

89. Perdigão Malheiro, op. cit., v. II, pp. 95-6.

90. Idem, ibidem, v. II, pp. 94-5.

91. Idem, ibidem, v. II, p. 14.

92. Manuela Carneiro da Cunha, "Olhar escravo, ser olhado", in Paulo Cesar Azevedo e Mauricio Lissovsky, org., *Escravos brasileiros do século XIX na fotografia de Christiano Jr.*, São Paulo, Ex Libris, 1988, p. XXIII. Em outro artigo no mesmo livro, Jacob Gorender afirma que os escravos brasileiros andavam "invariavelmente" descalços; e conclui, categórico: "escravo devia exibir sua condição subumana pelos pés desnudos"; J. Gorender, "A face escrava da corte imperial brasileira", p. XXXII.

93. Ver cap. 2, p. 166.

94. Juvêncio, escravo, réu; processo criminal, maço 2, 1876, APTJ.

95. Ver cap. 2, pp. 174-8.

96. Ver cap. 1, pp. 64-7.

97. Ver cap. 1, pp. 71-8.

98. Para o caso Cristina, ver cap. 2, pp. 139-42; sobre Desidério, cap. 2, pp. 164-7.

99. Jerônimo, réu; processo criminal, caixa 3669, apelação nº 6930, 1869, AN.

100. Luiz Edmundo, *O Rio de Janeiro do meu tempo*, Rio de Janeiro, Conquista, 1957, pp. 767-72.

101. Adolfo Ferreira Nogueira, réu; processo criminal, maço 9, 1885, APTJ.

102. *O Paiz*, 17 de fevereiro de 1885, p. 2.

103. Mello Morais Filho, *Festas e tradições populares do Brasil*, p. 258.

104. Bernardino, réu; processo criminal, maço 4, 1872, APTJ.

105. Alencastro observou a competição entre "proletários e escravos" no artigo citado, especialmente pp. 133-7; abordei os conflitos entre brasileiros e portugueses na cidade do Rio na primeira década do século XX em *Trabalho, lar e botequim;* há agora sobre o assunto o trabalho bem mais aprofundado de Gladys Ribeiro, citado na nota 34.

106. Joaquim Manoel da Costa, Zeferino, escravo, e Maximiano, escravo, réus; processo criminal, maço 12, APTJ.

107. Código de posturas de 1830 (indicação completa do volume na nota 83), seção segunda, título VI, parágrafo 11, AGCRJ.

108. Código de posturas de 1838, seção segunda, título VI, parágrafos 14 e 15.

109. Código de posturas de 1830, seção segunda, título VI, parágrafo 8.

110. Código de posturas de 1838, seção segunda, título VI, parágrafo 12, e título VIII, parágrafo 6. Ver também o *Código de posturas, leis, decretos, editais e resoluções da Intendência Municipal do Distrito Federal*, Rio de Janeiro, 1894.

Este último volume reedita o código de posturas de 1838 e prossegue com as leis, resoluções etc. que entraram em vigor até 1893.

111. Raimundo, escravo, réu; processo criminal, maço 23, 1881, APTJ.

112. Maria Joana do Espírito Santo (executante) e Júlia, preta (executada); execução cível, nº 2353, maço 919, galeria A, 1868, AN.

113. Sobre a história de Felicidade, ver cap. 1, pp. 57-61.

114. A história que se segue é baseada em dois processos: Benedita, por seu curador (ré), e Boaventura Joaquim Gomes (autor); embargo, nº 3816, maço 855, galeria A, 1864, AN; Boaventura Joaquim Gomes; justificação, nº 3832, maço 855, galeria A, 1863, AN.

115. Augusta, preta, por seu curador; justificação, nº 3395, maço 849, galeria A, 1870, AN.

116. Aluísio Azevedo, O cortiço, Rio de Janeiro, Edições de Ouro, s/d., p. 20.

117. Benedito, preto forro; arrecadação, nº 577, caixa 510, galeria A, 1866, AN.

118. Antônio Benguela e outros; arrecadação, nº 277, caixa 492, galeria A, 1875, AN.

119. Benedito de tal; arrecadação, nº 614, caixa 510, galeria A, 1887, AN.

120. Joaquim Rodrigues da Costa e Valeriano, preto mina; penhora executiva, nº 1685, maço 908, galeria A, 1860, AN.

121. Fernando da Costa Borges, réu; processo criminal, maço 9, 1886, APTJ.

122. Frederico José Lessa, réu; processo criminal, maço 17, 1876, APTJ.

123. Margarida Maria Rosa da Conceição, ré; processo criminal, maço 18, 1878, APTJ.

124. Ver cap. 2, pp. 184-6.

125. Manoel Pereira Ramos, vulgo "Pica- Pau", Amâncio, vulgo "Camundongo", escravo, Manoel Correa da Rocha, Afonso "chim", João Inácio da Costa, Manoel Joaquim Ribeiro Vidal; processo criminal, maço 4, 1870, APTJ.

126. Ver cap. 1, pp. 64-8.

127. João da Costa Viana, réu; processo criminal, maço 12, 1874, APTJ.

128. Vitório, preto liberto, réu; processo criminal, maço 27, 1883, APTJ.

129. Domingos José Ramalho e Joaquim Manoel da Silva, réus; processo criminal, maço 2, 1873, APTJ.

130. Isso ocorre, por exemplo, em Perpétua, "preta livre", que na verdade era liberta; tutela avulsa, nº 540, maço 23, 1877, AN; em Elisa, "parda livre", que também era liberta; depósito, nº 4450, maço 866, galeria A, 1870, AN; em Manoel Machado Pereira Guimarães, réu; processo criminal, maço 8, 1874, APTJ: Manoel Guimarães, português, brigou com Manoel Coelho, ora identificado como "preto livre", ora como "preto liberto" .

131. 1) Lourenço Soares, réu; processo criminal, maço 22, 1880, APTJ: Lourenço, natural da Corte, sapateiro, não constam informações quanto à cor, assassinou a "parda livre" Guilhermina, com quem vivia há seis anos. A causa

343

da briga foi a decisão de Guilhermina de alugar um quarto e se separar do amásio. Há testemunhas que descrevem a parda como uma mulher "muito trabalhadora", sustentando o casal (na freguesia do Engenho Velho).

2) José Lopes da Silva, réu; processo criminal, maço 17, 1876, APTJ: José, natural da Corte, pedreiro, não constam informações quanto à cor, brigou com sua amásia, a preta Isabel. Segundo ela, por ciúmes; na versão dele, porque a mulher vendera alguns objetos do casal por sua própria conta (no Catete).

3) José Batista de Barros, réu; processo criminal, maço 19, 1878, APTJ: José, natural do Rio, carroceiro, não constam informações quanto à cor, teria ameaçado agredir sua amásia, a preta Maria Madalena. A desavença começou numa festa de estalagem, onde havia diversos negros segundo uma testemunha, seria um "divertimento" de "pretos de nação" (na Glória).

4) Manoel Luiz da Silva, réu; processo criminal, maço 9, 1885, APTJ: Manoel, preto, natural de Maceió, calafate, deu uma navalhada em Pedro Antônio, pardo, baiano, trabalhador, numa briga na estalagem onde ambos moravam. Uma das versões para a causa do conflito era que Pedro tentara seduzir a mulher de Manoel; outra versão era que a briga fora na verdade contra italianos (em Santana).

5) Elói César Brandão, réu; processo criminal, maço 21, 1879, APTJ: Cândida das Dores, brasileira, não constam outros dados de identificação, se desentendeu com a mulher de Elói por questão de preferência na utilização da bica na estalagem. Elói, que era português, negociante, acabou agredindo Cândida. Em sua defesa, o acusado apresentou um abaixo-assinado de moradores da estalagem solicitando a mudança de Cândida e seu amásio: o casal teria "maus costumes", e o hábito de reunir negros em sua casa para "tratarem de negócios de dar fortuna" (em Santana).

6) Joaquina, parda, escrava de José Martins de Souza, ré; processo criminal, nº 1513, maço 42, galeria C, 1878, AN: Joaquina, que era lavadeira, teria chamado Maria Miquelina, que não é identificada no processo, de "puta" e "safada". O desentendimento da escrava parece ter sido inicialmente com a portuguesa Maria Joaquina, também lavadeira. Segundo testemunhas em defesa da parda, Maria Miquelina lhe mandara dizer, ao enviar "um pente e umas argolas de orelhas", que "socasse aqueles objetos na bunda porque a sua filha não precisava de coisas dadas por uma negra escrava". Numa estalagem da rua do Conde d'Eu.

7) Bernardino José da Costa, réu; processo criminal, maço 1, 1872, APTJ: Bernardino, português, feitor da limpeza pública, se envolveu numa briga que ora parece uma contenda entre moradores de duas estalagens, ora parece um conflito entre carroceiros da limpeza pública e carroceiros particulares. Do lado dos funcionários da limpeza pública, destacava-se um pardo, escravo do administrador, "armado de pau e querendo invadir a Estalagem", segundo uma testemunha (na freguesia do Espírito Santo).

344

liberdade, segunda vara cível/Supremo Tribunal Federal, nº 1628, maço 1679, galeria A, 95 fls., 1865.

Jacintho Pereira da Costa, autor, e a preta Joana, ré; juramento de alma, segunda vara cível, nº 1746, maço 909, galeria A, 5 fls., 1865.

Jacintho Pereira da Costa, autor, e Joana, preta, ré; execução, segunda vara cível, nº 1309, maço 901, galeria A, 7 fls., 1865.

Joaquim José Gomes Guimarães e sua mulher, exequentes, e a preta Rubina, executada; execução, segunda vara cível, nº 1347, maço 902, galeria A, 65 fls., 1865.

Joaquim José Gomes Guimarães e a parda Fortunata; execução, segunda vara cível, nº 1298, maço 901, galeria A, 38 fls., 1865.

Maria Rombo, executante, e Manoel Mina, executado; execução, segunda vara cível, nº 2348, maço 919, galeria A, 12 fls., 1865.

Benedito, preto forro; arrecadação, juízo de ausentes, nº 577, caixa 510, galeria A, 14 fls., 1866.

Manoel, filho da preta forra Joaquina; libelo, segunda vara cível, nº 2390, maço 920, galeria B, 100 fls., 1866.

Margarida, parda; depósito, segunda vara cível, nº 2431, maço 920, galeria A, 19 fls., 1866.

Maria Joana do Espírito Santo, executante, e Júlia, preta, executada; execução, segunda vara cível, nº 2353, maço 919, galeria A, 10 fls., 1868.

Miguel, executante, e d. Bernardina Roza de Aguiar, executada; execução, segunda vara cível, nº 2305, maço 919, galeria A, 29 fls., 1869.

Alexandre, preto, e José Francisco Ribeiro; libelo, segunda vara cível, nº 3384, maço 849, galeria A, 63 fls., 1870.

Augusta, preta; justificação, segunda vara cível, nº 3395, maço 849, galeria A, 12 fls., 1870.

Elisa, parda, suplicante, e Maria Roza, suplicada; depósito, segunda vara cível, nº 4450, maço 866, galeria A, 3 fls., 1870.

Felícia; justificação, segunda vara cível, nº 320, maço 871, galeria A, 10 fls., 1870.

Felicidade, crioula; libelo de liberdade, segunda vara cível, nº 4645, maço 872, galeria A, 123 fls., 1870.

Manoel Pereira da Motta; justificação, segunda vara cível, nº 2389, maço 920, galeria A, 10 fls., 1870.

Colombiana, preta, autora; ação de liberdade, segunda vara cível/Supremo Tribunal Federal, nº 1803, maço 1690, galeria A, 141 fls., 1871.

Josefa, escrava, autora; ação de liberdade, segunda vara cível/corte de apelação, apelação nº 14198, caixa 3696, 96 fls., 1871.

Maria Preta; depósito para liberdade, primeira vara cível, nº 4855, caixa 1725, galeria A, 22 fls., 1872.

Leopoldina, autora; ação de liberdade, segunda vara cível, nº 4693, caixa 1719, galeria A, 66 fls., 1873.

Candida, crioula; depósito para liberdade, primeira vara cível, nº 7862, maço 14, 12 fls., 1874.

Angela, liberta, ré, e João Joaquim Barbosa, autor; liberdade, juízo de direito da segunda vara de órfãos, nº 39, maço 1583, galeria A, 78 fls., 1875.

Antônio Benguela, e outros; arrecadação, juízo de ausentes da primeira vara, nº 277, caixa 492, galeria A, 6 fls., 1875.

Perpétua, preta livre, e Paulina, menor; tutela avulsa, juízo de órfãos da segunda vara, nº 540, maço 23, 17 fls., 1877.

José, pardo, e Hermenegildo Henrique; reconhecimento, segunda vara cível, nº 655, maço 877, galeria A, 13 fls., 1880.

Antônio Preto, autor; ação de liberdade, segunda vara cível, nº 2722, maço 842, galeria A, 29 fls., 1881.

Caetana, parda, autora, e d. Deolinda Francisca Telles, ré; ação de liberdade, segunda vara cível, nº 3879, maço 856, galeria A, 14 fls., 1881.

Candida, autora, e Agostinho Adolpho de Souza Guimarães, réu; liberdade (traslado), segunda vara cível, nº 3878, maço 856, galeria B, 47 fls., 1881.

Manoel da Costa Talhão Jr., autor, e Manoel Affonso da S. Vianna Jr., réu; libelo, primeira vara cível, nº 4871, caixa 1725, galeria A, 45 fls., 1881.

Onofre, autor, e d. Francisca Candida de Salles Penna, ré; ação de liberdade, segunda vara cível, nº 2537, maço 921, galeria A, 78 fls., 1882.

Júlio, autor, e d. Thereza Torquato Vieira do Amaral, ré; manutenção, segunda vara cível, nº 1435, maço 902, galeria A, 11 fls., 1882.

Juvenal, autor, e Fernando Nunes Pereira Jr., réu; arbitramento para liberdade, segunda vara cível, nº 1434, maço 902, galeria A, 11 fls., 1882.

Júlia, autora, Joaquim Mariano de Macedo Soares, réu; arbitramento para liberdade, segunda vara cível, nº 1432, maço 902, galeria A, 9 fls., 1883.

Justina, autora, e d. Adelaide Benedita de Almeida Lopes, ré; arbitramento para liberdade, segunda vara cível, nº 1702, maço 909, galeria A, 12 fls., 1883.

Júlia, suplicante, e Marianna Kloes, suplicada; arbitramento para liberdade, segunda vara cível, nº 1433, maço 902, galeria A, 33 fls., 1884.

Martha, suplicante, e Manoel da Cruz Senna, suplicado; ação de liberdade, segunda vara cível, nº 2442, maço 920, galeria A, 61 fls., 1884.

Ermíria, autora, e d. Maria Carolina Correia de Sá, ré; ação de liberdade, segunda vara cível, nº 4451, maço 866, galeria A, 16 fls., 1885.

Felinto, autor; ação de liberdade, segunda vara cível, nº 583, maço 875, galeria B, 14 fls., 1885.

Michaela, suplicante, e Augusto Martins de Lima, suplicada; ação de liberdade, segunda vara cível, nº 2443, maço 920, galeria A, 4 fls., 1885.

Thereza, suplicante, e d. Francisca Maria do Carmo Godinho, suplicada; segunda vara cível, nº 2575, maço 922, galeria B, 6 fls., 1885.

Beatriz, autora, e Antônio de Pádua Monteiro, réu; ação de liberdade, segunda vara cível, nº 3813, maço 855, galeria A, 17 fls., 1887.

Benedito de tal; arrecadação, juízo de ausentes da primeira vara, nº 614, caixa 510, galeria A, 20 fls., 1887.

Virgílio, autor, e Henrique das Chagas Andrade; justificação, segunda vara cível, nº 2675, maço 923, galeria A, 11 fls., 1887.

3. *Processos criminais pesquisados no Arquivo Nacional (ordem cronológica)*

Manoel Moçambique, escravo, réu; ferimentos graves, corte de apelação, nº 2124, maço 97, galeria C, 69 fls., 1869.

Jeronymo, escravo, réu; furto, corte de apelação, nº 6930, caixa 3669, 131 fls., 1869.

João, escravo, réu; ferimento grave, corte de apelação, nº 828, maço 110, galeria C, 86fls., 1871.

Cyriaco, hoje liberto, réu; homicídio, corte de apelação, nº 2125, maço 186, galeria C, 145 fls., 1877.

Joaquina, parda, escrava, ré; injúrias verbais, corte de apelação, nº 1513, maço 42, galeria C, 52 fls., 1878.

Bazilio, liberto, réu; tentativa de morte, corte de apelação, nº 2125, maço 186, galeria C, 131 fls., 1882 .

Serafim, escravo, réu; tentativa de homicídio, corte de apelação, nº 1077, maço 153, galeria C, 122 fls., 1884.

4. *Processos criminais pesquisados no Arquivo do Primeiro Tribunal do Júri (por maços, ordem crescente)*

Bernardino José da Costa, réu; ofensas físicas, freguesia do Espírito Santo, maço 1, 16 fls., 1872.

Juvêncio, escravo, réu; roubo, quarto distrito criminal, maço 2, 68 fls., 1876.

Domingos José Ramalho e Joaquim Manoel da Silva, réus; homicídio, quinto distrito criminal, maço 2, 73 fls., 1873.

Bonifácio e outros escravos, réus; ofensas físicas e tentativa de morte, quarto distrito criminal, maço 2, 159 fls., 1872.

Marcos Francisco de Souza Filho, réu; ofensas físicas leves, quinto distrito criminal, freguesia de Santana, maço 2, 52 fls., 1876.

Bráulio, escravo, réu; tentativa de morte, quinto distrito criminal, maço 3, 90 fls., 1875.

Francelina, escrava, ré; homicídio, décimo distrito criminal, freguesia de São José, maço 4, 126 fls., 1872.

Manoel Pereira Ramos, vulgo "Pica-Pau", Amâncio, pardo, escravo, Manoel Correa da Rocha, Affonso, chim, João Ignacio da Costa, e Manoel Joaquim Ribeiro Vidal, réus; roubo e estelionato, freguesia da Glória, maço 4, 300 fls., 1870.

Bernardino, escravo, réu; ofensas físicas, sétimo distrito criminal, freguesia do Sacramento, maço 4, 57 fls., 1872.

349

Joaquim Africano, réu; ofensas físicas, sexto distrito criminal, freguesia de Santo Antônio, maço 8, 70 fls., 1874.

Gregório Fernandes Cardozo e Ernestina Amélia, réus; homicídio, sétimo distrito criminal, freguesia do Sacramento, maço 8, 146 fls., 1874.

Manoel Machado Pereira Guimarães, réu; ofensas físicas graves, quarto distrito criminal, freguesia de Santa Rita, maço 8, 71 fls., 1874.

Benedito, preto mina, liberto, réu; ofensas físicas leves, nono distrito criminal, freguesia da Glória, maço 9, 86 fls., 1885.

Adolpho Ferreira Nogueira, réu; homicídio, sétimo distrito criminal, freguesia de São José, maço 9, 300 fls., 1885.

Manoel Luiz da Silva, réu; ofensas físicas graves, quinto distrito criminal, freguesia de Santana, maço 9, 76 fls., 1885.

Antônio Manoel Romão, réu; tentativa de homicídio, quinto distrito criminal, maço 9, 90 fls., 1881.

Fernando da Costa Borges, réu; ofensas físicas leves, quarto distrito criminal, freguesia de Santa Rita, maço 9, 72 fls., 1886.

Joaquim Francisco da Silva, réu; furto, quarto distrito criminal, freguesia de Santa Rita, maço 9, 58 fls., 1886.

O preto João Africano, escravo, réu; ofensas físicas, décimo primeiro distrito criminal, freguesia do Engenho Velho, maço 11, 135 fls., 1874.

Joaquim Manoel da Costa, Zeferino, escravo, e Maximiano, escravo, réus; ferimentos graves e homicídio, décimo distrito criminal, freguesia de São José, maço 12, 108 fls., 1874.

Serafião, escravo, réu; roubo, décimo primeiro distrito criminal, freguesia do Engenho Velho, maço 12, 95 fls., 1874.

Lourenço, escravo, réu; ferimento, sétimo distrito criminal, freguesia do Sacramento, maço 12, 59 fls., 1873.

João da Costa Vianna, réu; homicídio, décimo primeiro distrito criminal, freguesia do Engenho Velho, maço 12, 93 fls., 1874.

Antônio, escravo, réu; ofensas físicas, sétimo distrito criminal, maço 16, 85 fls., 1876.

Antônio Nunes Collares, réu; furto, quinto distrito criminal, freguesia do Espírito Santo, maço 17, 57 fls., 1876.

José Lopes da Silva, réu; ofensas físicas leves, nono distrito criminal, freguesia da Glória, maço 17, 56 fls., 1876.

Frederico José Lessa, réu; ofensas físicas, quinto distrito criminal, maço 17, 55 fls., 1876.

Margarida Maria Roza da Conceição, ré; ofensas físicas leves, quarto distrito criminal, freguesia de Santa Rita, maço 18, 67 fls., 1878.

Joaquim da Silva Ribeiro, réu; ferimentos graves, sétimo distrito criminal, maço 18, 71 fls., 1876.

José Batista de Barros, réu; ameaças, nono distrito criminal, freguesia da Glória, maço 19, 68 fls., 1878.

350

Patrício, ex-escravo, réu; ofensas físicas graves, terceiro distrito criminal, freguesia de Inhaúma, maço 20, 65 fls., 1879.

Antônio Nunes Collares, réu; ofensas físicas, quinto distrito criminal, maço 21, 66 fls., 1879.

Eloy César Brandão, réu; ofensas físicas, quinto distrito criminal, maço 21, 36, fls., 1879.

Lourenço Soares, réu; homicídio, décimo distrito criminal, freguesia do Engenho Velho, maço 22, 70 fls., 1880.

Pedro Nunes da Graça, réu; ofensas físicas, quarto distrito criminal, freguesia de Santa Rita, maço 22, 40 fls., 1877.

Raimundo, escravo, réu; roubo, quarto distrito criminal, freguesia de Santa Rita, maço 23, 69 fls., 1881.

Martinho, escravo, réu; tentativa de homicídio, décimo distrito criminal, freguesia do Engenho Velho, maço 24, 62 fls., 1882.

Eduardo Gonçalves Navarro, réu; ofensas físicas, quinto distrito criminal, maço 27, 88 fls., 1881.

Victorio, preto liberto, réu; homicídio e ofensas físicas leves, quarto distrito criminal, freguesia de Santa Rita, maço 27, 75 fls., 1883.

Agostinho Manoel de Lima, réu; ofensas físicas graves, oitavo distrito criminal, freguesia de São José, maço 29, 119 fls., 1885.

Francisco Guilherme Brum, réu; ofensas físicas leves, quinto distrito criminal, freguesia do Espírito Santo, maço 30, 75 fls., 1886.

5. Outras fontes manuscritas citadas no texto
(pesquisadas no Arquivo Nacional, a não ser quando
houver indicação em contrário)

Africanos Livres. Ofícios, relações e processos. Maço IJ6-468. Documentação não catalogada. Maço 5F-255.

Ofícios de Presidentes, 1876, quarto trimestre. Maço IJ1-490.

Registro de Correspondência Reservada Expedida pela Polícia (1835-44). Cód. 335.

Registro de Correspondência Reservada Recebida pela Polícia (1833-40). Cód. 334.

Rescisão do contrato de arrendamento da feitoria de Santarém. Lata 436, documento 1, Arquivo do Instituto Histórico e Geográfico Brasileiro.

Segundo Ofício de Notas, Livro de Registro Geral, nº 101.

Segundo Ofício de Notas, Livro de Registro Geral, nº 102.

Verbas Testamentárias, livro primeiro, 1860 e 1861.

FONTES IMPRESSAS CITADAS

1. Relatórios, anais etc.

BRUNO, Fábio V., ed. *O Parlamento e a evolução nacional, 1871-1889.* Brasília, Senado Federal, 1979. 6 v.

Código de posturas da Ilustríssima Câmara Municipal do Rio de Janeiro e editais da mesma Câmara, Rio de Janeiro, 1870.

Código de posturas, leis, decretos, editais e resoluções da Intendência Municipal do Distrito Federal. Rio de Janeiro, 1894.

Constituição política do Império do Brasil, in Campanhole, *Constituições do Brasil.* São Paulo, Atlas, 1979, pp. 653-76.

Pareceres do Conselho de Estado no ano de 1868 relativos ao elemento servil. Rio de Janeiro, Typographia Nacional, 1871.

Relatório do chefe de polícia da Corte, anexo ao *Relatório do ministro e secretário de Estado dos Negócios da Justiça.* Ano de 1871.

Relatório do ministro e secretário d'Estado dos Negócios da Justiça. Ano de 1870.

2. Jornais

Gazeta de Notícias, 30 de dezembro de 1877.
Jornal do Commercio, 18 de março de 1872.
O Globo, 15 de outubro de 1881.
O Paiz, 17 de fevereiro de 1885.

3. Escritos políticos, crônicas etc.

BARBOSA, Rui. "Libertos e republicanos", in *Queda do Império.* Rio de Janeiro, Livr. Castilho, 1921. t. I, pp. 131-8.

COSTA, João Severiano Maciel da, et alii. *Memórias sobre a escravidão.* Rio de Janeiro, Arquivo Nacional, 1988.

DEBRET, Jean-Baptiste. *Viagem pitoresca e histórica ao Brasil.* Belo Horizonte, Itatiaia; São Paulo, Edusp, 1978. 2 v.

EDMUNDO, Luiz. *O Rio de Janeiro do meu tempo.* Rio de Janeiro, Conquista, 1957.

MACEDO SOARES, Antônio Joaquim. *Campanha jurídica pela libertação dos escravos*, in Macedo Soares, Julião Rangel, org. *Obras completas do conselheiro Macedo Soares.* Rio de Janeiro, José Olympio, 1938.

MALHEIRO, Perdigão. *A escravidão no Brasil: ensaio histórico, jurídico, social.* Petrópolis, Vozes/INL, 1976. 2 v.

MORAIS FILHO, Mello. *Festas e tradições populares do Brasil.* Belo Horizonte, Itatiaia; São Paulo, Edusp, 1979.

NABUCO, Joaquim. *O abolicionismo.* Petrópolis, Vozes, 1977.

NABUCO, Joaquim. *Um estadista do Império*. Rio de Janeiro, Nova Aguilar, 1975.

RIO, João do. *A alma encantadora das ruas*. Rio de Janeiro, Secretaria Municipal de Cultura, 1987.

4. Obras literárias

AZEVEDO, Aluísio. *O cortiço*. Rio de Janeiro, Edições de Ouro, s/ d.

COUTINHO, Afrânio, org. *Machado de Assis: obra completa*. Rio de Janeiro, Nova Aguilar, 1986. 3 v.

MARTINS PENA, Luís Carlos. *As melhores comédias de Martins Pena*. Porto Alegre, Mercado Aberto, s/ d.

BIBLIOGRAFIA CITADA

ALENCASTRO, Luiz-Felipe. "Prolétaires et esclaves: immigrés portugais et captifs africains a Rio de Janeiro 1850-1872", in *Cahiers du CRIAR*. Publications de l'Université de Rouen, 1984. n° 4.

ALGRANTI, Leila Mezan. *O feitor ausente: estudos sobre a escravidão urbana no Rio de Janeiro — 1808-1822*. Petrópolis, Vozes, 1988.

AZEVEDO, Célia M. Marinho de. *Onda negra, medo branco. O negro no imaginário das elites: século XIX*. Rio de Janeiro, Paz e Terra, 1987.

BERLIN, Ira. "Time, space, and the evolution of Afro-American society on British Mainland North America", in *The American Historical Review*. Fev. 1980. v. 85, n° 1, pp. 44-78.

_____. *Slaves without masters: the free negro in the antebellum south*. Nova York, Oxford University Press, 1981.

_____; Fields, Barbara J., et alii, eds. *Freedom: a documentary history of emancipation: 1861-1867*. Londres/Nova York, Cambridge University Press, 1985. Série I, v. I "The destruction of slavery" .

BETHELL, Leslie. *A abolição do tráfico de escravos no Brasil*. Rio de Janeiro, Expressão e Cultura; São Paulo, Edusp, 1976.

CARDOSO, Fernando Henrique. *Capitalismo e escravidão no Brasil meridional: o negro na sociedade escravocrata do Rio Grande do Sul*. 2ª ed. Rio de Janeiro, Paz e Terra, 1977.

CARNEIRO DA CUNHA, Manuela. "Sobre os silêncios da lei. Lei costumeira e positiva nas alforrias de escravos no Brasil do século XIX", in *Antropologia do Brasil: mito, história, etnicidade* . São Paulo, Brasiliense/Edusp, 1986. pp. 123-44.

_____."Sobre a servidão voluntária: outro discurso. Escravidão e contrato no Brasil colonial", in *Antropologia do Brasil: mito, história, etnicidade*. pp. 145--57.

_____. "Olhar escravo, ser olhado", in Azevedo, Paulo Cezar, & Lissovsky,

Maurício, orgs. *Escravos brasileiros do século XIX na fotografia de Christiano Jr.* São Paulo, Ex. Libris, 1988. pp. XXIII-XXX.

CARVALHO, José Murilo de. *Os bestializados: o Rio de Janeiro e a República que não foi.* São Paulo, Companhia das Letras, 1987.

———. *Teatro de sombras: a política imperial.* Rio de Janeiro, Vértice, 1988.

CARVALHO, Lia de Aquino. *Habitações populares — Rio de Janeiro: 1886-1906.* Rio de Janeiro, Secretaria Municipal de Cultura, 1986.

CASTORIADIS, Cornelius. *A instituição imaginária da sociedade.* Rio de Janeiro, Paz e Terra, 1982.

———. *A experiência do movimento operário.* São Paulo, Brasiliense. 1985.

CHALHOUB, Sidney. *Trabalho, lar e botequim: o cotidiano dos trabalhadores no Rio de Janeiro da Belle Époque.* São Paulo, Brasiliense, 1986.

———. "Medo branco de almas negras: escravos, libertos e republicanos na cidade do Rio", in *Revista Brasileira de História.* São Paulo, mar./ago. 1988. v. 8. nº 16. pp. 83-105.

———. "Visões da liberdade: senhores, escravos e abolicionistas da Corte nas últimas décadas da escravidão", in *História: Questões e Debates.* Curitiba. jun. 1988. Ano 9. nº 16, pp. 5-37.

———. "Negócios da escravidão: os negros e as transações de compra e venda", in *Estudos Afro-Asiáticos*, Rio de Janeiro, mar. 1989. nº 16, pp. 118-28.

CONRAD, Robert. *Os últimos anos da escravatura no Brasil, 1850-1888.* Rio de Janeiro, Civilização Brasileira, 1978.

———. *Tumbeiros: o tráfico de escravos para o Brasil.* São Paulo, Brasiliense, 1985.

COSTA, Emília Viotti da. *Da senzala à colônia.* São Paulo, Livr. Ciências Humanas. 1982.

DARNTON, Robert. *O grande massacre de gatos.* Rio de Janeiro, Graal, 1986.

DEAN, Warren. *Rio Claro: um sistema brasileiro de grande lavoura: 1820-1920.* Rio de Janeiro, Paz e Terra, 1977.

DOUGLASS, Frederick. *My bondage and my freedom.* Urbana/Chicago, University of Illinois Press, 1987.

ECO, Umberto. *O nome da Rosa.* Rio de Janeiro, Nova Fronteira, 1983.

EISENBERG, Peter. "Ficando livre: as alforrias em Campinas no século XIX", in *Estudos Econômicos.* Maio/ago. 1987. 17(2), pp. 175-216.

———. "A mentalidade dos fazendeiros no Congresso Agrícola de 1878", in Lapa, José Roberto do Amaral, org. *Modos de produção e realidade brasileira.* Petrópolis, Vozes, 1980. pp. 167-94.

ENGEL, Magali. *Meretrizes e doutores: saber médico e prostituição no Rio de Janeiro (1840-1890).* São Paulo, Brasiliense, 1989.

ENGERMAN, Stanley, & Fogel, Robert. *Time on the cross: the economics of American negro slavery.* Boston/Toronto, Little, Brown and Company, 1974.

ESTEVES, Martha de Abreu. *Meninas perdidas: os populares e o cotidiano do amor no Rio de Janeiro da Belle Époque.* Dissertação de mestrado, Niterói, UFF, 1987.

FIELDS, Barbara J. *Slavery and freedom on the Middle Ground: Maryland during the nineteenth century*. Londres/New Haven, Yale University Press, 1985.

FONER, Eric. "O significado da liberdade", in *Revista Brasileira de História*. São Paulo, Marco Zero/ANPUH, mar./ago. 1988. v. 8, nº 16. pp. 9-36.

_____. *Nothing but freedom: emancipation and its legacy*. Baton Rouge/Londres, Louisiana State University Press, 1983.

FREUD, Sigmund. "O Moisés de Michelangelo", in *Totem e tabu, e outros trabalhos*, in *Obras psicológicas completas de Sigmund Freud*. Rio de Janeiro, Imago, 1974. v. XIII, pp. 253-78.

FURTADO, Celso. *Formação econômica do Brasil*. 16ª ed., São Paulo, Nacional, 1979.

GEBARA, Ademir. *O mercado de trabalho livre no Brasil (1871-1888)*. São Paulo, Brasiliense, 1986.

GEERTZ, Clifford. *A interpretação das culturas*. Rio de Janeiro, Zahar, 1978.

GENOVESE, Eugene D. *Roll, Jordan, Roll. The world the slaves made*. Nova York, Random House, 1974.

GERSON, Brasil. *A escravidão no Império*. Rio de Janeiro, Pallas, 1975.

GINZBURG. Carlo. "Morelli, Freud and Sherlock Holmes: clues and scientific method", in *History Workshop Journal*. 1980. nº 9. pp. 7-36.

_____. *O queijo e os vermes: o cotidiano e as ideias de um moleiro perseguido pela Inquisição*. São Paulo, Companhia das Letras, 1987.

GLEDSON, John. *Machado de Assis: ficção e história*. Rio de Janeiro, Paz e Terra, 1986.

GOLDIN, Claudia. *Urban slavery in the American South, 1820-1860: a quantitative history*. Chicago, University of Chicago Press, 1976.

_____."A model to explain the relative decline of urban slavery: empirical results", in Engerman, Stanley, & Genovese. Eugene D., eds. *Race and slavery in the Weslern hemisphere: quantitative studies*. Princeton, Princeton University Press, 1975. pp. 427-50.

GORENDER, Jacob. *O escravismo colonial*. São Paulo, Ática, 1978.

_____."A face escrava da Corte imperial brasileira", in Azevedo, Paulo Cesar, & Lissovsky, Mauricio, orgs., *Escravos brasileiros do século XIX na fotografia de Christiano Jr*. São Paulo, Ex Libris, 1988. pp. XXXI-XXXVI.

GORENSTEIN, Riva. *O enraizamento de interesses mercantis portugueses na região Centro-Sul do Brasil: 1808-1822*. Dissertação de mestrado, USP, 1978.

GRAHAM, Sandra Lauderdale. *House and street: the domestic world of servants and masters in nineteenth-century Rio de Janeiro*. Cambridge, Cambridge University Press, 1988.

GUTMAN, Herbert. *The black family in slavery and freedom, 1750-1925*. Nova York, Pantheon, 1976.

KARASCH, Mary C. *Slave life in Rio de Janeiro: 1808-1850*. Princeton, Princeton University Press, 1987.

LARA, Silvia H. *Campos da violência: escravos e senhores na capitania do Rio de Janeiro, 1750-1808*. Rio de Janeiro, Paz e Terra, 1988.

LITWACK, Leon. *Been in the storm so long: lhe aftermath of slavery*. Nova York, Random House, 1979.

MACHADO, Maria Helena P. T. *Crime e escravidão: trabalho, luta e resistência nas lavouras paulistas, 1830-1888*. São Paulo, Brasiliense, 1987.

MATTOSO, Kátia de Queiróz. *Ser escravo no Brasil*. São Paulo, Brasiliense, 1982.

MCKAY, Ian. "Historians, anthropology and the concept of culture", in *Labour/ Le Travailleur.* 1981-82. n°s 8 e 9, pp. 185-241.

MEADE, Teresa. *Community protest in Rio de Janeiro, Brazil, during the First Republic, 1890-1917*. Tese de Ph.D., Rutgers University, 1984.

MEIER, August, & RUDWICK, Elliott. *Black history and the historical profession: 1915-1980*. Urbana/Chicago, University of Illinois Press, 1986.

MELLO, Pedro Carvalho de. *The economics of labor in Brazilian coffee plantations, 1850-1888*. Tese de Ph.D., University of Chicago, 1977.

MINTZ, Sidney W. "Culture: an anthropological view", in *The Yale Review*. Yale University Press, 1982. pp. 499-512.

_____. "American anthropology in the marxist tradition", in Maquet, Jacques, & Daniels, Nancy, eds. *On marxian perspectives in anthropology: essays in honor of Harry Hoijer*. Malibu, Udena Publications, 1984. pp. 11-34.

_____. *Sweetness and power: the place of sugar in modern history*. Nova York/ Londres, Penguin Books, 1986.

_____ & Price, Richard. *An anthropological approach to the Afro-American past: a Caribbean perspective*. Philadelphia, Institute for the Study of Human Issues, 1976.

MOTT, Luiz R. B. "A revolução dos negros do Haiti e o Brasil", in *História: Questões e Debates*. Curitiba, 1982. Ano 3, n° 4, pp. 55-63.

REIS, João José. *Rebelião escrava no Brasil: a história do levante dos malês (1835)*. São Paulo, Brasiliense, 1986.

RENAULT, Delso. *Indústria, escravidão, sociedade*. Rio de Janeiro, Civilização Brasileira/ INL, 1976.

RIBEIRO, Gladys Sabina. *"Cabras" e "pés-de-chumbo": os rolos do tempo. O antilusitanismo na cidade do Rio de Janeiro (1890-1930)*. Dissertação de mestrado, Niterói, UFF, 1987.

RILKE, Rainer Maria. *Cartas a um jovem poeta*. Rio de Janeiro, Globo, 1988.

ROCHA, Oswaldo Porto. *A era das demolições: cidade do Rio de Janeiro, 1870-1920*. Rio de Janeiro, Secretaria Municipal de Cultura, 1986.

ROSE, Willie Lee. "Jubilee and beyond: what was freedom?", in Sansing, David, ed. *What was freedom's price?* University Press of Mississippi, 1978.

SCHWARCZ, Lilia Moritz. *Retrato em branco e negro: jornais, escravos e cidadãos em São Paulo no final do século XIX*. São Paulo, Companhia das Letras, 1987.

SCOTT, Rebecca J. *Slave emancipation in Cuba: the transition to free labor, 1860-1899*. Princeton, Princeton University Press, 1985.

_____. "Exploring the meaning of freedom: post-emancipation societies in comparative perspective", in *Hispanic American Historical Review*. Ago. 1988. 68:3.

SEVCENKO, Nicolau. *Literatura como missão: tensões sociais e criação cultural na Primeira República*. São Paulo, Brasiliense, 1983.

SILVA, Eduardo. *As queixas do povo*. Rio de Janeiro, Paz e Terra, 1988.

SILVA, Marilene Rosa Nogueira da. *Negro na rua: a nova face da escravidão*. São Paulo, Hucitec, 1988.

SLENES, Robert. *The demography and economics of Brazilian slavery*. Tese de Ph.D., Stanford University, 1976.

_____. "Grandeza ou decadência? O mercado de escravos e a economia cafeeira da província do Rio de Janeiro, 1850-1888", in Costa, Iraci del Nero da, org. *Brasil: história econômica e demográfica*. São Paulo, Instituto de Pesquisas Econômicas, USP, 1986.

_____. "Escravos, cartórios e desburocratização: o que Rui Barbosa não queimou será destruído agora?", in *Revista Brasileira de História*. São Paulo, Marco Zero/ ANPUH, mar./ago. 1985. v. 5, nº 10, pp. 166-96.

_____. "Lares negros, olhares brancos: histórias da família escrava no século XIX", in *Revista Brasileira de História*. Mar./ago. 1988. v. 8, nº 16, pp. 189--203.

SOARES, Luis Carlos. *Urban slavery in nineteenth-century Rio de Janeiro*. Tese de Ph.D., University of London, 1988.

_____. "Da necessidade do bordel higienizado: tentativas de controle da prostituição carioca no século XIX", in Vainfas, Ronaldo, org., *História e sexualidade no Brasil*. Rio de Janeiro, Graal, 1986, pp. 143-68.

SOIHET, Rachel. *Condição feminina e formas de violência: mulheres pobres e ordem urbana, 1890-1920*. Rio de Janeiro, Forense Universitária, 1989.

THOMPSON, E. P. "Time, work-discipline, and industrial capitalism", in *Past and Present*. Dez. 1967. nº 38, pp. 56-97.

_____. "The moral economy of the English crowd in the eighteenth century", in *Past and Present*. Fev. 1971. nº 50, pp. 76-136.

_____. "Anthropology and the discipline of historical context", in *Midland History*. Primavera de 1972. v. I, nº 3, pp. 41-55.

_____. "Folklore, anthropology and social history", in *The Indian Historical Review*, Jan. 1977. v. III, nº 2, pp. 247-66.

_____. *A miséria da teoria, ou um planetário de erros: uma crítica ao pensamento de Althusser*. Rio de Janeiro, Zahar, 1981.

_____. *Senhores e caçadores. A origem da lei negra*. Rio de Janeiro, Paz e Terra, 1987.

VOLTAIRE. *Zadig ou o destino*. Rio de Janeiro, Edições de Ouro, s/ d.

WADE, Richard. *Slavery in the cities: the south, 1820-1860*. Londres/Nova York, Oxford University Press, 1964.

SIDNEY CHALHOUB, professor titular da Unicamp — onde leciona desde 1985 —, é autor de *Trabalho, lar e botequim: o cotidiano dos trabalhadores no Rio de Janeiro da Belle Époque* (2ª ed., Editora da Unicamp, 2001), *Cidade febril: cortiços e epidemias na corte imperial* (1996), prêmio Jabuti de ensaio, e *Machado de Assis, historiador* (2003), os dois últimos pela Companhia das Letras.

1ª edição Companhia das Letras [1990] 6 reimpressões
1ª edição Companhia de Bolso [2011] 1 reimpressão

Esta obra foi composta pela Verba Editorial em Janson Text
e impressa pela Gráfica Bartira em ofsete
sobre papel Pólen Soft da Suzano S.A.

A marca FSC® é a garantia de que a madeira utilizada na fabricação do papel deste livro provém de florestas que foram gerenciadas de maneira ambientalmente correta, socialmente justa e economicamente viável, além de outras fontes de origem controlada.